Sammlung Metzler
Band 310

Günter Berg / Wolfgang Jeske

Bertolt Brecht

Verlag J.B. Metzler Stuttgart · Weimar

Zu den Autoren

Günter Berg, geb. 1959; Studium in Marburg und Frankfurt/Main. Mitarbeit an der »Großen kommentierten Berliner und Frankfurter Ausgabe« der Werke Brechts in Karlsruhe. Lektor und Leiter der Taschenbuchabteilung eines Frankfurter Verlags.

Wolfgang Jeske, geb. 1951; Studium in Karlsruhe; Promotion 1981. Seit 1981 Lektor beim Suhrkamp Verlag mit dem Schwerpunkt Brecht.

Die Deutsche Bibliothek – CIP-Einheitsaufnahme

Berg, Günter:
Bertolt Brecht / Günter Berg/Wolfgang Jeske.
– Stuttgart ; Weimar : Metzler, 1998
(Sammlung Metzler ; Bd. 310)
ISBN 978-3-476-10310-9

ISBN 978-3-476-10310-9
ISBN 978-3-476-05060-1 (eBook)
DOI 10.1007/978-3-476-05060-1
ISSN 0558 3667

SM 310

Inhalt

Zur Einführung

Wer ist Eugen Bertolt Friedrich Brecht gewesen, geboren in Augsburg am 10. Februar 1898, vor hundert Jahren also? Frühe Zeitgenossen haben in ihm gesehen: Brecht, *das* Genie. Brecht, *das* Ärgernis. Brecht, *der* Dramatiker des 20. Jahrhunderts. Oder: Brecht, der Plagiator ohne eigene Ideen. Brecht, der Ausbeuter. Brecht, das Scheusal. Brecht, »ein sehr beachtliches Talent, und in der Lyrik mehr als das« (Kurt Tucholsky im Februar 1928). Später heißt es: Brecht, der Kommunist. Brecht, der Stalinist. Usw. Es gibt kaum ein Etikett, das ihm nicht angeheftet worden ist.

Im Nachhinein ist er für beinahe alle einsetzbar und wird seit Jahrzehnten immer wieder ›zitiert‹, aus den unterschiedlichsten Positionen: z.B. schreibt man ihm den Slogan zu »Stell dir vor, es kommt Krieg und keiner geht hin«, erfindet einen Übergangsvers – »Dann kommt der Krieg zu euch« – und fügt danach tatsächlich Verse von ihm an, allerdings aus ganz anderem Zusammenhang: »Wer zu Hause bleibt, wenn der Kampf beginnt / Und läßt andere kämpfen für seine Sache / Der muß sich vorsehen...«, um den Slogan mit einem linken Kronzeugen auf den Kopf zu stellen. Manche ändern sogar das Brechtsche Wort »Kampf« in »Krieg«, damit es besser paßt, und nennen auch noch die Quelle: *Die Gedichte in einem Band*, Frankfurt a.M. 1981, S. 503. Dieses Buch gibt es, nur was einige Personen dort gelesen haben wollen, ist da nicht gedruckt.

Anfang 1998, zum hundertsten Geburtstag, ist die »Große kommentierte Berliner und Frankfurter Ausgabe« seiner *Werke* (30 Bände in 32 Teilen und Registerband) abgeschlossen worden. Der ganze Brecht ist publiziert: seine rund 50 abgeschlossenen Stücke, auch in mehreren Fassungen, daneben rund 50 weitere Stückfragmente, seine Prosa, die Tagebücher, 2397 Briefe und seine 2334 Gedichte: »Wer zu Hause bleibt...« ist in Band 14 (S. 267) zu lesen als Teil der *Koloman-Wallisch-Kantate*, die den Arbeiteraufstand in verschiedenen österreichischen Städten im Februar 1934 thematisiert. Es geht um Widerstandskampf, nicht um Krieg, und von »Stell dir vor...« ist nicht die Rede. Solche und andere Mißverständnisse und auch die Urteile (Stalinist, Plagiator usw.) bedürfen der Revision, die jetzt mit den Bänden der Ausgabe möglich ist.

Brecht ist immer in der Diskussion gewesen, und es ist erstaunlich, daß beinahe alle, etwas zu ihm zu sagen haben: seien es wohlmeinende Autoren wie Max Frisch (»durchschlagende Wirkungslosigkeit eines Klassikers«), oder Kritiker wie Marcel Reich-Ranicki (Brechts Lyrik hat »mehr zu sagen« als seine Stücke) und Helmuth Karasek (»Brecht ist inzwischen so tot wie seine Feinde, die ihn zu Lebens- und Wirkzeiten totsagten«; das Sezuan-Stück ist für ihn ein »kitschiges kommunistisches Weihnachtsmärchen«). Seien es Politiker: Brecht sei »neben Thomas Mann der größte Dichter deutscher Sprache in diesem Jahrhundert«, sagt Heiner Geißler in der Brecht-Matinee *»Und der Haifisch, der hat Zähne...«* am 8.2.1998 im ZDF. »Ein großer deutscher Dichter, der die Fähigkeit hatte, politisch zu denken und das in wunderbare Sprache zu kleiden, eine Sprache, die natürlich einem Politiker leider abgeht. Insoweit ist das jemand aus diesem Jahrhundert, den ich sehr sehr bewundere«, konstatiert an gleicher Stelle Gerhard Schröder.

So ist Brecht 1947/48, vor rund 50 Jahren, nicht überall eingeschätzt worden, als er aus dem amerikanischen Exil nach Europa zurückkehrt, zunächst in die Schweiz geht, sich als Staatenloser bald um die österreichische Staatsbürgerschaft bemüht (die er nach monatelangem Hin und Her auch bekommt), sich für Berlin entscheidet (anstelle von Salzburg), nachdem man ihm im sowjetischen Sektor ein Theater und ein Ensemble angeboten hat (er muß von Zürich aus über Prag fahren, weil man ihm die Reise durch die amerikanische Zone verweigert). Noch im September 1961 – kurz nach dem Bau der Berliner Mauer – kommentiert *Bild* die geplante Ausstrahlung des Stücks *Leben des Galilei* so: »Kommunist Brecht doch im Hamburger Fernsehen. Instinktlos!«

Während Anfang 1998 anläßlich des hundertsten Geburtstags über 170 deutschsprachige Bühnen Brecht spielen, sind in Zeiten des Kalten Krieges Regisseure wie der Frankfurter Intendant Harry Buckwitz die große Ausnahme. 1952 inszeniert er *Der gute Mensch von Sezuan*, und der CDU-Fraktionsvorsitzende im Frankfurter Stadtparlament wettert gegen das »Stück ohne jeden künstlerischen Belang«, ein »Propagandastück eines sich zum Kommunismus bekennenden sogenannten Dichters«, in dem »das Göttliche in schamloser Weise lächerlich gemacht« werde. Als Buckwitz 1955 *Der kaukasische Kreidekreis* auf die Frankfurter Bühne bringt, der »sowjetzonale Literaturstar Bert Brecht« (*Frankfurter Rundschau*, 28.4.1955) persönlich zu den letzten Proben an den Main kommt, ist von einem »kommunistischen Lehrstück« die Rede. Die Frankfurter Inszenierung von *Die Gesichte der Simone Machard* im März 1957 lehnt der hessische CDU-Vorsitzende aus »politischen Gründen« ab, wie grundsätzlich »jede Aufführung von Werken Brechts in Westdeutschland«. Im Mai dieses Jahres mischt sich sogar der bundesdeutsche Außenminister Heinrich von Brentano ein: die späte Lyrik

Brecht sei »nur noch mit Horst Wessel zu vergleichen«. Im Mai 1959, als in Frankfurt *Schweyk im zweiten Weltkrieg* gespielt wird, erregen sich die Gemüter an der verharmlosenden Darstellung der SS in diesem Stück. Im Folgejahr, als ein Gastspiel des Berliner Ensembles in Frankfurt angekündigt wird, verlangt die hessische CDU, die Einladung müsse rückgängig gemacht werden; als das nicht fruchtet, verteilen die Parteigänger aus dem Römer vor dem Theater Flugblätter über den *Skandal in Frankfurt*. Und im August 1961 verlangt die Frankfurter CDU, daß die Proben zu *Leben des Galilei* sofort eingestellt werden.

Für den Umgang mit Brecht bleiben zwei Möglichkeiten: weiterhin an den Stempeln und tradierten Meinungen festzuhalten, oder aber durch kritische Lektüre sich neu mit seinem gesamten Werk auseinanderzusetzen, wozu der vorliegende Band anregen möchte.

1. Ein biographischer Abriß

Die lange Zeit ausführlichste (epische) Darstellung über *Das Leben des Bertolt Brecht* von Werner Mittenzwei (1986) umfaßt in zwei Bänden insgesamt 1514 Seiten. Werner Hechts seit Oktober 1997 vorliegende *Brecht Chronik 1898-1956* (von Tag zu Tag), die als reine Sammlung von »Daten« angelegt ist (begleitet von einer Auswahl an Dokumenten: Zitaten und Abbildungen), endet mit Seite 1315.

Im Gegensatz dazu muß die Beschreibung von Brechts Biographie an dieser Stelle ohne die ihr angemessene Breite auskommen, obgleich eine ganze Reihe von Einzeluntersuchungen zu den Stationen seines Lebens (und eine Vielzahl von Autobiographien, geschrieben von Personen aus seiner Umgebung) dies zusätzlich nahelegt. Es wird in den übrigen Kapiteln weitgehend darauf verzichtet, Brechts Werk im Kontext seiner Biographie zu deuten. Wo Leben und Werk deutlich aufeinander verweisen, wird dies berücksichtigt, jedoch in dem Bemühen, die nötige Differenzierung der unterschiedlichen Textsorten nicht zu vernachlässigen. – Zur leichteren Orientierung ist dieser Abriß nach den wichtigen Aufenthaltsorten Brechts gegliedert.

1.1 Augsburg, München (1898-1918)

Die ersten Lebensjahre des Eugen Berthold Friedrich Brecht in Augsburg entsprechen einer deutschen Kindheit um 1900 in vielfacher Hinsicht. Er wächst auf in der materiellen Sorglosigkeit einer wilhelminischen Bürgerfamilie. Augsburg zählt um die Jahrhundertwende 90 000 Einwohner und bildet das Zentrum Bayrisch-Schwabens. Der Vater Berthold Friedrich Brecht (1869-1939) ist Sohn eines Lithographen und katholisch; er stammt aus dem badischen Achern. Sein Beruf hat ihn 1893 nach Augsburg geführt, wo er zunächst als Angestellter in der Haindlschen Papierfabrik arbeitet. Im Mai 1897 heiratet er Sophie Brezing (1871-1920), Tochter eines kleinen Bahnbeamten aus dem Württembergischen und evangelisch. Am 10.2.1898 bringt sie ihren ersten Sohn zur Welt. Seinen Rufnamen Eugen erhält das Kind vom jüngeren Bruder der Mutter, in der Region »Aigihn« ausgesprochen. Im Juni 1900 wird der zweite Sohn

Walter geboren. Die Familie bezieht daraufhin eine größere Firmenwohnung außerhalb des Stadtzentrums in der Bleichstraße 2 und 1901 erhält der Vater Prokura, hat somit eine führende Position bei Haindl. Während er morgens »ins Geschäft« geht, versorgt die Mutter mit wechselnden Dienst- und Kindermädchen den Haushalt.

Nach den ersten vier Volksschulklassen wird Brecht im September 1908 in die Sexta des Königlichen Realgymnasiums aufgenommen. Hier lernt er die Freunde kennen, die später die »Brecht-Clique« bilden. Über die Jungenstreiche, die Nachbarn, die Verwandten und die ersten Ferienreisen in eine nahe Försterei berichtet der Bruder Walter sehr ausführlich (Walter Brecht 1984). Gablers Taverne ist der verwegenste Ort, an dem sich der Jugendliche aufhält. Brecht wird evangelisch erzogen, die Mutter möchte das gerne, und im März 1912 wird er konfirmiert.

Als umfangreichste autobiographische Aufzeichnung der frühen Augsburger Zeit gilt Brechts Tagebuch aus dem Jahre 1913. Es ist mit »No. 10« beziffert und legt die Vermutung nahe, daß weitere Tagebücher des Schülers Brecht existiert haben, vermutlich aber verloren gegangen sind. Als einziges zusammenhängendes Dokument für die Zeit vor dem ersten Weltkrieg gibt das Tagebuch detailliert Auskunft über das, was den Obertertianer bzw. Untersekundaner in der Zeit vom 15.5. bis zum 25.12.1913 beschäftigt. Wenig ungewöhnlich sind die eher homophilen Neigungen des Puberilen, seine Angst und die rührende Sorge um den kranken Vater, der sich in einer Münchner Klinik einige Magengeschwüre entfernen lassen muß. Im Hinblick auf seine spätere Entwicklung bedeutsam erscheinen schon eher die zahlreichen verstreuten Lektürehinweise, beispielsweise auf Friedrich Hebbels *Ästhetische Schriften*, Richard Dehmel, Detlev von Liliencron oder Emil Verhaeren. Erstaunlich sind vor allem die enormen Anstrengungen und die selbstgewisse Hartnäckigkeit des Fünfzehnjährigen, unter allen Umständen ein Dichter zu werden: »Zu Dramen habe ich die Kraft noch nicht« (26,18), gesteht er sich ein, entwirft trotzdem »viele Pläne« und kündigt an, »in allen Sprachen« dichten zu wollen (26,86 u. 88). Zahlreiche Stückübersichten, Szenenentwürfe, Romanideen und nahezu 80 Gedichte belegen deutlich seine forciert literarischen Ambitionen. Brecht probiert, er variiert gleiche Themen mit unterschiedlichen literarischen Ausdrucksmitteln, ohne eine Gattung zu bevorzugen, und bedient sich dabei fleißiger Lektüre.

Ihrem gemeinsamen Drang nach »Öffentlichkeit« verleihen Brecht und einige eng befreundete Mitschüler Ausdruck in einer hektographierten Schülerzeitung mit dem Titel *Die Ernte*. Brecht steuert zu den sechs Heften insgesamt vierzehn Texte bei (hauptsächlich Kurzprosa und Gedichte), die er – noch unentschlossen über das wirkungsvollste Pseudonym – mit unterschiedlichen Kombinationen seiner Vornamen und des Nachnamens zeichnet: Bertold Eugen, E. B., Eugen Brecht u.a. Im Januar-Heft 1914 erscheint sein erster abgeschlossener Einakter *Die Bibel* (1,7-15). – Eine Auflage von ca. 40 Exemplaren, 15 Pfennige das Stück, mag Brecht jedoch nicht gerade ermutigt haben, allzu viele Energien darauf zu verwenden; sein Engagement für diese eingeschränkte Öffentlichkeit bleibt letztlich eher gering. Nur wenige Nummern erscheinen, bevor die kleine Gruppe die Lust verliert. Insgesamt hat es sechs Hefte gegeben (1-4, 6-7; vgl. Hillesheim/Wolf, Hg., 1997).

Da es ein nicht zu überschätzendes Motiv für ambitionierte junge Literaten ist, sich gedruckt und weiter verbreitet zu sehen als in 40 Exemplaren, wundert es nicht, daß sich Brecht auch nach größeren Foren umsieht. Im August 1913 muß er allerdings seinem *Tagebuch* anvertrauen (in Stenokürzeln, damit es fremde Leser nicht zu leicht haben): »Erlebte auch dieser Tage meinen ersten Durchfall. Hatte das Gedicht *Feiertag* an die *Jugend* geschickt in voreiliger unüberlegter Weise. Bekam natürlich keine Antwort. Auch zwei Witze blieben unbeachtet. Ich schickte die Sachen nur fort, um Geld für einen Band Verhaeren zu bekommen. Nun ist's damit nichts.« (26,67; vgl. 26,65.)

Ein Jahr später, nach Ausbruch des ersten Weltkriegs im August 1914 treten scharfe Pressezensurgesetze in Kraft. Zahlreiche engagierte, literarisch-politische Zeitschriften, in denen gegen den Krieg offen angeschrieben wird, erscheinen entweder zensiert (*Die Zukunft*) oder müssen im Ausland weitergeführt werden (*Die weißen Blätter*). Für extrem patriotische Gefühle und kriegstreiberische Fanfarenpoesie bleibt jedoch in den größeren Tageszeitungen des Kaiserreichs genügend Raum. Der junge Brecht orientiert sich an diesem Markt, der seine dem Zeitgeist angepaßten, tendenziell chauvinistischen Texte abnimmt. Er verfaßt z.B. in den ersten beiden Kriegsmonaten für die *München-Augsburger Abendzeitung* sieben Berichte, jeweils mit *Augsburger Kriegsbrief* überschrieben und dem Entstehungsdatum versehen (21,10-12, 13-22 u. 28-33). Der darin beschworene Krieg sichert die rasche Publikation und seine Auftraggeber sind zufrieden. Sprachliche Muster für eine lyrische Behandlung (vgl. *Der Kaiser*, 13,76; *Der Geist der Emden*, 13,79) findet er bei Detlev von Liliencron, den er in dieser Zeit liest und der stilistischer Pate vieler Balladen (vgl. *Bannerlied*, 26,34) in Brechts *Tagebuch No. 10* ist. – Auf die Idee, es einigen seiner Mitschüler gleichzutun und sich freiwillig zum Militärdienst zu melden, kommt der Sechzehnjährige allerdings nicht. Gesundheitliche Gründe mögen dazu beigetragen haben: die frühen Tagebuchaufzeichnungen (z.B. 26,9f. u. 14) und viele spätere Äußerungen belegen, daß Brecht von Jugend an hochgradig herzneurotisch ist (vgl. Pietzcker 1988). Er steht unter ständiger ärztlicher Beobachtung, und vermutlich ist es diesem Umstand und allerlei Aktivitäten seines Vaters zu verdanken, daß er vom Kriegsdienst dauerhaft verschont bleibt.

Hinzu kommt seine sich allmählich entwickelnde Fähigkeit, zwischen literarisch tradierten Attitüden, dem gereimten Pathos der Heldengesänge und der Realität des ersten Weltkriegs zu unterscheiden: Brechts leichtfertiger Umgang mit den zeitgemäßen Schlagworten von Ehre, Opfer, Vaterland und nationaler Existenz ändert sich, wohl spätestens unter dem Eindruck der »Materialschlachten« und Stellungskämpfe an der Westfront im Jahre 1916, in denen Hunderttausende in kürzester Zeit sterben. (Außerdem ist er mittlerweile 18 Jahre alt und es muß erneut festgestellt werden, daß er untauglich ist.) Beim Standard-Aufsatzthema über den Horaz-Vers »Dulce et decorum est pro patria mori« hat er im Sommer 1916 die erwünschte Standard-Antwort über den süßen und ehrenvollen Tod für das Vaterland nicht parat, sondern schreibt: »Nur Hohlköpfe können die Eitelkeit so weit treiben, von einem leichten Sprung durch das dunkle Tor zu reden, und auch dies nur, solange sie sich weit ab von der letzten Stunde glauben.« (Müllereisert 1949; 1994, S. 128.)

Wegen dieses »ungebärdigen Aufsätzleins« muß er eine »kleine schmerzhafte Dimissionsandrohung« in Kauf nehmen, wie er selbst es umschreibt, nachdem er dem Schulverweis knapp entgangen ist und – von den Briefstellern im Stich gelassen – einen Einstieg sucht für seinen ersten (erhaltenen) Liebesbrief vom Juli 1916. Er ist an Therese Ostheimer gerichtet und dokumentiert den Anfang einer fast zweijährigen, unerfüllten Liebe (vgl. Gier 1988). »Ich verzichte darauf, mich Ihnen vorzustellen«, schreibt der Verlegene. Er sei kein »Nächstbester«, nein, schon eher ein Dichter, auch wenn er einräumt, daß das nicht auf Anhieb deutlich sein möge. Da aber die *Augsburger Neuesten Nachrichten* gerade (13.7.) sein Gedicht *Das Lied von der Eisenbahntruppe vom Fort Donald* abgedruckt haben (11,308f.), und zusammen mit der Schulaffäre, kann er davon ausgehen, den meisten in seiner Umgebung kein Unbekannter zu sein.

Mädchen haben bis dahin für Brecht keine Rolle gespielt; offensichtlich hat ihn das Schreiben zu sehr in Anspruch genommen (vgl. *Die Geschichte von einem, der nie zu spät kam*, 19,10-12). Sein Leben ist bis dahin eingebettet in Familie, Schule und die Beziehungen zu den Schulfreunden. Das Jahr 1916 bedeutet auch hier einen Einschnitt: er beginnt sich zu verlieben und von da an immer wieder in mehrere Frauen gleichzeitig. Seine Briefe und Tagebuchnotizen sowie die Erinnerungen der Freunde überliefern eine ganze Reihe früher Affäiren, in die Brecht sich verstrickt und die er auch in autobiographisch gefärbter Jugenddichtung aufbewahrt: sein erfolgloses Werben um Therese Ostheimer, Sophie Renner, Ernestine Müller (vgl. *Romantik*, 13,97f.), aber auch um Marie Rose Aman (vgl. *Erinnerung an die Marie A.*, 11,92f.), die Medizinstudentin Hedda Kuhn (vgl. *Von He. 9. Psalm*, 11,22) und nicht zuletzt um die Arzttochter Paula Banholzer. (Erst nach mehr als einem Jahr entwickelt sich zu ihr eine intensive Beziehung. Brecht nennt sie »Bi« oder »Bittersweet«, möglicherweise aus der Erinnerung an eine Frauenfigur in Paul Claudels Stück *Der Tausch*.)

Das – in der Kriegszeit übliche – »Notabitur« vor Ostern 1917 befreit ihn von den Zwängen des Wilhelminischen Gymnasiums, und zusammen mit seinen Freunden (Caspar Neher, Rudolf Prestel, Georg Pfanzelt, Otto Müller u.a.) erlebt Brecht einen unbeschwerten Kriegssommer. Neben den zahlreichen Jugendlieben spielen diese Freunde die zentrale Rolle. Denn die Intimität der Zweisamkeit scheint ihm verdächtig, und es ist eigentümlich, daß alle Frauen übereinstimmend von seiner Schüchternheit berichten. Gar nicht davon betroffen sind hingegen die nächtlichen Streifzüge der »Brecht-Clique« mit Klampfe und Lampions durch Augsburg. Vor allem mit seinem engsten Freund Caspar Neher (geb. 11.4.1897), Cas genannt, der sich freiwillig zum Kriegsdienst gemeldet hat und in diesem Sommer beurlaubt ist, arbeitet Brecht nun parallel an mehreren Stückprojekten: z.B. soll eine *Sommersinfonie* (10,11-15; Brief 12) entstehen, ein Stück über Alexander den Großen – *Alexander und seine Soldaten* (10,320f.; Brief 18) – und ein *Oratorium* (10,7-10). Gedichte wie *Caspars Lied mit der einen Strophe* (13,99f.) oder *Die Legende der Dirne Evlyn Roe* (13,102-104) produziert Brecht nebenbei. Keines der annoncierten Dramen, Filmdrehbücher oder Libretti dieses Jahres ist zu Ende gebracht worden, statt dessen wächst die Zahl weiterer Ideen und dazu skizzierter Entwürfe immer mehr.

Im Herbst 1917 schreibt sich Brecht an der Philosophischen Fakultät der Universität München ein. Nach dem Abitur das Studium aufnehmen zu können und nicht an die Front geschickt zu werden, gelingt nur wenigen jungen Männern; die Hörsäle sind voll von Frauen oder aber Kriegsversehrten und Krüppeln. Mit dem zweiten Semester beginnt Brecht im Frühjahr 1918 sicherheitshalber ein Doppelstudium, zusätzlich an der Medizinischen Fakultät – »eine Mords-Lauferei«, wie er an Paula Banholzer schreibt (Brief 41). Aber es gilt die Regel, daß Medizinstudenten nicht vor Beendigung ihrer

Ausbildung zum Kriegsdienst eingezogen werden. Brecht weiß, daß er erneut gemustert werden wird, nachdem er im Mai 1917 für ein Jahr zurückgestellt worden ist, und vermutlich verspricht er sich für diesen Termin etwas davon (neben seinen Herzbeschwerden).

Was ihn wirklich interessiert, sind nicht in erster Linie die Veranstaltungen zum Erreichen des Physikums: Brecht belegt 1917 bis 1919 Vorlesungen und Seminare bei Artur Kutscher, darunter vier Kollegstunden über literarische Kritik und »Praktische Theaterkritik mit Berücksichtigung des Spielplans« (Frisch/Obermeier 1986, S. 94). Kutscher ist ein wichtiger Vertreter der Münchner Literaten- und Theaterszene; er hat viele Kontakte (Erich Mühsam 1977, S. 171f.). Zu seinen begabtesten Schülern zählt der »Theaterprofessor« den jungen expressionistischen Dramatiker Hanns Johst (geb. 8.7.1890). Kutscher verschafft ihm sein Debut an den Münchener Kammerspielen mit dem Stück *Der Einsame* über den Niedergang Christian Dietrich Grabbes. Brecht reagiert auf den Erfolg des Stücks, das er für schlecht und überschätzt hält, nicht ohne Neid. Von dieser Eifersucht angespornt, beginnt er, eine »Antithese« zu verfassen: *Baal* entsteht (vgl. 1,507-511; vgl. hier S. 68f., 114f.).

Johst und Kutscher bilden gleich zu Beginn des Studiums 1917 die »Reibungsflächen« für den jungen Augsburger: »Er hielt als erstes Semester ein so unmögliches Referat über Johsts Roman *Der Anfang*, wie ich es noch nicht erlebt hatte«, mit Behauptungen, die Kutscher als »stilkritische Monstra« erscheinen. Nachdem Brecht sein erstes Stück abgeschlossen hat und für vorzeigbar hält, »schüchtern und selbstbewußt« dem Professor überreicht (Kutscher 1960, S. 73) und dieser sich dazu geäußert hat, kommentiert Brecht im August 1918: »Er hat mir etwas über den *Baal* geschrieben. Zum Speien! Es ist der flachste Kumpan, der mir je vorgekommen ist.« (Brief 49.) Doch der Reiz, bei Kutscher mit interessanten Leuten zusammenzutreffen, ist groß: im Sommer 1917 gehört z.B. Ernst Toller zu den Teilnehmern an Kutschers Seminar, für das u.a. Thomas Mann zu Lesungen geladen ist (vgl. Thomas Mann 1981, S. 656f.); von Brecht geschätzte Autoren wie Klabund oder Wedekind sind dort »zum Anfassen«. Dafür erträgt der gerade 19jährige die nicht ganz einfache Situation. Michael H. Siegel hat sie 1919 in einer Karikatur für Kutschers Gästebuch eingefangen: Kutscher als Glucke hält die Flügel schützend um das Ei, aus dem gerade das Kücken Johst schlüpft, und sitzt auf mehreren anderen, mit Namen wie Klabund und Arnold Zweig beschrifteten Eiern: aus dem Ei Brecht schlüpft ein »häßliches Entlein«.

München ist vor dem ersten Weltkrieg das wichtigste Künstlerzentrum Deutschlands und ein kultureller Gegenpol zum preußischen Berlin. Während des Semesters wohnt Brecht jetzt dort, die Wochenenden und die Ferien verbringt er in Augsburg, in der vertrauten Atmosphäre der Heimatstadt und bei nächtlichen Umzügen mit den Freunden. Zur Schwabinger Literaten- und Theaterboheme findet er anfangs keinen Zugang. Vermutlich ist er zu jung und unbekannt, um in der Torggelstube, dem Café Leopold oder in den zu dieser Zeit einschlägigen Lokalen in der Türkenstraße Beachtung oder sogar Freunde zu finden. Entsprechend beurteilt er die Stadt als »amüsant«, die Leute als »entsetzlich« (Brief 38). An Caspar Neher schreibt er: »Mit Widerwillen erfüllt mich nur die zeitgenössische junge Kunst. Dieser Expressionismus ist furchtbar. Alles Gefühl für den schönen runden, oder prächtig ungeschlachten Leib welkt dahin wie die Hoffnung auf Frieden. Der Geist siegt auf der ganzen Linie über das Vitale. Das Mystische, Geistreiche, Schwindsüchtige, Geschwollene, Ekstatische bläht sich und alles stinkt nach Knoblauch.« (Brief 43.) In bewußter Opposition zur Münchner Boheme inszeniert sich Brecht streitbar und proletarisch. Bei Kutscher wie bei seinen Mitstudenten gilt er als »Flagellant und Prolet«. Ambitioniert und fleißig im Schreiben, ansonsten frech und unkonventionell, bemüht sich Brecht, eine eigene Sprache zu finden, weniger kopflastig, weniger vergeistigt, dafür sinnlich und lebensbezogen.

Brechts Poesie in diesem letzten Kriegsjahr ist von eigenartiger Unbeteiligtheit an den Ereignissen der Zeit. Selbstbeschäftigt und ganz konzentriert auf die Fertigstellung des *Baal*-Manuskripts, lebt er scheinbar sorglos in den Tag. »Mein Da-Sein ist ohne Organisation! Ich bin faul und müd und gelangweilt. Ich liege immer auf dem Bett und denke an Kanada und blauen und brausenden Himmel!« berichtet er Neher im August 1918 (Brief 48). Am leichtesten fallen ihm noch Gedichte, etwa *Gegen Verführung* (11,116).

1916 ist dem Primaner die Schülerin Paula Banholzer aufgefallen (geb. 6.8.1901). Im Juni 1917 meldet er: »Die Geschichte mit Paula ging unrühmlich und lächerlich aus«; er zieht sich vorläufig in sein Mansardenzimmer über der elterlichen Wohnung zurück und schimpft, gemeinsam mit Freund Cas, »über die Weiber« im allgemeinen und den »Handelsschüler«, der ihn »ersetzt« hat, im besonderen (Brief 12). Doch zwei Monate später schreibt er wieder an seine »Angebetete«, den »leuchtenden Mittelpunkt« (Brief 14). Im Herbst 1918 wird Bi Banholzer, gerade 17 Jahre alt, schwanger, was sich im Januar 1919 nicht mehr verheimlichen läßt. Karl Banholzer, der seiner Tochter schon verübelt, daß sie sich mit einem »Künstler« angefreundet hat, reagiert sofort: er nimmt sie kurzerhand von der Schule und schickt sie ins Allgäu. Brecht ist weiterhin mit *Baal* beschäftigt und mit *Spartakus* (später *Trommeln in der Nacht*), entschlossen, Geld zu verdienen (mehrmals fällt die Zahl 10 000 Mark, die er sich von einem seiner Stücke erhofft; vgl. Brief 56), und willens, zu heiraten. Aber auch das lassen die Eltern Banholzer nicht zu. Frank Banholzer – sein Vorname ist eine Hommage an den ein Jahr zuvor gestorbenen Frank Wedekind – wird am 30.7.1919 in Kimratshofen bei Kempten geboren (er stirbt 1943 im zweiten Weltkrieg; vgl. auch Banholzer 1981.)

1.2 Augsburg, München und Berlin (1918-1924)

Nach der Initialzündung in Deutschland, dem Kieler Matrosenaufstand vom 3.11.1918, kommt es wenige Tage später auf der Münchener Theresienwiese zu einer spontanen Friedenskundgebung der SPD und der USPD. Österreich hat bereits kapituliert und das deutsche Militär steht vor dem Zusammenbruch. Zehntausende strömen in die Innenstadt, wo der USPD-Führer Kurt Eisner eine Münchener Republik proklamiert. Die revolutionären Ereignisse greifen auf Berlin und bald auf ganz Deutschland über. In der Hauptstadt übernimmt ein revolutionärer »Rat der Volksbeauftragten« aus SPD und USPD die Regierungsgeschäfte, an seiner Spitze Friedrich Ebert. Mit der Kapitulation Deutschlands endet der erste Weltkrieg. »Alle Macht den Räten!« heißt die Losung, wenigstens für einige Monate, in denen der Kaiser und die deutschen Fürsten gestürzt werden und das wilhelminische Herrschaftssystem zerschlagen wird. Dennoch: Die deutsche Revolution ist eine Episode. Sie versackt in ideologischen Querelen und wird schließlich zur Strecke gebracht durch die Komplizenschaft von Sozialdemokratie und bewaffneter Reaktion (»Ebert-Groener-Pakt«, die Freikorps des Reichswehrministers Gustav Noske). Die Morde an Rosa Luxemburg und Karl Liebknecht im Januar in Berlin, an Eisner im Februar 1919 sind Symbole einer Welle des »weißen Terrors« am ruinösen Beginn einer deutschen Republik.

Während Literaten wie Oskar Maria Graf, B. Traven (d.i. Ret Marut), Gustav Landauer, Erich Mühsam oder auch der junge Ernst Toller offensiv Stellung nehmen und aktiv in die bayerische Politik einzugreifen versuchen (vgl. Viesel 1980), hält sich Brecht im Hintergrund. Mit seinem zwei Jahre jüngeren Freund Hanns Otto Münsterer (geb. 28.6.1900) hört er sich nur an, was die verschiedenen Parteien zu sagen haben (vgl. Münsterer 1980, S. 166-171).

An Paula Banholzer schreibt der werdende Vater im April 1919, als die Rätebewegung auch Augsburg erreicht: »Übrigens bin ich vollens ganz zum Bolschewisten geworden. Freilich bin ich gegen jede Gewalt, und da ich hier Einfluß habe, kann ich da einiges tun. Jetzt wird Widerstand mit allen Mitteln organisiert – aber wenn ihr hört, daß Augsburg nicht gekämpft und Blut vergossen hat, dann kannst Du sicher sein, daß ich, ganz hinten stehend und den meisten unsichtbar, sehr darum verdient bin. Einmal wird die Räterepublik doch durchdringen. Na, zu Wichtigerem!« (Brief 65.) Es gibt widersprüchliche Angaben darüber, ob Brecht während der Revolutionsmonate Mitglied der Räte oder der USPD gewesen ist (vgl. Frisch / Obermeier 1986, S. 114-125). Feststeht, daß er vom 1.10.1918 bis 9.1.1919 als Militärkrankenwärter in der Station D (Dermatologie) eines Augsburger Reservelazaretts gearbeitet hat; er berichtet 1928, am 10. Jahrestag zu den Ereignissen befragt, er sei, von anderen dazu gedrängt, dort »Soldatenrat« gewesen, geprägt von einem »Mangel an politischen Überzeugungen« und seinem »alten Mangel an Begeisterungsfähigkeit« (*Nachdruck verboten!*, 21,250f.). Zum erstgenannten Mangel paßt, was Münsterer, ebenfalls im April 1919, in seinem Tagebuch festhält: »Brecht setzte uns viel über den Vorteil einer Räterepublik auseinander. Er kann überhaupt gut überzeugen. Einmal sagte er: ›Der Bolschewismus ist eine Krankheit, die überwunden werden wird, nur gehen wir vorher zu Grunde.‹« (Münsterer 1980, S. 173.) Sicher ist, daß er immer wieder Veranstaltungen, etwa im Augsburger Ludwigsbau, besucht und über die gehaltenen Reden eifrig Notizen anfertigt. »Die Revolution [...] interessierte mich nicht mehr, als der Vesuv einen Mann interessiert, der darauf seinen Suppentopf stellen will« (24,20), erinnert er sich später.

Brecht beobachtet die Revolutionsereignisse indes – aus gebührender Entfernung – recht neugierig und genau, sollen sie doch zum »Milieu« eines Stücks werden: Die eilig eingeleitete Umstellung der Kriegsindustrie auf zivile Produktion, die Schwierigkeiten der Kriegsheimkehrer, die Berliner Straßenkämpfe im Zeitungsviertel mit der Besetzung der Verlage Mosse und Ullstein usw. verarbeitet er in einem schnellen Entwurf zu einem politischen Zeitstück: *Spartakus*. Mit diesem neuen und aktuellen Projekt wendet sich Brecht erstmals an Lion Feuchtwanger, der in diesen Jahren zu den meistgespielten zeitgenössischen Dramatikern seiner Heimatstadt München gehört und als Theaterkritiker seit langem für *Die Schaubühne* schreibt. »Der Spartakus scheint jetzt ins Rollen zu kommen. Feuchtwanger ist stark interessiert«, notiert sich Münsterer am 8.4.1919 (Münsterer 1980, S. 172). Dieses Interesse ist mit einer eigenen Arbeit verbunden; Feuchtwanger hat gerade *Thomas Wendt. Ein dramatischer Roman* fertiggestellt, ein Stück, das »das Schicksal eines Schriftstellers zum Gegenstand hat, der die Revolution führt, aber schließlich angewidert zu seiner Schriftstellerei zurückkehrt. Dieses Buch, in seinem vorgeahnten Detail von der Wirklichkeit schmerzlich bestätigt, oft nachgeahmt, ein Glaubensbekenntnis des nicht aktivistischen Schriftstellers, geht von der Tatsache aus, daß der Handelnde niemals Gewissen hat, sondern nur der Betrachtende.« So schreibt Feuchtwanger in einer *Selbstdarstellung* am 27.1.1933 rückblickend in der *Literarischen Welt* (Feuchtwanger 1984, S. 360). Als Brecht ihn aufsucht, ist Feuchtwanger zudem dramaturgischer Berater der Münchener Kammerspiele, protegiert das *Spartakus*-Manuskript und seine Frau Marta rät zur Änderung des Titels in *Trommeln in der Nacht.* »Der Doktor, der mich ›entdeckt‹ hat, scheint gute Arbeit zu tun«, meldet Brecht an Paula Banholzer (Brief 65).

Feuchtwanger in München gegenüber inszeniert sich Brecht als Lohnschreiber, der das Stück »ausschließlich des Geldverdienstes wegen verfaßt« haben will, wie sich dieser 10 Jahre später erinnert, als er für englische Zeitungen *Bert Brecht. Dargestellt für Engländer* schreibt und das Original in der *Weltbühne* vom 4.9.1928 unterbringt (Feuchtwanger 1984, S. 541). Brecht vermittelt damit den Eindruck nach außen, den er in dieser Zeit von sich selbst zu haben scheint: er weiß, daß er im Sommer 1919 Vater werden wird und noch immer finanziell abhängig ist von seiner Familie, die seine Ambitionen, ein Dichter werden zu wollen, zwar beargwöhnt, doch nicht ernsthaft beschneidet. Der Gefahr einer traditionellen Berufsausbildung ist er durch den Status »Student« zunächst entgangen. Er ist ab Ende 1918 nur noch an der medizinischen Fakultät eingeschrieben – im Sommer 1921 wird er nochmals und nun gefahrlos zur Literatur wechseln. Seine Schwierigkeiten sind tatsächlich in erster Linie finanzieller Art.

Aus diesem Grunde denkt Brecht ab 1920 auch darüber nach, Augsburg ganz zu verlassen. Die Stadt wird immer uninteressanter, auch mit der »Brecht-Clique« ist es im Grunde vorbei. Er ist überzeugt von den eigenen Möglichkeiten, literarischen Erfolg zu haben, und gleichzeitig davon, daß nahezu alle für ihn wichtigen Leute in München oder gar in Berlin leben. So korrespondiert er zunehmend geschäftlich, als Manager seiner eigenen Texte. Daneben reist er vorläufig weiter zwischen Augsburg und München hin und her, arbeitet unermüdlich und versucht, möglichst viele seiner Texte bei Zeitungen und Zeitschriften unterzubringen. Als Lokalfeuilletonist ist er in der Hauptsache tätig für die Augsburger Tageszeitung *Der Volkswille*, das Organ der USPD, später der KP im bayerischen Schwaben, das zwischen Oktober 1919 und Januar 1921 insgesamt 26 Beiträge von ihm, zumeist kompromißlos ungnädige Theaterkritiken, druckt. Die Besprechung einer Aufführung von Friedrich Hebbels *Judith* im Stadttheater am 12.1.1921 trägt ihm schließlich eine Beleidigungsklage sowie die Verurteilung zu 100 und zu 150 Mark Geldstrafe ein, die er auch in insgesamt 25 Tagen »absitzen« könnte (vgl. 21,97f.). *Der Volkswille* stellt am 13.1.1921 – nicht des Artikels wegen – sein Erscheinen ein und Brecht verzichtet für fast zwei Jahre ganz auf publizistische Aktivitäten, des Geldverdienens wegen.

Einen entscheidenden Schritt unternimmt Brecht am 21.2.1920: er reist mit dem Nachtzug erstmals nach Berlin, um dort mehr als drei Wochen lang für seine Arbeiten zu werben und Kontakte zu wichtigen Verlags- und Theaterleuten zu knüpfen. Unmittelbarer Ertrag dieser Eisenbahnfahrt ist ein Gedicht, das der Zweiundzwanzigjährige unter dem Titel *Sentimentales Lied No. 1004* in sein Notizbuch schreibt und später als *Erinnerung an die Marie A.* (11,92f.) veröffentlicht. Nach seiner Rückkehr berichtet er Caspar Neher überschwänglich von dieser Reise, die jedoch nicht den erwarteten Erfolg gebracht hat: vor allem für *Baal* kann sich weder ein Verlag noch ein Theater entscheiden. In München läßt zwar in diesem Jahre 1920 der Georg Müller Verlag das Stück setzen und will es in 600 numerierten Exemplaren erscheinen lassen; nachdem aber mehrere Titel klassischer Erotica aus dem Verlagsprogramm von der Zensur beschlagnahmt worden sind, wird befürchtet, daß dies auch bei Brechts Erstling geschehen könnte, und so werden nur ein paar Exemplare für den Autor hergestellt. Die erste Buchausgabe in 800 Exemplaren erscheint erst 1922 bei Kiepenheuer in Potsdam, der Anfang 1923 – nach der Verleihung des Kleist-Preises an Brecht im vorangegangenen November – eine Neuausgabe nachschiebt; uraufgeführt wird *Baal* am 8.12.1923 in Leipzig.

Am 1.5.1920 stirbt die Mutter Brechts nach langjähriger Krankheit. Mit ihr geht eine weitere entscheidende Bindung an Augsburg verloren. Ein kleines Gedicht (*Als sie nun aus war*, 13,177) und einige Zeilen im Notizbuch sind die überlieferten Zeichen der Trauer (vgl. 26,116f.).

Das kurz darauf einsetzende Tagebuch des Zweiundzwanzigjährigen hat einen einzigen Zweck, nämlich die Dokumentation eines riesigen Pensums an Leben und Arbeit (26,119-172). Der Anfang ist oft zitiert: »Es ist windstill um mich: ich könnte die Segel flikken. Aber es lohnt nicht, sich mit mir zu beschäftigen. Ich habe Zahnweh und mache ein schlechtes Stück (zum vierten Mal!)«, notiert Brecht am 15.6.1920 (26,121). Die Aufzeichnungen der Jahre 1920 und 1921 zeigen, daß sein ausgeprägtes literarisches Selbstbewußtsein immer wieder durch Selbstzweifel bedroht wird. Vor allem

Trommeln in der Nacht, und hier den letzten Akt, sowie einige Szenen des *Baal* arbeitet er ständig um, ohne daß er den Eindruck bekommt, es geschafft zu haben. Was er sucht, ist die Anerkennung von Leuten, von denen er meint, sie verstünden etwas vom Theater und von Literatur. Seinem Verdruß über mangelnde Anerkennung begegnet er mit realen Fluchtgedanken oder der imaginierten Sehnsucht: »Wie mich dieses Deutschland langweilt! [...] ein verfetteter Mittelstand und eine matte Intellektuelle! Bleibt: Amerika!« (26,121.) Immer deutlicher wird ihm die Lösung von den Freunden, die er zwar in seine Projekte einzubeziehen versucht, die sich jedoch zunehmend anders orientieren. Amerika gilt Brecht zu dieser Zeit als Inbegriff der Modernität. Bereits 1919 führt er das Projekt einer einaktigen Oper *Prärie* aus (1,329-341); 1920 liest er Upton Sinclairs Roman *Der Sumpf* (vgl. *»Don Carlos«*, 21,59), 1921 den Chikagoroman des Dänen Johannes V. Jensen *Das Rad* (26,262), die ihm Anregungen bieten für ein neues Stück *Im Dickicht*, an dem er im September 1921 zu arbeiten beginnt (26,237; vgl. 1,343-435).

Doch es gibt auch etwas, das für Augsburg spricht: als Frank Banholzer rund acht Wochen alt ist und von seiner Mutter in Kimratshofen versorgt wird, tritt Ende September 1919 die Sängerin Marianne Zoff (geb. 30.6.1893) ihr Engagement an der Oper des Augsburger Stadttheaters an; ab Oktober schreibt Brecht seine Kritiken über die Inszenierungen des Schauspiels für den *Volkswillen*. Er soll in einer (bislang nicht ermittelten) Besprechung »weniger ihre Stimme als vielmehr ihre Beine gelobt« haben (Fleißer. In: Frisch / Obermeier 1986, S. 165; vgl. Fleißer, Band 4, S. 487f.), woraufhin sie sich beschwert hat. »Er ist in meine Garderobe gekommen und hat mir Komplimente gemacht. [...] Er lobte meine Stimme, meine Darstellung [...]«, erinnert sich Marianne Zoff und beginnt, »diesen schwäbelnden Eindringling sympatisch zu finden« (Zoff. In: Banholzer 1981, S. 157f.), ohne sich von ihrem gegenwärtigen Partner Oskar Camillus Recht – einem Kaufmann, der allerlei dubiose Geschäfte tätigt – lösen zu können. Die Tagebücher der Jahre 1920-1922 und Brechts Briefe an Marianne Zoff dokumentieren die Auseinandersetzungen der Herren Recht und Brecht bzw. den »Roman« um Marianne (26,196, 206 u. 208). Im Mai 1921 steht sie letztmalig in Augsburg auf der Bühne und nimmt für die kommende Spielzeit ein Engagement nach Wiesbaden an. Mitte Oktober besucht Brecht sie dort, bevor er am 7.11.1921 zum zweiten Mal nach Berlin fährt, nun für mehr als fünf Monate (bis 26.4.1922).

Wieder sind es die Verlage (Drei Masken, Kiepenheuer, Reiß, Propyläen), die Theater und einzelne Schauspieler, mit denen er verhandeln möchte. Daneben arbeitet er weiter an seinen Stücken (vor allem am *Dickicht*), plant für die Schauspielerin Tilla Durieux *Die Päpstin Johanna* (10,163-175), schreibt Gedichte, kurze Prosa, entwickelt Pläne für Filme, um finanziell unabhängig zu werden. Durch die Personen, die er bereits kennt, lernt er neue kennen, so insbesondere Arnolt Bronnen (1895-1959) und Herbert Jhering (1888-1977), den einflußreichen Theaterkritiker vom *Berliner Börsen-Courier*.

Mit Brecht und Bronnen tun sich zwei zusammen, die beide noch nicht da sind, wo sie hinmöchten: auf die Bühne. Brecht will den Anfang machen und Bronnens Stück *Vatermord* (1920) an der »Jungen Bühne« inszenieren, ist aber bald mit dem gesamten Ensemble, allen voran Heinrich George, völlig zerstritten und gibt auf (die Arbeit wird von Berthold Viertel weitergeführt). An der Freundschaft und Zusammenarbeit der beiden ändert das nichts.

Am 26.4.1922 fährt Brecht von Berlin nach Österreich (Marianne Zoff besucht dort ihre Eltern) und schreibt dabei (wieder einmal) ein Gedicht, *Ich, Bertold Brecht, bin aus den schwarzen Wäldern* und darunter: »26.4.22 nachts ½ 10 im Dezug« (13,241f.); er stellt es später unter dem Titel *Vom armen B.B.* an das Ende von *Bertolt Brechts Hauspostille* und schreibt sich auch im ersten Vers mit »t« (11,119f.). Während der Bahnfahrt will er, der sonst mit Bert zeichnet, seinen Vornamen offensichtlich »richtig« schreiben – die neue Form, die später zu Frotzeleien führt, ist noch nicht erfunden. Als sich nämlich Karl Kraus durch eine Kritik Herbert Jherings ungerecht behandelt fühlt (der schreibt u.a. durchweg »Karl Krauß« und »Bertolt Viertel«), kontert Kraus aus Wien:

> Man sagt, daß Herr Ihering ein verbissener Doktrinär jener Wallungen und Ballungen sei, denen durch einige Spielzeiten Regie und Literatur der neudeutschen Bühne unterworfen waren und die mir schon durch die Schreibart der Vornamen Arnolt und Bertolt verdächtig sind, jener beiden Fasolte des deutschen Expressionismus, die, als Bronnen und Brecht nur gemeinsam auftretend, wahrscheinlich zusammen nicht mehr als einen Wagnerischen Stabreim ausmachen. (*Die Fackel* 26. 1924. Nr. 649-656. Anfang Juni. S. 45.)

Nach dem Zwischenaufenthalt in Österreich zieht sich Brecht im Sommer 1922 in seine Dachkammer im Augsburger Elternhaus zurück, um die Texte zu überarbeiten oder fertigzustellen, die er den Berliner Verlagen versprochen hat, z.B. Hermann Kasack von Kiepenheuer: *Baal* und *Dickicht* gehören dazu sowie die *Hauspostille* (für die er die Titel vorhandener Gedichte in einem Inhaltsverzeichnis zusammenstellt; 11,277f.).

Oda Weitbrecht, einer Mitarbeiterin des Kiepenheuer Verlags, die erste Ergebnisse angemahnt hat, gesteht Brecht in diesen Tagen, daß er »so sehr faul« und »so leer wie eine ausgesoffene Flasche« ist: »Übrigens habe ich keinen Pfennig in der Tasche und darum denke ich mitunter darüber nach, ob mein Freund Kasack etwas dazu tut, daß ich den Kleistpreis kriege, was mich über Wasser höbe« – es genügte, wenn das in Berlin gebliebene Manuskript von *Dickicht* Herbert Jhering zugänglich gemacht würde, da der den *Baal* längst gelesen habe. Und Brecht behauptet: »Die ›Postille‹ kriegen Sie Mitte der nächsten Woche, sie ist komplett« (Brief 178; vgl. Mauritz/Weitbrecht 1990, S. 35).

Herbert Jhering ist Vertrauensmann der Kleist-Stiftung und reist Ende September 1922 nach München, wo an den Kammerspielen (durch Feuchtwanger vermittelt) am 29. die erste Uraufführung eines Brecht-Stücks stattfindet: *Trommeln in der Nacht.* Jhering schreibt seine ersten begeisterten Brecht-Kritiken: im *Börsen-Courier* nennt er den Abend *Eine literarische Sensationspremiere*, stellt den *Dramatiker Bert Brecht* vor, der »über Nacht das dichterische Antlitz Deutschlands verändert« habe, und lobt die Münchner, die mit dieser Aufführung »mehr für das deutsche Drama getan haben als in der letzten Zeit Berlin mit allen seinen Theatern zusammen« (Schwiedrzik 1990, S. 274-277). Nachdem er am 13.11.1922 »Berthold Brecht« als Preisträger bekannt gegeben hat, und zwar »für seine Stücke *Trommeln in der Nacht*, *Baal* und *Im Dickicht*« (Schwiedrzik 1990, S. 162), hat *Trommeln* am 20.12. im Deutschen Theater seine Berliner Premiere.

»Aber wie leben in Berlin, ich bin mit Vatern verkracht [...]«, hat Brecht im Sommer Oda Weitbrecht gefragt; er käme nicht voran mit den »Bargangeschichten« und Kasack schweige sich aus »wegen des Göstavorschusses« (Brief 180; vgl. Mauritz/Weitbrecht 1990, S. 36). Damit sind zwei weitere Projekte genannt: es scheint in Berlin eine Sammlung mit Geschichten verabredet worden zu sein nach dem Muster von Brechts Erzählung *Bargan läßt es sein* (19,24-37), die im September 1921 in der Münchener Zeitschrift *Der Neue Merkur* erschienen ist und auf die er von mehreren Seiten angesprochen wird (Brief 145). Das zweite Projekt ist die Dramatisierung von Selma Lagerlöfs Roman *Gösta Berling*; es zählt auch noch im Sommer 1924 zu den Plänen (10,176-232).

Nach dem Erfolg mit der Uraufführung von *Trommeln* wird Brecht Mitte Oktober von den Münchener Kammerspielen als erster Dramaturg und Regisseur engagiert – neben Feuchtwanger – und bekommt »eine Art von ›Dichter-Sold‹, ohne dadurch an eine feste Tätigkeit gebunden zu sein« (Zuckmayer 1976, S. 389).

Zehn Tage vor Bekanntgabe des Kleist-Preisträgers, am 3.11.1922, heiraten Brecht und Marianne Zoff. »Mar« ist (wieder) schwanger, am 26.3.1923 wird Tochter Hanne geboren. Kurz darauf entwirft Marianne Zoff ein Schreiben an Paula Banholzer; sie hat einen Brief Brechts an seine »Bi« entdeckt und gibt ihn »frei« (Zoff. In: Brecht, *Briefe an Marianne Zoff*, S. 86). Der Kontakt zu Paula Banholzer, seit Juli 1921 als Erzieherin in Nürnberg tätig, ist nicht abgerissen: er besucht sie dort im gleichen Monat am Geburtstag des gemeinsamen Sohnes, macht im Oktober bei ihr Station (auf dem Weg nach Wiesbaden), erfährt im November 1921, daß sie erneut schwanger ist, sich aber »selbst helfen« kann (26,233, 253 u. 259); zur Premiere von *Trommeln* kommt die Bi nach München (29.9.1922), tags darauf stirbt ihr Vater, der größte Gegner einer Heirat, die sie aber zu diesem Zeitpunkt nicht mehr will.

Im Frühjahr 1923 hält sich Brecht hauptsächlich in München auf, lernt u.a. bei Feuchtwanger die 22jährige Marieluise Fleißer kennen. Am 9.5. geht – wiederum in der bayrischen Metropole – die zweite Brecht-Uraufführung über die Bühne: im Residenztheater wird *Im Dickicht* gezeigt, in der Regie von Erich Engel. Auch die folgenden Aufführungen dieses Stücks werden von Tumulten begleitet, es kommt insgesamt zu nur sechs Vorstellungen. Während Herbert Jhering im *Berliner Börsen-Courier* die Inszenierung lobt und das Stück als richtungsweisend bezeichnet (12.5.1923), liest man am gleichen Tag im *Völkischen Beobachter* von Schmiererei und Aftermuse. Thomas Mann berichtet im dritten seiner *Briefe aus Deutschland* für die Zeitschrift *The Dial* (New York) im Juni: »Aber Münchens volkstümlicher Konservatismus war auf seinem Posten gewesen. Er duldete keine bolschewistische Kunst. Bei der zweiten oder dritten Aufführung legte er Verwahrung ein, und zwar in Gestalt von Gasbomben.« (Mann 1975, S. 289f.) Und Arnolt Bronnen, der im Juni 1923 nach München kommt, erinnert sich: »Die Situation in München wurde von Tag zu Tag weniger erträglich. Alle Freunde Brechts trugen sich mit Übersiedlungsplänen. Zum Antisemitismus kam [...] die separatistische Hetze. Brecht hatte damals zuerst das Wort ›Mahagonny‹ gefunden. Es war in ihm aufgetaucht, als er diese Massen braunbehemdeter Kleinbürger gesehen hatte [...]. ›Wenn Mahagonny kommt, geh ich‹, sagte Brecht zum Abschied.« (Bronnen 1976, S. 116.) Während er in diesem Sommer weiter an seiner *Gösta Berling*-Dramatisierung arbeitet, schreibt Brecht an Bronnen: »Mahagonny weist alle Bayern aus« (Brief 223). Im August fährt er nach Berlin, bearbeitet und inszeniert mit Bronnen Hans Henny Jahnns 1919 erschienenes Stück *Pastor Ephraim Magnus*, das am 23.8.1923 uraufgeführt wird. – Bronnen ist seit dem Vorjahr mit der Schauspielerin Gerda Müller liiert; sie spielt ab April 1923 am Berliner Staatstheater die Margarete in Goethes *Faust I.*;

die Rolle des Lieschen hat in dieser Inszenierung Leopold Jessners Helene Weigel übernommen (Hecht / Unseld, Hg., 1970, S. 103).

Während der Arbeit mit Bronnen an Jahnns Stück schreibt Brecht noch an seine »Liebe Marianne« nach Österreich, u.a. zwei typische Stichworte: »es ist hier seehhr langweilig« und »Kein Geld« (Brief 224). Nach München kommen andere, denen Brecht begegnet: z.B. Bernhard Reich als Oberregisseur an die Kammerspiele; er lebt mit der in Lettland geborenen Lehrerin Asja Lacis zusammen, die in St. Petersburg und Moskau studiert, am Zarensitz das Theater Wsewolod Meyerholds und während des ersten Weltkriegs in der späteren sowjetischen Hauptstadt die Theater Konstantin Stanislawskis und Alexander Tairows kennengelernt hat (vgl. Lacis 1976. Von Tairow erscheint in diesem Jahr bei Kiepenheuer *Das Entfesselte Theater. Aufzeichnungen eines Regisseurs*). Zur ersten persönlichen Begegnung Brechts mit Carl Zuckmayer kommt es ebenfalls in diesem Herbst 1923, nachdem Zuckmayer seine Stelle als Dramaturg am Münchener Schauspielhaus angetreten hat; in dieser Funktion hat er in der vorangegangenen Spielzeit am Stadttheater Kiel geplant, *Baal* uraufzuführen, das Projekt kommt aber nicht zustande. Auch die etwa gleichzeitigen Pläne mit *Baal*, die das Deutsche Theater in Berlin im Oktober 1922 hat, werden nicht realisiert. Dafür findet sich jetzt, Ende 1923, das Alte Theater in Leipzig bereit: ein paar Tage vor der Premiere am 8.12. unterbricht Brecht seine Arbeiten an *Im Dickicht* und *Leben Eduards des Zweiten von England* (das er zusammen mit Feuchtwanger begonnen hat) und fährt in die sächsische Messestadt. Dorthin begeben sich auch die beiden Berliner Großkritiker dieser Zeit, Herbert Jhering und Alfred Kerr, um anschließend über »Brechts genialische, szenische Ballade« zu schreiben (Jhering im *Berliner Börsen-Courier*, 9.12.1923) bzw. über den »im Lyrischen« Begabten, der aber als Dramatiker »ein schäumender Epigone« sei (Kerr im *Berliner Tageblatt*, 11.12.1923). – Der Leipziger Stadtrat erhebt Einspruch gegen die Inszenierung, der Theaterausschuß beschließt deren Absetzung, es bleibt bei der einen Aufführung.

Trotz der Ereignisse in München am 8. und 9.11.1923, des gescheiterten Hitler-Putsches, kehrt Brecht nochmals nach München zurück: *Dickicht* und *Eduard* müssen abgeschlossen werden – »ich habe kontraktlich zwei Stücke druckreif zu machen«, schreibt er nun an sein »Liebes Helletier«, wie er Helene Weigel, auf die Arnolt Bronnen ihn im August aufmerksam gemacht hat, mittlerweile nennt (Brief 234) –, außerdem hat er sich zur Inszenierung des *Eduard* an den Kammerspielen verpflichtet, womit er im Januar 1924 beginnt (Uraufführung: 19.3.; Asja Lacis assistiert bei der Regie und spielt »den jungen Prinzen Eduard«; Lacis 1976, S. 42).

Die zweiundzwanzigjährige Wienerin Helene Weigel (geb. 12.5.1900) ist nach ihrem ersten Engagement in Frankfurt a.M. im Sommer 1922 nach Berlin gekommen und hat ein Atelier nahe der Wohnung des Wieners Arnolt Bronnen bezogen. Die Vorzüge ihres »eigenen, ständig warmwasserversorgten Bades« und ihre »fürtreffliche Wiener Mehlspeisküche« genießt bald nicht nur der Landsmann (Bronnen 1976, S. 126). Für Brecht ergibt sich ein weiterer Grund, eine endgültige Übersiedelung nach Berlin ins Auge zu fassen. – Nachdem er Helene Weigel, die über Weihnachten ihre Eltern besucht, eigentlich schon zum Jahreswechsel 1923/24 in Wien treffen möchte oder noch lieber mit ihr für eine Woche nach Paris reisen würde (vgl. Brief 234), zieht es ihn nach der *Eduard*-Premiere für ein paar Tage zu ihr nach Berlin. Marieluise Fleißer erinnert sich: »Schon bald lernte er die Weigel kennen und sie wünschte sich von ihm ein Kind, was dem Brecht sehr imponiert hat. Das Kind wurde dann der Steff.« (Fleißer, Band 4, S. 487.) Stefan Sebastian Weigel wird am 3.11.1924 geboren.

Entsprechend ist die Beziehung zu Marianne Zoff, die sich bis zum Frühjahr 1924 mit der Tochter Hanne bei ihren Eltern in Österreich (Pichling bei Linz) aufhält und nur ab und zu nach München kommt, starken Schwankungen unterworfen: eifersüchtig schreibt Brecht ihr Anfang 1924, daß er sie nicht mehr sehen will, »solang Du bei ihm bist« (Brief 235). Danach entschuldigt er sich, daß er »etwas angestoßen gewesen« sei und daß sie doch wissen müsse, daß er sie »und Hanne herausgesucht habe« (Brief 245). Helene Weigel – im dritten Monat – wird über die Pläne der nächsten Wochen informiert, dann werden die Koffer gepackt und die Familie Brecht-Zoff reist für rund zwei Monate nach Italien, ist ab Mitte April auf Capri (vgl. Brief 241), ab 9. Mai in Positano (vgl. *Die Prozession in Capri*, 13,281). Das Ziel wird gewählt wegen einer Lungenerkrankung Marianne Zoffs. Verschiedene Bekannte sind ganz in der Nähe: Bernhard Reich und Asja Lacis sind nach Capri gekommen, damit die gemeinsame Tochter Daga eine Lungenentzündung auskurieren kann; Asja Lacis, die mit dem Kind länger bleibt als Reich, trifft Walter Benjamin, der dort an *Ursprung des deutschen Trauerspiels* arbeitet und die »bolschewistische Lettin aus Riga« im Juni »bemerkenswert« findet, im Juli von »einer der hervorragendsten Frauen, die ich kennen gelernt habe«, spricht (Benjamin 1978b, S. 347 u. 351). Gemeinsam verfassen sie den Artikel *Neapel* (Benjamin: *Gesammelte Schriften*. Band 4. Frankfurt a.M. 1972. S. 307-316), der am 19.8.1925 in der *Frankfurter Zeitung* erscheint (vgl. Lacis 1976, S. 45-55). In Positano macht auch Caspar Neher Urlaub (vgl. Reich 1970, S. 272-275). Zwischendurch findet Brecht

Gelegenheit, sich in Florenz mit Helene Weigel zu treffen (Völker 1971, S. 36), der er schon zu Beginn der Reise versichert: »Sei *nicht* blöd, kein Grund!!!« (Brief 241.)

Umgekehrt meint Brecht sehr lange, seine Beziehung zu Helene Weigel und den gemeinsamen Sohn verleugnen zu müssen. Um gleichzeitig seine eifersüchtigen Vorwürfe legitimieren zu können, nachdem er erfahren hat, daß Marianne Zoff (mit Tochter Hanne) und Theo Lingen zusammenleben, erklärt er noch im Juni 1926: »Helene Weigel, mit der ich sehr befreundet bin, wird von mir kein Kind bekommen [...]. Es wurde auch nie darüber gesprochen. Ich wünsche kein Kind mehr.« (Brief 336.) Marianne Zoff ist die Verliererin dieser Jahre, in denen Brecht sich nicht entscheiden will und wenig Rücksicht nimmt auf die Verletzungen, die sein Verhalten verursachen.

Anfang Juli 1924 kehrt Brecht nach Augsburg zurück, arbeitet in den folgenden Wochen u.a. an *Gösta Berling* weiter; möglicherweise wird er durch die schwedische Verfilmung des Romans mit der ersten bedeutenden Rolle für Greta Garbo, die in diesem Jahr in die Kinos kommt, abgehalten, seine Dramatisierung zu beenden. Vor allem aber halten ihn andere eigene Projekte davon ab: dazu gehören nach wie vor die *Hauspostille* und insbesondere ein neues Stück *Galgei* (aus dem später *Mann ist Mann* wird). Auch damit hat er einige Mühe, muß er doch in diesen Tagen »in der Kastanienallee« allein »promenieren« (Brief 252), ohne die Freunde, Mitarbeiterinnen, Helfer, Zuträger, von denen er sonst eine ganze Schar um sich versammelt und die er für seine Art, Literatur zu produzieren, dringend braucht. Er weiß, daß er sie nach der Sommerpause im Herbst in Berlin wieder treffen kann, und reist im September 1924 in die Hauptstadt, bezieht zunächst ein Zimmer in der Alsheimerstraße 4 in Steglitz und wird – zusammen mit Carl Zuckmayer – dramaturgischer Mitarbeiter am Deutschen Theater. Der erinnert sich, daß er in diesem Zusammenhang zu Brecht gesagt habe: »›Für dich ist das Kollektiv eine Gruppe von intelligenten Leuten, die zu dem beitragen, was einer will, nämlich du.‹ Er sagte mit seinem eigentümlich verschlagenen Lächeln: da hätte ich gar nicht unrecht.« (Zuckmayer 1976, S. 394.)

1.3 Berlin (1924-1933)

Das Zimmer in der Alsheimerstraße, das Deutsche Theater und das Staatstheater sind die Orte, an denen sich Brecht im Herbst 1924 hauptsächlich aufhält: am Deutschen Theater wird *Dickicht* geprobt (Premiere: 29.10.1924), am Staatstheater *Leben Eduards des Zweiten von England* (Premiere: 4.12.1924), gefolgt von den mittlerweile üblich gewordenen, unterschiedlichen Einschätzungen in den Feuilletons durch Herbert Jhering und Alfred Kerr.

Daneben ist Zeit, die Bekanntschaften, die Brecht bei seinen früheren Berlin-Aufenthalten gemacht hat, zu pflegen und zu intensivieren, neue Kontakte zu knüpfen: z.B. trifft er Dora Mannheim wieder, die er im März 1920 kennengelernt hat, und begegnet bei ihr im November 1924 Elisabeth Hauptmann. Sie wird schnell zur ersten von insgesamt drei wichtigen Personen, die mit dem Begriff »Mitarbeiterin« umschrieben werden (vgl. Wiedenmann 1988. Kebir 1997).

Die Arzttochter aus Westfalen ist 1918-1922 als Lehrerin in »Ostelbien« tätig gewesen; mit der Zeit fallen ihr »krasse feudale Zustände« auf den Gütern auf und »das elende Leben der Scharwerker [Fronarbeiter] und polnischen Saisonarbeiter in ihren Hütten und Baracken« (Hauptmann, Lebenslauf, 15.10.1949. EHA.). Rückblikkend schreibt sie lapidar: »Ging nach Berlin, um zu studieren, mußte das Studium aufgeben, um Geld zu verdienen. Fing an zu übersetzen und selber zu schreiben.« (Lebenslauf, 23.1.1950. EHA.) Die früheste überlieferte, möglicherweise vor der Bekanntschaft mit Brecht geschriebene Erzählung Hauptmanns, *Julia ohne Romeo*, wird unter dem Pseudonym Catherine Ux jedoch erst im August 1926 im Leipziger Magazin *Das Leben* erscheinen (Hauptmann 1977, S. 7-16). Weiter erinnert sie sich: »Nach verschiedenen Stellungen ab 1925 Mitarbeiterin Brechts an einer Reihe von Stücken.« (Lebenslauf, 20.10.1949. EHA.)

Brecht erreicht, daß der Kiepenheuer Verlag – der z.B. immer noch auf die *Hauspostille* wartet – Elisabeth Hauptmann engagiert und sie vorübergehend hauptsächlich dafür bezahlt, daß sie als seine Sekretärin tätig wird (vgl. Brief 259). Sein Hauptaugenmerk gilt in der kommenden Zeit, Ende 1924 / Anfang 1925, dem neuen Stück *Galgei*, dessen Konzeption umgestoßen wird und das nun den neuen Titel *Mann ist Mann* erhält. Neben Elisabeth Hauptmann arbeiten daran auch der langjährige Freund Caspar Neher, Bernhard Reich und Emil Hesse-Burri mit: die Ergebnisse dieser Zusammenarbeit sowie frühe *Galgei*-Szenen von 1920/21 bündelt Brecht vor Weihnachten 1925 als Geschenk für Elisabeth Hauptmann und schreibt dazu: »Das sind die Hauptmanuskripte des Lustspiels *Mann ist Mann* oder *Galgei* nebst dem viele Jahre vorher geschriebenen *Urgalgeianfang*. Ich schenke es am Ende des Jahres 1925 Beß Hauptmann, die dieses ganze Jahr ohne Lohn mit mir gearbeitet hat. Es ist ein schwieriges Stück gewesen, und sogar das Zusammenstellen des Manuskriptes aus 20 Pfund Papier war Schwerarbeit [...].« (2,408.) Aus einem überlieferten Tagebuch Hauptmanns von 1926/27 (Januar bis Januar; vgl. Kebir 1997, S. 34-63) geht hervor, woran sie selbst arbeitet, welche Aufträge Brechts sie ausführt, welche persönlichen Schwierigkeiten sie mit ihm hat, zeigt sich doch zwischendurch immer wieder einmal, was er selbst schon zugegeben hat: »In mir habt ihr einen, auf den könnt ihr nicht bauen« (*Vom armen B.B.*, 11,119f.).

Nach der Geburt des Sohnes Stefan steht Helene Weigel am 23.1.1925 erstmals wieder auf der Bühne der Komödie Berlin und an Brechts Geburtstag haben Ibsens *Stützen der Gesellschaft* mit ihr als Schwester Martha am Deutschen Theater Premiere. Kurz darauf bezieht sie eine neue Wohnung in der Babelsberger Straße 52 und überläßt Brecht ihr Atelier in der Spichernstraße 16. Während sie im Juni an den Münchener Kammerspielen die Marie in Büchners *Woyzeck* probt (Premiere: 16.6.1925), leidet Brecht in Augsburg unter Geldmangel und Langeweile, schreibt »mit viel Nikotin wenige Sonette« (Brief 271) und hütet Sohn Stefan: »Brüllen kann er furchtbar und verfressen ist er unsäglich« (Brief 270). – Marianne Zoff, die seit Dezember 1924 mit Tochter Hanne wieder bei ihren Eltern lebt (jetzt in Baden bei Wien), erhält im Juni 1925 ein neues Engagement für die folgende Spielzeit an das Stadttheater Münster. Brecht besucht sie in Österreich Ende Juni / Anfang Juli; bald danach kündigt er Geld bzw. ein Rezept des Freundes Otto Müllereisert – inzwischen Arzt – an, schickt schließlich selbst Chinintabletten (Brief 277,278) mit Gebrauchsanweisung.

Es gibt zahlreiche Ideen und viele (auch noch nach Jahren) unfertige Projekte wie etwa ein Romanprojekt über das Ende des Burgunderherzogs aus dem 15. Jahrhundert *Flucht Karls des Kühnen nach der Schlacht bei Murten* (17,409-419; erste Überlegungen stammen von 1920) oder das um die Jahreswende begonnene Stück *Dan Drew* (10,335-383) über den Erbauer der Eriebahn, einer der ersten großangelegten Versuche (in Zeiten der Inflation), den Aufstieg eines Wirtschaftsmagnaten nicht auf die gängige heldenhafte Weise nachzuzeichnen (sie gelingt erst mit der *Heiligen Johanna der Schlachthöfe*).

Aber es gibt auch Fertiges: mit *Glossen über Stevenson* (21,107f.) stellt er die Neuübersetzung des ihm wichtigen Romans *Der Junker von Ballantrae* vor, oder er wendet sich *An den Herrn im Parkett*, der für sein Geld »etwas vom Leben sehen« soll, »auch guten Sport«, »Lust bekommen« könnte, »eine Zigarre zu rauchen«, die an »bestimmten, von mir vorgesehenen Punkten« ausgehen sollte, damit »ich und Sie mit mir zufrieden sein« werden (21,117f.). Er veröffentlicht den *Bericht des Schiffbrüchigen* (13,232f.) und hält *Bidis Ansicht über die großen Städte* (13,306f.) fest.

Während ihm Augsburg noch langweiliger und provinzieller vorkommt, hat er in den ersten Monaten auch seine Probleme mit der großen Stadt. Doch 1925 kommen die Feuchtwangers nach Berlin: nach dem *Eduard* im Vorjahr arbeiten sie gemeinsam Feuchtwangers Stück *Warren Hastings* um zu *Kalkutta, 4. Mai.* Elisabeth Hauptmann hält Verbindung mit den Verlagen, kümmert sich um Wohnungen für Marianne Zoff u.a., macht sich auf die Suche nach einem Auto – doch »die Herren« bei Ford, Opel u.a. sind nicht »zur Hergabe eines Reklameautos zu bewegen« (Hauptmann. In: Kebir 1997, S. 53) – und erfüllt ihre Aufgaben als »Sekretärin«. Emil Hesse-Burri hilft bei *Dan Drew*, hat als begeisterter Boxer Kontakte zur Szene vermittelt und dadurch diverse Texte zum Thema provoziert: im Januar 1926 erscheint die Geschichte *Der Kinnhaken* in *Scherls Magazin* (19,205-209), im Februar folgt Brechts Forderung *Mehr guten Sport* im *Berliner Börsen-Courier* (21,636). Die »Junge Bühne« interessiert sich für den *Baal*; mit Elisabeth Hauptmann erarbeitet Brecht dafür die »Dramatische Biographie« *Lebenslauf des Mannes Baal* (Premiere: 14.2.1926; 1,139-167). Dieses Genre hat es ihm angetan: seine Rezension zur gerade erschienenen Übersetzung der »Selbstbiographie« *Mein Leben* von Frank Harris nennt er *Kleiner Rat, Dokumente anzufertigen* und benutzt erstmals den Begriff »Materialwert« (21,163-165). Solches Material bekommt er z.B. vom deutschen Schwergewichtsmeister geliefert; es entsteht *Der Lebenslauf des Boxers Samson-Körner. Erzählt von ihm selber, aufgeschrieben von Bert Brecht*, in vier Folgen im Sportmagazin *Die Arena* erschienen (Oktober 1926 – Januar 1927; 19,216-235). – Das Thema Sport wirkt sich auch aus, als Brecht von der *Literarischen Welt* zum Juror eines Lyrikwettbewerbs ernannt wird und sich für das Gedicht *He, he! the Iron Man!* des Radrennfahrers Hannes Küpper entscheidet (vgl. *Kurzer Bericht über 400 (vierhundert) junge Lyriker*; 21,191-193).

Brechts Bemühungen, Spuren zu hinterlassen, tragen immer mehr Früchte: man interessiert sich für ihn. Die *Berliner Illustrirte* bildet ihn ab, wenn es um die *Köpfe der jungen Generation* geht (vgl. Hauptmann. In: Kebir 1997, S. 42: 27.2.26). Zigarettenhersteller lassen sein Foto als Sammelkärtchen drucken mit dem Hinweis:

»Bert Brecht, charakteristischer Vertreter der radikalen Jugend, Verfasser von *Trommeln in der Nacht.*« (Hecht 1978, S. 73.) Bernard Guillemin von der *Literarischen Welt* soll ein Interview mit Brecht machen, was sich beim Frühaufsteher Brecht anfangs als nicht einfach erweist (vgl. Kebir 1997, S. 40).

Weiterhin beschäftigen ihn seine Stück-Projekte, vor allem *Mann ist Mann* (die Uraufführung ist schließlich am 25.9.1926 – in Darmstadt), außerdem *Dan Drew* und verstärkt *Jae Fleischhacker in Chicago* (10,272-319), ein Stück über Spekulationen an der Weizenbörse; auch die dazu herangezogene Literatur verwendet er später für *Die heilige Johanna der Schlachthöfe* (3,127-227).

Daneben saugt er in sich auf, was die Metropole Berlin zu bieten hat: verfolgt die praktische Theaterarbeit seiner Freunde (Arnolt Bronnen, Emil Hesse-Burri), beschäftigt sich mit Shakespeare, liest Arbeiten Alfred Döblins und Gottfried Benns, zeigt sich im Café Nürnberg, im Englischen Café, im Restaurant Schlichter und anderen Treffpunkten der intellektuellen Schickeria, beobachtet die Angebote der Kinos, sieht Chaplins *Goldrausch* (vgl. *Weniger Sicherheit!!!,* 21,135f.) oder Eisensteins *Panzerkreuzer Potemkin,* der am 29.4.1926 in Berlin uraufgeführt wird, und hat auch zu diesem Genre weitere eigene Ideen.

Im Frühjahr 1927 bahnt sich der endgültige Durchbruch an, zunächst noch ohne Brechts Wissen: der 1923 erstmals durch eigene, von den Berliner Philharmonikern einstudierte Werke aufgefallene Komponist Kurt Weill (1900-1950) bekommt vom Veranstalter des Festivals Deutsche Kammermusik Baden-Baden den Auftrag, für die diesjährigen Veranstaltungen eine Kurzoper zu schreiben. Nachdem er zunächst einen klassischen Stoff (Antigone, Lear) als Grundlage vorsieht, bekommt er den (gerade und endlich) erschienenen Band *Bertolt Brechts Hauspostille* in die Hände (eine erste Rezension erscheint am 20.4.1927) und begeistert sich für die *Mahagonnygesänge* der *Vierten Lektion* (11,100-106). Dem Lyriker ist er vermutlich bei Arbeiten für die »Berliner Funkstunde« bereits zuvor persönlich begegnet; nach der Ausstrahlung der Hörspielfassung von *Mann ist Mann* schreibt Weill zumindest eine begeisterte Kritik (27.3.1927; vgl. Schebera 1990, S. 77). Insbesondere in den Monaten April und Mai 1927 entsteht auf der Grundlage der Gedichte die Musik zum Songspiel *Mahagonny* (2,323-331, vgl. 450-453), das am 17. Juli in Brechts und Hans Curjels Regie in Baden-Baden uraufgeführt wird. Das Ergebnis reizt Brecht, diesen Stoff weiter auszuführen; unmittelbar nach der Inszenierung von *Mahagonny* beginnt er mit der Ausarbeitung und weitgehenden Fertigstellung eines abendfüllenden Opernstoffs mit dem Titel *Aufstieg und Fall der Stadt Mahagonny*;

Weill ist in der Folgezeit mit anderen Projekten befaßt und kann sich vorläufig nicht um die Vertonung kümmern; er wird die Musik erst im April 1929 abschließen (vgl. Hennenberg / Knopf, Hg., 1998).

Im Zusammenhang mit den geplanten Stücken zum Thema Wirtschaft schmökert Brecht schon im Herbst 1926 – außer in Darstellungen wie Gustavus Myers' *Geschichte der großen amerikanischen Vermögen* (vgl. 21,176) – u.a. auch im *Kapital* von Karl Marx. Weitere Anregungen erhält er von Fritz Sternberg, mit dem er im Frühjahr 1927 im Restaurant Schlichter bekannt gemacht wird (Sternberg ist mit Rudolf Schlichter, dem jüngeren Bruder des Inhabers Max, befreundet; der Maler hat im Vorjahr Brecht in Öl porträtiert, um 1925 bereits Helene Weigel).

Im Juli / August 1927 zieht sich Brecht wieder einmal nach Augsburg zurück, arbeitet an der Konzeption seines neuen Stückplans *Fatzer* und verfaßt – wie in den beiden Jahren zuvor – gelegentlich sogenannte pornographische Gedichte, die er als *Augsburger Sonette* auf den Markt bringen will (11, 121-130).

Als Brecht im Herbst nach Berlin kommt, ist weder der *Fatzer* fertig noch das *Fleischhacker*-Projekt, obwohl dies die (erste) Piscator-Bühne im Theater am Nollendorfplatz neben zehn anderen Uraufführungen für die Spielzeit 1927/28 mit dem Titel *Weizen* seinen Abonnenten ankündigt (Piscator 1979, S. 129: Abbildung).

Dennoch hat es Brecht in Berlin innerhalb weniger Jahre zu etwas gebracht. Er hat die Stadt schnell verstanden und sich ihrem rasanten Tempo angepaßt. Er macht auf Prolet, der seine Arbeitskraft auf dem Markt verkaufen muß, und nichts wichtiger findet, als dafür möglichst viel Geld zu bekommen. Er gehört zu denen, von denen die Illustrierten Fotos veröffentlichen und die man im »Schlichter« leibhaftig antreffen kann. Unter den Paradiesvögeln der Roaring Twenties zieht er die Aufmerksamkeit auf sich, etwa bei einem 23jährigen Studenten:

> Der einzige, der mir unter allen *auffiel*, und zwar durch seine proletarische Verkleidung, war Brecht. Er war sehr hager, er hatte ein hungriges Gesicht, das durch die Mütze etwas schief wirkte, seine Worte kamen hölzern und abgehackt, unter seinem Blick fühlte man sich wie ein Wertgegenstand, der keiner war, und er, der Pfandleiher, mit seinen stechenden Augen, schätzte einen ab. Er sagte wenig, über das Ergebnis der Schätzung erfuhr man nichts. Unglaublich schien es, daß er erst dreißig war, er sah nicht aus, als wäre er früh gealtert, sondern als wäre er immer alt gewesen. (Canetti 1982, S. 253f.)

Es sind die Blütejahre der Weimarer Republik und 1928 – ein wirtschaftliches Rekordjahr – ist auch für Brecht ein entscheidendes. Zu

Jahresbeginn ist *Mann ist Mann* mit Helene Weigel und Heinrich George an der Volksbühne in Berlin zu sehen (Premiere: 5.1.1928); die Piscator-Bühne bringt am 23.1. die Dramatisierung *Die Abenteuer des braven Soldaten Schwejk* heraus, an der er mitgewirkt hat.

In solchen Zeiten, im Dezember 1927, pachtet der Schauspieler Ernst Josef Aufricht das Berliner Theater am Schiffbauerdamm, gewinnt Erich Engel als Regisseur für die erste Inszenierung und beginnt mit ihm die Suche nach einem Stück zur Eröffnung des Hauses. Es wird *Die Dreigroschenoper* sein, die an Aufrichts Geburtstag, dem 31.8.1928, erstmals über die Bühne geht. »Brecht siegt endlich!« schreibt z.B. Stefan Großmann im *Tagebuch*. Die Verlage sorgen für die Verbreitung des Stücks und eigens für die der *Songs der 3 Groschenoper*.

Die Autoren erhalten Gelegenheit, sich in der Hauptstadt einzurichten: Kurt Weill und Lotte Lenya (1900-1981) beziehen im Oktober 1928 ihre erste eigene Wohnung im Berliner Westend (Bayernallee 14), Brecht tauscht – nach dem obligatorischen Sommer-Aufenthalt in Augsburg und weiteren Arbeiten an *Fatzer* – im November das Atelier in der Spichernstraße mit einer Wohnung in der Hardenbergstraße 1a (nahe dem Bahnhof Zoo). – Durch sein Interesse am Film stößt Brecht immer wieder auf Geschichten und Berichte aus diesem Metier; ein Zeitungsartikel führt so 1928 zu der Geschichte *Die Bestie*, mit der er sich an dem »15 000-Mark-Preisausschreiben für die besten Kurzgeschichten« beteiligt, das die *Berliner Illustrirte Zeitung* am 10.6.1928 ausgeschrieben hat. Er erhält dafür den 1. Preis; die Zeitung veröffentlicht die Geschichte am 9.12. des Jahres als »erste der fünf Preis-Novellen« – zwischen Werbeanzeigen von Stollwerk, Doornkaat und 4711.

Brecht ist jetzt, Anfang 1929, überall gefragt: als Teilnehmer bei Diskussionen über zeitgemäße Klassikerinszenierungen beim Rundfunk in Köln (vgl. 21,309-315), als Regisseur für Marieluise Fleißers *Pioniere in Ingolstadt* am Schiffbauerdamm-Theater, als Autor für das nächste bevorstehende Musik-Festival in Baden: *Lindberghflug. Ein Radio-Hörspiel für die Festwoche in Baden-Baden* erscheint im April-Heft des Ullstein-Monatsmagazins *Uhu* – zwischen Werbung für Gütermanns Nähseide oder »Das schöne DKW-Cabriolet« der Zschoppauer Motorenwerke. Während Kurt Weill in diesem Monat die Musik zur Oper *Aufstieg und Fall der Stadt Mahagonny* fertigstellt (Uraufführung: 9.3.1930 in Leipzig) und mit der Musik zu *Der Lindberghflug* beginnt (Uraufführung: 27.7.1929; später: *Der Flug der Lindberghs*), schreibt Brecht schon am zweiten, ebenfalls für Baden-Baden vorgesehenen *Lehrstück*

(Uraufführung: 28.7.1929; später: *Das Badener Lehrstück vom Einverständnis*).

Nachdem am 2.11.1927 in der Sache Brecht gegen Zoff-Brecht die Scheidung verkündet worden ist, heiraten Brecht und Helene Weigel am 10.4.1929. Den Mai dieses Jahres (die Berliner Polizei erschießt am 1.5. neun Demonstranten und verletzt über 60 teilweise unbeteiligte Personen schwer, nachdem dem KPD-Aufruf entgegen dem Verbot der Behörden zum traditionellen Aufmarsch mehrere tausend gefolgt sind) bestimmen zwei persönliche Ereignisse: Brecht trifft sich häufig mit Walter Benjamin und entgegnet selbstbewußt Alfred Kerrs Plagiatsvorwurf, er hätte bei den *Songs der 3 Groschenoper* außer François Villon auch dessen Übersetzer Karl Klammer nennen müssen, mit seiner »grundsätzlichen Laxheit in Fragen geistigen Eigentums« (21,316).

Die Lektüre einer Kurzgeschichte in einem amerikanischen Magazin regt Elisabeth Hauptmann dazu an, nach verschiedenen Prosatexten, sich unter dem Pseudonym Dorothy Lane im Dramatischen zu versuchen, Brecht schreibt dazu Gedichte wie *Der Bilbao-Song* (14,23-25) und *Das Meer ist blau-Song* (14,21-23) oder stellt den *Mandelay Song* (13,359), den *Surabaya-Johnny* (13,344-346) u.a. zur Verfügung: es entsteht *Happy End*, das kurz nach dem Jahrestag des *Dreigroschenoper*-Erfolgs, am 2.9.1929, erstmals im Schiffbauerdamm-Theater zu sehen ist, aber kein Erfolg wird. Das anschließend von beiden gemeinsam begonnene Filmexposé *In ein berüchtigtes Lokal* (19,322-329) wird deshalb nicht ausgeführt.

Nach dieser Negativ-Erfahrung konzentriert sich Brecht einerseits wieder auf die liegengebliebenen Projekte *Dan Drew*, *Fatzer*, *Jae Fleischhacker* – hinzu kommt ein weiteres: *Der Brotladen* –, ohne damit wirklich weiterzukommen; die Personen in seiner unmittelbaren Umgebung – Hauptmann, Hesse-Burri oder Hermann Borchardt, aber auch Benjamin und Reich – werden einbezogen und steuern Ideen bei, die die Wirtschaftsthematik und das Heilsarmee-Milieu allmählich verbinden: der Grundstock zu *Die heilige Johanna der Schlachthöfe* (3,127-227) ist gelegt, zu deren erster schriftlicher Fixierung im Mai/Juni 1930, wie schon bei der *Dreigroschenoper*, das abgeschiedene Le Lavandou im Süden Frankreichs aufgesucht wird. Andererseits will er den für Baden-Baden begonnenen neuen Dramentyp des Lehrstücks weiterentwickeln, was in der Folgezeit mit *Der Jasager*, *Der Neinsager* und *Die Maßnahme* geschieht. Letzteres ist das erste Projekt, an dem Brecht und Hanns Eisler gemeinsam arbeiten. Außerdem will er den Erfolg der *Dreigroschenoper* nutzen und den Stoff für einen Film aufbereiten; im August 1930 liegt sein Exposé *Die Beule. Ein Dreigroschenfilm* vor (19,307-320), es bleibt aber bei der Verfilmung durch Georg Wilhelm Pabst unberücksichtigt.

Zwischendurch wird Brecht zum vierten Mal Vater: am 18.10.1930 bringt Helene Weigel das zweite Kind zur Welt, die Tochter Barbara.

Mit einem anderen Filmtext ist er zunächst erfolgreicher: Brecht, Ernst Ottwalt und Slatan Dudow schreiben am Drehbuch *Weekend – Kuhle Wampe*, das im Sommer 1931 abgeschlossen ist; als jedoch der fertige Film mit dem Titel *Kuhle Wampe oder Wem gehört die Welt?* im März 1932 der Zensurbehörde vorgelegt wird, entdeckt diese in mehreren Prüfungen politisch bedenkliche Tendenzen und jugendgefährdende Szenen, verbietet ihn zunächst und gibt ihn erst frei, nachdem »Stellen« geschnitten worden sind. Die Premiere findet Mitte Mai 1932 in Anwesenheit Brechts in Moskau statt, bevor es am 30.5. in Berlin zur deutschen Erstaufführung kommt (Gersch / Hecht 1969; 19,441-571).

Unmittelbar nach Abschluß des Drehbuchs zu *Kuhle Wampe* bis in den Herbst 1931 hinein beschäftigt Brecht ein ganz neues Projekt: die »Nachdichtung des Gorkischen Romans« *Die Mutter* (24,110). – Helene Weigel gibt zu dieser Zeit einer »Gruppe junger Schauspieler« Unterricht; Brecht wird dadurch angeregt, diese jungen Leute zu engagieren, als die Proben zur Uraufführung der *Mutter* für den 17.1.1932 mit Helene Weigel in der Hauptrolle anstehen. Zu der Gruppe gehört auch Margarete Steffin (geb. 21.3.1908), die die kleine Rolle des Dienstmädchens übernimmt. Die 23jährige Kontoristin hat 1930 ihre Stelle als Buchhalterin im Berliner Globus-Verlag verloren (wegen »politischer Interessen kommunistischer Art«) und geht seitdem verstärkt ihren literarischen Interessen und schauspielerischen Ambitionen nach. – Sie wird die zweite wichtige »Mitarbeiterin« Brechts, der sie bald nur »Grete« nennt. An Tuberkulose erkrankt, muß sie sich schon zum Zeitpunkt des Kennenlernens oft in ärztliche Behandlung begeben und zahlreiche Kuren machen.

Die heilige Johanna der Schlachthöfe bildet den Haupttext (neben neun *Geschichten vom Herrn Keuner*) im fünften Heft der *Versuche*, das Mitte 1932 vom Kiepenheuer Verlag vorgelegt wird. Die Hefte dieser Reihe erscheinen seit 1930, bieten jeweils einen Querschnitt mit dramatischen, lyrischen, erzählenden und theoretischen Texten. (Das vorläufig letzte Heft 7 der *Versuche* erscheint Anfang 1933.) – In diesem Jahre 1932 übersteigt die Arbeitslosenzahl in Deutschland die Grenze von 6 Millionen; die Nationalsozialisten werden bei den Wahlen vom 31.7. mit 37,8 Prozent stärkste Partei im Reichstag.

Der zum Mitarbeiterkreis an der *Johanna* gehörende Hermann Borchardt (1888-1951; er ist Studienrat an einem Gymnasium in Neukölln, unterrichtet Geschichte und Philosophie) schreibt auch selbst, z.B. das Stück *Die Bluttat von Germersheim*, das Brecht »den allerersten großen Versuch der jungen Dramatik auf dem Gebiet der politischen Komödie« nennt (21,212) und Ernst Josef Aufricht zur Aufführung empfiehlt; dem ist sie jedoch zu »personenreich und dekorativ so aufwendig« (Aufricht 1969, S. 214). Da Borchardt auch keinen Verlag findet, muß das Stück vermutlich als verloren gelten.

Fast parallel zur Arbeit an *Die Mutter* und ebenfalls für die »Gruppe junger Schauspieler« ist Brecht beauftragt, Shakespeares Komödie *Maß für Maß* neu einzurichten; im Lauf der folgenden Monate entwickelt sich daraus das Stück *Die Spitzköpfe und die Rundköpfe* (auch Ende 1932 als Bühnenmanuskript erschienen, 1933 sollte es in Heft 8 der *Versuche* gedruckt werden). Die Bühnenfassung ist das Ergebnis des diesjährigen Sommeraufenthalts in Bayern; bei dieser Gelegenheit kauft Brecht ein Bauernhaus in Utting am Ammersee: er kann es nur in diesem Sommer nutzen.

Am 30.1.1933 ernennt Reichspräsident von Hindenburg Adolf Hitler zum Reichskanzler; die Anhänger feiern ihn mit Aufmärschen und Fackelzügen. Das Feuer wird zum festen Bestandteil nationalsozialistischer Politik: am 27.2. brennt das Reichstagsgebäude in Berlin, am 10.5. sind es Bücherstapel in zahlreichen Orten des Reichs. Brecht – nach einer Bruchoperation am Tag des Reichstagsbrands noch im Krankenhaus – weiß, wie viele andere, daß es Zeit ist, Deutschland zu verlassen. Freunde helfen ihm, seine Manuskripte zu verpacken und sie aus der Wohnung zu schaffen – sie wird am folgenden Tag durchsucht. Er selbst besucht u.a. den freien Mitarbeiter des *Uhu* und anderer Zeitungen Peter Suhrkamp, der am 2.1.1933 die Redaktion der Zeitschrift *Die Neue Rundschau* im S. Fischer Verlag übernommen hat (Brecht kennt ihn seit 1919/20). Über ihn möchte er sich den Zugang zu den Tantiemenkonten sichern, bevor er am 28.2. Berlin Richtung Prag verläßt und eine 15jährige Odyssee beginnt.

Der letzte Text, den Brecht in Deutschland publizieren kann, ist gleichzeitig der einzige, den er in der *Weltbühne* veröffentlicht: in der 3. Nummer des Jahres erscheint am 17.1.1933 das Gedicht *Oh Falladah, die Du hangest!* (14,142-144); die Zeitschrift stellt mit Nr. 10 vom 7.3. ihr Erscheinen ein.

1.4 Dänemark, Schweden, Finnland (1933-1941)

Viereinhalb Jahre mit Erfolgen und Skandalen auf der Bühne, den Buchausgaben der Musikdramen und den *Versuchen*, mit zahlreichen Artikeln, Rundfunk- und Filmarbeiten gehen Ende Februar 1933 ziemlich abrupt zu Ende. Wenn Brecht auch Mitte Februar, vor dem Reichstagsbrand am 27.2., Lesungen in Wien z.B. für den 16.3. verabredet (vgl. Brief 458, 460), ist die Abreise aus Berlin sicher nicht schon für den 28.2. geplant gewesen und nicht so überstürzt. Während die knapp 2½jährige Tochter Barbara von Brechts Hausangestellter Maria Hold zum Großvater nach Augsburg gebracht wird und der 8jährige Sohn Stefan bei Elisabeth Hauptmann bleibt, reisen Brecht und Helene Weigel nach Prag; dorthin wird der Sohn am 4.3. ausgeflogen. Zu dritt bringt sich die Familie anschließend beim Vater bzw. bei der Schwester von Helene Weigel in Wien in Sicherheit. Mitte März bringt Maria Hold – beim Grenzübertritt unterstützt durch eine weitere Person – Brecht-Tochter Barbara ebenfalls nach Wien und begleitet die Brechts auf den weiteren Wegen.

Brechts Wunsch, daß seine Veranstaltungen von Karl Kraus in der *Fackel* angezeigt würden, kommt dadurch nicht zustande, daß Kraus nach der letzten Dezember-Nummer 1932 erst im Oktober 1933 die einzige Ausgabe seiner Zeitschrift in diesem Jahr (Nr. 888) erscheinen läßt.

Brecht trifft in Wien u.a. Hanns Eisler, der sich wegen einer Inszenierung des Lehrstücks *Die Maßnahme* schon länger dort aufhält, und Peter Suhrkamp. Anschließend reist er allein weiter: zunächst nach Zürich – auch des Schauspielhauses wegen – und trifft Alfred Döblin, Anna Seghers und Bernard von Brentano. Wie viele andere sind sie alle in einer ähnlichen Situation: in Deutschland nicht mehr sicher, aber noch ohne genaue Vorstellung, wo sie bleiben und weiterleben können. Danach fährt Brecht nach St. Anton am Arlberg, wo Marta Feuchtwanger Skiurlaub gemacht und auf ihren Mann gewartet hat; Lion Feuchtwanger ist von einer Lesereise in den USA direkt nach Österreich gekommen. Die nächsten Stationen heißen für Brecht Lugano und Carona im Tessin: dort wohnt er teils im Hotel am See, hält nach Unterkunftsmöglichkeiten für die Familie Ausschau, die möglichst in der Nähe einer bereits ausgemachten Schule (»deutsch, freireligiös«; Brief 467) für Sohn Stefan liegen sollten. Teils ist er im etwas abgelegenen Carona eine Zeitlang Gast von Kurt Kläber (ehemaliger Herausgeber der *Linkskurve*) und seiner Frau, der Kinderbuchautorin Lisa Tetzner, die dort ein Haus haben; eine Wohnung an diesem Ort wäre preisgünstiger, aber es gibt nur die italienischsprachige Dorfschule oder einen Postbus, der 30 Minuten nach Lugano braucht und täglich 3 Franken kostet – den in Berlin zurückgelassenen Steyr vermißt er sehr: »*Mit* Auto herrlich, ohne schwer.« (Brief 467.) Carona hat noch einen anderen Vorteil: man kann – zu Fuß – den Nachbarort Agra erreichen; dorthin ins Sanatorium ist Margarete Steffin nach einer Lungenoperation bei Ferdinand Sauerbruch in der Berliner Charité im Dezember 1932 zur Kur überwiesen worden. Im nahen Montagnola lebt seit 1919 Hermann Hesse (er ist seit 1924 Schweizer und 1931 in ein neu erbautes Haus oberhalb des Dorfes eingezogen); Steffin und Brecht besuchen ihn gemeinsam.

Auch Helene Weigel kommt ins Tessin; aber es zeigt sich ziemlich bald, daß die Schweiz zu teuer ist. Ab Mai hält sich Brecht in Paris auf: Caspar und Erika Neher haben im März Kurt Weill dorthin gebracht, der bald danach den Kompositionsauftrag für ein Ballett mit Gesang erhält. Das Gespann Brecht / Weill hofft, an die gemeinsamen Erfolge anzuknüpfen, zumal im Vorjahr das Songspiel *Mahagonny* und *Der Jasager* auch in Paris vielbeachtet inszeniert worden sind (Dümling 1985, S. 366). Brecht schreibt in kurzer Zeit die Texte zu dem Ballett *Die sieben Todsünden der Kleinbürger* (4,265-277) – es ist gleichzeitig die letzte zu Ende gebrachte Gemeinschaftsarbeit mit Kurt Weill. Das Ballett wird am 7.6.1933 uraufgeführt und bleibt ein mäßiger Erfolg; hauptsächlich Emigranten, die ihre Hoffnungen in die französische Hauptstadt setzen, beachten die Inszenierung. Brecht weiß, daß er nach anderen Möglichkeiten suchen muß. Die nachgereiste Margarete Steffin – ihr Gesundheitszustand hat sich etwas stabilisiert – ermuntert er, in Paris eine literarische Agentur zu etablieren. Er gibt ihr aktuelle und frühere Gedichte, Grundlage für die Sammlung *Lieder Gedichte Chöre*, an deren Zusammenstellung sie zu arbeiten beginnt und dafür erste Verlagskontakte aufnimmt. Brecht selbst kommt in Paris u.a. mit Hermann Kesten zusammen, der als Lektor den Auftrag hat, für die neubegründete deutschsprachige Exil-Abteilung des Amsterdamer Verlags Allert de Lange Autoren zu akquirieren. Da es sich als schwierig erweist, an den Theatern Fuß zu fassen, setzt Brecht auf die Prosa, bietet Kesten gleich zwei Projekte an: eines im Dreigroschen-Milieu und ein exotisches im China- bzw. »Chima«-Milieu. Da vor allem der Erfolg der *Dreigroschenoper* Brecht zu einem – auch international – bekannten Literaten gemacht hat, sehen beide Seiten für einen *Dreigroschenroman* gute Chancen und schließen darüber einen Vertrag (vgl. 16,396-398).

Helene Weigel ist seit längerem befreundet mit der dänischen Schriftstellerin Karin Michaëlis, seit den zwanziger Jahren auch durch auflagenstarke Übersetzungen ihrer Romane und Erzählungen (in Deutschland insbesondere bei Kiepenheuer) zu Wohlstand gekommen. Michaëlis lädt die Schauspielerin ein und stellt der Familie eines ihrer Häuser, »Torelore« genannt, auf der kleinen Insel Thurø (Fünen vorgelagert) zur Verfügung. Anfang Juni reist Helene Weigel mit den Kindern und Maria Hold von der Schweiz quer durch Frankreich – und per Schiff weiter – nach Dänemark. Ende dieses Monats kommt auch Brecht in »Torelore« an. Der Familie wird zwar der dauerhafte Aufenthalt von Fremdenpolizei und Justiz nicht gewährt, doch sind die halbjährlichen Intervalle, in denen die Brechts bei den Behörden vorsprechen müssen, erträglich. Bemerkenswert ist, daß als Grund für den Asylantrag der Familie die jüdische Abstammung Helene Weigels in die Akten eingetragen wird; Brechts politisches Engagement taucht nirgendwo auf.

Über die Stimmung unter den so verschiedenen Emigranten, die er in Prag, Wien, Zürich, Lugano oder Paris getroffen hat, berichtet Brecht zu dieser Zeit an Johannes R. Becher: »Ich habe beinah überall stärkste Entmutigung und Verwirrung angetroffen. Getrennt vom Proletariat, mehr und mehr beschäftigt, ihren nackten Lebensunterhalt zu verdienen, was nur durch Kompromisse in allen entscheidenden Dingen möglich ist, dazu über eine Reihe weiter auseinanderliegender Städte verstreut, werden die proletarischen Schriftsteller ihre revolutionäre Produktion nur sehr schwer weiterführen können. Sie planen jetzt schon harmlose Kinderbücher, ›getarnte‹ Romane für bürgerliche Verlage, kitschige Filme für bürgerliche Firmen usw. Einige wenige scheinen sich darauf zu verlassen, daß neu zu gründende proletarische Verlage sie finanziell über Wasser halten werden. – Die linken bürgerlichen Schriftsteller richten sich im allgemeinen auf *lange* Emigrationszeit ein [...].« (Brief 485.) Er regt deshalb eine »Konferenz« an, bei der über die künftige Arbeit und das Selbstverständnis gesprochen werden solle.

In »Torelore« kommt es Anfang August zur ersten Begegnung Brechts mit der knapp 27jährigen Ruth Berlau, die dritte wichtige »Mitarbeiterin«: als Schauspielerin am Königlichen Theater in Kopenhagen hat sie vor Jahren die Anna in *Trommeln in der Nacht* gespielt; jetzt gilt sie als enfant terrible (wilde Stories über ihre Erlebnisse bei Radtouren nach Paris und Moskau haben ihr den Beinamen »rote Ruth« eingetragen). Sie organisiert mit einem Studentenkomitee Veranstaltungen; für eine solche soll sie Karin Michaëlis zu einem Vortrag gewinnen.

Karin Michaëlis vermittelt in diesen Tagen auch den Kauf des Hauses am Skovsbostrand Nr. 8, am Ortsrand von Svendborg auf der Insel Fünen, das die Familie Brecht Ende August 1933 beziehen kann. Durch Vertragsabschluß und Vorschußzahlung für den *Dreigroschenroman* ist die Finanzierung abgesichert. Helene Weigel beginnt, der Familie in Dänemark ein neues Heim zu schaffen.

Da Brecht die alten Arbeitsbeziehungen nicht abreißen lassen möchte, fährt er im September 1933 wieder nach Paris (per Schiff, nun von Kopenhagen nach Dünkirchen): mit Hanns Eisler und Steffin soll der Band *Lieder Gedichte Chöre* fertiggestellt werden, um in Willi Münzenbergs neugegründeter Éditions du Carrefour erscheinen zu können. In Paris bleibt Zeit, z.B. mit Jean Renoir zusammenzukommen, der an der Verfilmung von Flauberts Roman *Madame Bovary* (1934) arbeitet, oder – gemeinsam mit Steffin – Feuchtwanger einen zweiwöchigen Besuch in Sanary-sur-mer abzustatten, wo Marta Feuchtwanger in der Villa Valmer ein dem Haus im Grunewald entsprechendes Ambiente geschaffen hat; zurück in Paris, sind die Meldungen über die Prozesse zum Reichstagsbrand in London bzw. Leipzig zu registrieren (Brecht erwägt, am zweiten *Braunbuch* mitzuwirken, das über die Vorgänge aufklären soll; vgl. 22,30). Bevor er im Dezember mit Steffin nach Dänemark abreist, bedrängen beide Walter Benjamin, bald dorthin zu folgen. – Margarete Steffin lebt zunächst in Kopenhagen in verschiedenen Pensionen, über die Weihnachtstage und den Jahreswechsel bei Ruth Berlau und ihrem Mann, dem Arzt Robert Lund, der ihre Tuberkulose behandelt. Ende Februar 1934 zieht sie in die Svendborger Pension »Stella Maris«, rund 500 Meter von Brechts Haus entfernt.

Nachdem Brecht selbst im Juli 1933 mit ersten Aufzeichnungen zu seinem Roman begonnen hat, ursprünglich mit 150 Seiten auskommen will, entsteht schließlich, kritisch begleitet von Margarete Steffin, ein Buch von fast 500 Seiten in weniger als einem Jahr und kann im November 1934 erscheinen. Brecht hat das Glück, daß Steffin – obgleich unter großen Schwierigkeiten aufgrund ständiger Nachstellungen durch die Behörden (vgl. Nørregaard 1986, S. 99-103) – nun in seiner unmittelbaren Nähe ist und daß auch Ruth Berlau sich unermüdlich für seine Arbeiten einsetzt. Er notiert 1934: »Ich bin jetzt 36 Jahre alt und habe diese Jahre nicht müßig verbracht. [...] Ich habe vorteilhafte Verträge abgeschlossen, die mir ein meinen Wünschen entsprechendes Leben ermöglichten, ich besitze Häuser, einen Wagen, ich unterhalte eine Familie, beschäftige Sekretäre, und das, obwohl der Charakter meiner Arbeit ein eher marktfremder genannt werden muß.« (26,302.)

Da eine große Konferenz von Emigranten nicht so einfach zu organisieren ist (vgl. Brief 485), versucht Brecht im Kleinen, sein Haus auf Fünen zu einem Treffpunkt für zahlreiche Betroffene zu machen. Die Klausur, die er sich besonders im ersten Halbjahr 1934 für die Fertigstellung des *Dreigroschenromans* auferlegen muß, bindet ihn an den Ort; gleichzeitig braucht er den Austausch mit weiteren Personen. Viele Briefe dieser Zeit enden mit der Bitte, ihn doch bald zu besuchen: so etwa will er bereits im Januar 1934 Karl Korsch, bei dem er in den Jahren zuvor Vorlesungen z.B. über *Lebendiges und Totes im Marxismus* gehört hat, die dieser in der Marxistischen Arbeiterschule (MASCH) Berlins hält, mit dem Hinweis nach »Dänisch-Sibirien« locken, daß sein komplettes Exemplar der Zeitschrift *Die Neue Zeit* bei ihm eingetroffen ist; das sei zwar »nicht viel, aber etwas«, um »nicht mit allzu kurzer Zeit in der Tasche hierher« zu kommen (Brief 533). Ähnliches bekommen Kurt Kläber zu lesen (Brief 534), Bernard von Brentano (Brief 536) oder Alfred Döblin (Brief 537). »Der Herr der Strohhütten« verlangt sogar vom »Herrn der Wolkenkratzer«, George Grosz in New York: »Auf, betritt das Schiff!« (Brief 547.) Letzterer meint jedoch: »No Bertie – nach dem lausigen beschissenen Europa zieht's mich nicht« (Grosz 1979, S. 196f.; 1.6.1934).

Tatsächlich nach Svendborg kommt im März 1934 ein anderer: Hanns Eisler; gemeinsam mit ihm und Steffin arbeitet Brecht – neben dem *Dreigroschenroman* – an *Die Spitzköpfe und die Rundköpfe*; das im Vorjahr abgeschlossene und für den Druck vorbereitete Stück wird zu einer neuen Fassung, nun mit dem Titel *Die Rundköpfe und die Spitzköpfe*, umgearbeitet. Außerdem verfassen sie Text und Musik zum *Einheitsfrontlied* (12,26).

Zu den weiteren Gästen im Sommer 1934 gehört von Juli bis Oktober auch der langerwartete Walter Benjamin. Brecht hat ihn 1924 in Berlin getroffen, da Asja Lacis seit der Begegnung auf Capri den Kontakt hält, ab Mai 1929 sind beide oft zusammen. Gemeinsam planen sie im Herbst 1930 eine Zeitschrift *Krisis und Kritik* (vgl. 21,330f.), die von Ernst Rowohlt herausgebracht werden soll, aber nicht zustande kommt. In der Folgezeit treffen sie sich immer wieder in Berlin, im Frühsommer 1931 in Südfrankreich. Benjamins Rundfunkarbeiten von Anfang der dreißiger Jahre, seine »Hörmodelle« sind von Brecht angeregt, der ihn an den Frankfurter Sender vermittelt. – Es ist nicht leicht, das beiden überaus wichtige persönliche Verhältnis zu beschreiben, noch schwieriger, ihre inhaltlichen Kontroversen genau zu bestimmen. Benjamin ist ganz offensichtlich vom Erfolg, von der Energie und dem unstillbaren Widerspruchsgeist des sieben Jahre Jüngeren fasziniert und Brecht schätzt Benjamin als überaus gebildeten, intellektuellen Gesprächspartner, der seine lebenslange Vorliebe für »Schund-« und Kriminalromane ebenso teilt wie die für das Schachspielen. Möglicherweise erklärt das »Benjamins sklavisch-masochistische Haltung Brecht gegenüber«, an die sich Siegfried Kracauer später erinnert (vgl. Puttnies / Smith 1991, S. 118f.). Benjamin wird im Sommer 1936 und 1938 abermals jeweils für mehrere Monate nach Svendborg kommen. Es scheint, als habe er jedesmal das Bedürfnis gehabt, sich in den Schutz einer Familie zurückzuziehen.

Im Oktober 1934 sind die Arbeiten am *Dreigroschenroman* abgeschlossen, Steffin muß wieder einmal zur Kur in den Kaukasus gehen (sie schreibt dort ihr Kinderstück *Wenn er einen Engel hätte*) und Benjamin kehrt nach Frankreich zurück. Nun hält es auch Brecht nicht mehr unter seinem »Strohdach«. Die folgenden Monate, von Oktober 1934 bis Juli 1936 ist er dauernd unterwegs auf der Suche nach neuen Einnahmequellen und Kontakten zu den in viele Regionen verstreuten Freunden.

Das erste Ziel ist London: Karl Korsch lebt dort, Malik-Verleger Wieland Herzfelde hat in der britischen Hauptstadt eine neue Publishing Company eröffnet, Hanns Eisler arbeitet hier an Kompositionen für Filme. Brecht will Filmstories anbieten, mit Herzfelde über neue Ausgaben seiner Texte sprechen. Gemeinsam mit Eisler arbeitet er an Liedern, u.a. an *Das Saarlied* (14,219f.) zur bevorstehenden Abstimmung im Januar 1935 oder er schreibt Liebes-Sonette für Margarete Steffin wie *Der Orangenkauf* (11,195) und seine Antwort *Dichter sollen die Wahrheit schreiben* auf eine Umfrage des *Pariser Tageblatts* nach der *Mission des Dichters 1934* (22,71-74; anschließend ausgebaut zu *Fünf Schwierigkeiten beim Schreiben der Wahrheit*; 22,74-89).

Das zweite Ziel im Frühjahr 1935 (März bis Mai) heißt Moskau: dort sind Erwin Piscator, Carola Neher, Asja Lacis und Bernhard Reich, aber auch Sergej Tretjakow. Dessen Übersetzung von drei Stücken Brechts unter dem Titel *Epiceskie dramy* (Epische Dramen) ist 1934 erschienen. Neben den Gesprächen mit den Emigranten bleibt Zeit für zahlreiche Theaterbesuche; dabei lernt Brecht den chinesischen Schauspieler und Regisseur Mei Lan-Fang kennen, der ihm viele Details über chinesisches Theater vermittelt, die Brecht z.B. in Texten wie *Über die Versuche zu einem epischen Theater* (22,121-124) verarbeitet. Außerdem erlebt er die Einweihung der Moskauer Metro (vgl. 12,43) und die Feiern zum 1. Mai. Margarete Steffin, die sonst brieflich die Kontakte nach Moskau pflegt, ist aus dem Kaukasus gekommen und fungiert in mehrfacher Weise als Dolmetscherin: zum einen beherrscht sie die einheimische Schrift und Sprache, zum andern knüpft sie mit diesen Voraussetzungen Kontakte zu Übersetzern, verhandelt mit Verlagen (nicht nur über eine zweite deutschsprachige Ausgabe des *Dreigroschenromans*), trifft ortsansässige Bekannte oder hier im Exil lebende Freunde und bringt die Personen zusammen.

Zurück in Dänemark erfährt Brecht, daß man ihm am 8.6.1935 die deutsche Staatsbürgerschaft aberkannt hat (vgl. *Im zweiten Jahre meiner Flucht*, 14,289). Alle deutschen Behörden im Ausland sind aufgefordert, bei sich bietender Gelegenheit den Paß einzuziehen, was für die umständlichen Um-Deutschland-herum-Reisen und die häufigen Grenzübertritte eine Katastrophe gewesen wäre. – Doch den Brechts gelingt es sogar, Anfang 1936 (vgl. Nørregaard 1986, 104) ihre deutschen Pässe für fünf Jahre verlängern zu lassen; wohl die wichtigste Voraussetzung für das Leben in den folgenden Jahre.

Im Juni 1935 braucht Brecht seinen Paß für die nächste Tour: begleitet von Karin Michaëlis fährt er zum »Schriftstellerkongreß zur Verteidigung der Kultur« nach Paris und meldet sich zu Wort mit *Eine notwendige Feststellung zum Kampf gegen die Barbarei* (22,141-146). Bissig berichtet er George Grosz: »wir haben soeben die Kultur gerettet. Es hat 4 (vier) Tage in Anspruch genommen und wir haben beschlossen, lieber alles zu opfern, als die Kultur untergehen zu lassen. Nötigen Falles wollen wir 10-20 Millionen Menschen dafür opfern. Gott sei Dank haben sich genügend gefunden, die bereit waren, die Verantwortung dafür zu übernehmen.« (Brief 675.)

Den Sommer 1935 verbringt Brecht am Svendborg-Sund; Karl Korsch ist zu Besuch. Während Brecht Fritz Sternbergs Untersuchung *Der Faschismus an der Macht* »mit großem Gewinn« liest (Brief 691), zeigt sich diese Macht z.B. im September 1935 in den Nürnberger Rassengesetzen. – Brecht beschäftigt die Übersetzung und Bearbeitung seines Stücks *Die Mutter* von Paul Peters, mit der er nicht zufrieden ist. Die Inszenierung dieses Stücks am New Yorker Arbeitertheater »Theatre Union« ist gleichzeitig der Anlaß für eine weitere Reise. Im Oktober kommt Brecht zum ersten Mal in die USA.

Anfang Februar 1936 wieder bei der Familie in Svendborg, hält es Brecht gerade vier Wochen dort, bevor er sich Anfang März zum zweiten Mal nach London begibt, nachdem Fritz Kortner dazu beigetragen hat, daß Brecht an einem Film (*Bajazzo*, mit dem Tenor Richard Tauber) mitarbeiten kann. – Die Filmproduzenten zahlen Brecht zwar aus, haben aber keine Verwendung für seine Vorschläge. – So kann er die Zeit nutzen und im Juni an einer weiteren Schriftstellerkonferenz am Ort teilnehmen (vgl. *Inselbriefe 1*, 14,328f.).

Im August kehrt Brecht nach Dänemark zurück, arbeitet mehrere Texte zum chinesischen Theater und zum Bühnenbau aus. Walter Benjamin ist wieder zu Besuch, schreibt u.a. den *Pariser Brief*. *André*

Gide und sein neuer Gegner, der in das November-Heft von *Das Wort* aufgenommen wird, der seit Juli 1936 in Moskau erscheinenden Exilzeitschrift, für die Brecht (neben Lion Feuchtwanger und Willi Bredel) als Herausgeber zeichnet. Im November kommt es zu einer der wenigen Aufführungen eines Brecht-Stücks in Dänemark: im Riddersalen Theater in Kopenhagen wird am 4.11. das Stück *Die Rundköpfe und die Spitzköpfe* uraufgeführt (in dänischer Sprache).

In dieser Zeit, Ende 1936 / Anfang 1937, greift er außerdem die schon zwei Jahre zuvor begonnene Arbeit an einem *Buch der Wendungen* wieder auf (18,45-194).

Einen weiteren Versuch, ein Forum zur Selbstverständigung gemeinsam mit möglichst vielen anderen zu schaffen, startet Brecht im März 1937 mit der Anregung zur Gründung einer Gesellschaft (vgl. *Die Diderot-Gesellschaft*, 22,274-277). Er schreibt diesbezüglich etwa an Jean Renoir und meint: »Gleichzeitig wende ich mich noch an *Auden, Isherwood* und *Doone* in England, *Gorelik, MacLeish* in den USA, *Eisenstein, Ochlopkow* und *Tretjakow* in der USSR, *Burian* in Prag und *Knutzon, Nordahl Grieg* und *Lagerkvist* in Skandinavien. Vielleicht können Sie mir in Frankreich noch einige produzierende und experimentierende Leute namhaft machen?« (Brief 759.) Doch die Resonanz ist gering, es bleibt bei der Idee.

Neben solchem Engagement beschäftigt er sich in dieser Zeit als Dramatiker mit der Tagespolitik am Beispiel des Spanischen Bürgerkriegs, der mit dem Militärputsch der Falangisten (18.7.1936) begonnen hat, von Hitler unterstützt durch 17 000 »Freiwillige« und massenhaft Kriegsgerät für die »Legion Condor«. Für die republikanische Seite haben sich fast 40 000 Freiwillige zusammengeschlossen zu Internationalen Brigaden. Brecht schreibt (u.a. auf der Grundlage von Pressemeldungen) einen Einakter, den er *Generäle über Bilbao* nennt, später *Die Gewehre der Frau Carrar* (4,305-337). Der Krieg in Spanien und die Frage, wie sich Künstler dazu verhalten sollen, ist im Sommer 1937 Thema eines weiteren Kongresses, der am 4.7. in Valencia beginnt, in Madrid fortgesetzt wird und am 16./17.7. in Paris endet. Brecht hält eine Reise ins Bürgerkriegsland für zu gefährlich, während Ruth Berlau an den Kongreßveranstaltungen in Spanien teilnimmt und sich danach bis zum Herbst den Internationalen Brigaden anschließt. Brecht kommt zu den letzten Veranstaltungen nach Paris und hält seine *Rede zum II. Internationalen Schriftstellerkongreß zur Verteidigung der Kultur* (22,323-325).

Im September 1937 ist Brecht erneut in Paris, da Ernst Josef Aufricht eine französische Inszenierung der *Dreigroschenoper* produziert, an deren Proben er teilnehmen möchte. Nach der Premiere am 28.9. besucht Brecht wieder einmal Lion Feuchtwanger in Sanary-sur-mer an der Riviera. Außerdem kommt Helene Weigel Anfang Oktober in die französische Hauptstadt, um mit den Proben zu *Die Gewehre der Frau Carrar*, gemeinsam mit anderen Emigranten, zu beginnen; auch diese sollen nicht ganz ohne ihn stattfinden, Uraufführungstag ist der 16.10. Während Helene Weigel und die anderen Beteiligten das Spanien-Stück in den folgenden Wochen auch in Zürich, Wien und Prag spielen, kehrt Brecht nach Dänemark zurück, schreibt einzelne Szenen zu *Furcht und Elend des III. Reiches*, beginnt mit einem zusätzlichen Projekt: *Die Geschäfte des Herrn Julius Caesar*, zunächst als Stück; spätestens Anfang 1938 führt er es als Roman weiter, wiederum maßgeblich unterstützt von Margarete Steffin. Daneben sind Korrekturarbeiten zu erledigen für die ersten beiden Bände der *Gesammelten Werke*, die Wieland Herzfelde in seinem Malik-Verlag vorbereitet und die im März 1938 in Prag ausgeliefert werden, dem Monat, in dem der »Anschluß« Österreichs an Hitlerdeutschland vollzogen wird.

Für die Szenenfolge *Furcht und Elend des III. Reiches* liefern die Nachrichten über die Wirklichkeit in Deutschland immer mehr Stoff: im Juni 1937 sind es fünf, im März/April 1938 mindestens siebzehn Szenen, von denen acht – wiederum in Paris, von und vor Emigranten – am 21.5. unter dem Titel *99%. Bilder aus dem Dritten Reich* uraufgeführt werden; Brecht ist bei der Einstudierung dabei. Im Juni 1938 gibt es insgesamt 28 Szenen.

Zu diesem Zeitpunkt ärgert sich Brecht in Dänemark über Texte von Georg Lukács, vor allem über dessen Aufsatz *Es geht um den Realismus*, der im neusten Heft der von Brecht offiziell mitherausgegebenen Zeitschrift *Das Wort* erschienen ist. Lukács faßt darin die Diskussionen über den Expressionismus, die sich im Lauf der vergangenen Monate zu einer generellen Debatte über realistisches Schreiben entwickelt haben, auf seine Weise zusammen, hebt erneut die von ihm zu Vorbildern erklärten Vertreter des bürgerlichen Realismus (Balzac, Tolstoi) hervor und greift u.a. Hanns Eisler an (vgl. *Kleine Berichtigung*, 22,402f.). Während im Juli-Heft der Zeitschrift Alfred Kurella die Diskussion mit seinem *»Schlußwort«* für zumindest vorläufig beendet erklärt, beginnt Brecht in zahlreichen Texten, auf die verschiedenen Thesen einzugehen, etwa in *Die Expressionismusdebatte* (22,417-419), *Weite und Vielfalt der realistischen Schreibweise* (22,423-434), *Über den formalistischen Charakter der Realismustheorie* (22,437-445) oder *Über die eigene Arbeit* (22,445-449). Die Redaktionskollegen in Moskau zeigen jedoch schon bei seiner *Kleinen Berichtigung* bzgl. Eisler wenig Neigung, sie publik zu machen.

In diesem Monat Juli 1938 beginnt der vierzigjährige Brecht mit einer neuen Form von Aufzeichnungen: manches erscheint ihm nicht geeignet für einen Aufsatz bzw. sieht er keine Möglichkeit zur Veröffentlichung, wenn selbst *Das Wort* nicht zur Verfügung steht; auch gibt es in diesen Wochen kaum Briefpartner, denen gegenüber mancher Frust zu Papier gebracht werden könnte. Am 20.7.1938 schreibt Brecht einen ersten Text über seine eigene Arbeit am *Caesar*-Roman (26,311), einige Tage danach regt er sich über die »Moskauer Clique« auf, die Julius Hays Stück *Haben* »über den roten Klee« lobe und als echten sozialistischen Realismus ausgebe (26,316), berichtet von Meinungen Benjamins, der in diesen Sommermonaten wiederum sein Gast ist (26,317), oder er geht auf politische Ereignisse ein, etwa auf das Verhalten englischer und französischer Politiker im Vorfeld des Münchener Abkommens vom 29.9., das den Einmarsch der Reichswehr ins Sudetengebiet billigt (26,325f.). – Solche Aufzeichnungen, jeweils mit Datum versehen, schneidet er später aus und klebt die Abschnitte neu zu vollständigen Seiten zusammen, um sie schließlich heften und mit einem Deckblatt versehen zu können: das erste solche Konvolut trägt die Aufschrift *Dänemark / 20.7.38 – 15.3.39*. Auch an den nächsten Exil-Stationen macht er solche Aufzeichnungen, fügt zunehmend persönliche Fotografien und Zeitungsausschnitte hinzu; einen Aktendeckel, in dem er dieses Material sammelt, beschriftet er mit dem Titel *Journal*.

Der November 1938 steht ganz im Zeichen eines neuen Stücks, der ersten (und wie immer vorläufigen) Ausarbeitung von *Leben des Galilei* (5,7-109), an der er auch in den ersten Wochen des neuen Jahres weiterarbeitet, bevor Margarete Steffin sie im März 1939 auf Matrizen schreibt, von denen mehrere Abzüge angefertigt werden, die nach Schweden, in die USA, die Schweiz und die Sowjetunion verschickt werden an Übersetzer und Theaterleute; Manuskripte oder Abschriften schon vor dem Druck eines Stückes zu verschikken, ist für Brecht wichtig, neu ist zu diesem Zeitpunkt, daß der fast fertige dritte Band der *Gesammelten Werke* mit dem *Galilei* nach der Annexion der Tschechoslowakei beschlagnahmt und vernichtet wird. Brecht kommentiert lapidar: »Das *Reich* vergrößert sich. Der Anstreicher sitzt im Hradschin« (26,332) und beendet damit sein *Journal* für die Zeit in Dänemark.

Als ein Land mit Grenzen zu Deutschland erscheint Dänemark ab Anfang 1939 nicht mehr sicher genug. Während Brecht die bereits vorhandenen Teile zu *Der gute Mensch von Sezuan* aus der »Schublade« holt, um die »epische Technik« weiter zu entwickeln und »so endlich wieder auf den Standard« zu kommen, den er beim *Galilei* nicht erreicht sieht (vgl. 26,332), kümmern sich Freunde in Schweden um eine Einladung für ihn, die schließlich der schwedische Reichsförderbund für Amateurtheater ausspricht und damit gleichzeitig den Weg zum Erhalt eines Visums öffnet. Unter dem Vorwand, am 4.5. den Vortrag *Über experimentelles Theater* (22,540-557) halten zu müssen, reist Brecht am 23.4. nach Stockholm. Helene Weigel, die dabei als Schauspielerin die Theorie praktisch demonstrieren soll, und die Kinder sowie Margarete Steffin und Ruth Berlau kommen einige Tage später nach. Unterkunft findet die Gruppe im Haus der politisch engagierten Bildhauerin Ninnan Santesson auf der Stockholm vorgelagerten Insel Lidingö. Am 31.5. schließt Dänemark unter starkem deutschen Druck einen Nichtangriffspakt mit dem Deutschen Reich ab. Die Tatsache ist einer der Anlässe, die Brecht zu den beiden Einaktern *Dansen* und *Was kostet das Eisen?* (5,291-308, 309-327) veranlassen, in denen er die Folgen allzu leichter, unüberlegter geschäftlicher Korrumpierbarkeit und die Folgen profitorientierter Kollaboration mit Nazideutschland thematisiert.

Die Situation einer ganzen Reihe von Exilanten spitzt sich mit der drohenden Kriegsgefahr dramatisch zu. Unter dem Eindruck des Sieges von General Franco über das republikanische Spanien im Frühjahr 1939, mehr noch durch den unbegreiflichen Schulterschluß Stalins mit Hitler im August 1939 schwinden alle Hoffnungen auf eine Eindämmung des europäischen Faschismus. Vielmehr demonstrieren die Achsenmächte ihre Macht. – Unfähig, die Unerträglichkeiten auszuhalten, erhängt sich Ernst Toller am 22.5.1939 in New York, kurz darauf stirbt der verzweifelte Joseph Roth im Delilirium in Paris. Später, am 31.1.1940, stirbt René Schickele bei Nizza, und nach dem Einmarsch der deutschen Truppen in Frankreich und dem Beginn einer zweiten Internierungswelle im Mai 1940 (nach der ersten zu Kriegsbeginn im September 1939) begehen Ernst Weiß in einem Pariser Hotel am 14.6. und am 26.6. Walter Hasenclever im Lager Les Milles Selbstmord. Am 5.7.1940 bringt sich Carl Einstein in Pau um, im selben Monat, in dem Willi Münzenberg in einem Wald in Südfrankreich erhängt aufgefunden wird. Walter Benjamin stirbt am 26.9.1940 in einem Hotel in Port-Bou an der französisch-spanischen Grenze, vermutlich an einer Überdosis Morphium, nachdem ihm und einer kleinen Gruppe von Flüchtlingen der Transit durch Spanien verweigert worden, und eine Auslieferung an die Gestapo nicht auszuschließen ist. Brecht erfährt davon erst fast ein Jahr später durch Günther Anders, der ihm in Santa Monica die Nachricht übermittelt (Wizisla 1994, S. 261f.).

Brecht ist unterdessen (nach der etwas schwierigen Phase des Vorjahrs) außerordentlich produktiv: Sein Hauptaugenmerk im Sommer 1939 gilt der weiteren Ausführung von *Der gute Mensch von Sezuan* (6,175-279); daneben schreibt er für und über seine Gastgeberin Santesson den Aufsatz *Betrachtung der Kunst und Kunst der Betrachtung* (22,569-574); von Ende September bis Anfang November und unter dem Eindruck des Krieges wird die erste Ausarbeitung von *Mutter Courage und ihre Kinder* zu Papier gebracht (6,7-86); unmittelbar danach die von *Das Verhör des Lukullus* (6,87-113). – Im Januar 1940 sind es z.B. Geschichten wie *Der Augsburger Kreidekreis* (18,341-354) und *Eßkultur* (20,7-12) oder *Übungsstücke für Schauspieler* (22,830-852), die Helene Weigel an der Schauspielschule von Naima Wifstrand in Stockholm in ihrem Unterricht einsetzt.

Der Aufenthalt in Schweden dauert vom 23.4.1939 bis zum 17.4.1940, also gerade ein Jahr. Am 9.4.1940 beginnt der Einmarsch deutscher Truppen in Dänemark und Norwegen. (An diesem Tag werden auch sämtliche Exemplare der Bücher von Brecht/Weill und Brecht/Eisler in der Wiener Universal-Edition beschlagnahmt und vermutlich komplett vernichtet.) Unmittelbar nach diesem Datum müssen Brecht und seine Familie mit Margarete Steffin weiter. Auch das schwedische Exil ist unsicher geworden, die nächste Fluchtstation ist Finnland. Es fällt Brecht immer schwerer, wieder die Arbeit zu unterbrechen, erneut gerade geschlossene Freundschaften zu verlieren. Brecht muß einen Großteil seiner Bibliothek in Stockholm zurücklassen. Verzichten will er unter keinen Umständen auf die geliebten Kriminalromane, die wichtigsten Werke der klassischen Literatur, die er zahlreich seit seiner Schulzeit mit sich herumträgt, sowie auf die Klassiker der Geschichte und Ökonomie, die er für jedes neue Stück, das er beginnt, unbedingt studiert und mit Anmerkungen für die eigene Verwertung versieht. Peter Weiss beendet den zweiten Band seines dokumentarischen Zeitromans *Die Ästhetik des Widerstands* mit der Beschreibung dieser Reisevorbereitungen Brechts und der Familie, verwoben in das Schicksal einer ganzen Generation exilierter Schriftsteller.

Viele Freunde, die er in Schweden kennengelernt hat, avisieren Brechts Ankunft in Finnland und versuchen, durch Empfehlungen zu helfen. Wie fast überall, ist Brecht auch dort durch seine *Dreigroschenoper* bekannt. – Die Freundin Ruth Berlau hält sich zwischenzeitlich in Kopenhagen auf, inszeniert dort die *Gewehre der Frau Carrar* und kümmert sich um die erste Ausgabe der *Svendborger Gedichte*. Im Mai 1940 trifft auch sie in Helsinki ein. Geplant ist ein Aufenthalt von höchstens einigen Wochen, um dann schnell Skandinavien zu verlassen. Zunächst leben alle in einer kleinen Wohnung in Helsinki, weil man sich hier gar nicht einrichten möchte. Helene Weigel läßt bereits im Mai Schiffskarten reservieren für die

»Mathilda Thordén«, die voraussichtlich am 5.8. im finnischen Eismeerhafen Petsamo auslaufen soll, und zwar Richtung USA.

Dieses Ziel steht längst fest: nicht nur für Emigranten wie Brecht in Finnland, sondern auch für viele seiner Freunde (Benjamin, Döblin, Feuchtwanger u.a.) in Frankreich, dem wichtigsten Aufnahmeland deutscher Emigranten, in dem seit Kriegsbeginn im September 1939 Verhaftung, Internierung oder Dienstverpflichtung drohen. Nach der französischen Kapitulation im Juni 1940 setzt eine enorme Fluchtwelle in den Süden des Landes ein. Aus Angst vor weiterem Vordringen der deutschen Truppen versuchen viele über Marseille oder Spanien und Portugal die Flucht nach Übersee. Die Vichy-Regierung unter Marschall Pétain läßt die meisten prominenten Exilanten entkommen und unterstützt aktiv die jüdischen Flüchtlinge. Dennoch gibt es enorme bürokratische Probleme, Transitvisa zu bekommen, noch schwieriger ist es, eine Einreisegenehmigung für die Emigrationsländer in Süd- und Mittelamerika oder gar für die USA zu erhalten. Gerade deren restriktive Aufnahmepolitik vereitelt eine ganze Reihe von Rettungsaktionen verschiedener Hilfsorganisationen (vgl. Varian Frey: *Auslieferung auf Verlangen. Die Rettung deutscher Emigranten in Marseille 1940/41.* München 1986).

Auch in Finnland sind Brecht und seine Familie gerade nach der Okkupation der Benelux-Staaten, Dänemarks und Norwegens sowie der Niederlage Frankreichs nicht mehr sicher. Die unverhältnismäßig harte Internierungspolitik der Schweiz und Englands lassen diese beiden Staaten als weitere Fluchtpunkte ausscheiden. Ganz sicher ist auch die Sowjetunion für Brecht keine Alternative: Nach Beginn des Schauprozesses gegen Sinowjew und Kamenjew im August 1936 stellen die Sowjetbehörden nur noch wenige Einreisevisa und Aufenthaltsgenehmigungen aus, und zwischen 1937 und 1941 kommen Hunderte linientreuer Kommunisten aus Deutschland in Stalins Gefängnissen ums Leben, fallen seinen wahnhaften Ängsten vor »faschistischer Verschwörung«, »Trotzkismus« und »Spionage« zum Opfer oder werden vom sowjetischen Geheimdienst NKWD an Nazideutschland ausgeliefert wie etwa Hermann Borchardt (vgl. auch Pike 1981 und 26,326f.). Der im Januar 1939 verhaftete Literat und Verleger Michail Kolzow wird 1942 erschossen werden, der befreundete Sergej Tretjakow kommt in diesem Jahr 1939 ums Leben, Bernhard Reich und Asja Lacis werden mehrmals inhaftiert, Béla Kun wird 1939 im Gefängnis hingerichtet, Meyerhold im Februar 1940. So ist nicht erst jetzt, Mitte 1940, klar, daß die Sowjetunion als Exilland nicht in Frage kommt. Aus Korrespondenzen und Berichten von Ferdinand Reyher – einem amerikanischen Theatermann, den Brecht 1927 in Berlin kennengelernt hat und der ihn

1938 in Dänemark besucht – wird Brechts dringender Wunsch deutlich, Skandinavien zu verlassen und in die USA zu übersiedeln (vgl. auch Brief 916); der Hinweis, die erste Fassung des *Galilei* 1938/39 sei für New York geschrieben, spricht ebenfalls für eine frühe Entscheidung. Nach dem Ende des spanischen Bürgerkriegs bietet Mexiko den zahlreichen Exilierten Zuflucht, denen aufgrund ihrer Zugehörigkeit oder Nähe zur Kommunistischen Partei die Einreise in die USA verweigert wird: z.B. Anna Seghers, Egon Erwin Kisch, Bruno Frei und Alexander Abusch, auch Hanns Eisler hält sich zunächst dort auf. Mit zeitweilig rund 2000 deutschen Exilanten ist Mexiko das bedeutendste kommunistische Exilzentrum außerhalb der Sowjetunion.

Auch für Brecht und die Familie ist es schwieriger als gedacht, gültige Reisepapiere zu bekommen. Außerdem bemüht er sich immer wieder um Visa für seine »Mitarbeiterinnen«, die er für eine von Erwin Piscator in Aussicht gestellte Dozentur in New York benötige (vgl. Brief 923, 924). Zwar hält man Brecht in den USA für einen »Kommunisten«, doch gibt es für ihn Hoffnungen, daß von Bekannten in den Staaten (etwa auch der »League of American Writers« und vom PEN) über die Vorlage von »affidavits« (finanziellen Unterhaltsbürgschaften) ein Immigrationsvisum erwirkt werden kann. Die kurzfristigen Pläne mit der Reiseroute über Petsamo zerschlagen sich, als nach dem Waffenstillstand in Frankreich (22.6.1940) ein deutsch-finnisches Handelsabkommen (29.6.1940) geschlossen wird: Petsamo, die »kleine Tür« (12,98) im Norden, wird von Deutschen kontrolliert.

In diesen Tagen entschließt sich Brecht, einer Einladung der in Finnland bekannten Schriftstellerin und Politikerin Hella Wuolijoki auf ihr Gut Marlebäck, rund 150 Kilometer nordöstlich von Helsinki gelegen, zu folgen. Berlau ist mit Wuolijoki befreundet. Am 5.7.1940 trifft die Gruppe dort ein. Sie kann den ganzen Sommer bis Anfang Oktober auf dem Land bleiben, dann muß Hella Wuolijoki das Haus verkaufen. Gemeinsam mit ihr (und auf der Grundlage ihrer Vorarbeiten) schreibt Brecht in diesen Wochen das Volksstück *Herr Puntila und sein Knecht Matti* (6,283-370), zusammen mit ihr und Margarete Steffin einige Szenen zu *Die Judith von Shimoda* als Bearbeitung eines japanischen Stücks (10,838-883). Biographisch aufschlußreiche Produkte dieser Monate sind einige Gedichte der *Steffinschen Sammlung* (12,93-112) und die Erinnerungen und Reflexionen über Faschismus, Krieg und Exil in den *Flüchtlingsgesprächen*, an denen er besonders im Oktober 1940, nun wieder in Helsinki, arbeitet. »Der Paß ist der edelste Teil von einem Menschen« (18,197), heißt es dort, doch man müsse sich schon anstrengen und »vom Pontius zum Pilatus« (18,253) laufen, um am Ende doch keinen zu bekommen (vgl. auch *Ode an einen hohen Würdenträger*, 15,46f.). Zahlreiche Aufenthalts- und Einreisegesuche werden nicht beantwortet (Brief 950) und erst Ende 1940 gelingt es Lion Feuchtwanger (selbst erst seit Oktober in den USA, nach seiner Flucht aus dem französischen Lager Les Milles über Spanien und Portugal), ein Visum für Mexico zu beschaffen, von wo aus eine Weiterreise viel leichter möglich gewesen wäre, allerdings nur für Brecht selbst.

Diese Unannehmlichkeiten und die Ungewißheit wirken sich allerdings nicht sehr auf die Arbeit aus: Brecht stellt im Januar 1941, nach der Unterbrechung durch *Herr Puntila und sein Knecht Matti*, den *Guten Menschen von Sezuan* fertig, im März erfolgt die erste Fixierung von *Der aufhaltsame Aufstieg des Arturo Ui*, die im April überarbeitet wird, weil Margarete Steffin die »schlampigen« Jamben bemängelt hat (vgl. 26,470). Das Stück erhält den neuen Titel *Arturo Ui (Dramatisches Gedicht) von K. Keuner* (vgl. 7,363).

Nachdem bereits ein Jahr seit der Ankunft in Finnland vergangen ist, noch immer nicht für alle die Papiere vorliegen, schreibt Brecht am 18.4.1941: »Es ist mir jetzt, wie ich merke, fast unmöglich, wishfull thinking zu vermeiden [...]. Immerfort ertappe ich mich auf dem Gedanken: das überdenke ich in USA.« (26,474.)

Eine permanente Schwierigkeit ist außerdem das Verhältnis der Frauen untereinander. Margarete Steffin scheint sich mit Helene Weigel leidlich arrangieren zu können, doch beider Verhältnis zu Ruth Berlau, die arge Probleme mit Drogen und Alkohol hat, ist eher schlecht. Da Brecht auf Steffin – als Vertraute wie als Mitarbeiterin – in keiner Weise verzichten kann, wird die Weiterreise nach USA zwischenzeitlich auch ohne Berlau geplant, die davon jedoch zunächst nichts zu wissen scheint und hofft, mit Brecht gemeinsam reisen zu können. Margarete Steffin andererseits ist nach wie vor krank und wird immer schwächer, sie würde kein Gesundheitszeugnis – eine Voraussetzung für das USA-Einreisevisum – bekommen. So wird u.a. überlegt, ihr ein Visum für Haiti zu beschaffen (Neureuter 1987, Teil II, S. 255f.) Nachdem für die Brechts am 3.5.1941 endlich die USA-Einreisevisa vorliegen, gehen die Bemühungen dahin, für Steffin doch wenigstens ein Besuchervisum für die USA zu erhalten: am 12.5. wird es ihr als »Sekretärin« Hella Wuolijokis ausgestellt.

Lion Feuchtwanger schreibt am 18.5.1941 aus Kalifornien an Brecht: »Das Manuskript *Der gute Mensch* habe ich gekriegt. Es ist ein kleines Wunder, daß Sie inmitten des barbarischen Wirrwarrs ringsum so etwas Schönes, Klares, Ruhiges, Klassisches haben zustande bringen können«, und er hofft zu recht, »daß dieser Brief Sie nicht mehr erreicht« (Feuchtwanger 1991, Band 1, S. 54).

Nachdem auch für Steffin Papiere vorhanden sind, machen sich die Brechts, Steffin und Berlau sofort auf den Weg: er führt (ab 16.5.) zwangsläufig von Helsinki über Leningrad nach Moskau; dort muß Steffin in ein Krankenhaus eingeliefert werden, kann die Reise nicht fortsetzen und stirbt am 4.6.1941 (vgl. 26,484-486 u. 489; Brief 1248; vgl. Theweleit 1988). Die anderen verlassen, da es keine Flüge gibt, Moskau am 30.5. mit der Transsibirischen Eisenbahn, erreichen nach 10 Tagen Wladiwostok; der schwedische Frachter »Annie Johnson« legt dort am 13.6. ab und gelangt auf dem Umweg über Manila nach Los Angeles, wo er am 21.7.1941 ankommt (vgl. *Die Landschaft des Exils*, 15,88). Brecht ist also rund zehn Wochen unterwegs, Freunde – obwohl sie den genauen Ankunftstermin nicht kennen – warten »trotzdem am Kai« (Feuchtwanger 1991, Band 1, S. 54f.).

1.5 USA (1941-1947)

Schon 1929 ist Wilhelm Dieterle nach Hollywood gekommen und dort als Filmregisseur erfolgreich tätig; außerdem ist er mittlerweile amerikanischer Staatsbürger (William) und kann als solcher die erforderlichen »financial affidavits« für die Brechts ausstellen. Lion Feuchtwanger, der aus Frankreich geflohen ist und ab Oktober 1940 mit einem Besuchervisum in New York gelebt hat, hält sich seit Ende Januar 1941 in Kalifornien auf; seitdem er und seine Frau Marta mit Anwalt zum amerikanisch-mexikanischen Grenzort Nogales gefahren sind, um aus- und mit den richtigen Papieren gleich wieder einzureisen, sind sie legale Einwanderer. Da Feuchtwangers Bücher sich seit 1927 in auflagenstarken Übersetzungen in den USA verkaufen, ist er finanziell gut gestellt und beteiligt sich an den Reisekosten für die Brechts. Auch eine Wohnung ist angemietet.

Als diese in San Pedro anlanden, halten sich bereits zahlreiche andere Emigranten an der amerikanischen Westküste auf: so etwa viele Freunde und Mitarbeiter Brechts aus der Berliner Theaterzeit – Oskar Homolka, Elisabeth Bergner, Alexander Granach, Fritz Kortner u.a. Daneben leben zahlreiche Schriftstellerkollegen hier, unter ihnen Heinrich Mann und Thomas Mann, Franz Werfel, Alfred Döblin, Bruno Frank und Ludwig Marcuse. Los Angeles hat Paris als Kristallisationspunkt der westlichen Emigration abgelöst; »Deutsch-Kalifornien« oder »New Weimar«, wie es Ludwig Marcuse nennt, umfaßt seit 1940 deutsche Intellektualität einer ganzen Epoche. Bald werden Feuchtwangers heute von den Amerikanern zum »national monument« erklärte »Villa Aurora« und Thomas Manns opulente Wohnstatt im Los-Angeles-Vorort Pacific Palisades, hoch über der Bucht von Malibu und mit Blick auf die Stadt Santa Monica, zu wichtigen Treffpunkten der deutschen Exilierten.

Brechts erster Aufenthalt in den USA ist 1935 von einer verunglückten Inszenierung der *Mutter* in New York geprägt gewesen und durch die – zweifelhafte – Gewißheit, daß er als Stückeschreiber den Broadway erobern müsse, um in den USA etwas zu gelten. Freunde der Familie dagegen raten jetzt, nicht nach New York zu gehen, sondern an der Westküste zu bleiben, »wo es billiger ist [...] und wo mehr Aussichten zu verdienen bestehen« (27,10).

Brecht beherrscht die Sprache nicht oder nur ungenügend, was das Leben und die Arbeit schwierig macht. Darüber hinaus befindet er sich – wie viele andere – in materiell ungesicherter Position und ist lange angewiesen auf die Unterstützung derer, die bereits gelernt haben, unter den neuen Bedingungen Geld zu verdienen. Auf die Stimmung drückt zudem, daß es die sprachgewandte Margarete Steffin nicht mehr gibt, die zuvor auf dänisch, schwedisch, finnisch oder russisch manche organisatorische Frage geregelt hat, oder die Nachricht vom Tod des Freundes Walter Benjamin im Vorjahr, mit dem Brecht viele Sommer in Dänemark verbracht hat.

Andere Freunde sind zwar in den USA, leben aber nicht im Westen, sondern in New York: Erwin Piscator, Hanns Eisler (der dort mittlerweile keinen Ausweisungen oder Haftbefehlen wegen abgelaufenen Visums mehr ausgesetzt ist), Kurt Weill und Lotte Lenya sowie Karl Korsch und Hermann Borchardt. Brecht setzt sich auch mit diesen in Verbindung; in einem der ersten Briefe fragt er Kurt Weill, ob sie beide bzgl. der *Dreigroschenoper* »die amerikanischen Rechte darauf« zurückhätten, da es »herrliche Negerschauspieler hier« gibt, mit denen er sie einstudieren möchte (Brief 977).

Brecht ist entschlossen, sich in der direkten Nachbarschaft zur boomenden amerikanischen Filmindustrie als »writer« zu versuchen. Es gibt nur wenige professionelle Filmschriftsteller unter den emigrierten Europäern, die mit den Geschäften dieser Branche vertraut sind und vergleichsweise exorbitante Gagen bekommen (Frederick Kohner oder Salka Viertel etwa Wochengagen von 1000 $ und mehr). Von den vielen anderen erhalten nur wenige, vornehmlich literarische Drehbuchautoren (wie Heinrich Mann und Leonhard Frank bei Warner Brothers oder Alfred Döblin, Walter Mehring und Alfred Polgar bei Metro Goldwyn Mayer), feste »writer«-Verträge, produzieren jedoch für die Schublade oder den Papierkorb zu Bruttogagen von 100 $ die Woche (vgl. Walter 1988, S. 468-491).

Brechts rührige wie erfolglose Beteiligung in diesem Metier schlägt sich in zwei Dutzend Drehbuchentwürfen und »outlines« nieder (vgl. 20,23; 30 u.ö.) und ist in seinen *Journalen* dieser Zeit ausführlich dokumentiert (vgl. 27,13 u.ö.). Unter diesen Umständen ist es als glücklicher Zufall zu werten, daß Brecht 1942 seine – wie er sie nennt – »Geisel-Story« über den am 27.5.1942 in Prag getöteten Nazischergen Reinhard Heydrich für ca. 10 000 $ (vgl. *Journale* von Ende Mai bis Dezember 1942) verkaufen kann. Brecht, der glaubt, über dieses Projekt einen Einstieg in die Filmbranche bekommen zu haben, sieht sich bald vielseitig getäuscht: Seine ästhetischen Minimalanforderungen gehen mit den Vorstellungen des Regisseurs Fritz Lang und dessen Geldgebern nicht zusammen und er muß zusehen, wie sein »screenplay« Schritt für Schritt auf den Hollywoodgeschmack gebracht wird. Es ist für ihn zwar ein finanzieller Erfolg, aber der dann unter dem veränderten Titel *Hangmen Also Die* (*Auch Henker sterben!*) fertiggestellte Film hat ein vielfach bearbeitetes Drehbuch zur Grundlage und beinhaltet allenfalls einige von Brechts Ideen. Selbst der »screen-credit«, d.h. die Erwähnung als Drehbuchautor im Vorspann, wird ihm versagt: erst nach sämtlichen Schauspielern folgen die Namen für »Adaptation and Original Story«: »Bert Brecht & Fritz Lang«. Helene Weigel, die eine Rolle bekommen sollte, ist nur für Sekunden als Statistin zu sehen.

Brecht versteht zu dieser Zeit sehr wenig von den arbeitsteiligen und auf die unmittelbare Verwertung ausgerichteten Strukturen des amerikanischen Filmgeschäfts, denen sich der Regisseur Lang bei 700 000 $ Produktionskosten mit einem »Hollywoodpicture« anpassen muß (27,126), um dann Anfang 1943 mit seinem Film etwa neben dem im November 1942 in die Kinos gekommenen *Casablanca* mithalten zu können. Zumindest mit zwei Mitwirkenden dieses Films kommt Brecht immer wieder zusammen: Peter Lorre (Ugarte) und Paul Henreid (Victor Laszlo) (vgl. z.B. 27,139 und 147).

Erst mit der Zeit bietet die Nähe so vieler anderer Emigranten, mit denen Brecht bekannt oder befreundet ist, die Möglichkeit, sich allmählich einzuleben, alte Kontakte aus der Zeit in Europa wieder aufzunehmen. Teilweise wird der Alltag allerdings beeinträchtigt, nachdem die USA im Dezember 1941 nach den japanischen Angriffen auf Pearl Harbour in den Krieg eingetreten sind und nicht nur die asiatischen, sondern auch die europäischen Emigranten als »enemy alien« einstufen: Überwachung durch die Behörden, abendliche Ausgangssperren (»curfews«) sind die Folge (vgl. 27,75 u. 100), aber auch die Registrierung als Kriegsdienstpflichtige. Da Brecht bei der sich daran anschließenden »Glückskonkurrenz« nicht ausgelost wird (27,70), kann er z.B. mit dem aus New York eingetroffenen Hanns Eisler im April 1942 nach fünf Jahren das erste Mal wieder zusammenarbeiten. Eislers im folgenden Jahr komponiertes *Hollywooder Liederbuch*, zu dem Brecht die meisten Texte beisteuert, ist ein Zeugnis dafür.

Die Emigranten in den USA haben grundsätzlich zwei Möglichkeiten: sie lassen sich amerikanisieren – bis hin zur Übernahme der Vansittartthese, der Gleichsetzung von Deutschland und Faschismus, wie etwa Emil Ludwig oder Thomas Mann. Die Alternative ist der Rückzug in eine Enklave, aus der heraus es aber schwierig bis unmöglich ist, wahrgenommen zu werden.

Stärker noch als die Konzessionen, die Brecht an das Genre Hollywoodfilm machen muß – »Was für eine Vergeudung, dieses Storyentwerfen für die pictures« (27,170) –, frustriert ihn anfänglich die finanzielle Abhängigkeit von Woche zu Woche, von Monat zu Monat. »Meine Hauptsorge ist«, schreibt er bereits in einem Brief vom Juli/August 1941, »wie ich Übersetzungen von meinen Stücken kriegen kann« (Brief 974). In der Fortführung der Theaterarbeit sieht er seine weit größere Chance, an frühere Erfolge anknüpfen zu können. Ohne deshalb die Arbeit für Filme aufzugeben mit Stoffen, die neben der »Geisel-Story« von *Caesars letzten Tagen* (20,62-79, 79-88) bis zur *Seltsamen Krankheit des Herrn Henri Dunant* (20,89-95) reichen, beginnt Brecht noch Ende 1941 auch wieder mit neuen dramatischen Texten, ersten Szenen zum Stück *Die Gesichte der Simone Machard*, an dem er im folgenden Jahr Feuchtwanger beteiligt.

So traut er sich auch im Sommer 1942 nicht, nach New York zu reisen, um an der Inszenierung von Szenen aus *Furcht und Elend des III. Reiches* mitzuwirken und Ruth Berlau zu sehen, die dort seit Mai einen Job beim Office of War Information hat, solange keine längerfristige Sicherheit gegeben ist. Erst von Februar bis Mai 1943 hält er sich erstmals in New York auf: bedrängt u.a. Wieland Herzfelde, nochmals einen neuen Verlag zu eröffnen, trifft sich mit Wystan Hugh Auden, mit dem er für Elisabeth Bergner John Websters *The Duchess of Malfi* neu bearbeiten möchte, oder mit Ernst Josef Aufricht und Kurt Weill, um mit dem *Dreigroschenopern*-Gespann einen *Schweyk* zu planen und eine Inszenierung des *Guten Menschen von Sezuan*.

Nach Kalifornien zurückgekehrt möchte er am liebsten gleichzeitig das *Simone*-Stück beenden und den *Schweyk*: der liegt Ende Juni 1943 in einer ersten Fassung vor, die bis Anfang September von Alfred Kreymborg übersetzt wird (vorfinanziert von Peter Lorre), während Brecht seine Fassung weiter bearbeitet. Gleichzeitig gibt er zu: »Ich *muß* ja hier Geld verdienen, da hat mich nur die *Schweyk*-Arbeit zurückgeworfen.« (Brief 1079.) Ab Juli 1943 ist dies in Variationen in zahlreichen Briefen an Ruth Berlau nach New York immer wieder zu lesen, auch als Begründung, daß er nicht an die Ostküste kommen kann (vgl. Brief 1093, 1116).

Denn auch die Weiterarbeit am *Simone*-Stück trägt dazu vorläufig nichts ein. Außerdem kommt es zu Streitigkeiten mit Feuchtwanger, der an dem Stoff in erster Linie als Romancier interessiert ist. Diese Tatsache tut allerdings der Freundschaft keinen Abbruch, und im November 1943 nutzt Brecht das geliehene Geld doch für eine neuerliche Fahrt nach New York (bis März 1944). Vor allem die Arbeit an *The Duchess of Malfi* wird fortgesetzt. Daneben unterstützt Brecht die Gründung eines »Council for a Democratic Germany« (vgl. 27,182).

Feuchtwanger, mit dem besseren Gespür und Geschick – und mit Agenten an der Hand –, hat seinen fertigen Roman *Simone* nicht nur an amerikanische und französische Übersetzer gegeben (die Ausgaben erscheinen 1944), sondern auch Kontakt zu Filmfirmen aufgenommen, da er gute Chancen sieht, die Filmrechte am Roman verkaufen zu können. Tatsächlich gelingt es ihm, mit MGM ins Geschäft zu kommen. Am 20.2.1944 teilt er Brecht in New York mit: sobald dieser einwillige, daß sein Stück vorläufig »offiziell nicht existiert«, aber »einen Monat nach Vertragsabschluß wieder vorhanden sein kann«, da das Recht, den Stoff zu dramatisieren zugesagt ist, stünde der »Zahlung der dann fälligen fünfzigtausend Dollar binnen achtundvierzig Stunden« nichts mehr im Wege; davon stünde die Hälfte Brecht zu, dem »nach Abzug der Kommission und der Spesen [...] etwas über 22 000 Dollar« blieben (Feuchtwanger 1991, Band 1, S. 60-62). Vier Tage darauf telegrafiert Feuchtwanger: »Sale Simone signed stop check at your disposal stop letter following.« (Feuchtwanger 1991, Band 1, S. 62.)

Wieder einmal hat sich Brechts Arbeit »gelohnt« und wieder ist er am Ende unzufrieden: Der Film wird niemals realisiert, und da MGM für dreieinhalb Jahre Einspruchsrecht für jede Aufführung des Stücks beansprucht, wird auch daraus nichts. Brecht kommentiert das Ereignis im März 1944: »Ich hatte ein gutes halbes Jahr Geldschwierigkeiten (jetzt habe ich in der Hollywoodlotterie etwas gezogen, was für etwa zwei Jahre reichen sollte)« (Brief 1132). Und seine kurze Zusammenfassung über seinen New York-Aufenthalt für sein *Journal* beendet er ernüchtert: »Kontrakt mit Broadway für einen *Kreidekreis*, vermittelt durch Luise Rainer. Stück begonnen. –

Inzwischen schließt Feuchtwanger über *Simone* für Film ab (ich bekomme 20 000 $). Kaufe neue Hose.« (27,183.)

Danach beschäftigt sich Brecht mit anderem: Anfang Juni 1944 ist die erste, Anfang September die zweite Fassung des *Kaukasischen Kreidekreises* fertig. Erste abgeschlossene Szenen schickt er zwischendurch an Ruth Berlau nach New York und bittet sie um ihr Urteil und um Vorschläge. Er hat das Bedürfnis, die Geliebte an der Arbeit zu beteiligen, weil sie ein Kind von ihm erwartet. Dieses Kind wird am 3.9.1944 in Los Angeles zu früh geboren, weil Ruth Berlau sich einer Tumoroperation unterziehen muß. Es erhält den Namen Michel, wie das Kind der Grusche im Stück, stirbt aber nach wenigen Tagen.

Mit dem englischen (Film-)Schauspieler Charles Laughton (1899-1962) beginnt er im Dezember 1944 an der amerikanischen Fassung *Galileo*, im Januar 1945 mit einem Opernlibretto für Paul Dessau, *Die Reisen des Glücksgotts*, im Februar mit der Versifizierung des *Kommunistischen Manifests*, anschließend wird die Arbeit an *Galileo* fortgesetzt.

Dazwischen ein lapidarer Kommentar zum Tage, diesmal zum 8.5. des Jahres: »*Nazideutschland kapituliert bedingungslos*. Früh sechs Uhr im Radio hält der Präsident eine Ansprache. Zuhörend betrachte ich den blühenden kalifornischen Garten.« (27,224.)

Im Juni 1945 ist Brecht erneut in New York. Endlich kommt ein Dramentext von ihm auf die Bühne: *Furcht und Elend des III. Reiches* in englischer Übersetzung als *The Private Life of the Master Race*; die Resonanz bei den Kritikern ist enttäuschend, sie sprechen von déjà vu. Übertroffen werden die vorgeführten Beispiele durch die aktuellen Meldungen und Bilder aus Deutschland.

Während Brecht an der amerikanischen Fassung des *Galilei*-Stücks weiterarbeitet, gehen die Kampfhandlungen auf dem asiatischen Kriegsschauplatz weiter, werden erst Anfang August mit den Bomben auf Hiroshima und Nagasaki beendet, von Brecht zunächst wiederum lapidar kommentiert:

> Die Atombombe, mit der die atomarische Energie sich zeitgemäß vorstellt, berührt die »einfachen Leute« als lediglich furchtbar. Der Sieg in Japan scheint denen, die ungeduldig ihre Männer und Söhne zurückerwarten, vergällt. Dieser Superfurz übertönt alle Siegesglocken. (27,232.)

Für das Stück in seiner derzeitigen Gestalt hat das Ereignis Konsequenzen: »Wir arbeiten die meiste Zeit immer noch am *Galilei*, der bei Laughtons Hörern im Lazarett völlig ungewöhnliches Interesse findet. Die Atombombe hat tatsächlich die Beziehungen zwischen Gesellschaft und Wissenschaft zu einem Leben-und-Tod-Problem gemacht.« (27,232.) Die neuerliche Überarbeitung wird erst am

1.12. abgeschlossen. Auch ein (noch nicht übersetztes) *Vorwort* ist fertiggestellt, gerichtet an ein »Geehrtes Publikum der Breiten Straße« (27,235f.).

Doch das Verhältnis des Broadway zu Brecht ist ein ähnliches wie das der »hollywoodpictures« zu seinen Filmplänen. Laughton macht zwar Orson Welles mit dem *Galileo* bekannt, und der erfolgreiche Theaterregisseur der dreißiger Jahre würde gern die Regie übernehmen, doch auch er hat kein Geld. (Die ihm von Hollywood anfangs zugesagten großen Freiheiten sind nach den schlechten Einspielergebnissen seines *Citizen Kane* stark eingeschränkt worden, die Filmgesellschaft RKO, Radio-Keith-Orpheum, hat ihn schließlich »fired«.) Laughton selbst wird von seinem Agenten gegängelt und steht als Hauptdarsteller zunächst nicht zur Verfügung.

Was eine Broadway-Inszenierung betrifft, so sieht es für *The Duchess of Malfi* zwischenzeitlich günstiger aus; doch was letztlich von der 1943 mit Hoffman Reynolds Hays begonnenen, Anfang 1944 mit Wystan Hugh Auden fortgeführten Bearbeitung im Oktober 1946 am Broadway über die Bühne geht, ist die Version Audens, nicht die Brechts.

Anfang Oktober des Vorjahres kritisiert Brecht in seinem *Journal* den langjährigen Freund:

> *Feuchtwanger* wird von der größten amerikanischen Nachrichtenagentur, der AP, gedrängt, für sie über den Nürnberger Prozeß zu schreiben. Nicht als Journalist, sie haben Dutzende Starreporter dort, nur 4000 Wörter in der Woche. Er sagt ab. »Ich kann so was nicht gut«, sagt er. »Dann machen Sie es, so gut Sie es können, nur Sie werden aufgefordert«, sage ich. [...] Der 75jährige *Heinrich Mann*, den ich informiere, sagte ihm, er selbst würde morgen fahren. Aber, natürlich, niemand lädt ihn ein. (27,233.)

Auch Brecht lädt niemand ein, der vermutlich auch gefahren wäre, denn seine Briefe von Ende 1945 und die von 1946 zeigen, daß er sich bemüht, Kontakt aufzunehmen mit den Freunden, die in Deutschland geblieben sind: er schreibt an Caspar Neher, spricht von »Anfragen nach Stücken« aus Berlin und Heidelberg, und nicht nur dafür will er Nehers Dekorationen (Brief 1208); er meldet sich bei »George« Pfanzelt und hofft auf ein baldiges Wiedersehen (Brief 1213); er korrespondiert mit seinem Bruder Walter und mit Otto Müllereisert (vgl. Brief 1219). Er meldet sich auch bei Verlegern, schreibt an Peter Suhrkamp und an Kurt Reiss (vgl. Brief 1200, 1201). Im Sommer 1946 nennt er erstmals die Schweiz oder Dänemark als Ziele (vgl. Brief 1214), außerdem ist von Oberitalien die Rede oder von der angenehmen Vorstellung, »das Theater am Schiffbauerdamm wieder zur Verfügung zu haben« (Brief 1228). Nachdem Caspar Neher ein Engagement am Züricher Schauspielhaus erhalten hat, steht für Brecht der Ort fest; zu Weihnachten 1946 kündigt er Neher an, »im Juni etwa in die Schweiz zu kommen« (Brief 1233).

Die Vorbereitungen dazu sind zu diesem Zeitpunkt offensichtlich in vollem Gange: im Herbst 1946 – zum vorletzten Mal in New York und Boston, u.a. in Sachen *Duchess of Malfi* – schreibt Brecht an Helene Weigel: »wegen der Schweiz müssen wir in Los Angeles aufs Konsulat gehen. Aber wir müssen auch um die amerikanische Bürgerschaft einreichen, glaube ich« (Brief 1227). Am 29.3.1947 liegt die wichtige »Exit- und Reenter-Permit, um in die Schweiz zu reisen«, vor (27,244); wichtig deshalb, weil es für Brecht als Staatenlosem nicht ohne Risiko ist, die Aufenthaltsgenehmigung für die USA durch eine Ausreise aufs Spiel zu setzen, ohne zu wissen, wo er künftig geduldet sein wird. (Es dauert immerhin noch gut drei Jahre, bis er im April 1950 wieder einen Paß haben wird. – Noch 1952 wird Charles Chaplin die Erfahrung machen müssen, daß nicht einmal eine Reenter-Permit ausreicht, wenn man bei den Behörden als kommunisten-freundlich gilt; für Feuchtwanger wird dies mit ein Grund werden, keine Besuchsfahrt nach Europa zu unternehmen; vgl. Jeske / Zahn, S. 309.) Brecht hat auch Kontakte nach Berlin, bekommt von dort z.B. im Februar 1947 eine Ausgabe des *Sonntag*, der Wochenzeitung des »Kulturbundes zur demokratischen Erneuerung Deutschlands« (vgl. 27,239), und hat im September das dort neu erschienene *Deutsche Stanislawski-Buch* in Händen; sein Kommentar bleibt nicht aus:

> Sie praktizieren das jetzt in einer Weimarer Schauspielschule. Man kann sich natürlich einen relativen Wert vorstellen; auch hier in den Staaten bedeutet der Stanislawskismus einen Protest gegen das merkantile Theater, eine Handvoll ernsthafter Schauspieler bauen einen Tempel, allerdings auf dem Marktplatz. (27,246.)

Daß es auch anders geht, möchte er vor der Abreise nach Europa den Amerikanern doch noch zeigen: nachdem auch 1946 weiter an *Galileo* gearbeitet, über eine Inszenierung in New York verhandelt worden ist, Hanns Eisler mit der Bühnenmusik beschäftigt ist, erkundet Brecht im Februar 1947 Aufführungsmöglichkeiten an kalifornischen Universitäten, findet schließlich in T. Edward Hambleton einen Produzenten und inszeniert das Stück, das am 30.7.1947 im Coronet Theatre von Beverly Hills erstmals über die Bühne geht; Charles Laughton spielt die Hauptrolle, Ruth Berlau dokumentiert in zahlreichen Fotos erstmals umfassend Brechts Probenarbeit. Als die Inszenierung im Dezember 1947 in New York gezeigt wird, befindet sich Brecht bereits in Feldmeilen bei Zürich, arbeitet an *Die Antigone des Sophokles* (8,193-242).

Zu den Überwachungsmaßnahmen gegenüber einem »enemy alien« gehört es, daß sich das Federal Bureau of Investigation – kurz FBI – für ihn interessiert, wenn Verdachtsmomente vorliegen. Die vom FBI in Los Angeles angelegten Brecht-Akten mit dem Zeichen L.A. 100-18112 beginnen Anfang März 1943 (vgl. Lyon 1994, S. 113-137; Stephan 1995). In ihnen sind die sporadischen Beobachtungen und Schnüffeleien versammelt, die ein wahlloses und konfuses, im ganzen sehr unsicheres Bild Brechts und seiner Beziehungen zu Freunden ergeben. Der Informationswert ist nicht sehr groß.

Nach Kriegsende wird die Überwachung auf anderer Ebene fortgesetzt: im März 1947 startet u.a. das House on Un-American Activities Committee (HUAC) seine Jahre währende Kampagne gegen die »kommunistische Infiltration« der amerikanischen Filmindustrie. Geladen und vor großem öffentlichen Tribunal verhört werden u.a. Schriftsteller, Komponisten, Regisseure und Schauspieler. Brecht hat am 30.10.1947 Termin, und auch ihm wird mehrfach die Gesinnungsfrage gestellt: »Are you or have you ever been a member of the communist party?«, die er – wahrheitsgemäß – mit »no« beantworten kann (vgl. Keil 1979). Insgesamt verläuft das Verhör zwar weitgehend zu aller Zufriedenheit, Anklage wird nicht erhoben, dennoch hält es Brecht für angebracht, am nächsten Tag die USA ohne großes Aufsehen zu verlassen; er fliegt von New York nach Paris. – Ein halbes Jahr später verleiht ihm die American Academy of Arts and Letters einen Preis in Höhe von 1000 $ »in recognition of your creative work in literature, and to further your efforts in that direction«. Brecht bedankt sich höflich und weist auf seinen Wohnortwechsel hin, der ihn hindere, am 21.5.1948 bei der offiziellen Preisverleihung anwesend zu sein.

1.6 Schweiz (1947-1948)

Brecht trifft am 5.11.1947, über Paris kommend, in Zürich ein. Er sieht noch am selben Tag seinen ältesten Freund Caspar Neher, der nach 1933 in Deutschland geblieben ist und als Bühnenbildner und Librettist – unter anderem von Rudolf Wagner-Régeny – an verschiedenen Theatern gearbeitet hat. Die beiden begegnen in Zürich Hans Curjel, dem einstigen Dramaturgen Otto Klemperers an der Berliner Kroll-Oper, mit dem sie 1927 bei der Uraufführung des *Mahagonny*-Songspiels in Baden-Baden zusammengearbeitet haben und der nun das Stadttheater in Chur leitet. Er gibt Brecht die Möglichkeit, zusammen mit Neher eine *Antigone*-Bearbeitung auf die Bühne zu bringen. Brecht stürzt sich förmlich in die Arbeit, ist es doch seit vielen Jahren die erste Möglichkeit, seine Theatertheorie auf der Bühne praktisch zu erproben, ohne Rücksicht auf »producer« u.a. nehmen zu müssen. Es ist auch die seit langem erste Zusammenarbeit mit den Freunden, und die Antigone wird für Helene Weigel, die mit Tochter Barbara per Schiff nach Europa gekommen ist, die erste Bühnenrolle nach 12 Jahren sein. Brecht, Neher und Weigel wollen mit dem *Antigone*-Projekt vor allem auch die Zusammenarbeit trainieren, um bald und gemeinsam *Mutter Courage und ihre Kinder* in Berlin spielen zu können – »ein try out für Berlin«, wie Brecht an Feuchtwanger schreibt (Brief 1288). Mitte Januar 1948 beginnt man mit der Einstudierung, zunächst in Zürich, dann in Chur, wo am 15.2. Premiere ist. Ruth Berlau trifft während der Proben aus den USA ein und macht zahlreiche Fotos, die sofort ausgewertet werden für das *Antigonemodell 1948*, eine der ersten Publikationen von Brecht in Nachkriegsdeutschland (1949).

Brechts nächste Regie-Arbeit in der Schweiz gilt ab Mai 1948 dem Stück *Herr Puntila und sein Knecht Matti*, das am 5.6. uraufgeführt wird; nach den Uraufführungen seiner bedeutendsten Exilstücke *Mutter Courage und ihre Kinder* (19.4.1941), *Der gute Mensch von Sezuan* (4.2.1943) und *Leben des Galilei* (9.9.1943) ist es die erste Inszenierung im Züricher Schauspielhaus, die von ihm selbst geleitet wird, ohne daß er offiziell als Regisseur genannt werden kann, da er keine Arbeitserlaubnis hat.

Wieder geht es um Papiere, permits, Pässe. Für Fahrten nach Berlin, München oder Salzburg, durch verschiedene Besatzungszonen oder andere Staaten werden zusätzliche Unterlagen benötigt, vor allem von Staatenlosen wie Brecht. In zahlreichen Briefen ist davon die Rede, daß er auf Papiere aus der Bundeshauptstadt Bern warte, von den amerikanischen, britischen, französischen oder russischen Behörden noch nicht oder gerade entsprechende Bestätigungen erhalten habe.

Die Lösung der Paßprobleme wird – nach über zwei Jahren – mit Hilfe des Komponisten Gottfried von Einem möglich: Helene Weigel ist vor ihrer Ausbürgerung Österreicherin gewesen, und Brecht bemüht sich, für sie diesen Status wiederzuerlangen und gleichzeitig auf die ganze Familie auszudehnen. Das hätte für sie in erster Linie den Vorteil, in den vier Besatzungszonen gleichermaßen arbeiten zu können. »Ich kann mich ja nicht in irgendeinen Teil Deutschlands setzen und damit für den andern Teil tot sein.« (Brief 1377 bzw. 1379.) Brecht betont 1949 in mehreren Varianten: »Meinen ständigen Wohnsitz habe ich in Salzburg genommen.« (Brief 1382, vgl. 1398, 1433, 1434.) Die Überlegungen, sich in Österreich anzusiedeln, sind sicher einerseits strategischer Art, andererseits sind sowohl das Wiener Burgtheater (Egon Hilbert) als auch die Salzburger Festspiele (Gottfried von Einem) tatsächlich sehr um ihn bemüht. Im April 1950 bekommen die Brechts endlich die österreichische Staatsbürgerschaft. – »Brecht, der zum verspäteten Landsturm des kommunistischen Avantgardistentums gehört« (*Salzburger Nachrichten*, 2.10.1951), wird in den Folgejahren auch in der (von den Alliierten besetzten) Alpenrepublik stark angegriffen, bleibt aber österreichischer Staatsbürger bis zu seinem Tod (vgl. Palm).

Zunächst und für insgesamt eineinhalb Jahre lebt Brecht in der Schweiz, aus Vorsicht und um besser entscheiden zu können, wo er seine Arbeit am besten fortsetzen könnte. Er denkt zwischenzeitlich daran, in der Schweiz zu bleiben – wie etwa Thomas Mann; dem Zürcher Schauspielhaus und Kurt Hirschfeld verdankt er schließlich viel.

An einem der ersten Abende in Zürich begegnet er dem 36jährigen Max Frisch, mit doppeltem Beruf, Architekt und Schriftsteller, dessen zweites Stück *Die chinesische Mauer* gerade erschienen ist. Frisch ist später noch häufiger Gast im Gärtnerhaus in Herrliberg, das man den Brechts zu einem Teil überlassen hat. Brecht diskutiert mit ihm die erste Niederschrift des *Kleinen Organons für das Theater*, Frisch führt ihn durch Zürich, zeigt ihm seine Baustellen und sein neuestes Stück *Als der Krieg zu Ende war*. Frisch hält den knappen physiognomischen Entwurf des Flüchtlings mit befristetem Aufenthalt in seinem Tagebuch des Jahres 1948 fest. Er zeichnet den unermüdlichen Arbeiter, freundlich, zurückgenommen, bescheiden, in den Gesprächen von »fast bäurischer Geduld«, dennoch voller Widerspruch und blitzendem Zorn bei Themen, die ihn wirklich angehen, »ein Passant unserer Zeit«:

> Das Zimmer hat etwas von Werkstatt: Schreibmaschine, Blätter, Schere, Kiste mit Büchern, auf einem Sessel liegen Zeitungen, hiesige, englische, deutsche, amerikanische, hin und wieder wird etwas ausgeschnitten und in ein Mäpplein gelegt [...] an der Wand gegenüber hängt eine chinesische Malerei, einrollbar, jetzt aber entrollt. Alles ist so, daß man in achtundvierzig Stunden abreisen könnte; unheimisch. Nicht viel anders, denke ich, hat es ausgesehen in Finnland, 1941. (Frisch 1976, S. 597.)

Diese zunächst noch vorläufige Abreise wird am 17.10.1948 möglich, nachdem Reiseunterlagen vorhanden sind: gern würde er München und Augsburg besuchen auf dem Weg nach Berlin, doch die Durchreise wird von der amerikanischen Militärregierung verweigert, so daß Brecht und Weigel den Weg über Salzburg und Prag nehmen. Am 22.10. kommen sie nach über 15 Jahren das erste Mal wieder an den Ort früherer Erfolge – »Berlin, eine Radierung Churchills nach einer Idee Hitlers« (27,281).

Am Deutschen Theater im sowjetischen Sektor beginnen bald die Proben zu *Mutter Courage und ihre Kinder*. Die Arbeit mit den jungen und in der Brechtschen Spielweise nicht erfahrenen Schauspielern verläuft erfolgreich und Brecht ist überglücklich und begeistert beteiligt. Erfolgreicher Premierentag ist der 11.1.1949; die Presse, auch die im Westen und trotz ideologischer Vorbehalte, rühmt die Inszenierung. Sie ist somit eine gute Voraussetzung für die folgenden Schritte. Es geht Brecht jetzt darum, so schnell wie möglich seinen Platz in den neuen Kulturinstitutionen zu finden: er möchte ein eigenes Ensemble bilden und dafür vor allem ein eigenes Theater haben. Das Ensemble ist Anfang Mai 1949 gebildet, wird (zunächst mit dem Zusatz: Neues) Berliner Ensemble genannt, mit Helene Weigel als Intendantin, Brecht als künstlerischem Leiter und dem Deutschen Theater als vorläufiger fester Spielstätte. (Vgl. Schumacher 1978, S. 314, Abb. 597; Brechts Wunsch, mit dem Ensemble in das Theater am Schiffbauerdamm, in dem zwanzig Jahre vorher *Die Dreigroschenoper* Premiere gehabt hat, einzuziehen, kann erst 1954 verwirklicht werden, nachdem die dort untergebrachte Volksbühne ihr wiederaufgebautes Stammhaus bezogen hat.)

Jetzt, Anfang 1949, mischt sich in die zahlreichen positiven Stimmen über *Mutter Courage und ihre Kinder* vor allem eine andere, die des Chefredakteurs der Zeitschrift *Theater der Zeit* Fritz Erpenbeck, der mit Lukácsschen Vokabeln »trotz fortschrittlichen Wollens und höchsten formalen Könnens« eine »volksfremde Dekadenz« ausmacht (6,396). Brecht selbst reagiert nicht darauf, vertraut nur seinem *Journal* an, daß Erpenbeck »der ›Linie‹ folgen« wolle (27,299).

Im Augenblick sind ihm andere Dinge wichtiger, Kontakte mit Buch-Verlagen z.B. für die ersten Publikationen in den verschiedenen Besatzungszonen bzw. in der Schweiz: er verhandelt in diesen Tagen mit dem Gebrüder Weiß-Verlag im Westen Berlins (als erster Band erscheinen dort im Februar 1949 die *Kalendergeschichten*) und mit dem Aufbau-Verlag im Osten Berlins. Er tritt in Verbindung mit Kurt Desch in München (amerikanische Zone) wegen einer Ausgabe des *Dreigroschenromans*, mit Suhrkamp wegen der Weiterführung der *Versuche* mit Heft 9, Veröffentlichungen, die alle noch in diesem Jahr realisiert werden. Für das *Sonderheft Bertolt Brecht* der Zeitschrift *Sinn und Form* stellt er sein *Kleines Organon für das Theater* und den *Kaukasischen Kreidekreis* zur Verfügung, außerdem eine Auswahl von Exilgedichten und das zweite Buch des *Caesar*-Romans, um den Lesern des Jahres 1949 Beispiele aus allen Genres zu bieten.

Ende Februar 1949 reist Brecht, wieder über Prag, zurück nach Zürich. Die Tour ist notwendig, um die Aufenthaltspapiere zu erneuern: Brecht ist immer noch staatenlos. Ruth Berlau und Tochter Barbara begleiten ihn; er führt unzählige Gespräche, korrespondiert, trommelt verschiedene Schauspieler für die kommende Spielzeit nach Berlin zusammen, um die früheren Beziehungen für neue Projekte zu nutzen, und zwar im Hinblick auf ein Berliner Ensemble-Projekt. Alles ist für ihn ganz konkret, bis hin zur Besetzung der Eröffnungspremiere mit dem Stück *Die Tage der Kommune*, an dem er gerade arbeitet. Helene Weigel bleibt derweil in Berlin, spielt weiter die Courage. Ende Mai 1949 kehrt Brecht über Salzburg und Prag zurück nach Berlin – entschieden, dort zu bleiben, ist er noch nicht ganz: wenn sich auch vieles gut angelassen hat, so sind doch auch Widerstände sichtbar geworden.

1.7 Berlin/DDR (1948-1956)

Im Juni 1949 – zu Pfingsten – in Berlin genießt Brecht das neue und geräumige Heim, das Helene Weigel in Weißensee gemietet hat: »Kinderstimmen, Radiomusik, Blätterrauschen, Trambahnen, Vogelgezwitscher.« Am 27.5. hat er sich polizeilich angemeldet und er freut sich jetzt auch über eine andere Tatsache: »Von Stockholm sind die Kisten angelangt, wenige von den Möbeln, die meisten der Bücher. Von Moskau die Manuskripte, die Grete hinterließ. Die Koffer aus der Schweiz sind noch unterwegs.« (27,303.)

Er weiß, daß »unbeschreibliche Anstrengungen in der Ruinenstadt« nötig sein werden, um seine Vorstellungen von Theaterarbeit personell und räumlich zu garantieren und sie über die Theaterpraxis gegen die Widerstände aus Kultur- und Parteibürokratie durchzusetzen.

Am 18.5.1949 hat der Leiter des Amts für Kultur wissen lassen: »Frau Helene Weigel ist ab sofort mit dem Aufbau des Ensembles durch die Deutsche Verwaltung für Volksbildung beauftragt.« (27,550.) Das Deutsche Theater steht als Spielort weiterhin zur Verfügung. Im Herbst kommen z.B. Leonard Steckel und Therese Giehse aus Zürich nach Berlin, um sich mit den übrigen Ensemble-Mitgliedern auf die offizielle Eröffnung am 12.11.1949 vorzubereiten, auf *Herr Puntila und sein Knecht Matti*. Die Kritik in Ost und West ist sich einig in der positiven Einschätzung, sogar Fritz Erpenbeck meint: »wenn das episches Theater ist, schön« – doch Brecht weiß: »Aber es ist natürlich nur so viel episches Theater, als heute akzeptiert (und geboten) werden kann«, und er fragt sich: »Aber wann wird es das echte, radikale epische Theater geben?« (27,308f.)

Als nächstes auf dem Programm von Brecht und seinem Stab steht die Inszenierung von Maxim Gorkis *Wassa Schelesnowa* (Premiere: 23.12.1949). Tags zuvor hat Brecht eine weitere Bearbeitung vorläufig fertig, *Der Hofmeister von Jacob Michael Reinhold Lenz* (Premiere: 15.4.1950). Elf Monate später wird erstmals *Biberpelz und roter Hahn von Gerhart Hauptmann* gezeigt (Premiere: 24.3.1951).

Die Arbeit mit dem Ensemble und die ersten Inszenierungen werden in einem oppulenten Text- und Bildband *Theaterarbeit. 6 Aufführungen des Berliner Ensembles* (Hg. Helene Weigel, Berliner Ensemble. Dresden 1952) dokumentiert: die Stücke *Herr Puntila und sein Knecht Matti*, *Wassa Schelesnowa*, *Der Hofmeister*, *Die Mutter*, *Biberpelz und roter Hahn*, *Mutter Courage und ihre Kinder* werden mit ihren Fabeln und durch Analysen vorgestellt, daneben gibt es Texte zur Regie und zum Schauspielerischen, Angaben zu Musik, Bühnenbau, Kostümen, Maske, ein Verzeichnis der benutzten Fach- und Fremdwörter (nach Wilhelm Liebknechts *Volksfremdwörterbuch*, Berlin 1948) sowie zahlreiche Fotos von Szenen und Bühnenbildern.

Anschließend folgen Inszenierungen von Kleists *Der zerbrochne Krug* (Premiere: 23.1.1952), Goethes *Urfaust* (Premiere: 23.4.1952) u.a. Insgesamt sind es 18 Stücke anderer Autoren, die von Brecht und dem Ensemble bis 1956 inszeniert und dabei in unterschiedlichem Maß bearbeitet werden (vgl. 9,458f.). Daneben bleiben vor allem *Mutter Courage und ihre Kinder*, *Herr Puntila und sein Knecht Matti* sowie *Die Mutter* im Standardrepertoire und auf dem Spielplan des Ensembles. Zum Einzug in das Haus am Schiffbauerdamm steht am 19.3.1954 *Don Juan von Molière* auf dem Programm. Im Frühjahr 1954 beginnen die Proben zu *Der kaukasische Kreidekreis*, der am 7.10. – dem 5. Jahrestag der DDR-Staatsgründung – Premiere hat; unterbrochen werden die Vorbereitungen dazu im Juni 1954, als sich Brecht und das Berliner Ensemble zu Gastspielen mit *Mutter Courage und ihre Kinder* in Brügge, Amsterdam und Paris aufhalten. Ein Jahr später, im Juni 1955, wird die *Kreidekreis*-Inszenierung in Paris gezeigt. Andere Gastspielreisen haben das Ensemble z.B. im Dezember 1952 nach Warschau geführt (eine ausführliche Zusammenstellung der Aufführungen und Gastspiele enthält die 2. Auflage von *Theaterarbeit*, 1961, S. 425-450). Mitte der fünfziger Jahre genießt es internationale Anerkennung, Brecht selbst wird besonders in Frankreich und Italien gefeiert, findet dort Nachahmer seines Stils und ist begeistert z.B. von Giorgio Strehlers Inszenierung der *Dreigroschenoper* in Mailand (Brief 2281).

Brecht und Berlin bzw. die DDR ist jedoch keine reine Erfolgsgeschichte, getrübt nur durch kritische Stimmen einer Handvoll Neider.

Nachdem Mitte 1949 erste Überlegungen und Vorbereitungen getroffen worden sind (vgl. *Notizen über eine zu gründende Akademie*; 23,118f.), wird am 24.3.1950 die Deutsche Akademie der Künste mit einem Staatsakt in Berlin/DDR eröffnet; Brecht gehört neben Becher, Eisler, Seghers zu den 23 Gründungsmitgliedern, die Staatspräsident Wilhelm Pieck berufen hat. Präsident wird Arnold Zweig, nachdem der für dieses Amt vorgesehene Heinrich Mann am 12.3. in Kalifornien gestorben ist. Brecht gehört zur Sektion Dichtkunst und Sprachpflege, ist ab November auch an der Sektion Darstellende Kunst beteiligt, nachdem er eigens darum gebeten hat. Er möchte außerdem eine Sektion zur »Herstellung von Übersetzungen« (23,119) einrichten, zu der es jedoch nicht kommt, obwohl er zu der Kommission gehört, die ein Akademie-Statut erarbeiten soll. Zunächst gilt es, die Aufgabenbereiche und Kompetenzen der Akademie als Vertreterin der Künstler abzustecken – als Pendant zur Kulturellen Kommission beim Ministerium für Volksbildung. Die Akademie will »bei staatlichen Entscheidungen über das Verbot der Drucklegung von Werken der schönen Literatur, der Aufführung von Stücken und Opern, der Ausstellung von Bildern und Plastiken, der Drucklegung und Aufführung von musikalischen Werken eingeschaltet« sein. »Sie sollte, was die ästhetische Frage (der künstlerischen Form, des Stiles, auch des Kunstwerts) betrifft, die Entscheidung haben« (23,122f.). Außerdem geht es darum, die Mitgliedschaft nicht von der (DDR-)Staatsbürgerschaft abhängig zu machen: Seghers z.B. ist Tschechin, Eisler Österreicher, Brecht wird es drei Wochen nach der Eröffnung im April (vgl. 23,120f.). Während über diese zweite Angelegenheit bald Einigkeit herrscht, bleibt die Kompetenzfrage zunächst offen und wird schließlich anders geregelt.

1949/50 hat Brecht sein »Radiostück« *Das Verhör des Lukullus* (6,87-113 bzw. 115-143) von 1939/40 überarbeitet für eine »Funkoper«, zu der Paul Dessau die Musik schreibt; das Thema hat neue Aktualität erhalten angesichts Koreakrise und Wiederbewaffnungsplänen für die Bundesrepublik. Nachdem der Nordwestdeutsche Rundfunk in Hamburg sein Interesse an dem Projekt verliert, konzipiert Brecht den Text für eine Oper mit Musik von Dessau neu. Die Deutsche Staatsoper Berlin (Unter den Linden) möchte sie aufführen; ihr Intendant Ernst Legal bringt deshalb im Februar 1950 den Text ins Ministerium für Volksbildung, dieses legt ihn im März dem Zentralkomitee der SED vor zwecks Erhalt der Aufführungsgenehmigung; nach der positiven Entscheidung wird die Oper in den nächsten Spielplan aufgenommen und im Herbst mit den Proben begonnen; Dessau arbeitet noch an der Musik, als das Ministerium Ende Dezember Partitur und Klavierauszug sehen möchte. In Ministerium und ZK wird diskutiert, ob die Entscheidung vom März rückgängig gemacht werden sollte. Klarheit bringt schließlich das unangemeldete Erscheinen einer Partei- und Regierungsdelegation bei der ersten Durchlaufprobe am 8.3.1951; ein von der SED bestellter Musiker-Kollege ordnet die Musik der Rubrik »Formalismus« zu, gegen den vorzugehen der Kulturverantwortliche im ZK bereits Ende Januar verlangt hat. Von der ZK-Kulturabteilung wird beschlossen, daß am 13.3. eine weitere Probe stattfinden soll, zu der ihre und Vertreter der Regierung sowie handverlesene Delegationen aus Betrieben geladen werden; im Anschluß daran gibt es eine Diskussion unter der Leitung Fritz Erpenbecks. Das Sekretariat des ZK legt einen Tag zuvor fest: »Die Oper *Das Verhör des Lukullus* von Brecht/Dessau ist nicht öffentlich uraufzuführen und vom Spielplan abzusetzen.« Ein Bittgesuch Brechts an Walter Ulbricht (Brief 1545) ändert daran nichts, führt nur dazu, daß am 17.3. eine »öffentliche Probe« erlaubt wird, wiederum für Funktionäre aus Partei und Regierung sowie für von diesen ausgesuchte Personen und als Abendunterhaltung für die Teilnehmer an der 5. Tagung des Zentralkomitees der SED (15.-17.3.1951), die u.a. die Entschließung *Der Kampf gegen den Formalismus in Kunst und Literatur, für eine fortschrittliche deutsche Kultur* verabschieden (*Dokumente*, 1952, S. 391-401). Die ausgewählten Gäste sind bei weitem nicht alle interessiert und verkaufen ihre Karten, so daß auch Kritiker aus dem Westteil Berlins die Aufführung sehen und von »stürmischen Ovationen« berichten, angesichts derer sich die Ehrenlogen sofort leeren; in der SED-Zeitung *Neues Deutschland* ist zu lesen: »Ein hochbegabter Dramatiker und ein talentierter Komponist [...] haben sich in ein Experiment verirrt, das aus ideologischen und künstlerischen Gründen mißlingen mußte und mißlungen ist.« (vgl. 6,420f.)

Die Kulturelle Kommission beim Ministerium für Volksbildung wird auf Beschluß des Zentralkomitees der SED im August 1951 durch die »Staatliche Kommission für Kunstangelegenheiten« ersetzt. Sie läßt die veränderte Fassung mit abgewandeltem Titel *Die Verurteilung des Lukullus*, die ab 12.10.1951 gespielt werden darf, passieren; in der SED-Presse wird aber beim Text die »gefährliche Nähe zum Symbolismus« gerügt, bei der Musik die gewünschte »volkstümliche Ausdrucksweise« vermißt.

Ein vergleichbares Ereignis fällt in den Dezember 1951: die Akademie der Künste hat eine Ausstellung mit Plastiken Ernst Barlachs organisiert; die SED-Zeitungen greifen den Gegenstand und damit die Ausstellung heftig an: »Sein Werk enthält nichts Zukunftsweisendes. Deshalb kann er für uns nicht als Lehrmeister gelten.« Von »antidemokratischen Tendenzen« ist die Rede und vom »Formalismus des beginnenden 20. Jahrhunderts«. Brecht besucht die Ausstellung Ende Januar 1952 und kommt zu anderen Ergebnissen, die er in seinen *Notizen zur Barlach-Ausstellung* festhält (23,198-202). Das *Neue Deutschland* lehnt es ab, sie zu veröffentlichen. Nachdem die von der Akademie herausgegebene Zeitschrift *Sinn und Form* die *Notizen* in Heft 1 des Jahrgangs 1952 aufgenommen hat, wird deren Chefredakteur Peter Huchel von Johannes R. Becher, einem ihrer Begründer, zur Rede gestellt (vgl. 23,511-514).

Ein bemerkenswerter Vorgang, wenn man bedenkt, daß Brecht im Oktober des Vorjahres mit dem Nationalpreis I. Klasse ausgezeichnet worden ist. – Das damit verbundene Preis-Geld nutzt er, um eine Art Zufluchtsstätte zu pachten, an der er vor allzu vielen solchen Grundsatzdiskussionen abgeschirmt ist und arbeiten kann; Mitte Februar 1952 ist in Buckow ein Objekt gefunden (27,330 und Brief 1740).

Zu den Besuchern in Buckow im Sommer 1952 gehört – neben den ständigen Mitarbeitern oder Paul Dessau – auch Erwin Strittmatter; dessen Stück *Katzgraben*, eine Gegenwartskomödie zur Umgestaltung der Verhältnisse auf dem Lande in der jungen DDR, will Brecht bearbeiten; anschließend experimentieren Brecht und das Berliner Ensemble fast ein Jahr, sehr häufig in Buckow, daran, um es auf die Bühne zu bringen (vgl. *Katzgraben-Notate 1953*; 25,399-490).

Um die Bühne, und wie auf ihr zu agieren sei, macht sich auch die Staatliche Kommission für Kunstangelegenheiten Gedanken und stellt für Mitte April 1953 eine I. Deutsche Stanislawski-Konferenz in Aussicht. Den russischen Regisseur und Theaterpädagogen Konstantin Stanislawski hat Brecht schon in den dreißiger Jahren kritisiert, als er besonders durch Mordecai Gorelik und andere amerikanische Verfechter Stanislawskis indirekt mit dessen Theorien konfrontiert worden ist (vgl. *Das verräterische Vokabular*; 22,279); 1947, noch in den USA, hat er sich entsprechend über Ottofritz Gaillards *Das deutsche Stanislawski-Buch. Lehrbuch der Schauspielkunst nach dem Stanislawski-System* geäußert (27,246f., vgl. 261). Allein die Tatsache, daß eine solche Konferenz stattfinden soll, legt für Brecht die Vermutung nahe, daß Stanislawskis Theorien bzw. das, was andere dafür halten, in der DDR als die Theatertheorie schlechthin eingeführt werden soll, was gleichbedeutend sein könnte mit der künftigen Unrealisierbarkeit seiner Ideen und Praktiken.

Auch kann er beobachten, daß Papier und Druck-Kapazitäten zur Verfügung stehen für mehrere Bücher: Neben Gaillards Band gibt es die Abhandlung Maxim Vallentins *Vom Stegreif zum Stück. Ein Ensemble-Buch auf der Grundlage des Stanislawski-Systems* (1949), außerdem *Studioarbeit mit Stanislawski. 35 Gespräche über System und Elemente schöpferischer Arbeit, aufgezeichnet von K. Antarowa in den Jahren 1918 bis 1922* (1951) und W. Toporkows *K.S. Stanislawski bei der Probe* (1952); von Nicolai Gortschakows *Regie. Unterricht bei Stanislawski* (russ. 1951) hat Brecht eine Kopie des Übersetzermanuskripts. Von Stanislawski selbst sind 1952 nur seine Erinnerungen *Mein Leben in der Kunst* in Übersetzung erschienen. Mit der Wiedergabe von Auszügen aus Stanislawskis nicht fertiggestelltem Buch *Die Arbeit des Schauspielers an der Rolle* beginnt die Zeitschrift *Theater der Zeit*, flankierend zur Konferenz im April, erst im März 1953 (fortgeführt bis November). Brecht beschäftigt sich im Vorfeld der Konferenz mit der Sekundärliteratur über Stanislawski, schreibt dazu mehrere Texte wie *Klassische Ratschläge Stanislawskis* (23,224), *Zu Stanislawski* (23,224f.) oder *Vorbereitung zur Stanislawski-Konferenz* (23,232f.) und beteiligt dabei auch das Ensemble, indem er am Beispiel *Katzgraben* einzelne Forderungen Stanislawskis praktisch ausführen läßt. Er macht *Vorschläge für die Stanislawski-Konferenz April 53* (23,233f.), fordert, dessen Texte selbst zu lesen (d.h. zunächst: übersetzen zu lassen). Zudem entwirft er eine *Rede für die Stanislawski-Konferenz* (23,234-236), die dann am zweiten Konferenztag von Helene Weigel als Intendantin vorgetragen wird, von ihr teilweise ergänzt durch Bezugnahmen auf vorangegangene Redebeiträge. Festgestellt wird letztlich, daß es Unterschiede zwischen Stanislawski und Brecht gibt, aber die Sache wird danach nicht weiter vertieft.

Doch die Freude am Diskutieren bleibt ungebrochen: der nächste Gegenstand ist *Johann Faustus* bzw. sein Verfasser Hanns Eisler. Dieser hat zwischen Anfang Juli 1951 und Mitte August 1952 an diesem Opernlibretto gearbeitet, es erscheint im gleichen Jahr im Aufbau-Verlag; etwa gleichzeitig veröffentlicht *Sinn und Form* (1952, Heft 6) den Aufsatz von Ernst Fischer, *Doktor Faustus und der deutsche Bauernkrieg*, mit der These, Eislers Text könne als Entwurf für eine neue deutsche Nationaloper gelten. Dies ruft Mitte Mai 1953 Wilhelm Girnus vom *Neuen Deutschland* und Alexander Abusch vom Kulturbund auf den Plan (vgl. Bunge 1991, S. 47-61, 91-101), die sich mit Zeitungsartikeln zu Wort melden bzw. Eislers Libretto zum Thema mehrerer sogenannter Mittwochsgesellschaften machen (Diskussionsrunden von Mitgliedern der Deutschen Akademie der Künste, teilweise mit Gästen). Girnus nennt den Text u.a.

»pessimistisch, volksfremd, ausweglos, antinational«, behauptet, daß die Figur durch und auf die Goethesche Konzeption festgelegt sei; das Werk als Nationaloper zu werten (was Fischer, nicht Eisler getan hat), sei ein »Angriff auf den moralischen Bestand der deutschen Nation«; daß Faust bei Eisler »von vorneherein als ein Verräter, als ein Verdammter, als ein dem Untergang Geweihter« auftrete, »von einer inneren Entwicklung zum Positiven oder Negativen gar nicht mehr die Rede sein« könne, sei »nicht nur ein schwerer künstlerischer, sondern auch ein schwerer ideologischer Mangel«. Brecht mischt sich mit seinen *Thesen zur »Faustus«-Diskussion* (23,246-249) ein, um die Vorwürfe gegen den Freund zu entkräften und zurückzuweisen, zumal Eisler ihn als »in geradezu anrührender Weise als Dichter-Autorität« (Bunge. In: Eisler 1983, S. 6) bei der Arbeit am Text einbezogen hat (vgl. 27,333), findet bei den Diskussionsteilnehmern jedoch nur teilweise Zustimmung. Brechts *Thesen* werden Mitte 1953 gedruckt (*Sinn und Form*, 1953, Heft 3/4). Eisler, der auch nach der Buchausgabe den Text weiter überarbeitet, macht sich jedoch aufgrund der Diskussionen anschließend nicht an seine Vertonung.

Kaum eine Woche nach der letzten dieser Diskussionen wollen andere nicht mehr diskutieren oder Beschlüsse hinnehmen, sondern gehen auf die Straße. Während in der jungen Bundesrepublik mittels des Marshallplans der Wiederaufbau eines neuen Staates mit einer liberalistischen Wirtschaft zu florieren beginnt, kann sich die DDR unter dem Druck der Reparationsforderungen aus der Sowjetunion ungleich langsamer und schwieriger entwickeln. Ein Großteil der Schwerindustrie und vor allem des Eisenbahnnetzes wird demontiert, unter der verordneten Last immer steigender Normen müssen die Arbeiter versuchen, die wichtigsten Teile der Industrie dennoch am Laufen zu halten. Eine neuerliche zehnprozentige Normerhöhung in der staatlichen Industrie bei gleichzeitigen Lohnkürzungen, von der Regierung am 28.5.1953 beschlossen, führt zu Demonstrationen und Unruhen in Berlin und der DDR am 16./17.6. Am Mittag des 17. Juni wird von der Sowjetischen Militäradministration Deutschland (SMAD) über den sowjetischen Sektor Berlins der Ausnahmezustand verhängt, sowjetische Panzer fahren gegen die Demonstranten auf.

Brecht hält sich in Buckow auf, fährt am 16.6. nach Berlin zurück, trifft sich mit Akademie-Kollegen und Ensemble-Mitgliedern. Er schreibt Briefe an den Ersten Sekretär der SED, Walter Ulbricht, an den Ministerpräsidenten Otto Grotewohl und an den sowjetischen Hochkommissar Wladimir Semjonow. Im Brief an Ulbricht heißt es:

die Geschichte wird der revolutionären Ungeduld der Sozialistischen Einheitspartei Deutschlands ihren Respekt zollen. – Die große Aussprache mit den Massen über das Tempo des sozialistischen Aufbaus wird zu einer Sichtung und zu einer Sicherung der sozialistischen Errungenschaften führen. – Es ist mir ein Bedürfnis, Ihnen in diesem Augenblick meine Verbundenheit mit der Sozialistischen Einheitspartei Deutschlands auszudrücken. (Brief 1792.)

Am 21.6.1953 liest er im *Neuen Deutschland* neben anderen Erklärungen nur den Schlußsatz. Daraufhin hält er Gedanken über die *Dringlichkeit einer großen Aussprache* (23,250) fest, spricht von »berechtigter Unzufriedenheit« der Arbeiter, die nicht mit den Provokateuren gleichgesetzt werden dürfe, läßt die Verstümmelung seines Briefes unerwähnt; *Dringlichkeit* erscheint am 23.6. im *Neuen Deutschland* zum Thema *Für Faschisten darf es keine Gnade geben.* Bei Gesprächen im Berliner Ensemble am 24. und 25.6. äußert er sich nur mündlich (23,546f. Vgl. auch *Zum 17. Juni 1953*; 23,249f.). In einem *Vorwort zu »Turandot«* heißt es zudem:

Unter neuen Befehlshabern setzte sich also der Naziapparat wieder in Bewegung. Ein solcher Apparat kann durch Kontrolle von oben nicht mit neuem Geiste erfüllt werden; er benötigte Kontrolle von unten. Unüberzeugt, aber feige, feindlich, aber sich duckend, begannen verknöcherte Beamte wieder gegen die Bevölkerung zu regieren. (24,410.)

Darüber schreibt Brecht am 1.7. auch in einem ausführlichen Brief an Peter Suhrkamp (Brief 1801). Als Gustav Just, ein Redakteur der Wochenzeitung *Sonntag*, am 5.7. in Buckow ist, kommt Brecht auf seinen Brief an Ulbricht zurück. Just gibt Brechts Unmut zwei Tage später in einer »SED-Hausmitteilung« an Ulbricht weiter:

Die ersten Absätze, in denen er eine Diskussion über alle strittigen Probleme fordert, seien jedoch nicht veröffentlicht worden. – Er hielte dieses Verfahren für taktlos, da niemand mit ihm über die Veröffentlichung in dieser Form gesprochen hätte. Seiner Ansicht nach wäre er in seinen Möglichkeiten der gesamtdeutschen Arbeit durch diesen Vorfall sehr beeinträchtigt. (23,548.)

Ob Brecht danach ein Gesprächsangebot Ulbrichts wahrgenommen hat, ist ungeklärt. – Den vollständigen Brief an Ulbricht und seine Erklärung *Dringlichkeit einer großen Aussprache* läßt er im Oktober 1953 im Westen verbreiten, als dort das Stichwort »Ergebenheitsadresse« nicht verstummen will (vgl. Leiser 1990, S. 164).

Darüber hinaus nimmt er öffentlich nicht mit weiteren Artikeln Stellung, sondern kommentiert z.B. die törichten Reaktionen des Generalsekretärs des Schriftstellerverbandes der DDR Kurt Barthel mit dem Gedicht *Die Lösung* (12,310), das Bestandteil der *Buckower Elegien* wird (in der BRD erstmals gedruckt 1964, in der DDR

1969 innerhalb der ersten Gesamtausgabe der *Gedichte*). Oder er nimmt Stellung zu den nach dem 17.6. einsetzenden »Fehlerdiskussionen«, etwa in der Kunstkommission, und zu deren erfolgloser Mühe, eigene Versäumnisse aufzudecken und zu korrigieren, in dem Gedicht *Nicht feststellbare Fehler der Kunstkommision* (15,268), am 11.7.1953 in der *Berliner Zeitung* (DDR) erschienen. – Sein Stück-Projekt *Büsching* (vgl. 10,980-990), »mit einem vollen Akt über den 17. Juni« (27,349), führt er nicht mehr aus.

Brechts Hinweis gegenüber Just auf seine beeinträchtigten »Möglichkeiten der gesamtdeutschen Arbeit« beziehen sich z.B. auf seine Funktion als Vorsitzender des Deutschen PEN-Zentrums Ost und West, der er kurz zuvor, im Mai 1953, geworden ist. – In den folgenden Monaten erhält er weitere Ämter, wird etwa im Januar 1954 in den Künstlerischen Beirat des neu gebildeten Ministeriums für Kultur berufen und im September 1954 zum Vizepräsidenten der Deutschen Akademie der Künste. – Ab und zu ist er als Redner gefragt, etwa bei der Tagung des Weltfriedensrates (vgl. *Rede Brecht (gehalten auf dem Weltfriedenskongreß in Berlin, am 28. Mai 1954)*; 23,279f.)

Doch er bleibt ein machtloser, weil parteiloser, Funktionär letztlich wenig bedeutsamer Institutionen wie der Akademie der Künste oder des Friedensrates, während an den Schaltstellen auch Personen sitzen, die er 1938 als »Moskauer Clique« (26,316) bezeichnet hat und die ihm durchaus zu schaffen machen.

So sieht er sich gerade 1954 in der DDR weiteren heftigen Angriffen ausgesetzt im Zusammenhang mit dem *Kaukasischen Kreidekreis* und seiner Inszenierung am Berliner Ensemble (während das Stück fünf Jahre zuvor als erstes nach dem Krieg für das Sonderheft von *Sinn und Form* ausgewählt worden ist, um ihn damit als epischen Dramatiker vorzustellen). Jetzt ignoriert die Parteizeitung *Neues Deutschland* die Inszenierung, andere Kritiker nennen Brecht ein »Opfer seiner Theorie vom epischen Theater«, der den Zusammenhang zwischen *Vorspiel* und eigentlichem Stück nicht zeige. Und Fritz Erpenbeck nutzt die Gelegenheit zur eindeutigen Stellungnahme: »Ich lehne das epische Theater als gangbaren Weg in die Zukunft ab.« (Vgl. 8,470f.) Brecht schweigt auch dazu, notiert sich nur eine Vorbedingung für eine öffentliche Diskussion: »Wie soll eine Linde mit jemandem diskutieren, der ihr vorwirft, sie sei keine Eiche?« (23,314.)

Geehrt wird er andernorts: auf Vorschlag von Konstantin Fedin und Louis Aragon spricht ein international zusammengesetztes Komitee am 18.12.1954 Brecht den Internationalen Stalinpreis »Für die Festigung des Friedens unter den Völkern« zu. Die Auszeichnung wird am 21.12. im *Neuen Deutschland* bekanntgegeben, Brecht bedankt sich zunächst mit *»Iswestija«-Interview zur Verleihung des Stalin-Preises*, in dem es u.a. heißt: »Es ist eine Hauptaufgabe der deutschen Schriftsteller, für die friedliche Wiedervereinigung Deutschlands zu arbeiten« (23,230). Der Preis wird ihm am 25.5.1955 im Swerdlow-Saal des Kreml in Moskau überreicht. Seine Dankesrede *»Der Friede ist das A und O«* (23,345-347) übersetzt Boris Pasternak für die *Prawda*-Ausgabe des folgenden Tags; eine Geste Brechts gegenüber dem Schriftsteller-Kollegen, den man in seiner Heimat einen »dekadenten Formalisten« nennt, »dem Volk entfremdet und ohne Einklang mit unserer Zeit« (Marc Slonim: *Die Sowjetliteratur*. Stuttgart 1972. KTA 418. S. 261).

Die Entgegennahme dieses Preises wiederum ist 1955 in der Bundesrepublik zum Teil willkommener Anlaß zu heftigen Reaktionen und Boykottdrohungen wie zwei Jahre zuvor; im Juni 1953 sind sie auch ausgeführt worden. – Jetzt möchte etwa die Leitung der Ruhrfestspiele in Recklinghausen auf ein Gastspiel des Frankfurter Schauspiels mit seiner Inszenierung von *Der kaukasische Kreidekreis* verzichten. Als Brecht davon hört, schreibt er am 6.6.1955 an den Frankfurter Intendanten:

> Der Preis ist kein gewöhnlicher Stalin-Preis, der für bestimmte Werke, sondern ein internationaler Friedenspreis, etwa entsprechend dem Nobel-Preis, der für Bemühungen um den Weltfrieden verliehen wird. [...] Es wäre meines Erachtens ein Skandal ohnegleichen, wenn Recklinghausen einen solchen Preis zum Vorwand nähme, einen abgeschlossenen Vertrag zu brechen. Recklinghausen müßte dann das Odium auf sich nehmen, alle westdeutschen Bemühungen der letzten Zeit, wieder der Stimme der Vernunft Gehör zu schaffen, schwer geschädigt zu haben. (Brief 2129.)

Noch in diesem Monat fahren Brecht und das Ensemble mit ihrer *Kreidekreis*-Inszenierung nach Paris (später, im August 1956 – und ohne ihn – nach London).

Doch Brecht und die Bundesrepublik ist keine reine Boykottgeschichte. Harry Buckwitz, der bereits 1949 in München *Die Dreigroschenoper* inszeniert hat (Premiere: 27.4.1949) mit von Brecht neugefaßten Songs (vgl. 2,309-322) und Hans Albers als Mackie Messer, arbeitet in den fünfziger Jahren am Frankfurter Schauspiel, inszeniert – fast generell trotz massiver Widerstände – *Der gute Mensch von Sezuan* (Premiere: 16.11.1952) und eben *Der kaukasische Kreidekreis* (Premiere: 28.4.1955).

Während Brecht ab Mitte Dezember 1955 mit der Inszenierung von *Leben des Galilei* befaßt ist und dabei das Stück nochmals umarbeitet, findet im Februar 1956 der 20. Parteitag der KPdSU statt; erstmals nach Stalins Tod (am 5.3.1953) wird die Stalin-Ära vom neuen Parteichef Nikita Chruschtschow kritischer analysiert, werden Fehler und Verbrechen genannt, eine neue Politik gefordert. Brecht – gesundheitlich geschwächt und des Diskutierens müde – macht sich dennoch Notizen wie *Quelle der Unzufriedenheit, Über die Kritik an Stalin* und *Über die russische Partei* (23,416-418).

Soweit es die Probenarbeit am *Galilei* zuläßt, lebt er lieber in Buckow als in Berlin. Das Ensemble ist einigermaßen etabliert, das Tagesgeschäft funktioniert ohne ihn. Brecht stirbt am 14.8.1956 zu Hause, in seiner Wohnung in der Chausseestraße 125. Wenige Tage zuvor um ein Interview gebeten, sagt er: »Schreiben Sie, daß ich unbequem war und es auch nach meinem Tod zu bleiben gedenke. Es gibt auch dann noch gewisse Möglichkeiten.«

Während danach am Berliner Ensemble Brechts Inszenierungen weitergespielt werden – ergänzt von Einstudierungen seiner Schüler – und zunehmend (auch international) Beachtung finden, zeichnet in der Bundesrepublik vor allem Harry Buckwitz in Frankfurt für Uraufführungen von Brecht-Stücken: z.B. von *Die Gesichte der Simone Machard* (8.3.1957) und von *Schweyk im zweiten Weltkrieg* (22.5.1959), 1961 inszeniert er *Leben des Galilei*, 1962 *Coriolanus*. Er spielt damit Brecht immer auch zu solchen Zeiten, in denen andere im Zeichen des Kalten Krieges erneut zum Boykott aufrufen, sei es 1956 im Zusammenhang mit den Unruhen in Ungarn, sei es 1961, als in Berlin die Mauer gebaut wird.

Und damit nicht nur immer vom Dramatiker die Rede ist, erklärt der bundesdeutsche Außenministers Heinrich von Brentano in einer Fragestunde des Bundestags über den Bundeshaushalt am 9.5.1957, daß »die späte Lyrik des Herrn Brecht nur mit der Horst Wessels zu vergleichen« sei. Peter Suhrkamp verteidigt seinen Autor in einem offenen Brief am 18.5. (vgl. *Frankfurter Allgemeine Zeitung*, 22.5.1957), wirft Brentano vor, »daß Sie nur darauf zielten, vor einer nicht unterrichteten, leicht zu beeinflussenden Öffentlichkeit Brecht in seiner menschlichen Integrität zu erniedrigen«, und fragt: »Wie soll da noch Dichtung gedeihen, wo die Staatsmänner sie so leichtfertig abtun?« Brentano antwortet Suhrkamp mit einem Brief am 3.6.1957 (vgl. *Frankfurter Allgemeine Zeitung*, 5.6.1957; Variante in *Ruhr-Nachrichten*, Dortmund, 6.6.1957): als Beispiel für Brechts späte Lyrik zitiert er *Lob der Partei* aus der *Maßnahme* von 1931 (3,120), nennt das *Spottlied* über Kurt Schumacher und Konrad Adenauer aus dem *Herrnburger Bericht* von 1951 (15,252f.), und dann folgen sie alle: die Stichworte Stalin-Preisträger, 17. Juni, Ulbricht-Ergebenheitsadresse im *Neuen Deutschland*.

2. Der Stückeschreiber und Regisseur

Zwar ist er sich sehr früh sicher, ein Dichter werden zu wollen, doch längere Texte machen ihm Probleme. Kürzere, sogar längere Gedichte – dem konsumierten Lesestoff verpflichtet, bekannt geworden durch die Schule, mehr noch durch eigene Initiative und Lektüre – gelingen ihm eher. Dennoch versucht er gleichzeitig, nicht nur jede Menge Ideen und Stoffe für mögliche Dramen zu sammeln, die er reichlich findet, sondern sich auch an deren Ausführung zu machen. Am 27.5.1913 stellt der fünfzehnjährige Schüler in seinem Tagebuch fest: »Zu Dramen habe ich die Kraft noch nicht. Die Pläne sind vollständig reif da – die Ausarbeitung ist viel, viel schwerer.« (26,18.) – Sieben Jahre später, als er auch für den Bereich Roman zahlreiche Ideen hat, macht er seinen »mageren Hintern« und die mangelnde »Reife des Steißes«, sprich: das fehlende »Sitzleder« (26,145) verantwortlich, daß ihm umfangreichere Prosa nicht gelingen will. In kurzer Form hat er bereits gelungene Beispiele beendet – und wird damit auch bald einen ersten Erfolg landen.

Brechts Hauptaugenmerk hat aber insgesamt auf Stücken gelegen, eigenen – die nach und nach entstehen werden – und dazwischen immer wieder auf Stücken anderer Autoren, auf bekannten Shakespeare-Klassikern, auf eher in Vergessenheit geratenen Autoren der Shakespeare-Zeit, auf Zeitgenossen: Beispiele sind die Bearbeitungen bzw. Inszenierungen (Inszenierungsversuche) von Stücken Arnolt Bronnens, Hans Henny Jahnns bis hin zu Johannes R. Becher u.a. – Auch deshalb haben sich die Brecht-Editoren letztlich immer wieder für die klassische Gattungseinteilung der Texte entschieden und die Stücke an die erste Stelle gesetzt.

2.1 Die frühen dramatischen Versuche

Erste Ideen, Skizzen und Entwürfe zu Dramen finden sich im *Tagebuch No. 10* aus dem Jahre 1913. Es dominieren dabei eher klassische Themen: *Die Kindsmörderin* (26,18) oder ein Dialog *Der Narr und der König* (26,63f.). In mehreren Anläufen versucht Brecht, das Leben des düsteren *König Erich von Schweden* in Dialoge zu bringen

(26,26f., 30, 70f. und 84; vgl. 26,37f.) oder arbeitet an einer »Tragikomödie« *Paider, der Faun* (26,86; vgl. 26,89); ein Stoff, aus dem er dann zunächst einmal ein Gedicht formt.

Im Januar-Heft 1914 der Schülerzeitschrift *Die Ernte* (vgl. S. 2f.) erscheint sein erster abgeschlossener Einakter *Die Bibel* (1,7-15). Eine thematisch verwandte »letzte Szene« zu einer Tragödie *Feuer* findet sich unter den Eintragungen von Anfang Dezember bereits im *Tagebuch No. 10* (26,93). Außerdem gibt es aus dieser Zeit das *Oratorium* (10,7-10).

Berichte von Freunden und Briefe aus dem Jahr 1917 zeugen von Brechts emsiger Suche nach dramatischen Stoffen. »Ich schreibe ein Theaterstück *Alexander und seine Soldaten*. Alexander der Große. Ohne Jamben. Und seine Soldaten ohne Kothurne. Ich will, daß es unsterblich wird.« (Brief 18.) Überliefert sind von diesem Projekt nur wenige (und erst später geschriebene) Texte (10,319f.), gleiches gilt für die *Sommersinfonie* (10,11-15), die Bearbeitung eines weiteren antiken Themas, mit der Brecht in dieser Zeit beschäftigt ist. Klassische Autoren, die Brecht aus der Schule kennt, werden als literarische Gewährsmänner der eigenen Produktion zunehmend abgelöst von den Modernen, beispielsweise Emile Verhaeren (1855-1916), und »Nonkonformisten« wie François Villon (1429-1463), Paul Verlaine (1844-1896) und Arthur Rimbaud (1854-1891). Er sieht in diesen extreme Außenseiterexistenzen, historische Bilder seiner eigenen Vorstellungen vom Poetendasein. Die skandalöse Unmoral sowohl ihres Lebens (Trunkenheitsexzesse, Verbrechen, Homosexualität) als auch ihrer Poesie übt auf den jungen Brecht einen weitaus stärkeren Reiz aus als die heroisch-klassizistische Literaturtradition. Brecht »will ein Stück schreiben über François Villon, der im XV. Jahrhundert in der Bretagne Mörder, Straßenräuber und Balladendichter war« (Brief 30). Er »reduziert« dieses Projekt jedoch zunächst wiederum auf die zwölf Strophen von *Die Ballade vom François Villon* (13,113-115), einem der schönsten und eindringlichen Gedichte des jungen Brecht.

Als avanciertester Vertreter einer lebensbejahenden und die (Sexual-)Moral des wilhelminischen Deutschland negierenden Literatur gilt Brecht und seinen Augsburger Freunden Frank Wedekind (1864-1918). In seinen Bemerkungen zum Tode des Künstlers am 9.3.1918, den er noch einige Wochen zuvor in einem Seminar des Münchner »Theaterprofessors« Artur Kutscher erlebt hat, skizziert Brecht erstmals die *Baal*-Physiognomie: »Er stand da, häßlich, brutal, gefährlich, mit kurzgeschorenen roten Haaren [...], und man fühlt: Den bringt kein Teufel weg. [...] Nie hat mich ein Sänger so begeistert und erschüttert.« (21,35.)

In einer ersten Fassung abgeschlossen ist Brechts dramatischer Erstling bereits im Sommer 1918. Sehr selbstbewußt und zuversichtlich schreibt er dem Freund Caspar Neher: »Meine Komödie: / *Baal frißt! Baal tanzt!! Baal verklärt sich!!! / Was tut Baal? / 24 Szenen* / ist fertig und getippt – ein stattlicher Schmöker! Ich hoffe damit einiges zu erreichen.« (Brief 44.)

Baal liegt in fünf sehr unterschiedlichen Fassungen vor. Darüber hinaus existieren zahlreiche verschiedene Bearbeitungen und Entwürfe einzelner Szenen. Die von Dieter Schmidt aus den Drucken und Nachlaßbeständen zusammengestellte Szenensynopse und die schematische Darstellung der außerordentlich komplexen Textgenese (ausführlich in: Schmidt, Hg., 1968, S. 139-144) läßt sich folgendermaßen zusammenfassen:

1. Fassung 1918: Erste abgeschlossene Niederschrift des *Baal* (In: Schmidt, Hg., 1966, S. 9-75).
2. Fassung 1919: Neubearbeitung zur Vorlage bei Verlagen und Bühnen (In: Schmidt, Hg., 1966, S. 77-148; GBA 1, 17-82).
3. Fassung 1920: Erste – nicht ausgelieferte – Druckfassung im Verlag Georg Müller, München. Zweiter Druck im Kiepenheuer-Verlag, Potsdam 1922. Übernahme dieser Fassung in *Erste Stücke.* Band 1. Suhrkamp Verlag, Frankfurt a.M. 1953; nur in der ersten Auflage. GBA 1, 83-137)
4. Fassung 1926: Erheblich reduzierte »neusachliche« Bühnenbearbeitung als *Lebenslauf des Mannes Baal* für die Berliner Aufführung. (In: Schmidt, Hg., 1966, S. 149-182; GBA 1, 139-167).
5. Fassung 1955: Bearbeitung auf Grundlage der Fassung 1920 (unter Einbeziehung der Fassung von 1919) für die Gesamtausgabe *Stücke.* Band 1, Aufbau-Verlag, Berlin/DDR; 1957 übernommen in die Parallelausgabe des Suhrkamp Verlags, Frankfurt a.M. (entspricht wa 1,1-67).

Seine Pläne in den fünfziger Jahren, den *Baal* durch erneute Bearbeitung den frühesten Fassungen wieder anzugleichen, kann Brecht nicht mehr realisieren.

Als unmittelbarer Anstoß für die erste und in wenigen Wochen beendete Niederschrift des Stücks gilt Hanns Johsts (1890-1978) expressionistisches Historiendrama *Der Einsame. Ein Menschenuntergang,* das am 2.11.1917 in Düsseldorf uraufgeführt worden ist. Brecht reagiert mit eigener dramatischer Produktion auf eine Aufführung der Münchener Kammerspiele, bei der, wie er später notiert, »ein schwaches Erfolgsstück [...] mit einer lächerlichen Auffassung des Genies und des Amoralen« (26,282) angeboten wird. Johst schildert in 9 Szenen das Leben des gescheiterten und verzweifelten Vormärz-Dichters Christian Dietrich Grabbe (1801-1836). Literarische Mißerfolge und persönliche Schicksalsschläge unterstützen dessen Hang zu einsamer Trunksucht und Verfall in düstere Melancholie. Brecht übernimmt von Johst einige handlungstragende Motive

(Konflikt des Dichters mit seinem bürgerlichen Beruf; Schändung der Freundin des besten Freundes, die sich ertränkt; die Figur der besorgten Mutter, die in Aufopferung stirbt; des Dichters übersteigertes Selbstbewußtsein, seine Exzessivität und den Tod am Ende), konzipiert jedoch – ganz im Gegensatz zur Vorlage – seine Dichterfigur Baal von Anbeginn als »eine völlig erledigte Angelegenheit« (Schmidt, Hg., 1966, S. 75; vgl. 1,81). Poetische Genialität erscheint bei Brecht gepaart mit einer mörderischen und viehischen Physiognomie.

Das Stück lebt von dem Spannungsverhältnis des Barbaren und lyrischen »Genies« Baal und der ihn umgebenden Zivilisation. Angezogen zunächst von der literarischen Zügellosigkeit und den fremden Libertinagen versiegt die Sympathie der »Bürger« sehr bald mit dem Überschreiten einer Schwelle des zivilisatorisch gerade noch Erlaubten. So stehen sich in den beiden frühen Fassungen des *Baal* das elementar-triebhafte »Tier« und die »bête humaine« eines triebfeindlichen Bürgertums verständnislos gegenüber. In der – bereits 1919/20 gestrichenen – mit »Gefängniszelle« überschriebenen Szene der ersten beiden Fassungen ist es bezeichnenderweise ein Geistlicher, der Baal charakterisiert: »Sie lästern Gott. Sie sind ein Tier. Sie sind d a s Tier. Das Urtier! Ein schmutziges, hungriges Tier, das schön ist und gemein. Eine Plage des Himmels. Aber sie werden sterben.« (Vgl. 1,55.) Zwei offensichtlich ganz unterschiedliche Wertesysteme geraten hier in Widerstreit. Der Geistliche gemahnt Baal an bürgerliche Normen und »Ehrfurcht«, warnt ihn zugleich vor der »Macht der Gesellschaft«, die ihn zu zerdrücken vermag. Baal entlarvt diese Machtstrukturen als Angst- und Neidreaktionen einer Gesellschaft, für die die Existenz von unverantwortlichen Kreaturen und »Outsidern« bedrohlich wirkt. »Tiere« (vgl. das gesamte Szenarium des Prologs zu Wedekinds *Erdgeist*) sind unfähig zum Triebverzicht und zum Kontraktabschluß und deshalb ungleich weniger in Ausbeutungsverhältnissen zu nutzen als Menschen. »Ich habe keine Heimat zu verteidigen. Mein Haus trage ich mit mir.« (Schmidt, Hg., 1966, S. 54; vgl. 1,54.) Krieg und Landesverteidigung haben in moralischen Deserteuren schlechte Bundesgenossen. Die individuelle Existenz des Dichters Baal wird von einem künstlerischen Stoffwechsel bestimmt, der physischen Genuß an Alkohol und Sexualität in Poesie verwandelt. In ihm triumphiert das Organische, die einzige Wahrheit des Menschen. Das »Genie«, mit seiner traditionellen Nähe zum Wahnsinn, hält dem Kanon bürgerlicher Vernunftwahrheiten den Spiegel vor, in dem das ganze Ensemble von schlechten Instinkten, von Perversität, von Leiden und Gereiztheit zum Vorschein kommt. Kompromißlose und selbstzerstörerische

Lebenssucht und -sehnsucht pflegt Baal in Trunkenheitsexzessen oder verdichtet sie zu lyrischen Bildern eines den Reproduktionszwängen entrückten Arkadien. Brechts sprachliche Nähe zu Georg Büchner, hier vor allem zu den utopischen Visionen des programmatischen Faulenzers Valerio in *Leonce und Lena* fällt ins Auge: »Geben Sie mir den blauen Himmel und eine Hand voll Ähren, weiche Frauenarme und Freiheit, hinzugehen, wo ich will!« (Schmidt, Hg., 1966, S. 55; vgl. 1,55.)

Als Gegenentwurf knüpft Brecht die Szenen zunächst noch eng an die Vorlage; diesen »Ur-Baal« hält er selbst für unspielbar (Brief 67). In der Fassung von 1919 sind die Affinitäten zu Johst – vor allem durch Entfernen der in beiden Stücken zentralen Mutter-Figur – bereits weitgehend getilgt. Um die Eigenständigkeit seines Stücks weiter zu betonen, hält Brecht eine erneute Bearbeitung Ende 1919 für notwendig. Lion Feuchtwanger vermittelt beim Verlag Georg Müller, der das Buch zwar setzen läßt, doch Druck und Verbreitung aus Furcht vor pornographischer Zensur schließlich ablehnt. Brecht ist darüber enttäuscht wie über seinen Text selbst, den er nun für »gründlich verpfuscht« hält. »Er ist zu Papier geworden, verakademisiert, glatt, rasiert, und mit Badehosen usw. Anstatt erdiger, unbedenklicher, frecher, einfältiger! Jetzt mache ich nur mehr feurige Dreckklöße!« (26,129.) Seine Zugeständnisse bringen ihm nichts ein; Theaterleute lehnen eine Aufführung weiterhin ab, da sie den Skandal fürchten. Erst 1922, nachdem Brecht sich um vielfältige Kontakte in der Theatermetropole Berlin bemüht hat, erscheint *Baal* im Kiepenheuer Verlag. Herbert Jhering, neben seinem Dauerkontrahenten Alfred Kerr der bedeutendste Theaterkritiker der zwanziger Jahre, wird in dieser Zeit zum wichtigsten Förderer Brechts. Auf seine Vermittlung wird ihm Ende 1922 für *Baal* sowie für *Trommeln in der Nacht* und *Im Dickicht* – später *Im Dickicht der Städte* – der Kleist-Preis verliehen.

Eine Aufführung des *Baal* kann Brecht allerdings erst Ende 1923 in Leipzig durchsetzen. Herbert Jhering lobt »Brechts genialische, szenische Ballade«, während Alfred Kerr resümiert: »Der begabte Brecht ist ein schäumender Epigone.« (vgl. die Kritiken in: *Baal. Der böse Baal der asoziale*, S. 169-208). Ein für Provokationen und Skandale empfängliches Publikum findet auch der *Lebenslauf des Mannes Baal*, die von Brecht und seiner Mitarbeiterin Elisabeth Hauptmann erheblich reduzierte Bühnenbearbeitung des Stücks von 1926. Die Zuschauerreaktionen während einer Aufführung dieser Bearbeitung in Berlin 1926 sind von Hans Henny Jahnn erinnert und können stellvertretend für viele gesetzt werden:

Die Aufführung begann mit großer Verspätung. Der Raum war mit Spannung und Ungeduld geladen, geradezu vergiftet. Es war heiß. Es war unnatürlich. Irgendwann, ich glaube, es war nach dem Gesang Orges: »Der liebste Ort, den er auf Erden hab / Sei nicht die Rasenbank am Elterngrab«, brach der Tumult aus. Baal war abgetreten, die Chansonette war allein auf der Bühne. Man pfiff, schrie, heulte, klatschte im Zuschauerraum. Die Schauspielerin schwang sich aufs Klavier, bearbeitete mit den Füßen die Tasten und sang dazu: »Allons, enfants de la patrie!« Der Lärm wurde ungeheuer. Ich glaubte, eine Panik werde ausbrechen. Ich war eben aus der Provinz, der Berliner Premieren ungewohnt, und saß gefährdet im Gang auf einem beweglichen Stuhl. Aber es blieb bei diesem ohrenbetäubenden Lärm, und er hielt an, bis die Urheber davon erschöpft waren. Es trat plötzlich vollkommene Stille ein, und darin hörte man von irgendeinem der Ränge herunter die Worte: »Sie sind ja gar nicht entrüstet, Sie tun nur so...« Es folgte das Geräusch einer nicht lautlosen Ohrfeige. Applaus setzte ein, steigerte sich, und das Stück auf der Bühne ging weiter. (*Sinn und Form. Zweites Sonderheft Bertolt Brecht*, 1957, S. 425.)

Hugo von Hofmannsthal (1875-1929) schreibt 1926 einen Prolog *Das Theater des Neuen. Eine szenische Ankündigung* zur – einmalig aufgeführten – Eröffnungsmatinee eines Zyklus' avancierter Gegenwartsdramatik des Theaters in der Josefstadt in Wien am 21.3. Das Haus ist zwei Jahre zuvor von Max Reinhardt übernommenen worden. Zweck ist, das Wiener Publikum mit der gegenkulturellen Offensive der jüngsten Theatergeneration bekannt zu machen. Brechts *Lebenslauf des Mannes Baal* steht als erstes Stück auf dem Spielplan. Oskar Homolka hat die Rolle des Baal in Brechts Berliner Inszenierung einige Monate zuvor gespielt, was sicher zu der Entscheidung beigetragen hat, das Stück nun auch in Wien aufzuführen. Hofmannsthal ist von *Baal* fasziniert, spricht von dessen Autor jedoch mit deutlicher Abneigung. – In dem als Disput angelegten Vorspiel auf dem Theater verhandeln die Schauspieler Oskar *Homolka*, Hermann *Thimig* und Gustav *Waldau*, der Regisseur Herbert *Waniek* und der Kulturhistoriker Egon *Friedell*. Die Rollennamen entsprechen den Schauspielernamen; die Personen spielen sich selbst. Themen des Gesprächs sind zunächst organisatorische Probleme des Theaterbetriebs und die – für Hofmannsthal typische – Sprachkrise des Schriftstellers in der Moderne. Dann aber geht es um die Krise »des Individuums«, die schwierige Frage einer Selbstdefinition des »Ich als absolute Einheit« (Hofmannsthal 1979, S. 511). Mit seiner These, daß Individualität in der historischen Gestalt des – letztlich interessensuniformen – Bürgers abgewirtschaftet hat, gibt Hofmannsthal die entscheidende Deutung des *Baal*. In der Ökonomie einer rein merkantilen Kultur definiert sich das Individuum ausschließlich als Vertragspartner innerhalb gesellschaftlicher Strukturen jeder Art. Das Heraustreten oder Nicht-Einlassen auf eine so kanonisierte Menschlichkeit sprengt notwendig »die Schranken«, d.h. »die herkömmlichen historischen und sozialen Grenzen des Individuums«. Diese Entgrenzung in dem gleichsam pflanzenartigen Naturwesen Baal findet bei Hofmannsthal eine bildhafte Entsprechung durch die »Amöbe, das unbestimmbare Urwesen, das sich von der Situation diktieren läßt, ob es Tier oder Pflanze sein soll« (Hofmannsthal 1979, S. 512-514).

Die wiederholten Umarbeitungen des *Baal*, die Brecht bis zu seinem Tod vornimmt, korrigieren jeweils Szenenverlauf und Handlungsschwerpunkte, berühren allerdings die szenische Konstruktion und den Grundgestus des Stücks kaum. Stilistische und kompositorische Glättungen bedeuten keine Beschneidung der offenen, auf Veränderung angelegten Form: die einzelnen Bilder und Szenen bleiben stets austauschbar. Im Laufe der Bearbeitung werden neue hinzugefügt oder unbrauchbar gewordene getilgt (vgl. 1,520-523, 528-533).

Brechts erstes abendfüllendes und über Jahrzehnte gepflegtes Stück *Baal* ist zugleich ein Archetyp seines Gesamtwerks. Beispielhaft entwickelt und kennzeichnend ist vor allem der genußorientierte Lebensentwurf seiner »Helden«, die im Gewand der Elenden oder Tiefverkommenen niemals eine weiße Weste haben (Kragler, Azdak, Puntila, Galilei). Physischer Genuß steht dabei nie für Überschwängliches und Über-die-Stränge-Schlagen allein, wohl aber für das Auskosten der weltlichen Möglichkeiten des Lebens. Sämtliche späteren Schlaraffenland- und Verkehrte-Welt-Visionen in Brechts Werk korrespondieren hiermit.

2.2 Das Musiktheater

Musik spielt für Brecht als konstituierender Bestandteil seiner Kunst seit der Augsburger Zeit eine große Rolle. Die frühen Notizbücher enthalten eine Vielzahl eigener Notenskizzen und »Musikstenogramme« (Kreuze, Striche, Griffzeichen, Tonartbuchstaben) zu eigenen Gedichten, die Brecht im Kreis der Freunde und in ganz eigentümlicher Weise begleitet von der Gitarre zum Vortrag bringt. Die *Lieder zur Klampfe von Bert Brecht und seinen Freunden. 1918* und seine eigenen Vertonungen der *Hauspostillen*-Gedichte (1922-1926) sind frühe Belege für die Adaption ganz unterschiedlicher Musiktraditionen (Balladen und Bänkellieder, religiöse Erbauungsgesänge und Kirchenmusik, Schlager und Jahrmarktsmoritaten); Anregung und Beispiel haben sicher Wedekinds *Lieder zur Laute* geboten. Es sind zumeist einfache Melodien; eine »praktikable« und spontan entstehende Musik, deren Rhythmus von den Texten vorgegeben ist (vgl. Lucchesi / Shull 1988, S. 15-30). Umgekehrt wird Brecht zu eigenen Gedichten auch von Volksliedern – etwa für *Die Legende vom toten Soldaten* oder *Was bekam des Soldaten Weib?* – und bekannten Schlagern – z.B. für die *Erinnerung an die Marie A.* – angeregt (vgl. 23,267-270): Melodie und Rhythmus des vorgefundenen Liedes prägen die Strophenform eines neuen Gedichts. Seiner Arbeitsweise gemäß benutzt Brecht vieles, was ihm zu Ohren kommt, als Material für die eigene Kunstproduktion. Schon in seinen frühen dramatischen Versuchen (*Baal, Die Hochzeit, Im Dickicht*) praktiziert Brecht – angeregt durch das Kabarett Karl Valentins – die wechselseitige Verwendung von Prosa / Vers und Musik / Gesang zur Auflösung einer starren Bühnendramaturgie. Er greift dabei zunächst auf seine eigenen und fast durchweg unabhängig von den Stücken entstandenen Lieder zurück.

Während seiner Reisen nach Berlin ab 1922 und nach der endgültigen Übersiedelung im Jahre 1924 kommt Brecht in Kontakt mit professionellen Komponisten. In Stückplänen und -entwürfen der ersten Berliner Jahre (*Dan Drew*, 10,334-381, *Jae Fleischhacker in Chikago*, 10,271-318, oder einer geplanten *Revue* für Max Reinhardt, 10,382-385) sind Lieder, Chöre und Gesänge nach wie vor konzeptionell wichtige Bestandteile, doch führt Brecht endgültige Kompositionen immer seltener selbst aus. Statt dessen beteiligt er Ende 1925 den jungen Pianisten Franz S. Bruinier am Notenanhang der *Hauspostille*, und der Theater- und Stummfilmkomponist Edmund Meisel (der im April 1926 für seine Musik zu Eisensteins *Panzerkreuzer Potemkin* hochgelobt worden ist) schreibt eine Bühnen- und Rundfunkmusik für *Mann ist Mann*. Am wichtigsten wird für Brecht jedoch die Bekanntschaft mit Kurt Weill im März 1927. Für das Festival Deutsche Kammermusik, das 1927 in Baden-Baden stattfindet, vertont Weill die fünf *Mahagonny-Gesänge* der *Hauspostille* – an denen Brecht von 1919/20 bis 1927 arbeitet – und stellt sie zu einem konzertant aufzuführenden *Mahagonny*-Songspiel (oft fälschlich »Kleines Mahagonny«; vgl. 2,323-331) zusammen. Mit kleinem Orchester und in der Bühnendekoration eines Boxrings von Caspar Neher wird *Mahagonny* am 17. Juli zusammen mit drei weiteren »Kurzopern« uraufgeführt (vgl. Schebera 1990, S. 80-87); Brecht selbst führt Regie.

Aufmerksam geworden auf die im Londoner Lyric Theatre gezeigte Neuinszenierung von John Gays *The Beggar's Opera* – die es dort ab 1920 auf über 2000 Aufführungen bringt –, beginnt Brechts

Mitarbeiterin Elisabeth Hauptmann 1927 mit einer Übersetzung des Stücks. Der Plan einer deutschen Umsetzung ist schon älter. Der Schott-Verlag hat 1925 Paul Hindemith für eine Bearbeitung interessieren wollen, doch nun wendet sich der junge Schauspieler Ernst Josef Aufricht an Brecht, da er für die Eröffnungspremiere des von ihm 1927 aufgrund einer Erbschaft angemieteten Theaters am Schiffbauerdamm ein Stück sucht. Mit dem Arbeitstitel *Gesindel* schickt Brecht einen Teil der Hauptmannschen Übersetzung von Gays *Beggar's Opera* an Aufricht. Dieser ist einverstanden und gibt die Bearbeitung des offensichtlich sehr publikumswirksamen Werks in Auftrag. Den Sommer 1928 verbringen Brecht und der von ihm für das neue Projekt verbindlich vorgeschlagene Kurt Weill in Südfrankreich, um in wenigen Wochen intensiver gemeinsamer Arbeit eine erste abgeschlossene Fassung des Stücks mit dem Titel *Die Ludenoper* fertigzustellen. Sofort nach ihrer Rückkehr beginnen in Berlin die Proben, in deren völlig chaotischem Verlauf sich schnell herausstellt, daß z.B. Weills Musik für die von Aufricht und Brecht verpflichteten Schauspieler zu schwierig ist, oder Brechts Texte ihrer Obszönität wegen als zu gewagt verworfen werden müssen. Noch unmittelbar vor der Premiere am 31.8.1928 werden erhebliche Umstellungen und Striche notwendig. Einzelne Musiknummern werden gestrichen (die Darstellerin der Frau Peachum weigert sich, die *Ballade von der sexuellen Hörigkeit* zu singen), andere (*Die Moritat von Mackie Messer* und der *Salomon-Song*) kommen erst in letzter Minute hinzu (vgl. Lucchesi / Shull 1988, S. 392-407).

Die Dreigroschenoper wird in Berlin begeistert aufgenommen. Sie trifft den Lebensnerv eines großstädtischen Publikums, das Siegfried Kracauer in seiner Alltagsstudie *Die Angestellten* (1930) in seiner ganzen kleinbürgerlichen Trostlosigkeit beschrieben hat. Die Atmosphäre der Tanz- und Sportpaläste ist heiter, oberflächlich-dekorativ und verlogen. Die Kulturszene Berlin lebt von einer depravierten und proletarisierten Angestellten- und Mittelstandskultur mit einem großen Verlangen nach Glanz und Zerstreuung. Die neuen und attraktiven Medien Film und öffentlicher Rundfunk (ab 1923) zielen auf die Unterhaltung einer sich neu organisierenden großstädtischen Massenkultur, weniger auf ein Bildungsbedürfnis ihrer Konsumenten. »Piscatorhaft-primitiv und proletarisch aufgemacht (Apachenstil)«, wirkt *Die Dreigroschenoper* »einschmeichelnd und ausdrucksvoll«; sie »ist das Modestück, immer ausverkauft. [...] ›Man muß dagewesen sein‹«, berichtet Harry Graf Kessler (*Tagebücher 1918-1937*. Frankfurt a.M. 1961. S. 569). Die Romantik der *Zuhälterballade* (2,272f.) und die programmatische Formel der *Ballade vom angenehmen Leben* (2,275f.) drängen vor diesem Hintergrund zu vorbehaltloser Identifikation. Brechts Antwort auf die von ihm gestellte Frage *Denn wovon lebt der Mensch?* ist die Antwort seiner Zeit: »Erst kommt das Fressen, dann kommt die Moral.« (2,284f.) Und auch der mahnende Zeigefinger am Ende, auf reitende Boten sich nicht zu verlassen, wirkt eher als Gebot, das Spiel mitzuspielen, so gut es eben geht. Zentrales Thema des Stücks ist die korrupte bürgerliche Gesellschaft, in der Wohlanständigkeit nur als Summe von Raub, Prostitution und Protektion erscheint. Auf der Jagd nach dem eigenen ökonomischen Vorteil scheinen alle Mittel erlaubt. Auf der niedrigsten Stufe der Bettler, Huren und Mörder angesiedelt, führt das Stück alle Typen von Opfern vor, in denen das zeitgenössische Publikum sich spiegeln, jedoch nur verhalten wiedererkennen will. Brecht versucht zu zeigen, »daß die Ideenwelt und das Gefühlsleben der Straßenbanditen ungemein viel Ähnlichkeit mit der Ideenwelt und dem Gefühlsleben der soliden Bürger haben« (Notiz im Nachlaß; BBA 461/93). Macheaths profitoptimierende Handlungsanweisungen – von Brecht später für Elisabeth Hauptmanns Stück *Happy End* entworfen und erst für den *Versuche*-Druck 1931 am Ende in die *Dreigroschenoper* eingefügt – bringen die Geschichte auf den Punkt; sie haben die pragmatische Wahrheit allemal auf ihrer Seite: »Was ist ein Dietrich gegen eine Aktie? Was ist ein Einbruch in eine Bank gegen die Gründung einer Bank? Was ist die Ermordung eines Mannes gegen die Anstellung eines Mannes?« (2,305). Diese und andere Passagen des Stücks beschreiben vortrefflich die brutalen Tiefen unter der bunten und schillernden Oberfläche des bürgerlichen Wohlstands. Sie geben jedoch keine subtile ›Analyse‹ der Funktionsmechanismen entwickelter kapitalistischer Produktions- und Tauschverhältnisse. Das begeisterte Publikum selbst sieht in der *Dreigroschenoper* kaum Ansätze einer Kritik des aktuellen Kapitalismus, was Brecht veranlaßt haben mag, das Stück nachträglich (vgl. die *Anmerkungen zur »Dreigroschenoper«* von 1931; 24,57-68) in eine gesellschaftskritische Richtung zu rücken.

Die Dreigroschenoper hat mit einer Oper im traditionellen Sinne wenig gemein. Der Titel des ersten Drucks, erschienen 1929 in Wien, nennt sie gattungsmäßig neutral »Ein Stück mit Musik«. Sie ist ein Kompromiß aus verschiedenen szenischen und musikalischen Effekten, am ehesten vergleichbar dem Singspiel, dem Musical oder der Operette, d.h. musikdramatischen Formen, die Brecht ihres Unterhaltungscharakters wegen der großen ›ernsten‹ Oper vorzieht. An den Schott-Verlag schreibt Kurt Weill bereits im Frühjahr 1928, »daß das Stück als Oper nicht in Frage kommt, und daß man höchstens die Form einer Posse mit Musik wählen kann, die durch das starke Überwiegen des Dialogs für Opernhäuser nicht in Betracht kommt« (vgl. Lucchesi / Shull 1988, S. 389). Brecht und Weill sind überzeugt, mit ihrer Arbeit die in den zwanziger Jahren heftig geführte Diskussion über die Zukunft des Musiktheaters voranzutreiben. Unter dem Schlagwort »Krise der Oper« wird vor allem die traditionelle und konservierende, in Stil und Bühnengestaltung dem 19. Jahrhundert verpflichtete Aufführungspraxis der Opernbühnen angesichts avancierter Projekte des Sprechtheaters (Piscator) zur Disposition gestellt. Experimente scheitern, die in neusachlicher Manier Maschinenhallen, Turbinen, Räder und andere, allein äußerlich aktuelle Requisiten zu einer »Melodie der Wolkenkratzer« verschmelzen und im »Tempo der Großstadt« als mythisierende Verdoppelung der zeitgenössischen Realität Menschen des 19. Jahrhunderts auf die Bühne bringen (vgl. Weill 1975, S. 37-40 und 45-49). Typische »Zeitopern« sind Ernst Kreneks *Zwingburg* (1925) und dessen – sehr erfolgreiche und musterbildende – Oper *Jonny spielt auf* aus dem Jahr 1927 oder Max Brandts *Maschinist Hopkins* (1928).

Brechts Überlegungen zu einer Erneuerung der Oper berühren nicht alleine eine kunsttechnisch erstarrte Form, sondern in erster Linie die Oper als traditionelle gesellschaftliche Institution (bildungs-)bürgerlicher Unterhaltung. Theater soll, so Brechts Idee, vor allem konsumierbar sein und hat alle formalen und technischen Möglichkeiten zu nutzen, die Schau- und Sinneslust der Zuschauer zu aktivieren. Sein Anspruch einer vom Gebrauchswert des Dargebotenen bestimmten Bühnenkunst zielt in erster Linie darauf, dem Publikum in einer Zeit, in der das Theater immer stärkere Konkurrenz durch Kino und Radio erhält, auf der Bühne etwas Neues zu bieten, es an das Theater zu binden und weniger darauf, nur eine traditionelle Ästhetik zu reformieren. Orientiert an seinen Beobachtungen der Publikumsreaktionen während großer Hallensportveranstaltungen (Boxkämpfe, Sechstagerennen) verlangt Brecht vom Theater Unterhaltung und »Spaß« (vgl. *Mehr guten Sport*, 21,119-122, und *Ausblicke*, 21,125). Zugespitzt fordert er: »Das Theater muß als Theater jene faszinierende Realität bekommen, die der Sportpalast hat, in dem geboxt wird.« (*Dekoration*, 21,283.)

Was bei Brecht als Institutionskritik laut wird – die Forderung nach einem neuen Theater unter Aufkündigung der alten Ästhetik (vgl. *Sollten wir nicht die Ästhetik liquidieren?*, 21,202-204) – äußert sich bei Weill verhaltener als Anspruch einer formalen Erneuerung des Musiktheaters. Er bedauert, daß *Die Dreigroschenoper* eher eine Oper für Schauspieler ist und »eine weitgehende Vereinfachung der musikalischen Sprache« notwendig macht (Weill 1975, S. 55). Dennoch betrachtet auch er – nicht zuletzt wegen des großen Erfolgs –

diese weitgehende Zurücknahme opernhafter Stilisierungen als Chance, das Musiktheater aus seiner »splended isolation« (Weill 1975, S. 54) zu befreien. Daß *Die Dreigroschenoper* im Ergebnis weniger eine Neubestimmung der Opernästhetik bedeutet – auch wenn Brecht das in den *Anmerkungen* von 1931 anders sehen will –, sondern vielmehr erstklassiges Unterhaltungstheater ist, das den Zuschauer eher zur Identifikation als zur kritischen Distanz ermuntert, dürfte ihre Bedeutung nicht schmälern.

Das Vorbild des Stücks, John Gays *The Beggar's Opera* (1728; dt. *Die Straßenräuber*, 1770), wird 1728 mit einer Musik von John Christopher Pepusch auf die Londoner Bühnen gebracht; mit ihr wird »das ganze Repertoire der Opernkonventionen der Händelzeit durch den Kakao gezogen« (Weisstein 1984, S. 283). Kurt Weill knüpft hier an und parodiert durch musikalische Versatzstücke und Zitate (Wagner, Verdi, Weber, Puccini, auch Strawinsky) seinerseits die großen Opern des 19. Jahrhunderts. Dabei handelt es sich um Versuche, ›altes‹ Material für neue Musik nutzbar zu machen und somit neue Kompositionen mit Konstruktionen musikalischer Vorlagen zu verschränken, die über die bloße Karikatur hinausgehen.

John Gay (1675-1732) ist ein Freund Jonathan Swifts. Seine »ballad opera« hat zum realen Vorbild die Kehrseite der »glorious revolution« (1688/89), mit der England sich von der puritanischen Diktatur zu befreien sucht. Brechts Vorlage ist beißend in ihrer Kritik, sehr präzise in ihrer Beobachtung der zeitgenössischen Londoner Verhältnisse. 1694 ist die Bank von England gegründet worden; um dieselbe Zeit, als man aufgehört hat, Hexen zu verbrennen, fängt man in England an, Banknotenfälscher zu hängen. Formal ist die *Beggar's Opera* ein ironischer Bruch mit der damals alles beherrschenden italienischen Tradition der »Opera seria«, der Prunk- und Zauberoper, deren avanciertester Vertreter Georg Friedrich Händel ist. Anstelle von modischen Helden, Göttern und adligen Damen bringt Gay das profane Milieu von Mördern, Bettlern und Huren auf die Opernbühne. Brechts Bearbeitung verändert zwar die Figurenkonstellation und den Fabelverlauf (Reduktion der Liebesgeschichten und Verstärkung der Bandenhandlung; die Einführung der Hochzeitsszene), bleibt der Vorlage aber bis in die Details verpflichtet (drei Akte, Milieuschilderungen, die Kumpanei des Polizeichefs mit dem Schurken Macheath und dessen zweimalige Verhaftung; beschreibende Personennamen: *peach'em* bedeutet: ›andere verpfeifen‹, *Mac-heath*: ›Sohn der Heide‹, ein Hinweis auf den bevorzugten Aufenthaltsort der Straßenräuber im Umland von London, *filch*: ›stehlen‹, *tawdry*: ›kitschig‹, ›flitterhaft‹. Die Verlegung der Handlungszeit in das viktorianische England des 19. Jahrhunderts läßt zwar mehr Raum für Anspielungen auf einen bereits entwickelten Kapitalismus, für das frühe 18. Jahrhundert typische Verweise (das gesamte Justizwesen, z.B. die privatwirtschaftliche Organisation der Gefängnisse in Szene 6) bleiben jedoch erhalten. Die 69 eingestreuten Lieder und ›Arien‹ werden zu volkstümlichen Melodien vorgetragen, oder Gay und sein Komponist John Christopher Pepusch (1667-1752) zitieren dem Publikum bekannte Sequenzen der großen Oper zur Begleitung anrüchiger und zotiger Liedtexte. (Über das Verhältnis der *Dreigroschenoper* zu ihrem Vorbild vgl. Hecht 1970, S. 73-107; Hinton 1990, S. 9-49.)

Die Moritat von Mackie Messer ist unmittelbar vor der Premiere als Entrée für den Darsteller des Macheath, Harald Paulsen, geschrieben worden und spielt an auf den Londoner Dirnenmörder, der sich selbst den Namen »Jack the Ripper« gegeben hat (vermutlich der Arzt und Okkultist Roslyn D'Onston). Er hat 1888/89 insgesamt neun Frauen mit dem Messer umgebracht, unter ihnen Ann Nichols, genannt »Polly«.

Die Anschlagzettel zur *Dreigroschenoper*-Uraufführung verweisen auf »eingelegte Balladen von François Villon und Rudyard Kipling«. Der Berliner Theaterkritiker Alfred Kerr erhebt Monate später bei Erscheinen der 2. Auflage der *Songs der Dreigroschenoper* den berühmt gewordenen Plagiatsvorwurf gegen Brecht im *Berliner Tageblatt* (*Brechts Copyright*, Nr. 206 vom 3.5.1929), da dieser ›versäumt‹ hat, die Villon-Nachdichtungen K.L. Ammers (d.i. Karl Klammer) in *Des Meisters Werke* (zuerst 1907) als Quelle für seine eigenen Gedichte und Songs zu nennen. Brecht rechtfertigt sich mit dem Diktum seiner »grundsätzlichen Laxheit in Fragen geistigen Eigentums« und verweist darüber hinaus auf die in der Literaturgeschichte gängige Praxis, sich aus vorhandenem Material zu bedienen (vgl. *Dreigroschenbuch*, S. 202-205, und das Gedicht *Sonett zur Neuausgabe des François Villon*, 14,98f.). Die teils wörtlichen Übernahmen finden sich vor allem in der *Zuhälterballade*, in der *Ballade vom angenehmen Leben*, dem *Salomon-Song* und in der *Ballade, in der Macheath jedermann Abbitte leistet*. Karl Kraus schreibt in *Die Fackel* (Heft 811, S. 129-132) eine satirische Glosse *Kerrs Enthüllung*. Auch im Zusammenhang mit *Mahagonny* und später bei *Puntila* werden ähnliche Vorwürfe gegen Brecht erhoben.

Der Hinweis des Theaterplakats auf die Übernahme von Balladen Kiplings ist irreführend, da Brecht für die sogenannte Uraufführungsfassung im August 1928 nahezu alle Anspielungen und Textübernahmen – mit Ausnahme des *Kanonen-Songs* – streicht (vgl. Lyon 1976, S. 98-107, und Lucchesi / Shull 1988, Mus. 130.07, Mus. 130.12, Mus. 130.26).

Im Zuge des spektakulären Erfolgs der *Dreigroschenoper* bedankt Brecht sich bei seiner Mitarbeiterin Elisabeth Hauptmann mit der Idee, sie solle eine Heilsarmee- und Gaunerkomödie »zimmern«, zu der er selbst die Fabel entwerfen und Kurt Weill wiederum die Musik schreiben wolle (Brief 417). Unter dem Pseudonym »Dorothy Lane« entsteht *Happy End* (Hauptmann 1977, S. 65-135, Anmerkungen mit Stückplan S. 244-247). Brecht selbst, der einige seiner bekanntesten Songs beisteuert (u.a. *Der Bilbao-Song*, den aus der *Mahagonny*-Oper herausgenommenen *Song von Mandely* oder *Das Lied vom Surabaya-Johnny*), ist mit anderen Projekten beschäftigt. Das dreiaktige Stück in der bewährten Whisky-Dollar-Machart – »Pointe: das Gute siegt.« – präsentiert sich »hollywoodlich« und endet »happyendlich«. Es wird nach der Premiere am 2. September 1929 nur wenige Male gespielt, dann abgesetzt und stellt sich als Pleite heraus (vgl. Seliger 1974, S. 163-160).

Brecht und Weill haben ihre Arbeit unterdessen wieder auf das *Mahagonny*-Projekt konzentriert. Die Pläne Brechts für eine »Mahagonny-Oper« reichen zurück bis ins Jahr 1924 (vgl. die Gedichte *Der Kaugummi-Song*, 13,288f., und *Freudenheim von M.*, 13,291); sie stehen im Zusammenhang mit seiner damaligen Frau, der Opernsängerin Marianne Zoff (vgl. 26,279).

Die Ausarbeitung des Librettos zur Oper nimmt Brecht längere Zeit in Anspruch. Sicher ist, daß bereits Ende 1927, d.h. bald nach der Baden-Badener Uraufführung des *Mahagonny*-Songspiels, eine erste Fassung des Operntextes vorliegt (die Anordnung der beiden Texte in GBA 2 ist also umzudrehen: die *Mahagonny*-Oper steht vor der *Dreigroschenoper*). Es ist auffällig, wenn auch nicht verwunderlich, daß ihm bis Anfang 1929 eine der *Dreigroschenoper* noch sehr ähnliche Produktion vorschwebt: Konzeption und Ausarbeitung der beiden Texte stehen 1928 in sehr engem Zusammenhang. Sprechpartien und Songs wechseln nach Brechts Vorstellung ab und sind in den überlieferten Texten dieser Zeit deutlich unterschieden. Weill dagegen plant von vornherein eine vollständige Vertonung des Textes mit wenigen herausragenden Arien. In sehr intensiver Zusammenarbeit werden Partitur und Text im April 1929 abgeschlossen, das erste gedruckte Textbuch liegt im November 1929 vor.

Weill hat – wie bereits im *Mahagonny*-Songspiel und in der *Dreigroschenoper* – durch »Verfremdung und Montage eines konventionellen Materials« (Kahnt 1982, S. 74) seiner Musik die Funktion eines Kommentars zugewiesen. Nach dem Prinzip des Wiedererkennens bekannter Themen und musikalischer Versatzstücke im Zusammenhang eines neuen Stücks verweisen diese auf ihren ursprünglichen Kontext. Im Kontrast und collagiert mit neuen, dem zeitgenössischen Publikum ebenso vertrauten musikalischen Formen (Schlager, Jazz, Tangorhythmen) wird die gewohnte ›opernhafte‹ Harmonie entscheidend gestört und so der bürgerliche Illusionsvorrat immer wieder als brüchig vorgeführt. Die Musik der *Mahagonny*-Oper hat so bereits alleine eine »verfremdete Konventionalität« (vgl. Kahnt 1982, S. 79-83). Als Begleitung des Operntextes verdoppelt sie ihre kommentierende Funktion. »Bei melodramatischen Partien sorgte die Musik dafür, daß das Publikum die Hohlheit und den Konventionalismus gewisser, von den Schauspielern mit unerschütterlichem Ernst gespielter, Vorgänge entdecken konnte.« (23,19.) Als Handlung konstruiert Brecht in 21 parabelhaften Einzelszenen die Geschichte der Gründung und das Schicksal einer Phantasiestadt »Mahagonny«. Grundlage für das Stück sind wiederum die *Mahagonny-Gesänge* der *Hauspostille*. Darüber hinaus verarbeitet Brecht von ihm unter dem Titel »Einzug der Menschheit in die großen Städte« versammelte Texte aus der zweiten Hälfte der zwanziger Jahre. Grundthemen dieser Arbeiten sind die zunehmende Entfremdung der Menschen und die Verdinglichung des Lebens in ökonomischen Tauschverhältnissen. ›Amerika‹ ist der idealisierte Hintergrund für Brechts literarische Kapitalismus- und Gesellschaftskritik. Nach den bereits weit fortgeschrittenen Dramenprojekten *Jae Fleischhacker in Chikago* (vgl. 10,271-318) und dem Stück über die Eisenbahn *Dan Drew* (vgl. 10,334-381; beide 1926) entstehen in diesem Kontext die Gedichte *Aus dem Lesebuch für Städtebewohner* (1926-1928 – Brecht übernimmt in Szene 11 aus dieser Sammlung das äußerst plakative Gedicht *Blasphemie* und aus der *Hauspostille* das Schlußkapitel). Weitere thematische Zusammenhänge bestehen zu Brechts frühem Stück *Im Dickicht*, das er für die Druckfassung *Im Dickicht der Städte* 1927 erheblich bearbeitet und mit dem Untertitel »Der Kampf zweier Männer in der Riesenstadt Chicago« versieht. Die Auflösung der scheinbar unabwendbaren Sturmkatastrophe in *Mahagonny* erinnert sehr an den ›deus ex machina‹ der *Dreigroschenoper*. Dort ist noch mit Masken und Verkleidung ein verwickeltes Spiel am Rande der bürgerlichen Gesellschaft inszeniert und durch einen versöhnlichen Schluß der ursprüngliche Zustand einer scheinbar stabilen Krise – der ›Goldenen zwanziger Jahre‹ – wiederherstellt worden, in der *Mahagonny*-Oper synthetisiert Brecht das entscheidende, handlungstreibende Element deutlicher: das Geld, vor dessen Macht selbst Naturkatastrophen halt zu machen scheinen. Geld und Macht legalisieren sich im Verlauf des Stücks in der Rechtsprechung. Dies bedeutet einen Paradigmenwechsel in der Fabelführung, der im dramatischen Werk Brechts mit der Oper *Mahagonny* einsetzt: die Einführung des Tribunals, d.h. die Wiederholung und diskursive Zuspitzung der Handlung in einer Gerichtsszene (von zentraler Bedeutung und wiederkehrend in den Exilstücken *Galilei*, den *Lukullus*-Texten, in *Der gute Mensch von Sezuan*, in *Die Gesichte der Simone Machard*, in *Der kaukasische Kreidekreis*, aber auch im *Dreigroschenroman*).

Die *Anmerkungen zur Oper »Aufstieg und Fall der Stadt Mahagonny«* (24,74-84, 85) entstehen erst Ende 1930 im Zusammenhang mit der Umarbeitung des Stücks für den Druck in Heft 2 der *Versuche*. Es ist Brechts erste Zusammenfassung seiner ab ca. 1926 systematisch entwickelten Entwürfe eines »epischen Theaters«. Brecht propagiert hier ein Bühnenwerk als Konstruktion extrem selbständiger, epischer Elemente (Text, Musik, Bild), die in bewußter Inszenierung aufeinander wirken, sich ergänzen oder stören, in jedem Falle aber einen homogenen Handlungsfluß und die daraus folgende Illusionierung des Zuschauers verhindern. Die Oper – als »kulinarische« und formal konservative Kunstform – reizt Brecht, insofern die extreme Dominanz der Musik ein Nebeneinander mit Wort und Darstellung kaum zu dulden scheint. Er bearbeitet eine traditionelle ästhetische Form, die durch die Suggestivkraft der Musik seit jeher ihre Qualität als Genuß- oder Rauschmittel gewinnt (Brecht hat zeitlebens eine kritische Affinität zu Richard Wagner; sein Gewährsmann für diese Überlegungen ist Sigmund Freud: *Das Unbehagen in der Kultur*). Der Unterhaltungswert des allein kulinarischen Musiktheaters erschöpft sich in der Produktion von Bedeutungslosigkeit: »Mag *Mahagonny* so kulinarisch sein wie immer – eben so kulinarisch wie es sich für eine Oper schickt – so hat es doch schon eine gesellschaftsändernde Funktion; es stellt eben das Kulinarische zur Diskussion, es greift die Gesellschaft an, die solche Opern benötigt«. Ohne auf das »Kulinarische« vollends verzichten zu wollen, »wurden Versuche unternommen, das Lehrhafte auf Kosten des Kulinarischen immer stärker zu betonen« (24,84). Brechts Versuche, die beiden großen, populären Musiktheaterproduktionen in sein ästhetisches Konzept des epischen Theaters theoretisch einzubinden, stehen in enger Verbindung mit den zur selben Zeit bereits weit fortgeschrittenen Lehrstückprojekten.

2.3 Die Ökonomieprojekte

Nach seiner endgültigen Übersiedelung – von Augsburg und München – in die Metropole Berlin 1924 nimmt die Beschäftigung Brechts mit gesellschaftspolitischen Problemen und Themen der

Ökonomie stark zu. Das die Arbeit dieser Jahre zusammenfassende Thema ist der »Einzug der Menschheit in die großen Städte zu Beginn des dritten Jahrtausends« (26,282f.; vgl. 14,56-58). Für eine ganze Reihe von Stückprojekten zu diesem Themenkreis sind Teile oder Szenenfragmente ausgearbeitet und überliefert. Einer durchgängigen Gewohnheit folgend, verfaßt Brecht zu diesen Stücken zunächst strukturierende Fabelerzählungen und Stückpläne in Prosa, die den Umfang des jeweiligen Projekts fixieren und deutlich machen sollen (vgl. die Auflistung S. 113ff.). Über seine eigenen Großstadterfahrungen hinaus bezieht Brecht Anregungen vor allem aus der neusachlichen Amerika-Mode der zwanziger Jahre. Das »Land der unbegrenzten Möglichkeiten« verschafft dieser Konzeptionen einer Tatsachenästhetik den authentischen Raum: Amerika gilt als das Land der Riesenstädte mit Wolkenkratzern, breiten Asphaltstraßen und Ford-Automobilen, der Vermassung und des großen Geschäfts wie der großen Börsenkräche. Über allem wacht die Statue der Freiheitsgöttin. New York und Chicago stehen als Symbole für den Mythos USA und die »Golden Twenties«. Brechts Kenntnisse der neuen Welt beruhen zu dieser Zeit auf interessierter Lektüre ganz unterschiedlicher Texte und sind noch nicht von eigenen Reiseerfahrungen bestimmt. Viele illustrierte Zeitschriften (*Der Querschnitt*, *Die Scene*, *Uhu* u.a.) fungieren als Medien einschlägiger Kulturimporte.

Enorm scheinen die Anstrengungen für den Fortschritt und befähigt dazu nur Menschen, denen die Arbeit gleichzeitig Lust verschafft: »Arbeit zur Beseitigung der Arbeit ist eine ganz jämmerliche Pensionistenidee! In Wirklichkeit müssen nur alle Leute instand gesetzt werden, es sich leisten zu können, um der Arbeit willen zu arbeiten!« (21,336). Noch längst nicht alle, aber doch einige wenige spielen ihre Rolle – die ökonomischen Prozesse zu beherrschen – für Brecht beispielhaft. Er ist fasziniert von den abenteuerlichen Lebensbeschreibungen dieser amerikanischen »self-made-men« (Astor, Vanderbilt, John D. Rockefeller, J. Pierpont Morgan u.a.), die in seinen Arbeiten zunehmend den Platz exotischer Seeräuber und der unbestimmten Tabak- und Branntweinromantik in den fernen »Haifischmeeren« einnehmen (vgl. das Gedicht *Ane Smith erzählt die Eroberung Amerikas*, 13,286f.). Das neue Paradigma in Brechts Werk vom Beginn der zwanziger Jahre an ist der Großstadt-Dschungel, der für alle Chancen und Risiken der zivilisierten Menschheit die Projektionsfläche bietet. Die Schauplätze sind »Mandelay / Mahagonny« oder ›sachlich‹-konkret: Chicago.

Individualistische Selbstbehauptung ist das Thema in *Baal* gewesen, doch bereits *Im Dickicht* wird die Auseinandersetzung zweier Männer in das »kalte Chicago« verlegt und damit der Handlungsort moderner Auseinandersetzungen und Kämpfe im Milieu der Großstadt aufgesucht. Notizen zu einer geplanten Oper *Mann aus Manhatten* (1924; 10,321-333) oder das über weite Strecken ausgearbeitete Stück *Dan Drew* (1925/26; 10,334-381) über den Erbauer der Eisenbahnlinie von New York zu den großen Seen im Nordosten der USA belegen den enormen Reiz, der von den Höchstleistungen und Rekorden moderner Zivilisationspioniere für Brecht ausgeht. Ob in der Architektur gigantischer Hochhäuser oder der spielerischen, fast unbeteiligten Disposition riesiger Geldmengen: überall sieht Brecht die quantitative Explosion zivilisatorischer Errungenschaften im Vergleich zum alten Europa (vgl. *Deutschland, du blondes, bleiches*; 13,171f.; Seliger 1974, S. 51-69). Gustavus Myers' *Geschichte der großen amerikanischen Vermögen* liest Brecht zunächst wie die moderne Heldengeschichte großer einzelner. Die planmäßigen Aufbrüche und spektakulären Errungenschaften der Moderne versprechen ein neues Zeitalter. Es erklingt international und unisono der *Sang der Maschinen*, ein »Lied, das uns gefällt / Es ist die Sprache, die wir alle verstehen / Und bald ist es die Muttersprache der Welt« (13,378f.). Brechts ironische Distanz zur modischen und intellektuellen Verbrämung der »Neuen Sachlichkeit« belegt das Ende 1927 geschriebene Gedicht *700 Intellektuelle beten einen Öltank an* (13,174-176) unmißverständlich (vgl. Wege 1988, S. 59-88).

Nach und nach ergänzt Brecht seine exotischen und romantischen Vorstellungen von der neuen Welt durch gewissenhafte Studien über gesellschaftliche Strukturen, die Hintergründe der Ökonomie und die Funktionsweisen entwickelter, internationaler Warenzirkulation. Sie sind für Brecht notwendig, um das Phänomen »Amerika« zu verstehen und literarisch verarbeiten zu können. Die zentralen Schauplätze, z.B. die Börse, bergen durch ihr hektisches Treiben für sich bereits eine beträchtliche theatralische Spannung (auch der Stummfilm *Dr. Mabuse* von 1926 zeigt als Ort einer imposanten Massenszene die Börse): Die Vorgänge sind vordergründig chaotisch, die Mechanismen des Geschäfts scheinen undurchschaubar, solange der Betrachter nicht über detaillierte Kenntnisse verfügt. »Wünschenswert« sei »die Anfertigung von Dokumenten« zur Kompensation der verlorengegangenen Übersichtlichkeit mit dem Ertrag, stets über »exakte und sofort verwendbare Informationen« verfügen zu können (21,165). Brechts umfangreichstes Projekt einer Gestaltung amerikanischer Geld- und Warentransaktionen im großen Stil ist *Jae Fleischhacker in Chikago* (vgl. 10,271-318). Zusammen mit Elisabeth Hauptmann sammelt und studiert er unterschiedlichste Quellen (z.B. eine Vielzahl von Zeitschriftenmeldungen über die großangelegten Weizenspekulationen der Barnes-Gruppe in Chicago), um die komplizierten Vorgänge an der Börse und die Grundlagen der Warenspekulation zu verstehen. Hauptmann erinnert sich: »Für dieses Stück sammelten wir Fachliteratur, ich selber fragte eine Reihe von Spezialisten aus, auch auf den Börsen in Breslau und Wien, und am Schluß fing Brecht an, Nationalökonomie zu lesen. Er behauptete, die Praktiken mit Geld seien sehr undurchsichtig, er müsse jetzt sehen, wie es mit den Theorien über Geld stehe.« (Hauptmann. In: *Sinn und Form. Zweites Sonderheft Bertolt Brecht*, 1957, S. 243.)

Obwohl Brecht von 1924 bis 1929 immer wieder am *Fleischhakker*-Projekt arbeitet und es bereits konkrete Verhandlungen mit Erwin Piscator gibt, das Stück unter dem Titel *Weizen* auf die Bühne zu bringen, wird es nicht zu Ende geschrieben. Zu kompliziert sind die Verflechtungen, zu komplex die Mechanismen der politischen Ökonomie im Hochkapitalismus, als daß sich daraus eine konzise und bühnenwirksame Handlung schaffen ließe. Über der Arbeit am *Fleischhacker*-Projekt wird für Brecht deutlich, daß sich die Disparatheit der kapitalistischen Gesellschaft weder auf große Männer reduzieren noch aus der Perspektive des großen einzelnen darstellen läßt. Die wichtige Lektüre von Karl Marx' *Das Kapital* fällt in die Zeit um 1926, ein Jahr später lernt er den Soziologen Fritz Sternberg kennen, den er als Berater hinzuzieht. Brecht wird vor allem von Elisabeth Hauptmann ständig mit großen Mengen einschlägiger Literatur versorgt; daß Hauptmann selbst großen Anteil an diesen Recherchen hat, belegt das von ihr geschriebene Heilsarmeestück *Happy End* (1929), dessen Sujet Brecht später als Vorbild für die »Schwarzen Strohhüte« in der *Heiligen Johanna* benutzt. Weitere ökonomische Themen (Produktionsmethoden, Arbeitslosigkeit und Arbeitskampf) thematisieren Brecht und seine Mitarbeiter in dem Fragment gebliebenen Stück *Der Brotladen* (10,565-659; vgl. auch die Spielfassung, es 339).

Die erfolgversprechenden Kontakte und die Zusammenarbeit mit Kurt Weill und bald darauf mit Hanns Eisler veranlassen Brecht in den späten zwanziger Jahren jedoch zunächst, die Opern- und Lehrstückprojekte weiter zu verfolgen. Die *Dreigroschenoper* und *Mahagonny* vermitteln, unterstützt durch die populäre Musik Weills, eine eher heitere und sanfte Gesellschaftskritik über einfach strukturierte Geschichten; die in ihren Mitteln bewußt reduzierten Lehrstücke verzichten auf die ökonomische Problematik nahezu völlig. Als ein gescheiterter Versuch, die Lehrstückexperimente mit den Ökonomieprojekten in einem Stück zusammenzubringen, kann das Fragment gebliebene »Lustspiel« *Aus nichts wird nichts* (1929/30; 10,679-718) gewertet werden.

Die durch den Zusammenbruch der New Yorker Börse vom 24.10.1929 (»Schwarzer Freitag«) hervorgerufene Weltwirtschaftskrise beendet die Prosperitätsphase der zwanziger Jahre. Sie löst auch in Deutschland eine wirtschaftliche Depression und große Arbeitslosigkeit aus. Brechts Gedicht *Verschollener Ruhm der Riesenstadt New York* (11,243-250), das Ende 1929 als unmittelbare Reaktion auf den dortigen Börsenkrach entsteht, gehört thematisch und entstehungsgeschichtlich in den direkten Zusammenhang der Arbeiten an der *Heiligen Johanna der Schlachthöfe*. Wo das Gedicht mit dem lyrischem Pathos gehobener Sprache den Niedergang des »lustvollen Kontinents« als zwangsläufig darstellt, erweist es sich als vorläufiges Ergebnis einer langen, intensiven Beschäftigung mit den gesellschaftlichen und wirtschaftlichen Verhältnissen der neuen Welt. Gleichzeitig versetzt das Wallstreet-Debakel mit seinen weltweiten Auswirkungen dem bis dahin nahezu ungebrochenen Amerika-Bewunderer einen ziemlichen Schock.

Ab 1929/30 greift Brecht für die Arbeit an *Die heilige Johanna der Schlachthöfe* auf sämtliche Vorentwürfe und Studien zu den genannten Projekten zurück: Die Mechanismen der Spekulationsgeschäfte mit Fleisch sind dieselben wie im Getreidegeschäft, die Brecht aus Frank Norris' Schilderung der Börsenmanipulationen in *Der Weizen* kennt. Angeregt durch Upton Sinclairs realistischen Roman *Der Sumpf*, wählt Brecht als Handlungsort die Schlachthöfe Chicagos. Das »blutige Geschäft« und die Schlachthausatmosphäre, »wo jeder / Die nackte Fresse zeigt von Blut verschmiert!« (3,158), bieten eine Vielzahl von Metaphern der Ausbeutung und Knechtung; das Bild des Ochsen, der brüllend, doch ohne Widerstand seinen Dienst tut, bis er geschlachtet wird, durchzieht leitmotivisch das ganze Stück. Wichtig im Zusammenhang der Neubestimmung des Handlungsorts ist die Einbeziehung der Produktionssphäre: Über die reine Warenterminspekulation hinaus fügt Brecht so die Arbeiterszenen in den Schlachthöfen in die sogenannte Wirtschaftshandlung ein (vgl. auch die *Anmerkungen zur »Heiligen Johanna der Schlachthöfe«*, 1935 bei den Vorbereitungen zu einer Inszenierung des Stücks in Kopenhagen geschrieben; 24,106-108). Dem häufig geäußerten Verdikt, wonach dieser Strang der Stückfabel chaotisch und undurchsichtig sei (vgl. dagegen Knopf, Hg., 1986, S. 9-18), kann durch eine losgelöste Betrachtung der Wirtschaftshandlung begegnet werden:

Pierpont Mauler erhält von seinen New Yorker Freunden die vertrauliche Nachricht, der Fleischmarkt sei »recht verstopft«; durch Einfuhrzölle der Südstaaten könne mit einer Expansion der Absatzmärkte nicht gerechnet werden (3,129). Aufgrund dieser Information bietet Mauler seinem Kompagnon Cridle sein Drittel der Anteile am »Beef Trust« zu einem scheinbar fairen Preis an. Cridle willigt unter der Voraussetzung in das Geschäft ein, daß Lennox, ein konkurrierender Fleischfabrikant, zunächst aus dem Geschäft gedrängt wird. Lennox wird mit Dumpingpreisen ruiniert und muß seine Fabriken schließen (3,130-132). Der Fleischmarkt gerät durch diese Preismanipulationen ins Wanken, so daß nun auch Mauler und Cridle ihre Fabriken schließen müssen (3,138). Der enorme Preisverfall für Fleisch bewirkt, daß der von Mauler im Vertrag mit Cridle festgesetzte Preis für die Übernahme der Anteile nun den Zeitwert weit übersteigt. Mauler besteht jedoch auf der Erfüllung des Kontraktes (3,143 und 3,157); ein zweiter Brief aus New York bestätigt seinen »deal« (3,155): Die Lage der Aufkäufer und Packherren ist völlig desolat. Durch diese »Baisse« am Aktienmarkt schuldet Cridle seinem Kontrahenten Mauler nun eine Summe, die dem Wert des gesamten Fleischrings entspricht.

Mit dieser einfachen Rechnung (3,157) leitet Brecht den entscheidenden und häufig mißverstandenen Teil der Wirtschaftshandlung, den »Corner« ein: De facto ist Mauler nun der Alleinbesitzer aller bereits produzierten Waren wie Produktionsanlagen für Fleisch. Mit der dritten Depesche von Wallstreet erhält Mauler den Rat, Fleisch zu kaufen, da durch die Bestechung von Politikern die den Warenabsatz hemmenden Zollschranken fallen würden. Zu den niedrigst festgesetzten Preisen kauft er alles gelagerte Büchsenfleisch und darüber hinaus die gesamte Produktion der nächsten zwei Monate (3,163 und 3,168-171). Bevor die Packherren recht glauben können, daß das Geschäft von neuem floriert, hat Mauler unter Aufbietung aller ihm zur Verfügung stehenden Kapitalien sämtliches Vieh des Landes zu Tiefstpreisen »gecornert« (3,168f.; vgl. 3,187). Er verfügt damit auch über sämtliche Rohstoffe. Die ihm verpflichteten Fleischproduzenten haben zwar volle Auftragsbücher, müssen aber feststellen, daß plötzlich nicht ein Stück Vieh auf dem Markt zu kaufen ist (3,173-176): Durch geschicktes Taktieren steigert Mauler die Nachfrage nach Vieh (3,179f. und 3,189f.), so daß die Preise rapide anziehen; das Ergebnis ist eine »Hausse« am Aktienmarkt. Der vierte Brief aus New York meldet schließlich das Fallen der Zollschranken (3,186); Mauler könnte nun unbeschränkt Waren absetzen. Um die Kontrakte, auf deren Erfüllung Mauler drängt, zu erfüllen, müßten die Packherren sein teures Vieh kaufen, um ihm billiges Büchsenfleisch zu liefern (3,187). Um den Preis für Vieh weiter in die Höhe zu treiben und den »Corner« dicht zu halten, kauft Maulers ehrgeiziger Makler Slift das von den Banken aus Kanada zur Entlastung des Markts eingeführte Jungvieh zu völlig überhöhten Preisen, bis nichts mehr geht: In seinem zusammenfassenden Börsenbericht (3,210-212) beschreibt Graham das agonistische Aufbäumen des Kapitalmarkts und die alles entscheidende Börsenschlacht.

Der Bankrott aller Beteiligten schließlich löst sämtliche Vertragsverhältnisse auf: Dadurch, daß Mauler seine Viehkäufe aus den Gewinnen des Fleischverkaufs finanzieren wollte, dieser wie jener nicht zustande kam, sitzt Mauler nun auf seinem – noch unbezahlten – Vieh. Eine letzte Depesche von Wallstreet rät zur Neukonsolidierung von Produktion und Vermarktung: Zur Stabilisierung der Preise wird das Warenangebot verknappt; ein Drittel des Viehs muß verbrannt werden. Der Zwist ist beendet und die im Erhalt des Systems aufgehende Interessenkonformität einer herrschenden Klasse verspricht – bis zum nächsten Krach – eine neue Prosperitätsphase. Die Funktionsweisen des entwickelten kapitalistischen Wirtschaftssystems werden von Brecht als Kampf um und Erhalt von Macht und Einfluß und nicht in erster Linie um Geld entlarvt. Der zu sich selbst gekommene Kapitalismus (»Wallstreet«) ist am Ende immanentes Krisenmanagement.

Beachtenswert ist, daß Brecht diese »Wirtschaftshandlung« in Parallelführung zu den anderen Handlungssträngen des Stücks und unbeeinflußt von diesen entwickelt: Sowohl die Johanna / Mauler-Handlung als auch die Arbeiter- und Generalstreikszenen tangieren den ökonomischen Fabelstrang nicht entscheidend. Beide sind ausschließlich Reaktionen auf die Spekulationsgeschäfte der Produzenten und Börsenmanager, d.h. auf die dem kapitalistisch-liberalistischen Ausgleichsgedanken im Grunde widersprechenden Ausbrüche. Die Arbeiter sind der Krise ausgeliefert. Daß die Johanna-Handlung gelegentlich die Machenschaften Maulers unterstützt und diesen sogar moralisch abzusichern scheint, weist nur darauf hin, daß »Philantropie« (Moral, Religion, humanistisch gefärbter Ekel vor Unterdrückung und Ausbeutung) eine entscheidende Facette des kapitalistischen Wirtschaftssystems darstellt. Die Arbeiter als Risikopotential nicht endgültig »abzuschaffen«, bedeutet in diesem Zusammenhang keineswegs eine besonders ausgeprägte soziale Neigung: Das Heer der Ausgesperrten möglichst schnell wieder zu beschäftigen, macht innerhalb der Bilanz des Systems den Faktor »Kundschaft« aus. Nicht alle werden wieder eingestellt, und gewonnen hat am Ende nur das weiterbestehende System selbst.

Der zweite wichtige Handlungsstrang ist die Beziehung zwischen Johanna und Mauler. Ganz gleich, ob die Indizien im Stücktext ausreichen, eine wirkliche Liebesbeziehung auszumachen, oder ob nur eine erhebliche Zuneigung die beiden zusammenführt, die deutlich geäußerten Gefühle und Hoffnungen sind nicht unabhängig von der gesellschaftlichen und ökonomischen Position derer bestimmbar, die sie hegen. Die beiden in Mauler und Johanna aufeinandertreffenden tradionellen Humanitätsentwürfe – Philantropie und christliche Nächstenliebe – erweisen sich, in der Stückfabel von Brecht kunstvoll verflochten und sich wechselseitig unterstützend, als außerordentlich systemstabilisierend. Es ist die Mauler-Figur, mit der Brecht zunächst die Frage nach der Funktion humanistischen Verhaltens in einer bestimmten historischen Situation entwickelt: Der abgesicherte Fleischkönig ist ein Mensch des 20. Jahrhunderts und Kapitalist durch und durch. Er kann deshalb seinen Gefühlen – gegenüber Johanna, seinen Mitmenschen, dem Vieh usw. – schadlos gehorchen, weil selbst sein »Herz« den nötigen geschäftlichen »Weitblick« längst ausgebildet hat (3,142). Seine ökonomische Position wird von Herzensangelegenheiten keinesfalls gefährdet, im Gegenteil: Mauler kann sie sich leisten.

Heilsarmee-Tugenden wie Mitleid und Helfen-Wollen reichen nicht aus, bestens organisierte Erwerbsstrukturen auch nur zu berühren. Die Forderungen Johannas zielen auf Versöhnung, auf einen »vernünftigen« Kapitalismus und können von Mauler erfüllt werden, ohne daß sich an der Situation der Arbeiter vor den Schlachthöfen Entscheidendes verändern würde. Es ist die Einsicht in die Folgenlosigkeit unreflektierter »Güte«, zu der Johanna über einen Erkenntnisprozeß (Herrmann 1974, S. 64-71) und schließlich den endgültigen Gang in die Tiefe gelangen muß.

Inhaltlich wie formal ist *Die heilige Johanna der Schlachthöfe* wie kein anderes Stück Brechts einer Vielzahl von Quellentexten verpflichtet. Sein poetologisches Verfahren der zitativen Übernahmen aus literarischen Quellen hat zum einen das Ziel, die Handlung mit Geschichte aufzuladen, d.h. es wirkt historisierend. Bereits der Verweis auf die historische Figur der ›Heiligen Johanna‹ im Titel läßt über den Ausgang des Stücks keinen Zweifel. Die auf ökonomisch-funktionale Exaktheit ausgerichtete Wirtschaftshandlung ist eine grundsätzliche, allein das Schema der Ausbeutung und Unterdrükkung aufzeigende und aufgrund der Quellen sehr genau recherchierte. Die Klassiker-Parodien (vor allem Schiller, Goethe und Hölderlin) bezeichnen einen weiteren Aspekt dieses Verfahrens (für eine sogenannte materiale Dramatik): Brecht entlarvt mit seiner Art, die dominierenden Handlungsträger der ›oberen Ebene‹ in den bekanntesten Versformen und Zitatanspielungen der bürgerlichen Dramatik des 18. und 19. Jahrhunderts ihre rigiden Machenschaften vortragen zu lassen, die herrschaftliche Rede der Klassiker. Die in den Abgrund des Leidens stürzenden Menschen aus der Schlußstrophe von Hölderlins *Hyperions Schiksaalslied* werden in der *Heiligen Johanna* den fallenden Preisen gleichgesetzt: »Den Preisen nämlich / War es gegeben, von Notierung zu Notierung zu fallen / Wie Wasser von Klippe zu Klippe geworfen / Tief ins Unendliche hinab.« (3,211f.; vgl. auch den Aufsatz *Über Stoffe und Formen* von 1929, in dem Brecht die Frage stellt: »Können wir in der Form des Jambus über Geld sprechen?«; 21,303). Die Einarbeitung zentraler Stellen aus Goethes *Faust II* in die Schlußszene (3,219-227) und die nahezu sprichwörtlich gewordenen Verse »Zwei Seelen wohnen, ach! in meiner Brust / Die eine will sich von der andern trennen« aus *Faust I*, mit denen Brecht seinen Mauler als »Faust von Chicago« (Mayer 1975, S. 57) inszeniert (vgl. 3,227), kritisieren die bürgerliche Dichtungstradition auf nahezu komische Weise.

Brecht kommt im Herbst 1945 – während er an *Galileo* arbeitet – nochmals auf die Chicagoer Schlachthöfe zurück. Zusammen mit Ferdinand Reyher versucht er sich an einer »Macbeth-Bearbeitung für den Film«, abermals im Rückgriff auf Motive aus Upton Sinclairs *Sumpf* (vgl. Lyon 1984, S. 119f.).

Wichtige Quellen im Überblick:

Upton Sinclair: *The Jungle* (New York 1906; dt.: *Der Sumpf*, Hannover 1906; weitere dt. Übersetzungen unter dem Titel *Der Dschungel*). Brecht liest und empfiehlt den Roman zur Lektüre bereits 1920. Das Buch zählt bei seinem Erscheinen zur Literatur der sogenannten muckraker (Schmutzaufwirbler, von Theodor Roosevelt geprägter Begriff gegen die sozial-engagierte Literatur der Zeit). Sinclairs erster Romanerfolg ist für Brecht Vorlage für den Handlungsort der *Heiligen Johanna* in den Schlachthöfen von Chicago. Das antagonistische Verhalten eines slawischen Immigranten unter den schärfsten Bedingungen der Ausbeutung im Dschungel des scheinbar chaotisch sich ausbreitenden Kapitalismus erfährt seine Motivation aus einem puren Überlebenswillen. Brecht übernimmt Schilderungen des Milieus (sämtliche Einzelheiten der maschinisierten Großviehverarbeitung und Büchsenfleischproduktion; die systemstabilisierende Rolle der Religion aus Kapitel 23), Details der Fabelführung (den zu »Blattspeck« verarbeiteten Herrn Luckerniddle aus Kapitel 9 und 12; die um ihr Haus geprellte Arbeiterfamilie aus Kapitel 4 und 18) sowie eine große Zahl von Fachausdrücken aus Sinclairs Roman. Er benutzt auch später Fabeldetails in dem Hollywood-Drehbuchentwurf *Lady Macbeth of the Yards* (20,143-162).

Frank Norris: *The Pit. A Story of Chicago* (New York 1903; dt.: *Die Getreidebörse. Eine Geschichte aus Chikago*, Stuttgart und Berlin 1912). Norris' Roman ist Brechts Vorlage für die Wirtschaftshandlung der *Heiligen Johanna*. Bis in die kleinsten Einzelheiten der Fabelkonstruktion dieses Handlungsstranges übernimmt Brecht die Funktionsmechanismen der sogenannten Corner-Spekulation aus *The Pit* (vgl. dort S. 330-400). Der Kapitalist und Spekulant Curtis Jadwin betreibt seine Geschäfte niemals aus allein finanziellem Interesse. Die vielschichtigen, dem Geschäft häufig scheinbar widersprechenden Handlungen Jadwins werden von Brecht direkt für die ähnlich schillernde Mauler-Figur verwendet; der Handlung bei Norris ist ebenfalls eine Liebesgeschichte unterlegt.

Karl Marx: *Das Kapital. Kritik der politischen Ökonomie.* (3 Bände. Hamburg 1867-1894; vgl. Marx / Engels: *Werke (MEW).* Band 23-25). Käthe Rülicke-Weiler hat in ihrer Untersuchung *Die Dramaturgie Brechts. Theater als Mittel der Veränderung*, Berlin/DDR 1966, S. 137-146, die Erkenntnisse von Brechts Marx-Lektüre als fabelführend für die ökonomische Handlung der *Heiligen Johanna* gewertet. Die Marxsche Krisenzyklus-Theorie (vgl. besonders MEW, Band 23, S. 476f., 657-670, und Band 25, S. 493-510) beschreibt die historischen Bedingungen, weniger dagegen die konkreten Methoden der Warentermingeschäfte, wie sie im Stück und in kapitalistischen Wirtschaftssystemen angewendet werden.

Gustavus Myers: *The History of Great American Fortunes* (1907; dt.: *Geschichte der großen amerikanischen Vermögen*, 2 Bände, Berlin 1916; Nachdruck, allerdings ohne das umfangreiche Sachregister, Nördlingen 1987). Myers' große Studie beschreibt die Genese der amerikanischen Trusts von der Mitte des 19. Jahrhunderts bis zur großen Überproduktionskrise im ersten Jahrzehnt des 20. Jahrhunderts. Ein Hauptaspekt seiner Untersuchung liegt in der Beschreibung des Werdegangs von J. Pierpont Morgan, dem »großen Finanzmann und edlen Philanthropen«. Brecht übernimmt sowohl den exklusiven Vornamen als auch die Physiognomie des Magnaten für seine Figur des Mauler. Den Namen Lennox sowie eine Vielzahl von spezifischen Vokabeln der amerikanischen Börsensprache, z.B. »bear« (»Bär«, steht für den Baissespekulanten) und »bull« (»Bulle«, steht für den Haussespekulanten), bezieht Brecht ebenfalls von Myers.

George Horace Lorimer: *Letters from a Selfe-Made Merchant to his Son* (London 1902; dt.: *Briefe eines Dollar-Königs an seinen Sohn*, Berlin 1904). Bereits für *Im Dickicht der Städte* läßt sich Brecht von Lorimers Briefroman anregen. Für die *Heilige Johanna* verwendet er die Namen des Chicagoer »Porck-Packers« (Packherrn) John Graham, »Chef der Schweinefleisch-Versand-Großhandlung«, und dessen Sohnes Pierrepont; auch Lorimer beschreibt einen mißlungenen »Corner« (S. 32f.).

Bouck White: *The Book of Daniel Drew. The Glimpse of the Fisk-Gould-Tweed Regime from the Inside* (New York 1910; dt.: *Das Buch des Daniel Drew. Leben und Meinungen eines amerikanischen Börsenmannes*, München 1922). Wichtige Quelle Brechts für den Typus des erfolgreichen und skrupellosen Magnaten.

Friedrich Schiller: *Die Jungfrau von Orléans* (1801). Erst während der Arbeit, und entscheidend erst für den Druck der *Heiligen Johanna* in Heft 5 der *Versuche* 1932 gewinnt die Auseinandersetzung mit der historischen Jeanne d'Arc und Schillers *Jungfrau von Orléans* für Brechts Stück an Bedeutung. Die – auch historisch überlieferte – Erkennungsszene (3) ist hier (I,10) vorgeprägt; Brecht nimmt sie auch auf in *Die Gesichte der Simone Machard* (Erster Traum). Den dramatischen Trick der Briefintrige kennt Brecht vermutlich ebenfalls von Schiller (z.B. *Die Räuber* und *Don Carlos*); direkte Vorlage für dieses Handlungsmoment in Brechts Stück sind die Wallstreet-Depeschen aus F. Norris' *The Pit*. (Zur Entwicklung der Schiller-Parodien vgl. G. Schulz 1972, S. 88-153; zu Geschichte und Legende der Jeanne d'Arc vgl.: Knopf, Hg., 1986, S. 129-141.)

Johann Wolfgang von Goethe: *Faust*. Im Vorspruch zur *Heiligen Johanna* in Heft 5 der *Versuche* schreibt Brecht, das Stück solle »die heutige Entwicklungsstufe des faustischen Menschen zeigen« (3,128). Zum Einfluß zentraler Stellen aus *Faust I* und *Faust II* vor allem in die Schlußszene vgl. Knopf, Hg., 1986, S. 151-157.

Friedrich Hölderlin: *Hyperions Schiksaalslied*. Grahams zusammenfassender Börsenbericht in der 10. Szene (3,210-212) kopiert eine Fülle verschiedener antiker und klassischer Versmaße. In den letzten Zeilen parodiert Brecht das Hölderlin-Gedicht. Bereits in den frühen Versen *Goldne Früchte hängen* (13,75) von 1914 arbeitet Brecht mit einer Hölderlin-Parodie.

2.4 Die Lehrstück-Versuche

Brecht antwortet 1929 einer Zeitschrift auf die Frage, was denn seine »Zukunftspläne« seien, er sehe seine Aufgabe darin, »eine Art Lehrstücke zu geben und von der Bühne herunter zu philosophieren und zu reformieren. Allerdings stelle ich mir diese Aufgabe äußerst schwierig vor, da das Drama an lebendiger Anschaulichkeit ja nichts verlieren darf.« (*Zukunftspläne*; 21,343.) Es geht Brecht immer stärker um die Entwicklung und Erprobung neuer, eigener ästhetischer Kommunikationsformen. Inszenierungstechniken eines berichtenden und episch-erzählenden Theaters (Montage von dramatischen Szenen, Chöre und direkte Ansprache des Publikums, Simultanbühne, Film / Projektionen, das ›laufende Band‹ usw.) hat er ab 1927 durch seine Mitarbeit im »Piscator-Kollektiv« kennengelernt. Der Regisseur Erwin Piscator (vgl. dessen: *Das politische Theater*, Berlin 1929) bezieht seine Stoffe in erster Linie aus der Dramatik des Naturalismus (Hauptmann, Gorki) und politischen Zeitstücken (Ernst Toller, Walter Mehring, Friedrich Wolf). Die möglichst umfangreiche Darstellung gesellschaftlicher Verhältnisse und nicht-individueller Besonderheiten steht im Widerspruch zur engen, »dramatischen« Form der Guckkastenbühne. Das Aufbrechen des starren Bühnenbilds und die angestrebte Destruktion des Illusionstheaters erreicht

Piscator in erster Linie durch technische Stilmittel zur Beschleunigung seiner Inszenierungen.

Brecht würdigt Piscators Leistung als Begründer eines avanciertpolitischen Theaters in Deutschland nach dem ersten Weltkrieg, vermißt jedoch den damit notwendig einhergehenden Funktionswandel der Institution Theater (vgl. z.B. 21,197f., 220, 225-227, 276f., 307f. und auch 22,544f.), die er für immer weniger geeignet hält, zeitgenössische und das bedeutet auch: seine Stücke aufzuführen (vgl. *Junges Drama und Rundfunk*; 21,189f.). Er erkennt die Probleme, die für das Theater in diesen Jahren dadurch entstehen, daß es in Konkurrenz zu den sich rasch entwickelnden neuen Unterhaltungsmedien Kino und Radio gerät; trotz – oder gerade wegen – seines neuen Reichtums an formalen Mitteln und der Opulenz technischer Details. In den bestehenden Theatern ist Brechts energischer Anspruch, »von der Bühne herunter zu philosophieren und zu reformieren« (21,343), gegen die Interessen eines auf sein bürgerliches Publikum traditionell angewiesenen Theaterapparats nicht durchzusetzen. Brecht konstatiert: »[...] es gibt für diese Stücke kein Theater. Tatsächlich war die einzige Chance, die wir bekamen, keine Chance. Es war eine Chance für das bourgeoise Theater.« (21,296.)

Brecht arbeitet in dieser Zeit zweigleisig und entwickelt parallel zu den erfolgreichen Produktionen von *Dreigroschenoper* und *Aufstieg und Fall der Stadt Mahagonny* mit einer Reihe von Texten einen neuen Stücktypus, in dem er ganz bewußt von aufwendiger Ausstattung absieht: das *Lehrstück*. Die Jahre 1929/30 können als die intensivste Phase seiner Bemühungen um diese neue Form experimentellen Theaters gelten.

Seine Experimente mit dem Lehrstück sind geleitet von der Frage nach der gesellschaftlichen Stellung und der Funktion kunstproduzierender Medien. Insbesondere in den Texten zum Thema Rundfunk (21,215-219, 552-557; auch 24,87-89) arbeitet Brecht die spezifische Trennung von Kunstproduktion und -rezeption in der bürgerlichen Gesellschaft auf (vgl. Groth / Voigts 1976, S. 9-42). Wie viele andere (Benjamin, Döblin, Friedrich Wolf) ist Brecht fasziniert von den technischen Möglichkeiten dieser überall einsetzbaren, »wunderbaren Verbreitungsapparate« (21,215), mittels derer eine breite Öffentlichkeit erreicht werden kann. Früh bekundet Brecht sein künstlerisches Interesse für den Rundfunk und erprobt dessen alternative Möglichkeiten zur Reproduktion der eigenen Stücke. Seine *Mann ist Mann*-Bearbeitung für die Berliner Funkstunde (Erstsendung am 18.3.1927) und die *Macbeth*-Umsetzung in »Hörszenen aus Shakespeares Tragödie« (Erstsendung am 14.10.1927) betonen innovativ die Affinität zwischen Rundfunk und den dramaturgischen Prinzipien des epischem Dramas. Bald sieht Brecht im Rundfunk das authentische Medium, mit dem Gerichtsprozesse, Parlamentsdebatten, Sportereignisse usw. ›live‹ übertragen werden können. Er schlägt vor, Studios einzurichten, in denen Produktionen speziell für den Rundfunk hergestellt werden könnten, um Bildung zu vermitteln und Kontroversen zu befördern. Bei aller Euphorie für das Neue ist ihm deutlich, daß es sich um einen Distributionsapparat handelt, der den Künstler zum Lieferanten und den Hörer zum Konsumenten degradiert. Eine wirkliche Kommunikation zwischen dem Sender und einer massenhaften Hörerschaft ist durch die wesentliche Trennung in Produzenten und Rezipienten ausgeschlossen. Von diesen Überlegungen angeregt entwickelt Brecht eine Kunst für Produzenten, die diese Vermitteltheit zeigen und auflösen helfen soll. Der Ort für solche Experimente ist die Bühne. Ausprobiert wird zuerst ein neues Stück, daß die Vermittlung selbst zum Inhalt hat: Der *Lindberghflug* wird zunächst als Hörspiel im Rundfunk gesendet und einen Tag später als konzertante Aufführung vor Publikum auf die Bühne gebracht; die dem »Apparat Radio« immanente Trennung wird den Zuschauern im Versuchsaufbau auf dem Theater vorgeführt.

In den darauffolgenden Lehrstückversuchen verzichtet Brecht weitestgehend auf den traditionellen Theaterbetrieb. Die auf eine Veränderung der Spiel- und Zuschauerhaltung gerichteten Stücke werden außerhalb der herkömmlichen Kommunikationsstruktur des Theaters erprobt und realisiert. Allen gemeinsam ist, daß sie – wenn nötig – mit kleinstem Aufwand und konzentrierter Beschränkung künstlerischer Mittel produziert werden können. Angeregt durch Hanns Eisler, Peter Suhrkamp und Walter Benjamin wählt Brecht das Schulstück oder die Schuloper (vgl. Voigts 1971, S. 131-139), die in der Tradition der Jugendbewegung und der liberalen Reformpädagogik eine große Rolle gespielt haben, um seine Stücke – als Kunst für Produzenten – an möglichst vielen und unterschiedlichen Orten spielbar werden zu lassen. Die kurzen Spielhandlungen sind reduziert auf scharf umrissene, diskursive Konflikte und ergeben, aufeinander aufbauend, die zusammenhängende Entwicklungsreihe der Brechtschen Lehrstücke.

Nach Selbstäußerungen Brechts und im Sinne seiner Lehrstücktheorie sind die folgenden Stücke und Fragmente zum engeren Lehrstückkomplex (1929-1934) zu zählen:

1929/30: *Der Lindberghflug / Der Flug der Lindberghs / Der Ozeanflug* (nur in dieser Fassung in wa); vgl. S. 119f.. *Lehrstück / Das Badener Lehrstück vom Einverständnis*; vgl. S. 120. *Der Jasager*; vgl. S. 120.

1930/31: *Die Maßnahme*; vgl. S. 121. *Der Jasager / Der Jasager. Der Neinsager*; vgl. S. 120.

1931: *Die Ausnahme und die Regel*; vgl. S. 122.

1934: *Die Horatier und die Kuriatier*; vgl. S. 124.

Brecht beginnt die Reihe mit einer Aufführung von *Der Lindberghflug* anläßlich der »Deutschen Kammermusik«-Festspiele in Baden-Baden im Juli 1929, die vom Rundfunk mitgestaltet werden. Angeregt durch die spektakuläre Atlantiküberquerung des Amerikaners Charles Lindbergh im Mai 1927 thematisiert Brecht die Bezwingung der Natur durch die kollektive Arbeit von Menschen, die ein Flugzeug zu bauen in der Lage sind, mit dem dann ein einzelner dieses waghalsige Unternehmen ausführen kann. Die Pioniertat Lindberghs erscheint als gemeinschaftliches Produkt. Der Flug steht für die Bezwingung der nur scheinbar unendlich existierenden Gefahr und die stets mögliche Veränderbarkeit der Welt durch das produktive Eingreifen des Menschen. *Der Lindberghflug* propagiert nahezu ungebrochen den zivilisatorischen Fortschritt auf der Grundlage von Wissenschaft und Technik. Die Bühne ist bei der Uraufführung im Modell des Sender / Hörer-Schemas geteilt. Ein Schauspieler – »Der Hörer« – übernimmt auf der einen Seite die Rolle des Lindbergh und wird durch Chor und Orchester auf der anderen Bühnenseite – »Das Radio« – mit den Repliken und Geräuschen der gegnerischen Elemente konfrontiert (vgl. Brief 419). Das »Baden-Badener Radioexperiment« soll also die unmittelbare Kommunikation des Hörers mit dem Apparat demonstrieren (vgl. 24,87-89). Als Komponisten zeichnen Kurt Weill und Paul Hindemith.

Das *Lehrstück* (im späteren Druck *Das Badener Lehrstück vom Einverständnis*) wird, ebenfalls mit einer Musik von Hindemith, einen Tag später aufgeführt. Es trägt die Gattungsbezeichnung erstmals als Titel; Brecht knüpft thematisch unmittelbar an den *Lindberghflug* an, indem er die Schlußszene des einen an den Anfang des neuen Stücks setzt. Angeregt wird Brecht zum *Lehrstück* durch das Schicksal Charles Nungessers und seines Copiloten, die Mitte Mai 1927 bei dem Versuch eines Langstreckenrekords mit ihrem Flugzeug über dem Nordatlantik abstürzen und getötet werden. Der Konflikt: Mensch / Technik gegen Natur wird nun allerdings ausgedehnt auf die Frage nach dem gesellschaftlichen und sozialen Nutzen fortschrittlicher Unternehmungen. In der Spielhandlung weiter reduziert, zeigt das Stück nicht die gelungene Pioniertat, sondern den Absturz eines Fliegers und dreier Monteure. Die Unzulänglichkeit des blinden Strebens nach technischem Fortschritt wird auf Grundlage von drei »Untersuchungen ob der Mensch dem Menschen hilft« (3,29-35) vorgeführt. Nur die drei gestürzten und hilfebedürftigen Monteure bestehen »Das Examen« (3,39-42), da sie das von ihnen Erreichte nicht höher schätzen als das »Noch nicht Erreichte« (3,27), daß nämlich »alles verändert wird / Die Welt und die Menschheit / Vor allem die Unordnung / Der Menschenklassen, weil es zweierlei Menschen gibt / Ausbeutung und Unkenntnis« (3,45). Der einzelne Flieger zeigt sich unfähig, seine individuelle Bedeutungslosigkeit einzusehen und beharrt auf unsterblichem Ruhm aufgrund seiner persönlichen Leistung: er wird durch eine gemeinschaftliche Disziplinarmaßnahme von der Bühne vertrieben. Diese harmlos wirkende Sanktionierung und die Demontage eines Menschen in der »Clownsnummer« verweisen gemeinsam auf den Tod des bürgerlichen Individuums als mögliche Protagonistenfigur. Brechts Propaganda der wissenschaftlich-technischen Emanzipation im *Lindberghflug* wird durch die Erweiterung des Konflikts auf die soziale Verantwortung des Menschen im *Lehrstück* gebrochen.

Für die Publikation in den *Versuchen* überarbeitet er 1930 den *Lindberghflug*, der in Heft 1 nun den Titel *Der Flug der Lindberghs. Ein Radiolehrstück für Knaben und Mädchen* trägt, und das *Lehrstück*, das in Heft 2 den neuen Titel *Das Badener Lehrstück vom Einverständnis* bekommt. Die gemeinsame Bearbeitung und die aufeinanderfolgenden Drucke betonen die Verbindungen der beiden Stücke innerhalb der Lehrstückreihe.

Im *Lehrstück* operiert Brecht erstmals mit der für diese Phase seiner Produktion zentralen und zugleich heiklen Kategorie »Einverständnis« (vgl. 3,38 sowie auch die Keunergeschichten *Als der Denkende in einen großen Sturm kam*, 18,28, und *Maßnahmen gegen die Gewalt*, 18,13f.). Dieses Einverständnis – im Sinne von ›sich einlassen‹ – ist die Voraussetzung für ein – grundsätzlich mögliches – Durchschauen gesellschaftlicher Strukturen. Es meint nicht blinde Zustimmung, sondern zielt auf das Erkennen von Veränderbarkeit aufgrund größtmöglicher Kenntnis des zunächst Bestehenden. Gefordert wird, gesellschaftliche Gegensätze und Widersprüche zu erkennen, zu durchdenken und darüber zu deren Verständnis zu gelangen. Voraussetzung ist jedoch, sich auch einlassen zu können, und das heißt für Brecht, zunächst Ein-Verständnis zu erlernen (vgl. 3,49, 3,59 und 3,66).

Angeregt durch das japanische Nô-Stück *Tanikô oder Der Wurf ins Tal*, das Elisabeth Hauptmann nach der englischen Übersetzung Arthur Waleys ins Deutsche überträgt (In: *Der Scheinwerfer*. Blätter der Städtischen Bühnen Essen, Dezember 1929, S. 7-14), entsteht Anfang 1930 *Der Jasager*. *Tanikô* ist ein japanisches Kultspiel, in dem in sehr gedrängter Form eine Wallfahrt ins Gebirge thematisert wird. Ein Knabe schließt sich der Pilgergruppe an, um für seine kranke Mutter zu beten. Der Junge wird auf dem Weg selbst krank. Um das Projekt nicht zu gefährden, werfen ihn die Pilger ins Tal und begraben ihn unter Steinen; sie folgen dabei einem alten Brauch (vgl. Szondi, Hg., 1966, S. 97-102). Brecht verändert in *Der Jasager* die Fabel des Nô-Stücks: Der Knabe nimmt mit seinem Lehrer an einer Forschungsreise ins Gebirge teil, um eine Medizin und ärztlichen Rat für seine Mutter zu beschaffen. Er erkrankt, und die Beschaffenheit des Weges läßt es nicht zu, daß er selbst weitergehen oder von den anderen mitgenommen werden kann. In Abweichung von der Vorlage verlangt »der alte Brauch« bei Brecht, daß der Junge sein Einverständnis in die eigene Liquidierung gibt. Die das von Weill vertonte Stück erstmalig aufführenden Schüler und ein Teil der öffentlichen Kritik bemängeln die unverhältnismäßige Brutalität und den »Kadavergehorsam« (vgl. Szondi, Hg., 1966, S. 59-82). Brecht diskutiert daraufhin mit Schülern über den *Jasager* und entschließt sich Ende 1930 zu einer Neufassung. In dieser zweiten Fassung ist eine Seuche der Grund einer Hilfsexpedition in die Stadt jenseits des Gebirges. Nachdem sich herausstellt, daß der Knabe nicht weitergehen kann, suchen die Mitreisenden nach einem Ausweg, finden keinen und wollen den Knaben zurücklassen. Erst als letzte Konsequenz und auf ausdrücklichen Wunsch handeln sie gemäß dem Brauch. Dieser zweiten *Jasager*-Fassung stellt Brecht den *Neinsager* gegenüber. Im Vorspruch zum ersten gemeinsamen Druck in den *Versuchen* verfügt er, es solle »womöglich nicht eins ohne das andere aufgeführt werden« (3,58). Fabelführung und Konflikt in *Der Neinsager* entsprechen der ersten Fassung von *Der Jasager*. Der Knabe willigt in seine Tötung jedoch nicht ein; er verhält sich wider den Brauch »vernünftig, wenn es auch nicht heldenhaft ist« (3,72). Einverständnis vermittelt Brecht in den Neufassungen nicht als blinde Zustimmung, sondern als begründete und begründbare Einsicht in die Notwendigkeit von Handlungen. Die Stückekombination *Der Jasager. Der Neinsager* propagiert eine Haltung des Durchschauen-Wollens angestammter Verhaltensmuster (Werte), aber auch notwendiger Zwänge, denen der einzelne sich beugen kann oder muß.

Der umfangreichste und zugleich umstrittenste Lehrstückversuch *Die Maßnahme* entsteht 1930 parallel zur Arbeit an den *Jasager / Neinsager*-Fassungen. Erste Szenenentwürfe haben anstelle der Rollenbezeichnung »Der junge Genosse« noch »Der Knabe«, und auch der Wurf ins Tal stammt aus den früher begonnenen Lehrstücken (vgl. Steinweg, Hg., 1972a, S. 187-189). Brecht möchte mit dem Stück zusammen mit Hanns Eisler, den er als Mitarbeiter und Komponisten gewinnt, am Festival der »Neuen Musik Berlin« teilnehmen. Hindemith, mit dem sich Brecht wegen des *Badener Lehrstücks vom Einverständnis* überworfen hat (vgl. die *Anmerkung*, 24,90f.), sitzt im Programmausschuß für dieses Musikfest. Es kommt schon im Vorfeld zum politischen Eklat; Brecht und Eisler ziehen die bereits angekündigte *Maßnahme* unter Protest zurück: »Wir nehmen diese wichtigen Veranstaltungen aus allen Abhängigkeiten heraus und lassen sie von denen machen, für die sie bestimmt sind und die allein eine Verwendung dafür haben: von Arbeiterchören, Laienspielgruppen, Schülerchören und Schülerorchestern, also von solchen, die weder für Kunst bezahlen noch für Kunst bezahlt werden, sondern Kunst machen wollen.« (24,98; vgl. auch Dümling 1985, S. 262-265.) In einer Nachtaufführung am 13./14.12.1930 wird *Die Maßnahme* von drei Berliner Chören (insgesamt über 300 Personen) und vier Schauspielern im Großen Schauspielhaus Berlin erstmals aufgeführt.

In verschiedenen Spielszenen zeigen die »vier Agitatoren«, wie es zu der Maßnahme, d.h. der Tötung eines Genossen während einer Agitationsfahrt nach China, kommen konnte. Dabei übernehmen die vier Schauspieler abwechselnd die Rolle des »jungen Genossen«. Es wird gezeigt, wie dieser es in entscheidenden Situationen versäumt, sei es aus menschlicher Anteilnahme oder moralischer Empörung, ein politisches Bewußtsein zu entwickeln. Dadurch gefährdet er nicht nur sich, sondern auch das Gelingen der Aktion. In dem Moment, in dem er sich durch spontanen Aktivismus von der Gruppe trennt, sein Einverständnis mit den anderen aufkündigt und seine Maske vom Gesicht reißt, wird »sein nacktes Gesicht / Menschlich, offen und arglos« (3,93 und 121) erkennbar. Die vorgestellte Maßnahme am Schluß richtet Mitleid (Reiskahnschlepperszene), blinden Aktivismus (Streikszene), persönliche Ehre (Händlerszene) und mangelnde Kenntnis der Verhältnisse (Stadthaus-Szene). Die in den einzelnen Spielszenen gezeigten Verhaltensweisen des jungen Genossen werden als falsche vorgeführt. Die Anlage des Stücks entspricht einem Versuchsaufbau zur Demonstration einer möglichen Konsequenz aus diesem falschen Verhalten. Die retrospektive Sicht auf die konstruierten ›Vorgänge‹ und ihre Aufspaltung in jeweils neu verhandelte, mit unterschiedlichen Rollenbesetzungen vorgeführte Szenen, betonen den Spielcharakter der *Maßnahme*.

Die zeitgenössische Kritik reagiert sehr kontrovers. Die Besprechungen der Uraufführung bemerken fast durchweg die hohe Qualität dieses ersten abendfüllenden Chorwerks für Arbeitersänger. Die marxistische Kritik würdigt Brechts und Eislers Arbeit als »gelungenes Experiment der revolutionären Agitation mit neuen Methoden«

(Steinweg, Hg., 1972a, S. 355), wirft dem Stück aber gleichzeitig vor, als Abbild von Realität völlig unglaubwürdig zu sein (vgl. ebd., S. 354f.): es »zeugt von fataler Unkenntnis der revolutionären Bewegung« (ebd., S. 359). Alfred Kurella geht davon aus, »daß die Handlung in einer realen, und zwar in der chinesischen Revolution« vor sich gehe, und daß insofern beim Publikum »bestimmte konkrete Assoziationen« sich bilden müßten. Die »Denkweise des radikalen Kleinbürgers« Brecht sei jedoch eine vor allem idealistische, seine Darstellung politischer Agitation sei nicht die wiedererkennbare Verarbeitung realer Kampfsituationen, sondern entspringe der unwissenden Phantasie (vgl. ebd., S. 380ff.). Kurella rückt Brechts Lehrstückansatz in einen direkten Zusammenhang mit der Praxis der »Agitprop-Truppen«, betont deren Bedeutung für die Ausbildung einer revolutionären proletarischen Dramatik, ohne die spezifische Differenz der Lehrstücke von der zeitgenössischen proletarischen Theaterpraxis zu bestimmen.

Die zahlreichen Arbeiter- und Laienspielgruppen dieser Zeit führen – in der Art des »proletarischen Realismus« – den brutalen Alltag der Arbeiter vor, gelangen jedoch kaum über eine rührende und mitleidige, pathetisch-abbildhafte Präsentation von Alltagssituationen hinaus. Brecht stimmt überein in seiner Forderung nach operativer Kunst, allerdings gleichzeitig mit dem Versuch moralischer Indifferenz (»richtig / falsch« gegen »gut / böse«). Daher scheint es aus heutiger Sicht notwendig, die Lehrstücke außerhalb einer Tradition moraldidaktischer Ästhetik zu betrachten. Brecht entzieht gerade das Schauspiel dem subjektiven Gefühlsurteil der Zuschauer, indem er dessen Präsentation als fertiges Produkt zur »prompten Befriedigung ideologischer und nervenmäßiger Bedürfnisse im Theater« (24,179) tilgt. Gleichzeitig wendet er sich damit von einem engagierten Theatertyp ab, der mit Kenntnis der soziologischen Zuschauerbasis von der Bühne herab moraldidaktisch deklamiert, d.h. zielgerichtet belehrt. Nicht tragisch sich entwickelnde, unabwendbar-verstrickte, sondern synthetische und fiktiv-zugespitzte Konflikte und die davon bestimmten Haltungen werden vorgespielt und zur Verhandlung gebracht. Brecht überlagert in seinen Lehrstück-Versuchen die emotional-unreflektierte Rezeption durch das Angebot einer diskursiven, dialektische Analyse. Die Theaterkonstruktion der Lehrstücke als Lernstücke ist insofern »Kunst für Produzenten«, als sie den Zuschauer nicht als Konsumenten ausgrenzen, sondern in die Verantwortung des eigenen Urteils nehmen will.

Brecht expliziert diesen Anspruch in seinen Thesen zur »Kleinen« und »Großen Pädagogik« (vgl. *Die Große und die Kleine Pädagogik*): Erstere diene einer »Demokratisierung des Theaters«, d.h. der Einbeziehung des Publikums in die Vorgänge auf der Bühne durch Erklärung und Kommentar; sie ist am ehesten dem epischen Theater gleichzusetzen. Die dem Entwurf der Lehrstücke zugrundeliegende »Große Pädagogik verändert die Rolle des Spielens vollständig. Sie hebt das System Spieler und Zuschauer auf. Sie kennt nur mehr Spieler, die zugleich Studierende sind.« (21,396.) Der Zuschauer wird als bewußtlos genießender Betrachter (Konsument) endgültig suspendiert. Für Brechts Konzept eines gänzlich neuen Theaters bedeutet das nicht die personelle Leerung der Theatersäle, sondern eine Neudefinition der Rolle des Zuschauers im Theater.

Walter Benjamin zeichnet in diesem Zusammenhang das Bild von der »Verschüttung der Orchestra«, einer traditionellen Theaterstruktur also, die »die Spieler vom Publikum wie die Lebenden von den Toten scheidet« (Benjamin, *Gesammelte Schriften*, II.2, S. 519). Die Aufhebung der Trennung von Bühne und Zuschauerraum hat das Ziel, daß ein – nicht näher bestimmter – Typus Mensch das Lehrstückpodium als Mitwirkender und aktiv Rezipierender bevölkern soll.

Die Diskussion um Brechts Lehrstücke wurde und wird mit größter Heftigkeit geführt. Die stets gewaltsame Lösung vordergründig ähnlich gelagerter Konflikte schreckt ab und verhindert die »rationale Analyse gegenüber voreiliger Identifizierung mit Verhaltensmustern und Handlungsengagement« (Hampel 1983, S. 121). Entgegen der Brechtschen Intention und seine eigenen Anmerkungen wie die Erläuterungen seiner Mitarbeiter zum Lehrstück nicht recht ernst nehmend (chronologisch bei Steinweg, Hg., 1972, S. 31-221), hat die Literaturwissenschaft zunächst die Einordnung in eine literarische Formtradition versucht. Insbesondere im Falle der *Maßnahme* hat sie sich, wie schon die zeitgenössischen Rezensenten, zum einen nicht einlassen können auf das Dargestellte, da es als Abbild einer konkreten, historisch fixierbaren Situation nicht tauge; zum anderen hat die Subsummierung des Konflikts unter eine aus der deutschen Klassik abgeleitete, streng normative Kategorie des »Tragischen« zu einer bloß rezeptionsästhetisch-theoretischen Debatte geführt (vgl. die Zusammenfassung von Hildegard Brenner 1971, S. 146-154, und die zahlreichen Rezeptionszeugnisse in: Steinweg, Hg., 1972a, S. 319-468). Erst die Forschung ab den frühen siebziger Jahren (Steinweg, Knopf) begründet eine neue Diskussion um Brechts Lehrstücke auf Grundlage ihres Charakters als utopischer Entwurf in Form einer Versuchsreihe.

Die Elemente der Provokation werden zumeist nicht als solche wahrgenommen: seien es Clownsnummern oder die Vertreibung des Helden (*Badener Lehrstück*), die Tötung auf Verlangen, aus scheinbarer Einsicht, und der Verstoß gegen den Brauch, weil es ein Brauch ist (*Jasager / Neinsager*) oder die Zustimmung des Betroffenen, wenn es notwendig scheint (*Die Maßnahme*). Der Mißverständnisse überdrüssig, die *Die Maßnahme* auslöst, gibt Brecht das Stück nicht mehr zu Aufführungen frei und belegt es 1956 mit einem Aufführungsverbot, das (im deutschsprachigen Raum) mehr als vierzig Jahre gültig bleibt. Erst seit Sommer 1997 darf es wieder gespielt werden: den Anfang hat das Berliner Ensemble gemacht.

Bedeutsam für die Zeit der Arbeit an den Lehrstücken ist, daß Brecht auf den »Spaß«, d.h. auf das Vergnügen der Zuschauer verzichtet (prodesse + delectare) und auch den Genuß verabschiedet. – Im Zusammenhang mit den Lehrstücken ab ca. 1931/32 tritt auch eine entscheidende Politisierung der theoretischen Schriften (vgl. S. 215ff.) ein.

Brechts Kritik an der Institution Theater resultiert aus seinen Erfahrungen bei der Verwendung des bürgerlichen Theaterapparats selbst: »Das Primat des Theaterapparates ist das Primat der Produktionsmittel« (24,58). Die Anmerkungen zur *Dreigroschenoper* und zu *Aufstieg und Fall der Stadt Mahagonny* reflektieren sehr genau die Bedenken Brechts, durch seine Arbeit einen traditionellen Apparat zu beliefern, der eindeutigen Verwertungsinteressen (Abendunterhaltung) unterliegt. In seinen ersten geschlossenen Thesen zu einem Entwurf des »epischen Theaters« verwendet Brecht eine ganze Reihe von binären Oppositionspaaren (24,78-80), um die neugewonnenen Erfahrungen aus der Theaterarbeit für den theoretischen Diskurs über die epische Theaterkonzeption und ihre Differenzen zum traditionellen Theater nutzbar zu machen.

Die erst aus der konkreten Arbeit resultierende Forderung nach »einer radikalen Trennung der Elemente« (24,79) auf der Bühne wendet sich in erster Linie gegen die Bewußtlosigkeit einer eher bedenklichen Synthese im »Gesamtkunstwerk«. Es handelt sich nicht um eine Abrechnung mit der »Dramatischen Form des Theaters« zugunsten der »Epischen Form« allein, sondern zunächst um ein methodisches und begriffliches Ausdifferenzieren ihrer Elemente. Seiner Forderung nach »Neuerungen« auf der Bühne hat Brecht in nahezu allen seinen Projekten Rechnung getragen; seine Produktionen benutzen avancierteste Materialien seiner Zeit (Text, Musik, Bühne). Etwas vollständig anderes, »Neues« kann Brecht zu diesem Zeitpunkt nicht schaffen.

2.5 Stücke im Exil – insbesondere »Leben des Galilei«

Obwohl sich Brecht zumindest zu Anfang des Exils ausführlich mit der Prosa beschäftigt (*Dreigroschenroman*) und viel Theorie ausformuliert, die nichts mit Theater zu tun hat, sind die fünfzehn Exiljahre die produktivsten, was das Schreiben von Stücken betrifft oder die Aufzeichnungen zu Themen wie Bühnenbau, Verfremdung, epische Spielweise usw. So entwickelt sich aus der Beschäftigung mit Shakespeare sein Stück *Die Rundköpfe und die Spitzköpfe*, die Zeitgeschichte bietet ausführlichst Materialien für den Einakter *Die Gewehre der Frau Carrar* (die Unmöglichkeit von Neutralität im Bürgerkrieg) oder die Szenen über den Alltag in Deutschland, die er zu *Furcht und Elend des III. Reiches* zusammenstellt. Danach entstehen *Mutter Courage und ihre Kinder* (die aus Schaden nicht klug werden und daran zugrunde gehen), *Der gute Mensch von Sezuan* (mit seinen zwei Gesichtern), *Herr Puntila und sein Knecht Matti* (mit zwei anderen Gesichtern) und *Die Gesichte der Simone Machard.* Zurückliegende Machtkämpfe in amerikanischen Gangsterkreisen zeigen Parallelen zu den aktuell politischen (*Der Aufstieg des Arturo Ui*), der Machthunger der sogenannten großen Männer korrespondiert mit der Freßsucht der kleinen (*Schweyk*). *Der kaukasische Kreidekreis* zeigt in der Geschichte des Richters Azdak eine andere Verhaltensmöglichlichkeit des Intellektuellen: er setzt im Namen der Herrschenden, aber gegen das Recht der Herrschenden Gerechtigkeit durch. (Vgl. die Angaben zu den einzelnen Stücken, S. 113ff.)

Dazwischen beschäftigt ihn eine ähnliche Ausgangssituation eines Intellektuellen immer wieder: Die Geschichte von *Leben des Galilei* umfaßt insgesamt 18 Jahre und hat drei Phasen, Dänemark, USA und Berlin.

Am 17.11.1938 schreibt Margarete Steffin aus Svendborg an den gemeinsamen Freund Walter Benjamin, der den Sommer über in Svendborg gewesen ist, nach Paris: »Der *Cäsar* liegt etwas, Brecht fing vor zehn Tagen an, den *Galilei*, der ihm ja schon länger im Kopf spukte, herunterzudramatisieren, er hat jetzt von vierzehn Szenen bereits neun fertig, sie sind sehr schön geworden.« (Schumacher 1965, S. 16.) Kurz darauf meldet Steffin nach Frankreich den Abschluß des Projekts: »Brecht hat inzwischen [...] *Galilei* beendet. Er hat im Ganzen drei Wochen dazu gebraucht! Es ist sehr schön geworden.« Brecht selbst notiert diesen vorläufigen Abschluß des *Galilei* in sein *Journal*: »23. 11. 38. *Das Leben des Galilei* abgeschlossen. Brauchte dazu drei Wochen.« (26,326.)

Von dieser ersten Niederschrift – es handelt sich um ein zusammengeklebtes, an vielen Stellen ergänztes und korrigiertes Typoskript mit dem Titel *Die Erde bewegt sich* (BBA 143; insgesamt wird es 28 Be- und Überarbeitungen geben) – wird von Margarete Steffin im Winter 1938/39 eine bereits in Details überarbeitete Wachsmatrizenfassung mit dem nunmehr endgültigen Titel *Leben des Galilei* hergestellt. Vermutlich noch in Dänemark wird davon eine Serie von Exemplaren abgezogen und an Freunde, vielleicht auch an Theater in den USA verschickt, um für das Stück den Markt in einem Land zu testen, in das zu gehen die Brechts sich zu diesem Zeitpunkt schon bemühen.

Was Brecht im Herbst 1938 bewegt, das Leben des Begründers der modernen experimentellen Naturwissenschaften »herunterzudramatisieren«, sind zunächst nicht die Kernspaltungsversuche von Otto Hahn und Fritz Straßmann, über die in den Zeitungen Ende Dezember 1938 berichtet wird; zu diesem Zeitpunkt ist die erste Fassung des Stücks mit dem Titel *Die Erde bewegt sich* bereits fertig. Vermutlich hat Brecht sich schon längere Zeit mit Galileo Galilei auseinandergesetzt: die zündende Idee könnte er 1933 gehabt haben, als im Reichstagsbrandprozeß, der von September bis Dezember 1933 in Leipzig inszeniert worden ist, der Bulgare Georgi Dimitroff die pathetische Formel »Und sie bewegt sich doch!« als Zeichen unbeugsamen Widerstands gegen seine Ankläger verwendet und damit indirekt auch auf die 300. Wiederkehr von Galileis erzwungener Abschwörung vor der Inquisition am 22.6.1633 hingewiesen hat. – Es geht offenbar um die *Widerstandskraft der Vernunft* in einer Zeit, die geistige Potentiale mißbraucht oder schärfstens unterdrückt. Er möchte untersuchen, wer welchen Nutzen woraus zieht. Damit einher geht für Brecht die Frage nach dem Gebrauch oder Mißbrauch von Macht über eine »regulierbare« Vernunft (vgl. 22,334f.)

Wissenschaftler »müssen fähig sein« zu etwas offenbar ganz Eigentümlichem: Die Diskrepanz, die sich für den Kopfarbeiter aus der objektiven Vernünftigkeit und ihrer Verwertung in fortschrittlichen Gedanken oder Produkten auf der einen Seite und den zahlreichen, dieser Vernünftigkeit widerstrebenden gesellschaftlichen Verhältnissen und politischen Machenschaften andererseits ausdrückt, diese Inkongruenz müssen – moderne – Forscher erkennen und aushalten können.

Mit einer gewissen Selbstbeschränkung, so die im *Galilei* von der Figur des Kleinen Mönchs positiv formulierte These, sei manchmal mehr gewonnen als mit der offensiven Durchsetzung revolutionärer Neuigkeiten, denn: es gibt eine Ordnung in der Welt, und die soll nicht voreilig beschädigt werden. – Der kleine Mönch hat sich mit dem Dekret der Kurie gegen die Thesen Galileis beschäftigt und eine gewisse Sinnhaftigkeit festgestellt – nachdem er zur Klärung in seinem Kopf die Messe gelesen hat.

Mit dem großen Pathos der Aufklärung zieht Brecht den Zuschauer auf seine Seite. Galileis Niederlage vor der Kurie ist bei genauem Hinsehen sein großer Gewinn, denn er hält es weiter mit der Wahrheit, wie es der Zuschauer gerne mit den großen Männern auf der Bühne hält: Auch wenn die klerikale Macht die Vernunft ›regulieren‹ kann und dem dicken, freundlichen, aber auch trägen Physiker Galilei den Mund verbietet, beugen kann sie ihn noch nicht. Galilei ist in Brechts Stück mit dieser Macht einverstanden, er paßt sich ihr soweit an, wie es nötig ist: kein Aufsspielsetzen der Arbeitsfähigkeit, der ganzen Existenz vielleicht, aber ein wenig listige Selbstverleugnung. Wie sein Schöpfer Brecht, so hat Galilei keinen Zweifel an der Unzulänglichkeit der Verhältnisse. Aber er möchte nicht den Helden spielen. Die Zuspitzung der Unterdrückung von Galileis Forschungen ist ein Skandal und eine Schande; sein Schüler Andrea weiß das und sagt es ihm deutlich. Listig ist der, der in der Wahl seiner Mittel klug ist. Dumm ist der, der sich verschätzt, der seine Existenz unnötig riskiert. Dem Vorwurf Andreas in Szene 12 gleich nach dem Widerruf Galileis: »Unglücklich das Land, das keine Helden hat!« begegnet dieser außerordentlich bühnenwirksam mit der Schlußreplik: »Nein. Unglücklich das Land, das Helden nötig hat!« (5,93.)

In *Leben des Galilei* (Fassung 1938/39) spielt die List, unentdeckt zu bleiben, eine große Rolle. Gleichzeitig ist das Stück ein Appell, repressiver Macht zu widerstehen, allen Einschränkungen der Gedankenfreiheit entgegenzutreten. Die Vernunft zieht sich manchmal zurück. Um wirksam bleiben zu können und sich der Verfolgung, der Bedrohung, schlimmstenfalls sogar der Vernichtung zu entziehen, geht sie über die Grenzen in die Emigration. Das Ende ist folgerichtig: Galilei ist ein Dissident, er entzieht sich, doch die fortgeschriebene Wahrheit löst sich von ihm und behält Wirkung ohne ihn. Ein weiterer Grund, warum Brecht das Thema zu diesem Zeitpunkt aufnimmt, könnten die Stalinschen Schauprozesse sein (zwischen August 1936 und März 1938), die mit den wahnwitzigen Selbstanklagen fast aller Beschuldigten – und ihrer Hinrichtung – enden. Von List ist hier nichts zu spüren.

Brecht läßt die Arbeit am *Galilei* nach dieser ersten Niederschrift zunächst liegen, sieht man von kleineren Korrekturen für die Wachsmatrizenfassung ab. Im Zusammenhang mit dem *Messingkauf* (einer dialogisierten Theatertheorie) befaßt er sich aber weiter mit den Texten des historischen Galilei: *Discorsi e dimostrazioni matematiche, intorno à due nuove scienze attenenti alla mecanica ed i movi-*

menti locali, seinem physikalischen Hauptwerk, eine Art Lehrbuch über Mechanik und Fallgesetze, das erst 1638 in Leyden erscheinen kann, nachdem es auf abenteuerliche Weise über die Grenze gebracht worden ist (dt. in 2 Bänden. Hg. v. Arthur von Oettingen. Leipzig 1904 und 1907).

Theoretische und theaterpraktische Gesichtspunkte erforschend, erscheint Brecht sein *Galilei*-Stück bald als »technisch ein großer Rückschritt«, und zur Konzeption heißt es kritisch:

Man müßte das Stück vollständig neu schreiben, wenn man diese »Brise, die von neuen Küsten kommt«, diese rosige Morgenröte der Wissenschaft, haben will. Alles mehr direkt, ohne die Interieurs, die »Atmosphäre«, die Einfühlung. Und alles auf planetarische Demonstrationen gestellt. Die Einteilung könnte bleiben, die Charakteristik des Galilei ebenfalls. Aber die Arbeit, eine lustige Arbeit, könnte nur in einem Praktikum gemacht werden, im Kontakt mit einer Bühne. Es wäre zuerst das *Fatzer*-Fragment und das *Brotladen*-Fragment zu studieren. Diese beiden Fragmente sind der höchste Standard technisch.« (26,330.)

Diesen Kontakt zu einer Bühne kann er in Skandinavien nicht herstellen wegen der Sprachbarrieren und auch der drohenden Kriegsgefahr. Seine Stücke liegen in der Schublade. Für den außerordentlich produktiven Theaterautor oder besser: »Stückeschreiber« Brecht hat das Exil diese fatale Konsequenz: die Einlösung des Theorieansatzes in der konkreten Aufführungspraxis eines seiner Stücke kann nicht stattfinden.

Auf der Grundlage der Matrizenfassung wird *Leben des Galilei* ohne Beteiligung von Brecht am 7.9.1943 am Zürcher Schauspielhaus uraufgeführt. Von Leonard Steckel inszeniert und gespielt wird das Stück so, wie es Brecht fünf Jahre zuvor in Dänemark geschrieben hat (Bühne: Teo Otto; Musik: Hanns Eisler). Sie zeigt den listigen Gewinner Galilei, der trotz der Inquisition die Fertigstellung seiner *Discorsi* schafft. Hans Mayer erinnert sich:

Bei der Uraufführung [...] herrschte Einigkeit im Publikum darüber, auch bei all unseren Emigranten im Theatersaal, daß Galilei mit gutem Recht den lästigen und albernen Widerruf aussprach und unterschrieb, um mit einiger Ruhe und ohne Furcht vor der Folter an seinen kirchlich widerlegten Ketzereien weiterarbeiten zu können. Der Schlüsselsatz für uns [...] fiel im letzten Bild. Sein ursprünglich zorniger Schüler, der die Feigheit des Meisters verachtet hatte, beginnt zu begreifen. Galilei vertraut ihm das versteckte Manuskript der *Discorsi* an mit dem Hinzufügen: er solle vorsichtig sein, wenn er durch Deutschland reise und die Wahrheit unter dem Mantel trage. Das war auch unsere Meinung. Der illegale Kampf gegen die Barbarei darf sich aller Mittel bedienen.« (Mayer 1993, S. 27.)

Erst im Herbst 1941 kommt das Stück wieder kurz ins Blickfeld: »Nachmittags bei dem Physiker Reichenbach, der hier an der Kalifornischen Universität Philosophie liest, Empiriker, Logistiker, Einsteinschüler. Er macht mir Komplimente über den physikalischen Teil des *Galilei* und das Historische daran, aber dann kommen ein paar Psychoanalytiker, und ich lenke das Gespräch auf Astrologie.« (27,18f.) Nachdem die USA in den zweiten Weltkrieg eingetreten sind (Pearl Harbour), reift vermutlich der Plan, den *Galilei* in den USA herauszubringen. Oskar Homolka, mit Brecht seit Mitte der zwanziger Jahre bekannt, ist als Titeldarsteller vorgesehen. Es kommt jedoch nicht zur Weiterarbeit und schon gar nicht zu der herbeigewünschten Aufführung.

Ende März 1944 lernt Brecht im Haus von Salka Viertel den englischen Schauspieler Charles Laughton kennen. Die beiden sind ungefähr gleichaltrig, Laughton hat für die Titelrolle in dem Film *The Private Life of Henry VIII* (1933) einen Academy Award (»Oscar«) bekommen und ist dadurch zeitweilig sehr populär. Im Laufe des Sommers 1944 beginnt die Zusammenarbeit am *Galilei*.

Am 6. und 9.8.1945 werden von amerikanischen Flugzeugen zwei Atombomben über den japanischen Städten Hiroshima und Nagasaki abgeworfen. Durch dieses Ereignis erhält das Projekt einen ganz aktuellen Aspekt: Die gesellschaftliche Verantwortung des Wissenschaftlers für seine Entdeckungen und Erfindungen – in der früheren Fassung bereits angelegt – wird nun zum Hauptproblem. Nicht den listigen, am Ende siegreichen Galilei möchte Brecht jetzt zeigen, sondern – zumindest auch – den unbesonnenen, ja unverantwortlich handelnden Physiker. »Von heute auf morgen las ich die Biographie des Begründers der neuen Physik anders.« (24,241.) Brecht faßt zusammen: »Die Atombombe ist sowohl als technisches als auch soziales Phänomen das klassische Endprodukt seiner [Galileis] wissenschaftlichen Leistung und seines sozialen Versagens.« (24,240.) In dieser Zeit entsteht die Schlußszene 13 des *Galileo*, in der der große Selbstanklagemonolog Galileis erstmals ausgeführt ist. Galilei stellt fest, er habe nie wirklich um sein Leben fürchten müssen, und anstatt daran weiterzuarbeiten, daß die Physik, daß die Wissenschaften die Marktplätze erreichen zum Wohle aller, habe er sich einschüchtern lassen und sei den bequemen Weg gegangen.

Am 1.12.1945 versammeln Brecht und Laughton einige Freunde und lesen zum ersten Mal diese abgeschlossene Fassung vor. Gleich Anfang Januar 1946 schließen die beiden untereinander einen Vertrag. Ein in jeder Hinsicht bedeutender Produzent stellt sich auch ein: Orson Welles. Der hat an der Ostküste eine eigene Produktionsfirma, und sowohl Laughton als auch Brecht besuchen ihn in New York mehrfach. Brecht und Welles sind sich bald einig und vereinbaren für den August 1946 den Beginn der Proben. Brecht beauftragt parallel Ferdinand Reyher, einen Übersetzer, der 1938 in Dänemark gewesen ist und *Leben des Galilei* kennt, sich den amerikanischen *Galileo* anzusehen. Daraus entwickelt sich sofort eine erneute Überarbeitung, mit der Charles Laughton, als er davon erfährt, wenig einverstanden ist. Auch die Inszenierung mit Welles kommt nicht zustande.

1946 ist dennoch das große Jahr des *Galileo*: Brecht liest beständig einzelne Szenen vor, um die Reaktionen der Zuhörer sofort in den Text einzuarbeiten. Laughton ist ab und zu mit Dreharbeiten beschäftigt, kehrt jedoch gleich wieder an Brechts Schreibtisch zurück, und über den Herbst und Winter 1946/47 entstehen wieder neue Szenen, sammeln die beiden Kostümabbildungen oder Ideen für Requistiten in Bibliotheken und Museen. Ein definitiver Aufführungsvertrag mit »Pelican Productions«, einer kleinen Avantgarde-Theatertruppe in Los Angeles, wird im April 1947 geschlossen. Aufführungsort soll das Coronet Theater in Hollywood sein. Das Programmheft annonciert den 24.7.1947 als Termin der »Weltpremiere« von *Galileo*. Durch kleinere Pannen verzögert sich die Premiere um eine Woche. Die Presse reagiert unterschiedlich, sowohl vor Ort an der Westküste als auch im fernen New York, wohin die Produktion bald gehen soll. Die *Los Angeles Times* schreibt von einer »Galapremiere«, was der Popularität von Charles Laughton zu verdanken ist, der 13 Jahre nicht auf einer Theaterbühne gestanden hat; es gibt 17 Aufführungen, insgesamt 4500 Zuschauer. Auch gelingt es, Geldgeber zu finden, die es möglich machen, die Produktion nach New York zu bringen und neue Schauspieler zu engagieren. Premiere des *Galileo* am Broadway ist am 7.12.1947 – Brecht probt da bereits in Chur seine *Antigone*-Bearbeitung (nach Hölderlin).

Zur letzten Stufe von *Leben des Galilei* kommt es im Zusammenhang mit Brechts Inszenierung am Berliner Ensemble im Theater am Schiffbauerdamm, die Brecht nach seiner endgültigen Rückkehr nach Berlin ab 1950 vorbereitet. Anstöße können viele genannt werden: der Koreakrieg (1950-1953), die Skandale um die sogenannten Atomspione (Ethel und Julius Rosenberg und die Affäre Oppenheimer), die Atomwaffen-Rüstung und der ›Kalte Krieg‹, die Remilitarisierung der BRD und der DDR – und Brechts Wunsch, endlich einen *Galilei* in Deutschland auf die Bühne zu bekommen. Er läßt von seinen Mitarbeiterinnen zunächst eine Rückübersetzung der amerikanischen Fassung herstellen, die er dann weiterbearbeitet. Zwischen 14.12.1955 und 27.3.1956 wird das Stück unter Brechts Regie geprobt; es existieren Tonbandmitschnitte von 59 Probenterminen. Die Inszenierung geht dann unter der Regie von Erich Engel am 15.1.1957, mehrere Monate nach Brechts Tod im August 1956, über die Bühne. Im selben Jahr erscheint Band 8 der *Stücke* (mit unterschiedlichen Fassungen von *Leben des Galilei* in Ost und West). Diese Berliner Fassung von 1955/56 ist umfangreicher als die amerikanische. Brecht greift für die Neubearbeitung an einigen Stellen auf den Text von 1938/39 zurück; dennoch ist dieser späte Text erheblich straffer, einzelne Repliken sind in ihrer Wirkung viel präziser. Die Unterschiede der beiden Fassungen in deutscher Sprache (1938/39 und 1955/56) lassen sich anhand einiger Beispiele, die Brechts Bearbeitungsintention zeigen, verdeutlichen:

In der ersten Szene erfährt Galilei in der späten Fassung zunächst von der Erfindung des Fernrohrs in Holland, bevor er mit dem Kurator über eine Erhöhung seiner Bezüge verhandelt; er kann also gleich etwas in die Verhandlungen einbringen.

Das zweite Bild macht deutlicher, daß Galilei die Erfindung des Fernrohrs gestohlen hat und zum Verkäufer fremder Wissenschaft avanciert, was Brecht durch eine schärfere Profilierung der Schülerfigur von der des dümmlichen Doppone hin zu der des standesbewußten Ludovico erreicht (bereits in der amerikanischen Fassung angelegt).

Brecht korrigiert die unstimmigen Datierungen des dritten Bilds der dänischen Fassung und verschärft auch hier in der Überarbeitung: Aus dem eher harmlosen Satz »Es gibt keinen Himmel« wird knapp und bühnenwirksamer: »Himmel abgeschafft.« (5,206 und 214.) Neu eingefügte Repliken wie »Das Denken gehört zu den größten Vergnügungen der menschlichen Rasse« (5,211) helfen, die langen pathetischen Monologe des dritten Bilds zu komprimieren. – Die Bühne vor Augen benutzt Brecht wieder die Möglichkeiten der Bildprojektion (5,214f.).

Brechts Intention einer geschlossenen, finalen Struktur jedes einzelnen Bildes wird auch im vierten deutlich: Galileis erste Prophezeiung der gesellschaftlichen Relevanz seiner Entdeckungen rücken an den Schluß, der lange gelehrte Disput der Fakultäten wird gekürzt; es genügt, die Ignoranz in wenigen Sentenzen darzustellen. – Das erste Aufeinandertreffen von Galilei mit den Kardinälen Barberini und Bellarmin beim Maskenball in Szene 7 wird in der Berliner Fassung mit einem Schlagabtausch von Bibelzitaten eingeleitet (5,237), eine Übernahme aus der amerikanischen Fassung. Die scheinbare Verharmlosung der Konversation stellt die wenigen scharfen Machtdemonstrationen der Kirchenvertreter stärker heraus: Bellarmin ist die politische Relevanz der Forschungen Galileis deutlicher als diesem selbst (zur neuen Bedeutung der Masken; vgl. 5,240). Daß es sich bei Galileis Forschungen um ein gesellschaftlich relevantes Problem handelt – eine Bedrohung der Kirche als Institution – wird auch im Gespräch mit dem kleinen Mönch und in der erheblich überarbeiteten Szene 9 weiter in den Vordergrund gestellt. Ludivico wirkt erwachsener und tritt auf als selbstbewußter Vertreter der Adelsschicht an der Schwelle der mittelalterlich-feudalistischen zur neuzeitlich-bürgerlichen Epoche (5,256f.).

Auch der in Szene 11 eingefügte Dialog Galilei / Vanni betont das Innovatorische der Forschungen Galileis: Er erscheint als ›Bibelzertrümmerer‹ (5,264f.). Seine Haltung wird vom Manufakturisten für ein Fortschreiten der Wissenschaften in ganz Europa reklamiert – zugunsten des Geschäfts und des florierenden Handels. Dabei gerät die Person in der Berliner Fassung immer weiter in den Hintergrund. Der Zweifel als Impuls der Wissenschaft erscheint als stärkstes Motiv der Aufklärung gegen den Glauben des Mittelalters (vgl. den Monolog des Inquisitors, 5,267-269). Die dänische Fassung präsentiert einen ängstlichen, aber listigen Galilei, der abschwört, um weiterarbeiten zu können. Dieses Kalkül des Widerrufs tilgt Brecht in der amerikanischen und in der Berliner Fassung: Galilei ist bequem und arbeitet weiter aus Gewohnheit. Diesem Galilei ist jenes frühere Pathos einer Wahrheit fremd, weswegen er seine Forschungen gar bei der Inquisition abliefert. Am Ende der 14. Szene steht jetzt – wie in der amerikanischen Fassung – Galileis Selbstanklage und sein Appell an die Verantwortung wissenschaftlicher Forschung (5,283-285).

Leben des Galilei, zumal die beiden Fassungen, die nach dem Abwurf der Atombomben über Japan erarbeitet worden sind, ist ein Theaterstück von großer Ambivalenz. Der vorgeführte Schulterschluß von Volk und Wissenschaft im Zeichen der Aufklärung und ihrer beider Unterdrückung durch die reaktionäre Haltung der wissenschaftsfeindlichen, katholischen Kirche haben, so eine These des Stücks, zur historischen Verhinderung von Fortschritt geführt, und gemeint ist demokratisiertes Wissen, das politische Demokratie nach sich zieht. Galilei erscheint als moderner Judas, sein Widerruf ist Verrat an den historischen Möglichkeiten. Sein Beharren auf individuellem Glück vereitelt die Glückseligkeit der Menschheit. Das Unterlaufen der klerikalen Macht führt (tragisch) hin zu einer Wissenschaft, die in unserem Jahrhundert die Entwicklung vernichtender, oder doch latent alles bedrohender Technologien möglich gemacht hat. Der »große Morgen der Wissenschaft«, der »Anbeginn des neuen Zeitalters« trägt seine selbstverzehrenden, saturnalischen Keime stets in sich. Dieser Widerspruch ist nicht aufzulösen, allenfalls auszuhalten. Die Dialektik der Aufklärung ist in kaum einem anderen Theaterstück evidenter und greifbarer.

Spielbar ist die Figur des Physikers Galilei ausschließlich in der frühen, dänischen Fassung. Das hat Charles Laughton mit Brecht mehrfach diskutiert wie später Ernst Busch in Berlin. Bühnenwirksam werden kann nur oder sehr viel leichter die individuelle Seite, das Problem dargestellt an einem Menschenschicksal: die Geschichte der Naturwissenschaft kulminiert – zumindest scheint es so – in einer Person. Dies ist eine Einsicht, die Brecht früh gehabt, und das Stück aus diesem Grund wie kein zweites immer wieder überarbeitet hat. Galilei ist der historische Dreh- und Angelpunkt der modernen, experimentellen Physik. Immer, wenn die Wahrheit über die Grenze geht, fällt dies auf den Begründer der Wahrheit zurück. Und immer, wenn der – mit seinen von der Arbeit blindgesehenen Augen – doch noch listig zwinkern kann und seine Selbstanklage letztlich leise ironisch wirken muß, wird klar, daß der Schauspieler wie das Publikum gar nicht umhin können, Sympathie zu empfinden für den, der sich am Ende nicht hat unterkriegen lassen. Diese ›menschliche‹ Seite scheint unvermeidlich, sie haftet der Figur des Galilei auch an den für sie (objektiv) ungünstigen Stellen an. Um dieses Mißverständnis zu vermeiden, biegt Brecht seinen Physiker immer wieder um. Das ist dasselbe wie die Zweigesichtigkeit von Shen Te und Shui Ta im *Guten Menschen von Sezuan*, es ist wie bei *Mutter Courage*, die nichts lernt, alles verrät und verliert und die trotzdem irgendwie gemocht wird, weil die eigene Unzulänglichkeit hier durchscheint. – Vielleicht ist es gerade das, was großes Theater ausmacht.

2.6 Theaterarbeit in Berlin

Von Zürich über Prag – da ihm die westlichen Zonen verschlossen sind – kehrt Brecht im Oktober 1948 erstmals nach Berlin zurück, wird von zahlreichen Kulturfunktionären begrüßt. Nachdem er in der ersten Nachkriegszeit – noch aus den USA – zahlreiche Inszenierungen, die andere geplant haben, zu zügeln oder zumindest zu lenken versucht, teilweise auch einfach abgelehnt hat, besteht nun für ihn selbst die Möglichkeit zum Inszenieren. Ziemlich schnell erhält er dafür zum einen die Spielstätte, nämlich die Kammerspiele des Deutschen Theaters, und bald die auch Zusage, in das Theater am Schiffbauerdamm einziehen zu können, sobald die dorthin ausgewichene Volksbühne ihr eigenes, aber erst wieder aufzubauendes Gebäude übernehmen kann. Zum anderen erhält er die Zusage für die Finanzierung eines eigenen Ensembles unter der Leitung Helene

Weigels. Die Grundlage des Neuen Berliner Ensembles (später: Berliner Ensembles) ist ein unscheinbarer Zettel mit wenigen Zeilen: »Es wird bescheinigt, daß das Berliner Ensemle, Leitung Helene Weigel, eine Institution der Deutschen Verwaltung für Volksbildung in der Sowjetischen Besatzungszone ist. Da die Deutsche Verwaltung für Volksbildung Rechtsträger dieser Institution ist, bedarf sie einer besonderen Zulassung durch den Magistrat von Groß-Berlin nicht. – Frau Helene Weigel ist ab sofort mit dem Aufbau des Ensembles durch die Deutsche Verwaltung für Volksbildung beauftragt.« (*Bescheinigung* vom 18.5.1949; vgl. Hecht 1997, S. 869.)

Als erstes macht sich Brecht an die Inszenierung von *Mutter Courage und ihre Kinder*, einem der zahlreichen im Exil entstandenen Stücke (Uraufführung – ohne seine Mitwirkung – in Zürich am 19.4.1941), das er selbst bis dahin nicht hat testen können. Am 11.1.1949 ist Premiere. Am 8.10.1950 kommt seine Neuinszenierung an den Münchener Kammerspielen heraus. In Berlin wird das Stück im folgenden Jahr nochmals neu eingerichtet (Premiere: 11.9.1951) und so dann auch bei Gastspielen, etwa in Paris (zuerst: 30.6.1954), gezeigt.

Nach diesem erfolgreichen Debut in Berlin Anfang 1949 – wie schon in den ersten Monaten in der Schweiz ab Ende 1947 mit der Bearbeitung der *Antigone des Sophokles* – geht es nicht in erster Linie darum, neue Stoffe aufzubereiten und diese dann zu inszenieren. Die Zahl der vorliegenden eigenen Texte ist so groß, daß sich damit mehrere Spielzeiten füllen lassen, sei es mit:

- *Herr Puntila und sein Knecht Matti* (Eröffnung des Berliner Ensembles im Deutschen Theater mit der Premiere am 12.11.1949), Neuinszenierung in Berlin (Premiere: 5.1.1952),
- *Die Mutter*, zunächst in Leipzig (Premiere: 15.1.1950), dann auch in Berlin (Premiere: 12.1.1951), in Wien (Premiere: 31.10.1953) und nochmals Neuinszenierung in Berlin (Premiere: 3.12.1954),
- *Die Gewehre der Frau Carrar* (Premiere: 16.11.1952),
- *Der gute Mensch von Sezuan* (mit Brechts Beteiligung) in Frankfurt a.M. (Deutsche Erstaufführung: 16.11.1952) und an den Münchener Kammerspielen ebenfalls mit Brechts Beteiligung (Premiere 30.6.1955),
- *Der kaukasische Kreidekreis* in Berlin (Premiere: 7.10.1954) und Inszenierung (mit Brechts Beteiligung) in Frankfurt a.M. (Premiere: 28.4.1955).

Diese Stücke sind teilweise schon in den USA für eine Aufführung geplant oder sogar vorbereitet worden – daneben hat Brecht geglaubt, für *Der Aufstieg des Arturo Ui* oder für *Schweyk* eine Bühne finden zu können, ohne daß es letztlich dazu gekommen ist.

Auch *Das Verhör des Lukullus* liegt als Hörspiel von 1938/39 vor und gehört zu diesen ungespielten Texten der Exiljahre, den Brecht – selbstverständlich wie immer bei erneuter Beschäftigung in variierter Fassung: nun als Oper – auf die Bühne bringen möchte, zumal der Stoff an Aktualität gewonnen hat. Nachdem seine Gegner bis dahin nicht unbedingt an Kritik gespart, es aber bei verbalen Attacken in verschiedenen Artikeln belassen haben, wird Brecht – zunächst über den Umweg der Angriffe auf Paul Dessaus Musik – durchaus auch selbst, sehr direkt und nicht allein aus Kritiker- oder Künstlerkreisen angegriffen. Die Kulturbürokratie der jungen DDR, allzu bemüht, dem sowjetischen Vorbild zu folgen, wärmt gerade in diesem Zusammenhang die Formalismus-Debatten und Streitigkeiten der dreißiger Jahre auf, läßt durch mehrere ihrer Vertreter Kampagnen starten für die »Linie« (und d.h. für Konstantin Stanislawski und sein »System«), angesichts derer Brecht Zweifel kommen, wie er sich mit seinen Vorstellungen behaupten könne bzw. zumindest geduldet werden würde.

Das Verhör des Lukullus wird zwar einstudiert und sogar gespielt (Durchlaufprobe am 13.3.1951, Uraufführung: 17.3.1951), doch erfolgt am 19.3.1951 das offizielle Verbot des Stücks; erst nach weiteren Änderungen, nicht nur des Titels, kann *Die Verurteilung des Lukullus* uraufgeführt werden, am 12.10.1951.

Außerdem entstehen mit dem gebildeten Team um Brecht und Helene Weigel:

- *Der Hofmeister* nach J. M. R. Lenz (Premiere: 15.4.1950),
- *Biberpelz und roter Hahn* nach Gerhart Hauptmann (Premiere: 24.3.1951),
- *Don Juan* nach Molière (Erste Voraufführung: 16.10.1953, offizielle Premiere: 19.3.1954),
- *Pauken und Trompeten* nach George Farquhars *Der Werbeoffizier* (Premiere: 19.9.1955),
- *Coriolanus* nach Shakespeare, an dem in den Jahren 1951 bis 1953 gearbeitet wird, kommt erst postum auf die Bühne (Uraufführung am 22.9.1962 in Frankfurt a.M.).

Daneben und zwischendurch folgen mit dem Berliner Ensemble Inszenierungen von:

- Maxim Gorkis *Wassa Schelesnowa* (Premiere: 23.12.1949),
- Heinrich von Kleists *Der zerbrochne Krug* (Premiere: 23.1.1952),
- Nikolai Pogodins *Das Glockenspiel des Kreml* (Premiere: 28.3.1952),

- Goethes *Urfaust* (Premiere zunächst in Potsdam: 23.4.1952, anschließend auch in Berlin: 13.3.1953),
- Wera Skupins und Martin Pohls *Ugula oder Das Waldfest der Tiere* (Premiere: 1.5.1952),
- Anna Seghers' *Der Prozeß der Jeanne d'Arc zu Rouen 1431* (Premiere: 23.11.1952),
- Erwin Strittmatters *Katzgraben* (Uraufführung: 23.5.1953), Neuinszenierung (Premiere: 12.5.1954),
- Martinus Heyneccius' *Meister Pfriem oder Kühnheit zahlt sich aus* (Premiere: 4.3.1954),
- Aschach Tokajews *Ein fremdes Kind* (Premiere: 27.6.1953),
- *Hirse für die Achte* (Premiere: 1.4.1954),
  Johannes R. Bechers *Winterschlacht* (Premiere: 12.1.1955),
- das chinesische Volksstück *Der Tag des großen Gelehrten Wu* (Premiere: 8.12.1955),
- Alexander Ostrowskis *Die Ziehtochter oder Wohltaten tun weh* (Premiere: 12.12.1955),
- John M. Synges *Der Held der westlichen Welt* (Premiere: 11.5.1956).

Daß dabei kein Text im Original auf die Bühne kommt, sondern in der Variante von Brecht und seinen Mitarbeitern, versteht sich sozusagen von selbst.

Die ersten Inszenierungen werden ausgiebig dokumentiert in *Theaterarbeit. 6 Aufführungen des Berliner Ensembles*, herausgegeben vom Berliner Ensemble und Helene Weigel (Dresden 1952); das Gemeinschaftsprojekt erscheint im Mai 1952 nicht unter dem Markenzeichen Brecht, sondern als Ergebnis der Arbeit des Teams, mit Texten von Brecht, aber auch von Ruth Berlau, Claus Hubalek, Peter Palitzsch und Käthe Rülicke.

Ein weiteres Vorhaben ist die Inszenierung von Samuel Becketts *Warten auf Godot*: es kommt aber über mehrere Striche, die Brecht in einem gedruckten Text vornimmt, nicht hinaus.

Wie sehr sich die Mitarbeiter und Mitarbeiterinnen auf Brecht und seinen Stil einstellen, zeigen z.B. Gedichte für den *Urfaust*, die Martin Pohl beisteuert (*Lieschen und Gretchen am Brunnen* sowie *Ach, neige du Schmerzensreiche*); sie sind so geschrieben, daß nicht einmal eine mit Texten wie Personen gleichermaßen vertraute Beteiligte wie Elisabeth Hauptmann sie »richtig« zuordnen kann und sie deshalb in frühere Brecht-Ausgaben einordnet (wa 10,999f.).

Neben all diesen Bearbeitungen, Inszenierungen und Inszenierungsprojekten ist Brechts Interesse an den anderen »Medien« – auch nach den Erfahrungen in den USA oder gerade deshalb – ungebrochen. Außerdem sieht er eine Chance, direkt beteiligt zu sein und so seine Vorstellungen für die Ausführung durchzusetzen: sei es bei der Umsetzung des Drehbuchs zu *Mutter Courage und ihre Kinder* (20,215-384) ab Juni 1950 oder bei der zu *Herr Puntila und sein Knecht Matti* (20,385-488).

Auch um das Anfang der fünfziger Jahre – bzgl. der »Reichweite« und »Dichte« – noch in den Anfängen befindliche Fernsehen macht er sich Gedanken. Die Aufzeichnung einer Theaterinszenierung, z.B. der eigenen von *Die Gewehre der Frau Carrar* im Jahre 1953, für dieses Medium will er mit 50 Kameras bestreiten. Die Besessenheit, mit einem neuen Apparat (vgl. 21,215) eine »neue Kunst-Variante für die Übertragung wichtiger Theaterstücke im Fernsehen« bieten zu können (Adameck 1997, S. 128), läßt ihn völlig vergessen, in welch frühem Stadium die Ausrüstung ist (das DDR-Fernsehen kann zu diesem Zeitpunkt und diesem Zweck vier Kameras zur Verfügung stellen). – Dennoch ist mit *Die Gewehre der Frau Carrar* (gedreht im Februar) 1953 die erste Fernsehaufzeichnung einer Brecht-Inszenierung gemacht worden: Erstsendung: 11.9.1953 (vgl. Dicke / Jeske / Lang 1997, S. 273). Bereits am 23.1.1953 ist die Rundfunkfassung von *Die Gewehre der Frau Carrar* erstmals vom Sender Berlin 1 ausgestrahlt worden.

Das Jahr 1953 und das Datum 17. Juni bilden den (einzigen) Anlaß – neben all den Bearbeitungen und Inszenierungen eigener, aber auch fremder Texte –, um verschiedene Motive und Vorarbeiten früherer Jahre als Ausgangspunkt zu nehmen und zu sammeln für ein neues Stück: *Turandot oder Der Kongreß der Weißwäscher*.

2.7 Die Stücke und Stückbearbeitungen im Überblick

Die nachfolgende Auflistung erfaßt das dramatische Werk Brechts. Die nach dem Beginn der Ausarbeitung des jeweiligen Stückprojekts chronologisch geordneten Titel sind mit Daten zur Entstehung (E), zur Überlieferung von Textzeugen (Z) im Bertolt-Brecht-Archiv (BBA; BV mit Band- und Seitenzahl sowie laufende Nummern) sowie in jedem Fall mit der Angabe des Erstdrucks (ED) versehen. Kompliziertere Entstehungs- und Editionsgeschichten können durch Jahreszahlen und stichwortartige Erläuterungen nur angedeutet werden. Die Informationen unter dem Eintrag Druck (D) sollen für ein rasches Auffinden der Stücke in den verschiedenen Gesamtausgaben sorgen. Weitere Einzelausgaben können in der *Bibliographie-Bertolt-Brecht* (BBB) schnell ermittelt werden. Brechts Texte zu seinen Stücken finden sich, sofern sie nicht dem jeweiligen Stück nachgestellt sind, versammelt in wa 17 bzw. GBA 24. Gesonderte Hinweise hierauf erfolgen nur, wenn sie für die Fassungsgeschichte bedeutsam sind. Ergänzt wird die Auflistung durch Datum und Ortsangabe der Uraufführung sowie Hinweise auf wichtige Vertonungen oder Verfilmungen der Stücke. Verweise auf *Journale* (GBA 26/27) oder *Briefe* (GBA 28-30) werden nicht gegeben, da über die Register der entsprechenden Ausgaben die Eintragungen zu einem Stück leicht zu finden sind.

Bei den Literaturangaben handelt es sich um Titel, die ein Stück grundlegend und im Überblick behandeln. Hinweise auf Spezialuntersuchungen können jeweils dort gefunden werden.

Das umfangreiche Material zu (Ur-)Aufführungen der Stücke findet sich versammelt bei Monika Wyss, *Brecht in der Kritik. Rezensionen aller Brecht-Uraufführungen sowie ausgewählter deutsch- und fremdsprachlicher Premieren.* München 1977. Bei den Vertonungen handelt es sich in aller Regel um eigenständige Arbeiten. Überblicksdarstellungen liefern: Hennenberg (Hg.) 1984; Dümling 1985; Lucchesi/Shull 1988.

Die Bibel. Drama in 1 Act

E: 1913: Ausarbeitung des Einakters mit Motivübernahmen aus dem alttestamentarischen Buch *Judith* und Friedrich Hebbels gleichnamigem Trauerspiel; weitere Quellen: Detlev von Liliencron und Wilhelm Raabe. Früher Entwurf *Das Feuer* in: *Tagebuch No. 10. 1913*, S. 94f. bzw. GBA 26,93.
Z: ED. ED: *Die Ernte.* Augsburg. Nr. 6. Januar 1914. – D: GW III bzw. wa 7,3029-3038 / GBA 1,7-15 *501-505* / AW 1,7-15 *625f.*; BBB 100-101.
Lit.: Roose 1978; Murphy 1980; Roose 1983; Hillesheim/Wolf (Hg.).

Baal

E: Sommer 1918: Abschluß der ersten Typoskriptfassung von *Baal. Theaterstück von Bert Brecht*; mehrere Titelvarianten, u.a.: *Baal frißt! Baal tanzt!! Baal verklärt sich!!!*; Sommer 1919: Überarbeitete Fassung *Baal. Von Bert Brecht* zur Vorlage bei Bühnen und Verlagen; kurzzeitige Zusage des Drei Masken Verlags, München, im Juli; 1919/20: Erhebliche Korrekturen für die – nicht ausgelieferte – Druckfassung des Georg Müller Verlags, München 1920; 1922: Zweiter Druck der Fassung 1919/20 im Kiepenheuer Verlag, Berlin; 1925/26: Umarbeitung als *Lebenslauf des Mannes Baal. Dramatische Biografie von Bertolt Brecht (Bühnenbearbeitung des »Baal«)* für eine Inszenierung am Deutschen Theater, Berlin, am 14.2.1926. Aufführung des *Baal* (Fassung von 1926) am Theater in der Josefstadt, Wien, am 21.3.1926 mit einem szenischen Prolog von Hugo von Hofmannsthal; 1930: Fragment *Der böse Baal der asoziale* im Kontext der Lehrstücke; 1953: Übernahme des Kiepenheuer-Drucks von 1922 in *Erste Stücke* (SV), Band 1 (nur in erster Auflage); 1954/55: Bearbeitung, vor allem der ersten und letzten Szene, für *Stücke* (AV), Band 1, mit Rückgriff auf die Fassung 1919 (vgl. GBA 23,241f.).
Z: BV 1,41-61: 3999-4043. – ED: Georg Müller Verlag. München 1920 (nicht ausgeliefert); Gustav Kiepenheuer Verlag. Potsdam 1922 (erste öffentlich wirksame Fassung). – D: *Erste Stücke 1*,5-99 (SV); *Stücke 1*,17-115 (SV); *1*,17-115, ab 5. Aufl.: *1*,17-117 (AV) / GW I bzw. wa 1,1-67 (Fassung von 1954/55) / GBA 1,17-173 (Fassungen 1919, 1922 und 1926) *506-548* / AW 1,17-82 (Fassung von 1919) *627-636*; BBB 92-101, 60.1'1. – UA: 8.12.1923, Altes Theater, Leipzig. – Musik: Friedrich Cerha (vollständige Opernmusik für die Salzburger Festspiele 1981). – Film: 1969 unter der Regie von Volker Schlöndorff (mit Rainer Werner Faßbinder als Baal); 1978 unter der Regie von E. Bennet.
Lit.: Schmidt 1966; Schmidt (Hg.) 1966; Schmidt (Hg.) 1968; Herrmann 1972; Daphinoff 1975; Rothstein 1976; Claas 1977; Frühwald. In: Hinderer (Hg.) 1984.

Trommeln in der Nacht

E: Anfang 1919: Niederschrift von *Spartakus*. Andere geplante Titel: *Das sterbende Gespenst oder Spartakus*; *Das sterbende Gespenst oder Der Liebhaber auf der Barrikade oder Massenmörder aus Liebe oder Von der Barrikade ins Ehebett oder Per aspera ad astra*; Mitte 1920-1922: Einfügung des 3. Aktes »Walkürenritt« und Umarbeitung des 4., vor allem aber des 5. Akts zur sogenannten Augsburger Fassung als *Komödie*. Änderung des Titels in *Trommeln in der Nacht*; 1922: UA der »Augsburger Fassung« in den Münchener Kammerspielen. Auf Grundlage dieses Textes entsteht das »Berliner Bühnenmanuskript« *Trommeln in der Nacht* für die Aufführung am Deutschen Theater, Berlin. Die Premiere wird mit dem Zusatz »oder Anna, die Soldatenbraut. Komödie« angekündigt. Während der Probenarbeit erhalten Akt IV und V ihre Gestalt wie in ED; 1923: ED mit zahlreichen erheblichen Differenzen zur »Berliner Bühnenmanuskript«-Fassung. Änderung der Gattungsbezeichnung in »Drama«; 1928: Gespräche Brechts mit Piscator und Sternberg (18. und 24.11.) über die politische Akzentuierung des Stücks. (Vgl. Bertolt Brecht, *Schriften zum Theater*, Band 2, Frankfurt a.M. 1963, S. 272-292.); 1953: Bearbeitung für *Erste Stücke* (SV), Band 1, auf Grundlage von ED. Rückkehr zur Gattungsbezeichnung »Komödie« (vgl. GBA 23,239-241).
Z: BV 1,6f.: 62-70. – ED: Drei Masken Verlag. München 1922[/23]. – D: *Erste Stücke 1*,101-189 (SV); *Stücke 1*,117-205 (SV); *1*,117-205, ab 5. Aufl.: 119-207 (AV) / GW I bzw. wa 1,69-124 (Fassung von 1953) / GBA 1,175-232 (entspricht ED) *549-567* / AW 1,83-147 (entspricht ED) *637-644*; BBB 333-339, 59.1'1. – UA: 29.9.1922, Münchener Kammerspiele / 20.12.1922, Deutsches Theater, Berlin.
Lit.: Feilchenfeld 1976; Knopf. In: Hinderer 1984; Schwiedrzik (Hg.) 1990.

Die Hochzeit

E: Herbst 1919: Einakter mit Anregungen von Frank Wedekind und Karl Valentins Kabaret. In der zweiten Hälfte der zwanziger Jahre von Brecht in einer Verfielfältigung als Bühnenmanuskript (Arcadia-Verlag, Berlin) in *Die Kleinbürgerhochzeit* umbenannt.
Z: BV 1,272: 3142-3145. – ED: *Spiele in einem Akt. 35 exemplarische Stücke*. Hg. v. Walter Höllerer. Frankfurt a.M. 1961. S. 166-184. – D: *Stücke 13*,5-56 (SV); *13*,5-55 (AV) / GW III bzw. wa 7,2713-2744 / GBA 1,241-267 *568-571* / AW 1,149-175 *645f.*; BBB 220-221. – UA: 11.12.1926, Schauspielhaus Frankfurt a.M. – Film: 1970 unter der Regie von René Allio.
Lit.: Vinçon 1980; Bayerdörfer. In: Hinderer 1984; Kurz 1984.

Der Bettler oder Der tote Hund

E: Herbst 1919: Der Einakter entsteht als Gegenentwurf zu Hanns Johsts Stück *Der König* (1919); 1954: Nicht zu Ende geführte Überarbeitung des Typoskripts von 1919. – Z: BV 1,272: 3146. – ED: *Wer zuletzt lacht... Eine Auswahl heiterer Stücke für Laienspielgruppen*. Hg. v. Carl-Ernst Teichmann und Rosemarie Zimmermann. Berlin/DDR 1965. S. 138-143. – D: *Stücke 13*,57-70 (SV); *13*,57-70 (AV) / GW III bzw. wa 7,2745-2753 / GBA 1,269-276 (unter Berücksichtigung der Korrekturen von 1954) *572-574*; BBB 59.13, 60.13, 73, 99. – UA: 27.8.1967, Die Tribüne, Berlin/West.
Lit.: Vinçon 1980; Bayerdörfer. In: Hinderer 1984.

Er treibt einen Teufel aus

E: Herbst 1919: Einaktige Bauernposse unter dem Einfluß des Kabarets Karl Valentins. – Z: BV 1,273: 3150-3152. – ED: *Stücke*. Band 13. Frankfurt a.M.: Suhrkamp Verlag 1966. S. 71-92. – D: *Stücke 13*,71-92 (AV) / GW III bzw. wa 7,2755-2769 / GBA 1,277-290 *575*; BBB 59.13, 60.13, 73. – UA: 3.10.1975, Stadttheater Basel.
Lit.: Vinçon 1980; Bayerdörfer. In: Hinderer 1984.

Lux in tenebris

E: 1919: Brecht verarbeitet Erfahrungen seines Ersatzdienstes auf der »Station D« (für Geschlechtskrankheiten) des Augsburger Reservelazaretts. Anregung ist außerdem eine Ausstellung der »Deutschen Gesellschaft zur Bekämpfung der Geschlechtskrankheiten« im September in Augsburg. – Z: BV 1,273: 3153-3154. – ED: *Stücke*. Band 13. Frankfurt a.M.: Suhrkamp Verlag 1966. S. 93-124. – D: *Stücke 13*,93-124 (AV) / GW III bzw. wa 7,2771-2791 / GBA 1,291-308 *576-578*; BBB 59.13, 60.13, 73. – UA: 12.6.1969, Städtische Bühnen Essen.
Lit.: Knust / Marx 1973; Vinçon 1980; Bayerdörfer. In: Hinderer 1984; Bjelkendal 1985/86.

Der Fischzug

E: 1919/20: Brecht vearbeitet eine Episode aus dem Achten Gesang der *Odyssee* (Zeile 266-367) von Homer und dem biblischen »Fischzug des Petrus« (Lukas 5,1-11; Matthäus 4,18-22). – Z: BV 1,272: 3147-3149. – ED: *Stücke*. Band 13. Frankfurt a.M.: Suhrkamp Verlag 1966. S. 125-158. – D: *Stücke 13*,125-157 (AV) / GW III bzw. wa 7,2793-2813 / GBA 1,309-327 *579-581*; BBB 59.13, 60.13, 73. – UA: 11.1.1967, Städtische Bühnen Heidelberg.
Lit.: Knust 1971; Vinçon 1980; Bayerdörfer. In: Hinderer 1984.

Prärie. Oper nach Hamsun

E: 1919/20: Der Einakter verweist mit dem Motiv des Kampfes zweier Menschen bereits auf die erste Fassung von *Im Dickicht*.- Z: BV 1,273: 3155. – ED: GBA 1,329-341; mit einer Beschreibung der Vorlage (der Novelle *Zachäus* des Norwegers Knut Hamsun) 1,*582f.* / AW 1,177-189 *647*. – UA: 20.11.1993, Volkstheater Rostock.

Im Dickicht / Im Dickicht der Städte

E: 1921: Notizen zu einem nicht ausgeführten Schauspiel *Das Stück vom kalten Chicago*; angeregt durch den Roman *Das Rad* (1908) von Johannes Vilhelm Jensen sowie Texten von Rudyard Kipling und Upton Sinclair; 1921/22: *Im Dickicht*; mit 16 Szenen die umfangreichere »Erstfassung«; 1923: Durchsicht des Textes der »Erstfassung« mit Lion Feuchtwanger für die UA; 1926/27: Einschneidende Fabelveränderungen für die erheblich reduzierte »neusachliche« Druckfassung (11 Szenen) *Im Dickicht der Städte. Der Kampf zweier Männer in der Riesenstadt Chicago. Schauspiel*; 1953: Bearbeitung der Fassung von 1927, vor allem der Schlußszenen, für *Erste Stücke* (SV), Band 1.
Z: BV 1,71-99: 3247-3248. – ED: Propyläen-Verlag. Berlin 1927 / Arcadia Verlag. Berlin 1927. – D: *Erste Stücke 1*,191-302 (SV); *Stücke 1*,207-318 (SV); *1*,207-318, ab 5. Aufl. 209-320 (AV) / GW I bzw. wa 1,125-193 (entspricht ED) / GBA 1,343-497 (»Erstfassung« von 1923 und ED) *584-608*; BBB 202-204. – UA: 9.5.1923, Residenztheater München.
Lit.: Bahr (Hg.) 1968; Bahr. In: Hinderer 1984.

Leben Eduards des Zweiten von England

E: Sommer 1923 – Anfang 1924: Brecht bearbeitet zusammen mit Lion Feuchtwanger Christopher Marlowes (1564-1593) *The troublesome raigne and lamentable death of Edward the second, king of England* als Auftragsarbeit für die Münchener Kammerspiele.
Z: BV 1,10: 100-106. – ED: Gustav Kiepenheuer Verlag. Potsdam 1924; Vorabdruck von 12 Szenen in: *Der Neue Merkur*. Stuttgart / Berlin. Jg. 7. H. 5. Februar 1924 (nicht identisch mit ED). – D: *Stücke 2*,5-167 (SV); *2*,5-167 (AV) / GW I bzw. wa 1,195-296 / GBA 2,7-91 (Kiepenheuer-Druck von 1924) *395-405*; BBB 247-259. – UA: 18.3.1924, Münchener Kammerspiele. – Mitarbeit: Lion Feuchtwanger.
Lit.: Grimm (Hg.) 1968; Mayer 1975.

Mann ist Mann

E: 1918/19: Erste Entwürfe zu einem *Galgei*-Stück; verworfene Titel *Galgei auf der Schaukel, Klamauk, Der dicke Mann auf der Schiffschaukel.* Schauplatz: Augsburg; 1920: *Das war der Bürger Galgei*, Gedicht (13,157); 1920/21: Ausführung von drei Szenen. Das Gedicht *John-I-am-happy* (13,199) entsteht als Lied auf den Sergeant »Bloody Five«, später Sergeant »Fairchild«; 1924/25: Wiederaufnahme der Arbeit unter dem neuen Titel *Galy Gay oder Mann=Mann* unter starkem Einfluß der Lektüre Kiplings. Vollständige szenische Ausführung im sogenannten Hauptmann-Manuskript; Vorabdruck der 2. Szene. Schauplatz: Saipong, später Kilkoa / Tibet; 1926: Vorbereitung des ED *Mann ist Mann oder Die Verwandlung des Packers Galy Gay in den Militärbaracken von Kilkoa im Jahre Neunzehnhundertfünfundzwanzig. Lustspiel* mit dem »Anhang« *Das Elefantenkalb oder Die Beweisbarkeit jeglicher Behauptung*; 18.3.1927: Radiohörspiel in der Berliner Funk-Stunde; gilt als verloren; 1928: Anfang des Jahres Inszenierung an der Berliner Volksbühne; 1929/30: Bühnenbearbeitung; unter dem Eindruck der Weltwirtschaftskrise erhebliche Kürzungen in Szene 5 und 7. Brecht tilgt Szene 10 und 11; Umarbeitung von Szene 9 als Schlußszene mit dem neugeschriebenen *Lied vom Fluß der Dinge*. Einfügung von Songs aus *Die Dreigroschenoper*, aus *Aufstieg und Fall der Stadt Mahagonny* sowie aus *Happy End*; 1930/31: Aufführung im Schauspielhaus Berlin unter der Regie Brechts mit weiteren Korrekturen; 1936: ›Konkretisierungs‹-Plan Brechts: Galy Gay sollte als SA-Mann auftreten; 1938: Wenig veränderter Druck der Bühnenbearbeitung von 1930/31 in Band 1 der *Gesammelten Werke*, Malik-Verlag, London (ohne *Das Elefantenkalb*); 1953: Bearbeitung für Band 2 der *Ersten Stücke* (SV) auf Grundlage des Propyläen-Drucks von 1927 (mit den Szenen 10 und 11 und dem Anhang *Das Elefantenkalb*) und des Malik-Drucks von 1938.
Z: BV 1,10-15: 107-154. – ED: Propyläen-Verlag. Berlin 1927. – D: *Stücke 2*,169-315 (SV); *2*,169-315 (AV) / GW I bzw. wa 2,279-391 (Bearbeitung von 1953) / GBA 2,93-227 (Fassungen von 1927 und 1938) *406-423*; BBB 264-260. – UA: 25.9.1926, Landestheater Darmstadt. Februar 1931, Staatliches Schauspielhaus Berlin, mit Peter Lorre; Filmdokumentation im BBA. – Musik: Josef Vorsmann (für die Inszenierung am Städtischen Theater Düsseldorf 1926); Edmund Meisel (für die Radiosendung und die Berliner Volksbühnen-Inszenierung 1927/28); Kurt Weill (für die Berliner Aufführung im Februar 1931; die Musik insgesamt ist verlorengegangen); Paul Dessau (Vertonungen für verschiedene Aufführungen zwischen 1951 und 1960). – Mitarbeit: Elisabeth Hauptmann, Emil Hesse-Burri, Bernhard Reich, Caspar Neher, Slatan Dudow.
Lit.: Kesting 1969; Wege (Hg.) 1982; Müller. In: Hinderer 1984; Iehl 1988.

Das Elefantenkalb

E: 1925/26: Im Zusammenhang mit *Mann ist Mann* entsteht *Das Elefantenkalb oder Die Beweisbarkeit jeglicher Behauptung* als ein »Zwischenspiel im Foyer«; Brechts früheste Verarbeitung des Kreidekreis-Motivs.
ED: Bertolt Brecht: *Mann ist Mann*. Berlin: Propyläen-Verlag 1927. S. 137-159. – D: Nicht in *Stücke* / GW I bzw. wa 1,378-391 / GBA 2,158-168 (Anhang zu *Mann ist Mann*). – UA: Eine Aufführung als Zwischenspiel ist zu Lebzeiten Brechts nicht nachweisbar.

Die Dreigroschenoper

E: Ende 1927 – Juni 1928: Übersetzung der *Beggar's Opera* (1728) von John Gay (1675-1732) durch Elisabeth Hauptmann. ED mit dem Titel *The Beggar's Opera. Die Luden-Oper. Von John Gray [!]. Übersetzt von Elisabeth Hauptmann. Deutsche Bearbeitung: Bert Brecht. Musik: Kurt Weill* bei Felix Bloch Erben, Berlin; verworfene Titel *Gesindel, Die Mörder sind unter uns*; 1928: Fertigstellung der Uraufführungsfassung (30 Auflagen mit insgesamt 9900 Exemplaren bis 1931) mit dem Titel *Die Dreigroschenoper*. Zweiter Druck bei Felix Bloch Erben und ein Klavierauszug von Weills Musik in der Universal-Edition, Wien. Gesondert erscheinen *Die Songs der Dreigroschenoper* im Kiepenheuer Verlag, Potsdam; 1931/32: Veränderung verschiedener Songs und erhebliche Textkorrekturen (z.B. Übernahmen von Songs aus *Happy End*) für den Druck in Heft 3 der *Versuche* mit den ergänzten *Anmerkungen zur Dreigroschenoper*; 1933/34: Entstehung des *Dreigroschenromans*; 1938: Überarbeitung der *Dreigroschenoper* für Band 1 der *Gesammelten Werke*, Malik-Verlag, London. Ergänzungen aus dem *Dreigroschenroman*; 1948/49: Neufassung einiger Szenen; 1949: Neue und bearbeitete Song-Texte (zwischen 1946 und 1948) erscheinen als *Songs aus der Dreigroschenoper* im Gebrüder Weiß-Verlag, Berlin.
Z: BV 1,15-19: 155-191. – ED: Felix Bloch Erben. Berlin 1928. – D: *Stücke 3*,5-140 (SV); *3*,5-140 (AV) / GW I bzw. wa 2,393-486 (entspricht dem Malik-Druck von 1938 unter Verwendung späterer Songs) / GBA 2,229-322 (*Versuche*-Druck von 1931/32 mit geänderten Szenen und Songs als Anhang) *424-446* / AW 1,191-284 *648-656*; BBB 106-115. – UA: 31.8.1928, Theater am Schiffbauerdamm, Berlin. – Musik: Kurt Weill, Norbert Gingold (1928 Klavierauszug). – Film: Unter dem Titel *Die Dreigroschenoper* in einer deutschen und französischen Fassung durch Georg Wilhelm Pabst (Premiere am 19.2.1931 in Berlin); vgl. auch das Filmexposé *Die Beule. Ein Dreigroschenfilm* von Brecht, Lania, Neher und Dudow (19,307-320). Neuverfilmung 1963 unter der Regie von Wolfgang Staudte.
Lit.: Singermann 1976; Wagner 1977; Kocks 1981; Weisstein. In: Hinderer 1984; Hecht (Hg.) 1985; Dümling 1985; Lucchesi/Shull 1988; Hinton 1990; Schebera 1990.

Mahagonny. Songspiel

E: März 1927: Kurt Weill plant eine Vertonung der *Mahagonnygesänge* der *Hauspostille* für das Festival »Deutsche Kammermusik« in Baden-Baden; Mai 1927: Gemeinsam mit Brecht schreibt Weill *Mahagonny. Songspiel nach Texten von Bert Brecht. Musik von Kurt Weill. Gesangstexte entnommen aus Brechts »Hauspostille«*; in der Forschung häufig fälschlich unter dem Titel »Kleines Mahagonny«; Dezember 1932: Entstehung der erweiterten, sogenannten Pariser Fassung mit den wichtigsten Liedpassagen der Oper. Aufführung am 11.12.1932 in Paris; 1933: Aufführ-

rungen der »Pariser Fassung« in London, Rom und Kopenhagen; 1953: Typoskriptfassung *Aufstieg und Fall der Stadt Mahagonny. Ein Songspiel. Text von Berthold Brecht. Musik von Kurt Weill.* Universal-Edition, Wien.
ED: Universal-Edition. Wien / Leipzig 1927. – D: nicht in *Stücke* und GW bzw. wa / GBA 2,323-331 *447-455*; BBB 252-253. – UA: 17.7.1927, Festival »Deutsche Kammermusik 1927«, Baden-Baden. – Musik: Kurt Weill, Franz S. Bruiniers (für den *Alabama-Song*).

Aufstieg und Fall der Stadt Mahagonny

E: Juli 1924: *Journal*-Eintrag über das geplante Projekt einer *Mahagonny*-Oper; 1927: Nach der UA des »Songspiels« Wiederaufnahme des Opernprojekts zusammen mit Kurt Weill; 1929: Druck der Uraufführungsfassung *Aufstieg und Fall der Stadt Mahagonny. Oper in drei Akten. Text von Brecht. Musik von K. Weill* (Akt I: Szene 1-11, Akt II: Szene 12-17, Akt III: Szene 18-21) in der Universal-Edition, Wien; 1930: Nach der UA umfangreiche Änderungen von Namen und der Szenenfolge für den Druck in Heft 2 der *Versuche*. Streichung der Szene 19 (*Benares-Song*, 11,105f.) und Auflösung der Akteinteilung; Ende 1931: Neuinszenierung in Berlin unter Wegfall schwieriger Gesangsnummern; daher Neubearbeitung der Partitur durch Weill.
Z: BV 1,20f.: 211-219. – ED: Universal-Edition. Wien / Leipzig 1929. – D: *Stücke 3*,167-258 (SV); *3*,167-258, ab 5. Aufl.: 171-261 (AV) / GW I bzw. wa 2,499-564 (entspricht dem *Versuche*-Druck 1930) / GBA 2,333-392 (*Versuche*-Druck 1930 mit dem »Finale« der Fassung von 1929 als Anhang) *456-472*; BBB 85-89. – UA: 9.3.1930, Neues Theater, Leipzig. – Musik: Kurt Weill. – Mitarbeit: Elisabeth Hauptmann, Caspar Neher, Kurt Weill.
Lit.: Kahnt 1982; Weisstein. In: Hinderer (Hg.) 1984; Dümling 1985; Lucchesi/Shull 1988; Schebera 1990; Hennenberg/Knopf (Hg.) 1998.

Der Flug der Lindberghs

E: Ende 1928: Arbeit an einem Hörspiel *Lindbergh*; April 1929: Druck von *Lindbergh. Ein Radio-Hörspiel für die Festwoche in Baden-Baden. Mit einer Musik von Kurt Weill.* In: *Uhu*. Berlin. Heft 7. April 1929. S. 10-16; Mitte 1929: Arbeit an einer erweiterten Fassung *Der Lindberghflug. Hörspiel von Bert Brecht. Musik von Paul Hindemith und Kurt Weill.* In: *Südwestdeutsche Rundfunkzeitung*. Nr. 29. Mai 1929. S. 5f.; Radiosendung am 26.7. / UA 27.7.1930: Umarbeitung für den Druck in Heft 1 der *Versuche*. Neuer Titel: *Der Flug der Lindberghs. Ein Radiolehrstück für Knaben und Mädchen*, erstmals mit dem Kapitel 8 »Ideologie« und den »Erläuterungen« von Brecht und Peter Suhrkamp. Partiturdruck der – dafür teils neu komponierten – Musik Weills in der Universal-Edition, Wien; 1949/50: Überarbeitung für eine geplante Rundfunksendung mit dem Titel *Der Ozeanflug*. Hinzufügung eines »Prologs« (»Hier hört ihr / Den Bericht...«; GBA 2,405). Sichtbar bleibende Überschreibung des Namens »Die Lindberghs« durch »Die Flieger« postum in: *Versuche* (SV). Heft 1-4. Frankfurt a.M. 1959.
Z: BV 1,19f.: 192-210. – ED: *Uhu*. Berlin. 1929. Heft 7. S. 10-16. – D: Nicht in Stücke / GW I bzw. wa 2,565-585 (*Der Ozeanflug*, entspricht dem *Versuche*-Druck von 1959) / GBA 3,7-24 (entspricht dem *Versuche*-Druck von 1930) *401-409* / AW 1,285-302 *657-660*; BBB 116-121. – UA: 27.7.1929, Festival »Deutsche Kammermusik 1929«, Baden-Baden. – Musik: Kurt Weill (die »amerikanischen« Nummern und die Partien Lindberghs), Paul Hindemith (die Nummern *Nebel*, *Schneesturm* und *Schlaf* sowie die »europäischen« Nummern), 1931 Carl Orff für

die letzte Szene. – Mitarbeit: Elisabeth Hauptmann, Kurt Weill, Paul Hindemith. Lit.: Zielinski 1978; Briner 1988; Buhl 1988.

Das Badener Lehrstück vom Einverständnis

E: Anfang 1929: Im Anschluß an *Lindbergh* Beginn der Arbeit an einem *Lehrstück*-Projekt mit Musik von Paul Hindemith; Juli 1929: UA einer Fassung mit dem Gattungstitel *Lehrstück*. Partiturausgabe im Musikverlag Schott & Söhne, Mainz; Mitte 1930: Erweiterung und Veränderung des Titels in *Das Badener Lehrstück vom Einverständnis* für den Druck in *Versuche*, Heft 2; 1949: Neubearbeitung der »Clownsnummer« auf dem Hintergrund der aktuellen politischen Situation in Westdeutschland; Ergänzung der Lieder *Steh auf, Michel!* (15,215) und einer *Bonner Bundeshymne* als Parodie auf das »Deutschlandlied« (15,207f.).
Z: BV 1,21-23: 220-236. – ED: *Versuche*. Heft 2 (*Versuche 4-7*). Berlin: Kiepenheuer Verlag 1930. S. 123-146. – D: *Stücke 3*,277-315 (SV); *3*,277-315, ab 5. Aufl.: 281-319 (AV) / GW I bzw. wa 2,587-612 (entspricht ED) / GBA 3,25-46 *410-419*. – UA: 28.7.1929, Festival »Deutsche Kammermusik 1929«, Baden-Baden. – Musik: Paul Hindemith, Carl Orff (erste Szene), Paul Dessau (vertont das Lied *Steh auf Michel!* aus der Umarbeitung der »Clownsnummer« am BE 1949). – Mitarbeit: Elisabeth Hauptmann, Slatan Dudow.
Lit.: Steinweg 1973; Stauffacher 1976; Buhl 1988.

Der Jasager

E: 1929/30: Brecht schreibt die »Schuloper« *Der Jasager* auf Grundlage einer Übersetzung des japanischen Nô-Stücks *Танikô* (aus dem Englischen durch Elisabeth Hauptmann). ED unter dem Titel: *Lehrstück vom Jasager. Schuloper von Kurt Weill nach einem japanischen Märchen von Bert Brecht*. In: *Die Musikpflege*, Leipzig. Korrekturen (Bühnenschema) auf Grundlage der UA für *Versuche 10. Aus dem 4. Heft »Versuche«*. Berlin: Kiepenheuer Verlag.
ED: *Die Musikpflege*. Leipzig. 1930/31. Heft 1. S. 53-58. – D: nicht in *Stücke* und GW bzw. wa / GBA 3,47-55 *420-425*. – UA: 23.6.1930, Karl-Marx-Schule (Zentralinstitut für Unterricht und Erziehung), Berlin – Musik: Kurt Weill. – Mitarbeit: Elisabeth Hauptmann, Kurt Weill.

Der Jasager. Der Neinsager

E: Herbst 1930: Zweite Fassung und Vorabdruck von *Der Jasager*, jetzt als *Versuche 8. Aus dem 4. Heft der »Versuche«*. Berlin: Kiepenheuer Verlag 1930. Daneben Entstehung von *Der Neinsager* (unterschiedliche Stücke auf Grundlage der ersten *Jasager*-Fassung). Vorbereitung für einen gemeinsamen Druck; 1931: *Der Jasager und Der Neinsager. Schulopern* in Heft 4 der *Versuche* nun als 11. Versuch; 1938: Kleinere Korrekturen für Band 2 der *Gesammelten Werke*, Malik-Verlag, London; 1955: Überarbeitung für *Stücke* (SV), Band 4.
Z: BV 1,36f.: 431-437. – ED: *Versuche*. Heft 4 (*Versuche 11-12*). Berlin: Kiepenheuer Verlag 1931. S. 308-325. – D: *Stücke 4*,217-247 (SV); *4*,217-247 (AV) / GW I bzw. wa 2,613-630 (entspricht dem *Versuche*-Druck von 1931) / GBA 3,57-72 (Fassungen *Der Jasager* 1930 und *Der Jasager. Der Neinsager* 1931) *426-430* / AW 1,303-318 *661-663*; BBB 205-211. – UA: 1951, Living Theatre, New York (unter dem Titel *He Who Says Yes* and *He Who Says No*). – Mitarbeit: Elisabeth Hauptmann, Kurt Weill.
Lit.: Szondi (Hg.) 1966; Feingold 1975; Pasche 1980; Oba 1984; Jaretzky 1991.

Die Maßnahme

E: Anfang 1930: Brecht schreibt das Stück als *Der Jasager (Konkretisierung)*. Eine Vorfassung bildet die Grundlage für Eislers Musik; Mitte 1930: Überarbeitung für die UA und den Druck *Aus dem 4. Heft der »Versuche«*, Kiepenheuer Verlag, Berlin, unter dem Titel *Die Maßnahme. Lehrstück* als »Versuche 9«; 1931: Aufgrund der Erfahrungen bei der UA Überarbeitung nun als 12. Versuch für *Versuche*, Heft 4; 1935/36: Überarbeitung, vor allem der letzten Szene, für eine geplante Moskauer Ausgabe; 1937/38: Umarbeitung für Band 2 der *Gesammelten Werke*, Malik-Verlag, London; 1955: *Stücke* (SV) bringt unwesentlich geändert den Text des *Versuche*-Drucks von 1931. Für *Stücke* (AV) greift Brecht bis zur 3. Auflage auf den *Versuche*-Druck 1931 zurück, danach auf die Malik-Fassung von 1938.
Z: BV 1,37-39: 438-465. – ED: *Versuche*. Aus dem 4. Heft der »Versuche« (*Versuche 9*). Berlin: Kiepenheuer Verlag 1930. – D: *Stücke 4*,255-307 (SV); *4*,255-307 (AV) / GW I bzw. wa 2,631-663 (entspricht dem Malik-Druck von 1938) / GBA 3,73-125 (*Versuche*-Fassungen von 1930 und 1931) *431-448* / AW 1,319-345 (Fassung von 1931) *664-668*; BBB 261-263. – UA: »Nachtaufführung« 13./14.12.1930, Philharmonie Berlin. – Musik: Hanns Eisler. – Mitarbeit: Hanns Eisler, Slatan Dudow, Margarete Steffin (Korrekturen der Fassung 1938).
Lit.: Grimm 1959/1970; Steinweg 1971; Steinweg (Hg.) 1972; Kaiser 1973; Kroetz 1975; Lazarowicz 1975; Bormann 1976; Rey 1977; Horn 1978.

Die heilige Johanna der Schlachthöfe

E: 1929: Beginn der Arbeit am *Johanna*-Projekt. *Dan Drew* (1924/25), *Jae Fleischhacker* (1924-1929) und der ebenfalls Fragment gebliebene Entwurf *Der Brotladen* (1929) gelten als direkte Vorarbeiten. Entstehung der sogenannten Urfassung in Prosa; 1929/30: Ausarbeitung der sogenannten Originalfassung; Bezug auf die historische Jeanne d'Arc und erste Klassikerparodien (Goethes *Faust*); 1931: Fertigstellung der »Bühnenfassung« für Felix Bloch Erben, Berlin. Metrische Korrekturen und weitere Klassikerparodien. »Opernschluß« nach Schiller. Vorabdruck der Luckerniddle-Episode. In: *Der Querschnitt*. 11. 1931. S. 802-806; 1932: Vor allem im Schlußbild (Schillerparodie) überarbeitete Variante *Die heilige Johanna der Schlachthöfe. Schauspiel* für Heft 5 der *Versuche* mit der Ergänzung *Vorsprüche zum 13. Versuch*. Entstehung einer Hörspielfassung (Sendung am 11.4.1932 in der Berliner Funk-Stunde); 1938: Fassung für Band 1 der *Gesammelten Werke*, Malik-Verlag, London; Erweiterung der Luckerniddle-Figur.
Z: BV 1,23-36: 237-430. – ED: *Versuche*. Heft 5 (*Versuche 13*). Berlin: Kiepenheuer Verlag 1932. S. 362-455. – D: *Stücke 4*,5-211 (SV); *4*,5-211 (AV) / GW I bzw. wa 2,665-786 (entspricht dem Malik-Druck von 1938) / GBA 3,127-234 (ED und die Schlußszene der »Bühnenfassung« von 1931) *449-470* / AW 1,347-454 *669-676*; BBB 6.5, 178-188, E5. – UA: 3.4.1959, Schauspielhaus Hamburg. – Musik: Paul Dessau (*Lied der Schwarzen Strohhüte*, 1957), Siegfried Franz (Musik zur UA 1959), Hans Dieter Hosalla (Vertonung von neun *Gesängen der Schwarzen Strohhüte*), Victor Fenigstein (vollständige Vertonung zu einem »Singespiel«, UA am 7.12.1986, Stadttheater Augsburg). – Mitarbeit: Elisabeth Hauptmann, Margarete Steffin, Emil Hesse-Burri, Hermann Borchardt (Walter Benjamin, Bernhard Reich).
Lit.: Bahr (Hg.) 1971; Schulz 1972; Herrmann 1974; Donnenberg 1976; Ketelsen. In: Hinderer (Hg.) 1984; Knopf (Hg.) 1986.

Die Ausnahme und die Regel

E: 1930: Projekt eines (zweiteiligen) Stücks *Zwei halbe Mäntel.* Titelvariante: *Die nördlichen und die südlichen Provinzen* auf Grundlage der Übersetzung eines chinesischen Stücks *Die zwei Mantelhälften* (aus dem Französischen durch Elisabeth Hauptmann). Arbeit am zweiten Teil; 1931: Fertigstellung der ersten Szenen des ersten Teils. Titel: *Die Geschichte einer Reise* oder *Wer wen? Die Geschichte einer Reise*; 1932: Änderung des Titels in *Die Ausnahme und die Regel. Lehrstück* und Streichung des zweiten Teils (Entwürfe im Nachlaß überliefert); 1934: Wiederaufnahme der Arbeit; Hinzufügung eines »Prologs« und eines zweigeteilten Chores (erstmals in: *alternative.* Berlin. Heft 107. 1976. S. 94-95; dort irrtümlich »1932« datiert. Nicht in GW bzw. wa); 1936: Einfügung einer aktualisierenden, die Machtergreifung Hitlers zitierenden »Rede des Kaufmanns« in der Gerichtsszene; 1937: Vorbereitung für ED (mit dem Zusatz »geschrieben 1930«) sowie den Druck in Band 2 der *Gesammelten Werke*, Malik-Verlag, London 1938. Fortfall des Chors.
Z: BV 1,44-48: 517-569. – ED: *Internationale Literatur. Deutsche Blätter.* Moskau. 1937. Heft 9. S. 3-18. – D: *Stücke* 5,185-229 (SV); 5,185-229 (AV) / GW I bzw. wa 2,791-822 (entspricht dem Malik-Druck von 1938) / GBA 3,235-260 (Malik 1938) *471-477*; BBB 90-91. – UA: 1.5.1938 in Givat Chaim, Palästina (in hebräischer Übersetzung); deutsche Erstaufführung: 30.9.1956, Kammerspiele Düsseldorf. – Musik: Paul Dessau (für die Aufführung in Paris 1950). – Mitarbeit: Emil Hesse-Burri, Elisabeth Hauptmann.
Lit.: Lucchesi/Schneider (Hg.) 1979.

Die Mutter

E: 1931: Arbeit am Stück auf Grundlage des Romans *Die Mutter* von Maxim Gorki (1906). Anregung bildet eine bereits vorliegende Dramatisierung von Günther Weisenborn und Günther Stark; 1932: Korrekturen am Text während der Proben zur UA (nicht vollständig überliefert). Ausarbeitung einer ersten, gegenüber der Vorlage erweiterten Druckfassung; 1933: *Die Mutter (nach Gorki). Schauspiel* erscheint in Heft 7 der *Versuche* mit der »Papiermantel«-Szene 10 (später getilgt, vgl. 24,161-164) und umfangreichen *Anmerkungen* aufgrund der Berliner UA; 1935: Inszenierung in New York. Entwurf der »Eisenbahnszene« (vgl. GBA 3,391-398); vgl. das Gedicht *Brief an das Arbeitertheater Theatre Union in New York, das Stück »Die Mutter« betreffend* (24,173-177); 1938: Überarbeitete Fassung *Die Mutter. Leben der Revolutionärin Pelagea Wlassowa aus Twersk* in Band 2 der *Gesammelten Werke*, Malik-Verlag, London, mit erheblich erweiterten *Anmerkungen* (Projektionstexte, »Modell für weitere Szenen«, Theaterkritiken, theoretische Diskurse). Fabelverändernde Umstellung von Szenen; 1951: Erhebliche Korrekturen für die Inszenierung am BE. Einfügung neuer Rollen; 1956: Veränderung der Smilgin-Rolle und Historisierung der Jahreszahlen in den Szenenüberschriften. Neuer Titel: *Die Mutter. Leben der Revolutionärin Pelagea Wlassowa aus Twer (Nach dem Roman Maxim Gorkis).* In: *Stücke 5* (SV und AV). Berlin u. Frankfurt a.M. bzw. Berlin/DDR 1957.
Z: BV 1,39-44: 466-516. – ED: *Versuche.* Heft 7 (*Versuche 15/16*). Berlin: Kiepenheuer Verlag 1933. S. 4-64. – D: *Stücke* 5,5-117 (SV); 5,5-117 (AV) / GW I bzw. wa 2,823-895 (Fassung von 1956) / GBA 3,261-390 (Fassungen 1933 und 1938; im Anhang die »Eisenbahnszene« von 1935) *478-499*; BBB 264-273. – UA: 17.1.1932, Komödienhaus Berlin. – Musik: Hanns Eisler (1931 neun Lieder und Chöre; weitere Musik für die New Yorker Inszenierung 1935; 1949 Kanta-

tenfassung für 12 Lieder und Chöre mit Sprechertexten; 1951 *Bericht vom 1. Mai* für die Inszenierung am BE). – Mitarbeit: Günther Weisenborn, Hanns Eisler, Slatan Dudow, Elisabeth Hauptmann, Emil Hesse-Burri.
Theaterarbeit. Sechs Aufführungen des Berliner Ensembles. Hg. v. Berliner Ensemble. Dresden 1952. S. 121-170 (beschreibt die zum Teil erheblichen Veränderungen des Textes für die Inszenierung am BE 1952 mit Ernst Busch in der – neu hinzugefügten – Rolle des Lapkin, die in keinen späteren Druck eingeht).
Lit.: Hecht (Hg.) 1969; Canaris (Hg.) 1971; Thomas 1972; Thomas 1973/74; Bawey 1980; Kepka 1984/85.

Die Rundköpfe und die Spitzköpfe

E: 1931: Erste Notizen Brechts für eine Bearbeitung von Shakespeares *Maß für Maß*. Stark an die Vorlage angelehnt. Schauplatz: Wien, auch Prag; 1932/33: Ausführung als eigenständiges Stück. Erscheinen des Bühnenmanuskripts bei Felix Bloch Erben, Berlin 1932. Vorbereitung für den geplanten Druck in Heft 8 der *Versuche* unter dem Titel *Die Spitzköpfe und die Rundköpfe oder Reich und reich gesellt sich gern. Ein Greuelmärchen.* Verworfene Titel: *Maß für Maß oder Die Salzsteuer. Nach Shakespeare von Brecht, Reich und reich gesellt sich gern* und *Die Spitzköpfe und die Rundköpfe. Nach Motiven aus Shakespeares ›Maß für Maß‹.* Einfügung der Kohlhaas/Callas-Handlung; Schauplatz: Lima / Peru. Korrekturfahnen (1933); das Heft kann nicht mehr ausgedruckt werden; 1934/35: Im dänischen Exil kürzt Brecht von 15 auf 11 Szenen. Einfügung von Liedern. Änderung von Namen sowie des Titels in *Die Rundköpfe und die Spitzköpfe.* Schauplatz: »Luma / Jahoo«; 1936: Einfügung eines Vorspiels für die UA (zuerst in: *Das Wort.* Moskau 1937. Heft 1, S. 9-12); permanante Veränderung des Texts unter Berücksichtigung der politischen Situation in Europa. Übersetzung ins Russische; 1938: Weitere Bearbeitung und Druck in Band 2 der *Gesammelten Werke*, Malik-Verlag, London, mit *Anmerkungen* zur UA.
Z: BV 1,56-75: 680-897. – ED: *Gesammelte Werke.* Band 2. London 1938. S. 7-147 (erster öffentlich wirksamer Druck). – D: *Stücke* 6,5-212 (SV); 6,5-208 (AV) / GW II bzw. wa 3,907-1040 (entspricht dem Malik-Druck von 1938) / GBA 4,7-145 und 147-263 (gibt die geplante *Versuche*-Fassung von 1932/33 und ED) *459-491*; BBB 307-315, E10. – UA: 4.11.1936, Theater Riddersalen, Kopenhagen; Aufführung einiger Szenen bereits im Februar 1935 im Thälmann-Klub, Moskau; deutsche Erstaufführung (erstmals mit der Musik Eislers) am 21.10.1962, Landestheater Hannover. – Musik: Hanns Eisler. – Mitarbeit: Elisabeth Hauptmann, Emil Hesse-Burri (1938 als »H. Emmel«), Margarete Steffin, Hermann Borchardt, Hanns Eisler.
Lit.: Bahr (Hg.) 1979.

Die sieben Todsünden der Kleinbürger

E: 1933: Brecht schreibt den Text im April, parallel dazu komponiert Kurt Weill bis Ende Mai die Musik zum Ballett; Titel: *Die sieben Todsünden.* Druck im Programmheft zur UA (franz. und dt.) als *Les sept péchés capitaux. Spectacle sur des poèmes de Bert Brecht. Musique de Kurt Weill.* Um die Aufteilung und die Szenenbeschreibung erweiterte, undatierte Typoskriptfassung (Margarete Steffin) im skandinavischen Exil; 1955: Klavierauszug mit dem Text Brechts im Verlag Schott & Söhne; 1959: Postumer Druck mit dem Zusatz »der Kleinbürger« auf Grundlage des Typoskripts der Exilzeit. In Anlehnung an den Partiturdruck (1955) wird die Rollenbezeichnung »Adolf« durch »Fernando« ersetzt.

Z: BV 1,48: 570-573. – ED: Frankfurt a.M.: Suhrkamp Verlag 1959. – D: Nicht in Stücke / GW III bzw. wa 7,2857-2871 (entspricht ED) / GBA 4,265-277 (ED; korrigiert die Veränderung der Rollenbezeichnung »Adolf« / »Fernando«.) *492-502* / AW 1,455-467 *677-679*; BBB 324-325. – UA: 7.6.1933, Théâtre des Champs-Élysées, Paris. – Musik: Kurt Weill.
Lit.: Scher 1974.

Die Horatier und die Kuriatier

E: 1934: Konzeption und Ausarbeitung der ersten Szenen auf Initiative Hanns Eislers; Mitte 1935: Zweiter Entwurf als »Lehrstück« für ED mit der *Anweisung für Schauspieler* am Ende; beeinflußt durch die Spieltechnik einer chinesischen Theatertruppe, die Brecht in Moskau Anfang 1935 bei Auftritten des Schauspielers Mei Lan-fang beobachtet; 1938: Mit geringen Veränderungen als »Schulstück« in Band 2 der *Gesammelten Werke*, Malik-Verlag, London; 1941: Brecht erwägt einen neuen Schluß (*Journale*, 16.1.); 1955: Druck als »24. Versuch« in Heft 14 der *Versuche* mit dem Untertitel »Lehrstück über Dialektik für Kinder«.
Z: BV 1,48-56: 574-679. – ED: *Internationale Literatur*. Moskau. 1936. Heft 1. S. 25-43. – D: *Stücke* 5,231-273 (SV); 5,231-273 (AV) / GW II bzw. wa 3,1041-1071 (entspricht dem *Versuche*-Druck von 1955, Untertitel der Fassung 1938, zahlreiche Herausgebereingriffe) / GBA 4,279-303 (Malik-Druck von 1938) *503-508*; BBB 201. – UA: 26.4.1958, Theater der jungen Garde, Halle. – Musik: Zunächst sollte Hanns Eisler, ab 1941 Simon Parmet eine Musik schreiben (beides nicht realisiert). – Mitarbeit: Margarete Steffin.
Lit.: Lucchesi / Schneider (Hg.) 1979.

Die Gewehre der Frau Carrar

E: 1936/37: Erster Fabelentwurf auf Vorschlag Slatan Dudows. Im März 1937 liegt unter dem Titel *Generäle über Bilbao* ein zusammenhängender Text vor. Für die UA in Paris überarbeitet Brecht: Verlegung des Orts nach Südspanien, Änderung von Namen und des Titels in *Die Gewehre der Frau Carrar*; 1937/38: Druck in Band 2 der *Gesammelten Werke*, Malik-Verlag, London, mit den *Anmerkungen zu »Die Gewehre der Frau Carrar«* (vgl. 24,225); parallele Einzelpublikationen; 1939: Entstehung eines »Prologs« und »Epilogs« (vgl. GBA 4,335-337) für die erste schwedische Aufführung; 1952: Für die Inszenierung am BE ändert Brecht Text und Szenenverlauf geringfügig. In der Art der Modellbücher bringt der Verlag der Kunst, Dresden, Text und Szenenfotos von drei Aufführungen in Paris (1937), Kopenhagen (1938) und Greifswald (1952) sowie Anmerkungen von Ruth Berlau (auch bei: Bohnen, Hg., S. 111-131) als Mappe. »Unter Benutzung einer Idee von Synge« als Titelzusatz verweist auf John M. Synges Einakter *Riders to the Sea* (1905, dt.: *Reiter ans Meer*, 1935); 1953: Leicht veränderter Druck in *Versuche. Sonderheft*. Berlin/DDR: Aufbau-Verlag 1953. S. 3-34.
Z: BV 1,84-86: 984-1017. – ED: Malik-Verlag. London 1937[/38] (Einzeldruck aus Band 2 der *Gesammelten Werke*). – D: *Stücke* 7,5-60 (SV); 7,5-59 (AV) / GW II bzw. wa 3,1195-1228 (entspricht dem *Versuche*-Druck 1953) / GBA 4,305-337 (entspricht ED; mit »Prolog« und »Epilog« als Anhang) *509-522* / AW 1,469-501 *680-684*; BBB 155-164. – UA: 16.10.1937, Salle Adyar, Paris – Mitarbeit: Margarete Steffin, Ruth Berlau (bei der Inszenierung in Berlin 1952). – Film: 1953 Fernsehfilm unter der Regie von Egon Monk.
Lit.: Bohnen (Hg.) 1982.

Furcht und Elend des III. Reiches

E: 1935/36: Arbeit an verschiedenen Einaktern im Hinblick auf eine spätere Zusammenstellung; Muster sind die »Szenen aus dem Nazileben«, aus Heinrich Manns *Der Haß*; 1937: Unter dem Titel *Die Angst* Fertigstellung von sieben Einzelszenen. Titelvariante: *Seelischer Aufschwung des deutschen Volkes unter dem Naziregime*; 1938: Anfang des Jahres sind 17 Szenen fertiggestellt, die durch das Gedicht *Die deutsche Heerschau* verbunden werden. – UA (8 Szenen; Titel: *99%*) in Paris. Brecht ändert den Titel der Folge in *Furcht und Elend des Dritten Reiches* (nach Balzacs Roman *Glanz und Elend der Kurtisanen*). Im Juni sind 27 Szenen als Vorlage für eine Einzelpublikation und den geplanten Band 3 der *Gesammelten Werke* im Malik-Verlag, London, fertiggestellt; weitere bleiben unausgearbeitet. Titel: *Deutschland – ein Greuelmärchen.* Eine Publikation kommt wegen Hitlers Überfall auf die Tschechoslowakei nicht zustande; 1938-1941: Verschiedene Drucke von (Einzel-)Szenen (vgl. BBB); 1942/43: Arbeit an der amerikanischen Bühnenfassung *The Private Life of the Master Race*; erscheint im Verlag New Directions, New York 1944 (übers. v. Eric R. Bentley); 1945: Bis dahin umfangreichste Publikation von 24 Szenen als *Furcht und Elend des III. Reiches* im Aurora Verlag, New York. Ergänzung von Orts- und Zeitangaben in den Regieanweisungen; 1946: Für die schweizerische Erstaufführung (am 7.1.1947) entsteht im November eine in Hamburg spielende Szene.
Z: BV 1,75-84: 898-983. – ED: Aurora Verlag. New York 1945. – D: *Stücke 6*,235-417 (SV); *6*,231-411 (AV) (jeweils 24 Szenen) / GW II bzw. wa 3,1073-1193 (24 Szenen, Umfang und Anordnung wie ED) / GBA 4,339-455 (27 Szenen der geplanten Einzelpublikation von 1938 und zwei Szenen als Anhang) *523-544* / AW 1,503-621 (erstmals insgesamt 30 Szenen) *685-695*; BBB 122-149, E1-E2. – UA: 21.5.1938, Salle d'Iéna, Paris (8 Szenen unter dem Titel *99%*; Regie: Slatan Dudow). – Musik: Paul Dessau (1938 zu *Die deutsche Heerschau*), Hanns Eisler (für die Aufführung in New York 1945). – Mitarbeit: Margarete Steffin.
Lit.: Hartung 1977; Busch 1982.

Leben des Galilei

Leben des Galilei. Dänische Fassung 1938/39
E: 1938: Zwischen Frühjahr und Herbst entstehen 14 Szenen zu einem Galilei-Stück. Weitreichende Quellenstudien (Horaz, Francis Bacon, Montaigne, verschiedene Galilei-Biographien, diverse physikalische und astronomische Literatur). Bis Ende November in kurzer Zeit Ausarbeitung eines zusammenhängenden Typoskripts mit dem Titel *Die Erde bewegt sich*; 1938/39: Zwei korrigierte Abschriften (12 bzw. 13 Szenen) dokumentieren mehrere Arbeitsstufen. Titel: *Leben des Galilei. Schauspiel*; 1939: Anfang des Jahres Entstehung einer abgeschlossenen Fassung, die im März hektographiert und in größerer Zahl an Theaterleute und Freunde verschickt wird. Übersetzung ins Dänische und Englische. In Schweden im September Abfassung eines gekürzten »Bühnenmanuskripts«; 1943: UA unter dem Titel *Galileo Galilei.* Wenig verändert wird die Langfassung von 1939 gespielt; 1948: Bühnenmanuskript *Galileo Galilei. Leben des Galilei. Schauspiel* im Suhrkamp Verlag, Berlin (mit zahlreichen Satzfehlern, von Brecht nicht authorisiert).
Z: BV 1,87-126: 1018-1475, besonders: 1018-1025. – ED: GBA 5,7-109 (gibt das hektographierte Typoskript von 1939 und geplante Szenen im Anhang) *331 332-341 353-359 373f. 382-411* / BBB 222. – UA: 9.9.1943, Schauspielhaus Zürich. – Mitarbeit: Margarete Steffin.

Galileo. Amerikanische Fassung 1944-1947
E: 1944: Beginn der Arbeit am *Galilei*-Stück mit Charles Laughton auf Grundlage des »Bühnenmanuskripts« von 1939. Englische Neuübersetzung mit dem Titel *Galileo. A Play by Bertolt Brecht. Translated by Brainerd Duffield and Emerson Crokker*; von Brecht verworfen; 1945: Die englische »Bühnenversion« entsteht zwischen Dezember 1944 und September 1945 als Ergebnis täglicher Zusammenarbeit Brechts mit Laughton. Stark gestraffte Fassung mit grundsätzlichen Veränderungen der Stückstruktur. Änderung der 13. Szene unter dem Eindruck des Abwurfs der beiden Atombomben auf Hiroshima und Nagasaki im August; 1946/47: Neuer Titel *Galileo by Bertolt Brecht. English Version by Charles Laughton.* Mehrere Bearbeitungsstufen. Entstehung der – von Hanns Eisler vertonten – Verse über den Szenen. Für die UA erneute Textrevision, Typoskript: *Galileo by Bertolt Brecht. English Adaption by Charles Laughton.* Zahlreiche Fotos von Ruth Berlau für ein geplantes Modellbuch; 1948: Bühnenmanuskript im Theaterverlag Reiss, Basel (weitgehend identisch mit dem Aufführungstext). Bis 1952 verschiedene Drucke auf Grundlage dieser Fassung mit unterschiedlichem Umfang (nicht bei BBB; vgl. GBA 5, 349 und 365f.)
Z: BV 1,87f.: 1026-1033. – D: GBA 5,117-186 (gibt das Typoskript für die UA) *331f. 341-349 359-367 374-378 411-418.* – UA: 30.7.1947, Coronet Theatre, Beverly Hills / Los Angeles: Filmdokumentation im BBA. – Musik: Hanns Eisler. – Film: unter der Regie von Joseph Losey.
Leben des Galilei. Berliner Fassung 1955/56
E: 1947/48: In der Schweiz beginnt Brecht Ende 1947 mit einer Rück-»Übersetzung« des *Galileo.* Arbeitsgrundlagen sind die Typoskripte der amerikanischen und dänischen Fassung. Gleiche Szeneneinteilung wie die amerikanische Fassung, doch im Text wieder auf den Umfang der dänischen erweitert; 1953-1955: Permanente Weiterentwicklung des *Galilei*-Stücks auf Grundlage dieser »Übersetzung«. Druck von 15 Szenen als »19. Versuch« in Heft 14 der *Versuche*, Suhrkamp Verlag, Berlin / Frankfurt a.M. und Aufbau-Verlag, Berlin 1955; 1955/56: Vom 14.12.1955 bis 27.3.1956 finden 59 Proben am BE statt (mit Ernst Busch als Galilei; Tonbandprotokolle aller Proben im BBA); 1957: Druck in Band 8 der *Stücke* (SV) und *Stücke* (AV) (nicht identisch); 1958: Erscheinen des Modellbuchs *Aufbau einer Rolle. Galilei* im Henschelverlag, Berlin/DDR; der Textteil berücksichtigt ausschließlich die »Berliner-Fassung«.
Z: BV 1,88f.: 1034-1045. – ED: *Stücke.* Band 8. Frankfurt a.M.: Suhrkamp Verlag 1957. S. 5-195. (Von Elisabeth Hauptmann unter Berücksichtigung der Proben herausgegebener Text; der im gleichen Jahr später erschienene Band 8 der *Stücke* (S. 5-189) im Aufbau-Verlag weicht in Details ab.) – D: GW II bzw. wa 3,1229-1345 (entspricht dem *Versuche*-Druck von 1955) / GBA 5,187-289 (entspricht *Stücke* (AV), Band 8) *332 349-353 368-373 378-382 418-429* / AW 2,7-109 *679-701*; BBB 222-244. – UA: 16.4.1955, Kammerspiele Köln. (Premiere am BE: 15.1.1957.) – Musik: Hanns Eisler. – Film: 1960/61 unter der Regie von Egon Monk für den Nordwestdeutschen Rundfunk. – Mitarbeit: Elisabeth Hauptmann, Benno Besson.
Lit.: Rülicke 1957; Mittenzwei 1962; Hecht (Hg.) 1963; Schumacher 1965; Knopf 1978; Mayer 1980; Müller. In: Hinck (Hg.) 1981; Hecht (Hg.) 1981.

Dansen

E: 1939: Fabelentwurf von drei Szenen mit dem Titel *Die Wandlung im Geist des Dansen* im dänischen Exil. In Schweden entsteht Mitte 1939 der Einakter *Dan-*

sen; 1940: Ausarbeitung von drei kurzen, ergänzenden Gesprächspassagen zwischen »Optimist« und »Pessimist« (GBA 5,307f.; vermutlich im Umfeld der *Flüchtlingsgespräche*).
Z: BV 1,273f.: 3156-3166. – ED: *Stücke*. Band 13. Frankfurt a.M.: Suhrkamp Verlag 1966. S. 159-186. – D: *Stücke 13*,159-186 (AV) / GW II bzw. wa 7,2815-2832, 2851f. / GBA 5,291-308 *430-436*. – UA: 14.10.1967, Kammerspiele Köln.
Lit.: Vinçon 1980; Schmidt 1981; Olsson 1988.

Was kostet das Eisen?

E: 1939: Gleichzeitig mit *Dansen* entsteht in Schweden bis Juni 1939 der Einakter *Kleine Geschäfte mit Eisen*. Bald darauf kleinere Korrekturen und Änderung des Titels in *Was kostet das Eisen?* (Verfasserpseudonym »John Kent«). Ergänzende Szenenvariante (GBA 5,325-327).
Z: BV 1,274: 3167-3170. – ED: *Stücke*. Band 13. Frankfurt a.M.: Suhrkamp Verlag 1966. S. 187-214. – D: *Stücke 13*,187-214 (AV) / GW III bzw. wa 7,2833-2850, 2852-2855 / GBA 5,309-327 *437-443*. – UA: 14.8.1939, Laientheater, Tollare / Stockholm.
Lit.: Vinçon 1980; Schmidt 1981; Olsson 1988.

Mutter Courage und ihre Kinder

E: 1934-1938: Ideen und Konzeption eines Stücks zum Dreißigjährigen Krieg; 1939: Erste Niederschrift (»Urfassung«) der *Mutter Courage* Ende 1939 in Schweden. Versendung eines »Matrizentextes« an Freunde und Theaterleute; 1940: In Finnland Ergänzung des »Tituläriums« (die Szenen zusammenfassende Überschriften); 1948/49: Für die Inszenierung am Deutschen Theater in Berlin entscheidende Überarbeitung (vor allem der 1. Szene). Um die *Anmerkungen* (Differenzen zur Zürcher UA) ergänzter – fehlerhafter – Druck in Heft 9 der *Versuche*; 1950: Korrigierte Neuauflage des 9. Hefts der *Versuche*; 1951: Neuinszenierung des »Modells« am BE. Zahlreiche Textänderungen und Ergänzung eines »Vorspiels« für die Aufführung. Herstellung eines »Modellbuchs« durch Ruth Berlau; 1958: *Couragemodell 1949. Mutter Courage und ihre Kinder. Text, Aufführung, Anmerkungen*, Henschelverlag, Berlin 1958. Das »Text«-Heft bringt den korrigierten *Versuche*-Druck (2. Auflage 1950); nicht identisch mit dem Aufführungstext am BE.
Z: BV 1,126-132: 1476-1530. – ED: *Versuche*. Heft 9 (*Versuche 20/21*). Berlin / Frankfurt a.M.: Suhrkamp Verlag 1949. S. 7-78 (^{2}1950. S. 7-80). – D: *Stücke 7*,61-204 (SV); *7*,61-200 (AV) / GW II bzw. wa 4,1347-1443 (entspricht dem korrigierten *Versuche*-Druck, ^{2}1950) / GBA 6,7-87 *377-409* / AW 2,111-190 *702-712*; BBB 274-302.2, E8-E9. – UA: 19.4.1941, Schauspielhaus Zürich. – Musik: Simon Parmet (nicht benutzt), Paul Burkhard (Bühnenmusik zur UA), Hanns Eisler (*Ballade vom Weib und den Soldaten* zur UA), Paul Dessau (12 Musiknummern im amerikanischen Exil 1946; Ergänzungen für die Berliner Erstaufführung am 11.1.1949). – Film: 1951-1955: Aufgreifen des Plans von 1947, *Mutter Courage* zu verfilmen. Vier Drehbuchfassungen (Mitarbeit: Emil Hesse-Burri, Wolfgang Staudte). Der Film wird nicht realisiert. Letzte Fassung: GBA 20,215-379 *580-608* sowie zugehörige Lieder: 20,380-384. 1960: DEFA-Produktion einer Modellaufführung des BE unter der Regie von Peter Palitzsch und Manfred Wekwerth.
Lit.: Mennemeier 1958; Hinck 1959; Engberg 1974.

Das Verhör des Lukullus

E: 1939: Im schwedischen Exil im November als »Radiotext« für den schwedischen Rundfunk beendet. Aufführung eines Schattenspiels mit diesem Text im Haus der Jüdischen Gemeinde Stockholm. Vgl. auch die Geschichte *Die Trophäen des Lukullus*, 19,425-433; 1940: Sendung des Hörspiels über den schweizer Landessender Beromünster, Radio Bern, am 12.5.1940; 1943: Amerikanische Übersetzung als *The Trial of Lucullus* von H. R. Hays; 1951: Druck der – gegenüber 1940 veränderten – Hörspiel-Fassung (mit den *Anmerkungen*) in Heft 11 der *Versuche*, Frankfurt a.M.
Z: BV 1,132-134: 1531-1564. – ED: *Das Verhör des Lukullus. Ein Radiostück von Bertolt Brecht.* In: *Internationale Literatur*. Moskau. 1940. Heft 3. S. 3-19. – D: *Stücke 7*,213-266 (SV); *7*,209-257, ab 4. Aufl.: 209-258 (AV) / GW II bzw. wa 4,1445-1478; vgl. die *Anmerkungen* (GW II bzw. wa 4,1479-1485), die eine falsche Reihenfolge der Fassungen wiedergeben / GBA 6,87-113 und 115-143 (gibt ED von 1940 und *Versuche*-Druck von 1951) *410-431*; BBB 341-349. – Musik: Roger Sessions (1947 Musik einer Oper auf Grundlage der amerikanischen Übersetzung); Bernhard Eichhorn (für ein Hörspiel im Bayerischen Rundfunk am 18.3.1949). – Mitarbeit: Margarete Steffin.

Die Verurteilung des Lukullus

E: 1949: Zusammen mit Paul Dessau Arbeit an einer »Funkoper in 2x7 Szenen«; 1951: Nicht verbreiteter Druck *Das Verhör des Lukullus. Oper in 12 Bildern. Von Paul Dessau. Text von Bertolt Brecht*, Berlin: Aufbau-Verlag 1951, als Textbuch für die geschlossene UA am 17.3.1951. Nach massiven politischen Einsprüchen Veränderung des Titels und Neudruck als *Die Verurteilung des Lukullus. Von Bertolt Brecht. Musik von Paul Dessau*, in der 2. Auflage als »Oper von Paul Dessau und Bertolt Brecht«. Gegenüber *Das Verhör des Lukullus* grundlegend geänderter Text (vgl. *Abänderungen des »Lukullus«*, GBA 24,275 und 24,277-282). Ergänzung von drei Arientexten.
Z: BV 1,132-134: 1531-1564. – ED: Aufbau-Verlag. Berlin 1951. – D: GBA 6,145-173 (entspricht ED) *410-431*; BBB 341-349. – UA: 17.3.1951 (geschlossene Aufführung); nach weiteren Korrekturen öffentliche Premiere am 12.10.1951, Staatsoper Berlin. – Musik: Paul Dessau.
Lit.: Hilfrich 1967; Müller 1972; Mayer 1973; Feuerlicht 1983; Rülicke-Weiler 1988; Lucchesi (Hg.) 1993.

Der gute Mensch von Sezuan

E: 1939: In Svendborg Wiederaufnahme der Arbeit an fünf Szenen des »alten Entwurfs« *Die Ware Liebe* aus der Berliner Zeit um 1930. Zögernde Ausarbeitung des Stücks im dänischen und finnischen Exil; 1940: Mitte des Jahres Abschluß der sogenannten finnischen Fassung. Ständige Weiterarbeit; 1941: Einarbeitung der Songs. Überarbeitung der Schlußszene. Veränderung der Namen von »Li Gung / Lao Go« in »Shen Te / Shui Ta«. Versendung des hektographierten Typoskripts an Freunde und Theaterleute; 1943/44: UA in Zürich. Bearbeitung des Textes mit Kurt Weill. Veränderung der Fabelkonstruktion – sogenannte Opium-Version oder »Version 1943« – für eine Aufführung in den USA; kommt nicht zustande; 1945: Bühnenmanuskript im Theaterverlag Reiss, Basel; 1948: Bühnenmanuskript im Suhrkamp Verlag, Frankfurt a.M; 1953: Veränderung für den Druck in Heft 12 der *Versuche*.
Z: BV 1,135-145: 1565-1688. – ED: *Versuche*. Heft 12 (*Versuche 27/32*). Berlin / Frankfurt a.M.: Suhrkamp Verlag 1953. S. 5-106. – D: *Stücke 8*,215-408 (SV);

8,209-398, ab 4. Aufl.: 211-403 (AV) / GW II bzw. wa 4,1487-1607 (entspricht dem *Versuche*-Druck von 1953) / GBA 6,175-279 (mit *Die Ware Liebe* als Anhang) *432-453* / AW 2,191-295 *713-719*; BBB 166-177. – UA: 4.2.1943, Schauspielhaus Zürich. – Musik: Paul Dessau (1947/48). – Mitarbeit: Margarete Steffin, Ruth Berlau, Kurt Weill.
Lit.: Hecht (Hg.) 1968; Knopf (Hg.) 1982; Bock 1998.

Herr Puntila und sein Knecht Matti

E: August/September 1940: Zahlreiche Stückpläne und erste Niederschrift eines »Volksstücks« auf der Grundlage von *Die Sägemehlprinzessin* der finnischen Dramatikerin Hella Wuolijoki (dreiaktiges Lustspiel und Filmskript in finnischer Sprache von 1934/37; Typoskript einer deutschen Übersetzung). Mit einer finnischen Übersetzung der Gemeinschaftsproduktion Brecht / Wuolijoki erfolglose Teilnahme an einem Dramenwettbewerb. Arbeit an den »Sprechmodellen« (typischer Tonfall der Stückfiguren). Titelvarianten: *Herr Puntila und sein Knecht Kalle / Puntila oder Der Regen fällt immer nach unten*; 1948: Für die Zürcher UA erhebliche Striche und Korrekturen (vgl. *Notizen über die Züricher Erstaufführung (1948)*, GBA 24,299-306); erstes Bühnenmanuskript; November 1949: Inszenierung des BE am Deutschen Theater, Berlin; zweites Bühnenmanuskript mit dem Text der Berliner Inszenierung; 1950: Für den Druck in Heft 10 der *Versuche* (mit dem *Puntilalied*, den umfangreichen *Notizen über die Züricher Erstaufführung (1948)* (24,299-306) und den *Anmerkungen zum Volksstück* (24,293-299); Überarbeitung unter Berücksichtigung aller vorangegangenen Fassungen; 1952: Änderung des *Prologs* für die Neuinszenierung am BE.
Z: BV 1,145-152: 1689-1766. – ED: *Versuche*. Heft 10 (*Versuche 22-24*). Berlin: Suhrkamp Verlag 1950. S. 7-88. – D: *Stücke 9*,5-165 (SV); *9*,1-165 (AV) / GW II bzw. wa 4,1609-1709 (entspricht dem *Versuche*-Druck von 1950) / GBA 6,283-370 (mit einem Teil der *Anmerkungen* und dem *Prolog* von 1952) *454-481* / AW 2,297-388 *720-729*; BBB 189-198, E6. – UA: 5.6.1948, Schauspielhaus Zürich. – Musik: Paul Dessau (für die Berliner Inszenierung 1949; vgl. GBA 24,306). – Film: 1955 produziert die Wien-Film, Wien, unter der Regie von Alberto Cavalcanti eine *Puntila*-Verfilmung mit Musik von Hanns Eisler (GBA 20,385-488 *609-618*). 1978 unter der Regie von Ralf Langbacka. – Mitarbeit: Margarete Steffin, Ruth Berlau, Hella Wuolijoki (In späteren Drucken nicht mehr genannt.).
Lit.: Martini 1974; Semrau 1981; Ammondt 1985; Neureuter (Hg.) 1987.

Der Aufstieg des Arturo Ui

E: 1934: Pläne für eine Hitlersatire. Prosafragment einer *Ui*-Fabel mit deutlicher Anspielung auf die Biographie Hitlers (*Wenige wissen heute*, 19,367-375). Zusammenhang mit dem *Tuiroman*-Projekt; 1935: Während eines USA-Aufenthalts »soziale Studien« (Kinobesuche) der amerikanischen »Gang Wars« und des Aufstiegs der Bandenchefs zu ›großen Männern‹ (*Journale*, 10.3.1935); 1941: In Finnland Ausarbeitung der Ui-Figur zur Darstellung der Parallelität von politischer (Hitler / Faschismus) und krimineller Macht (Al Capone / amerikanisches Bandenwesen). Rascher Abschluß des Stücks noch vor der Emigration nach USA im Hinblick auf dortige Aufführungsmöglichkeiten. Titel: *Der aufhaltsame Aufstieg des Arturo Ui*. Überlegungen zu einer (nicht ausgeführten) Fortsetzung (*Journale*, 12.4.1941). Variante unter dem Titel: *Arturo Ui. (Dramatisches Gedicht). Von K. Keuner*. Amerikanische Übersetzung durch H. R. Hays; 1953/54: Kurzer Text *Vor-*

bemerkung (GBA 7,356) als Vorspruch für einen geplanten Druck in Heft 14 der *Versuche*. Überarbeitung für eine mögliche UA am BE (beides nicht realisiert); 1954-1956: Das Stück erfährt – nicht eindeutige – Veränderungen in der Szenenanordnung/-numerierung. Veränderung des Schlusses und der Projektionstexte (Zeittafel). Aktualisierende Variante des »Prologs«. Neuer Titel: *Der Aufstieg des Arturo Ui*. Verworfene Titelvarianten: *The Gangsterplay we know, That wellknown racket*.
Z: BV 1,152-156: 1767-1809. – ED: *Sinn und Form. Zweites Sonderheft Bertolt Brecht*. Berlin/DDR 1957. S. 7-99 (Textgrundlage dieses Drucks nach Brechts Tod ist im wesentlichen die Fassung von 1941, daher der frühe Titel *Der aufhaltsame Aufstieg des Arturo Ui*.). – D: *Stücke 9*,181-367 (SV); *9*,183-368, ab 4. Aufl.: 183-370 (AV) / GW II bzw. wa 4,1719-1835 (Fassung 1941) / GBA 7,7-115 (entspricht der letzten Bearbeitung 1954-1956) *353-388* / AW 2,389-497 *730-746*; BBB 83-84. – UA: 10.11.1958, Württembergisches Staatstheater Stuttgart – Musik: Hans-Dieter Hosalla (für die Uraufführung). – Mitarbeit: Margarete Steffin.
Lit.: Adorno 1965; Baum 1981; Lindner 1982; Gerz (Hg.) 1983; Gerz 1983; Bormann 1984; Thiele 1990.

Die Gesichte der Simone Machard

E: 1940: Nach dem Einmarsch deutscher Truppen im Juni Kapitulation Frankreichs; Plan eines zeitgenössischen Jeanne d'Arc-Stücks; 1941: In den USA greift Brecht den Plan auf. Rasche Niederschrift von 9 Szenenentwürfen, darunter 4 »Träume«, im Dezember; 1942/43: Fabelentwurf *Die Visionen der Simone Machard* (GBA 24,320-323). Zusammen mit Lion Feuchtwanger Ausarbeitung des Stücks; Januar/Februar 1943: Abgeschlossenes Typoskript mit dem Titel: *Die Gesichte der Simone Machard. Ein Stück in acht Szenen von Bertolt Brecht und Lion Feuchtwanger*. Unterschiedliche Varianten des Schlusses; zahlreiche Titelvarianten. Englische Rohübersetzung *Simone Hears Voices. Play* zur Vorlage bei Film- und Theaterleuten. Feuchtwanger schreibt seinen Roman *Simone*; Mai 1943: Hanns Eisler erhält das Stück zur Beurteilung und beginnt mit der Vertonung von Liedern; daraufhin weitere Bearbeitung durch Brecht zu einem »Stück in zwei Akten«; Einfügung der »Traumsprache«; 1944: Scheitern der geplanten Verfilmung durch MGM; 1946: Erneute Bearbeitung. Neuaufteilung in vier Szenen. Korrektur des Schlußkapitels.
Z: BV 1,156-168: 1810-1954. – ED: *Sinn und Form*, Berlin/DDR. 1956. Heft 5/6. S. 659-722. – D: *Stücke 9*,375-486 (SV); *9*,377-488, ab 4. Aufl.: 379-491 (AV) / GW II bzw. wa 5,1841-1911 / GBA 7,117-178 (gibt die Fassung 1946) *389-415*; BBB 150-154. – UA: 8.3.1957, Städtische Bühnen Frankfurt a.M. – Musik: Hanns Eisler (begonnen 1943, fertiggestellt 1955). – Film: 1968 unter der Regie von Manfred Karge und Matthias Langhoff (Fernsehen der DDR; Verwendung der Musik Hanns Eislers.) – Mitarbeit: Lion Feuchtwanger.
Lit.: Feuchtwanger 1957; Mennemeier 1975; Albers 1978; Rumler 1983; Betz 1988.

Schweyk

E: 1927/28: Max Brod und Hans Reimann bearbeiten den Roman *Die Abenteuer des braven Soldaten Schwejk während des Weltkrieges* von Jaroslav Hašek (1920-1923; dt. 1927). Das Piscator-Kollektiv – Brecht, Leo Lania, Felix Gasbarra, Erwin Piscator, George Grosz – korrigiert die Bearbeitung für die Piscator-Bühne

grundlegend; Aufführung am 23.1.1928, Theater am Nollendorfplatz, Berlin; 1930: Pläne Weills zu einer Schwejk-Oper mit Brecht als Textautor scheitern am Veto der Hašek-Erben; 1932-1937: Verschiedene Pläne Brechts und Piscators für einen Schwejk-Film. Piscator schickt 1937 ein Exposé an Brecht. Nicht realisiert; 1942/43: Piscator und Brecht verhandeln über ein neues Schwejk-Projekt in New York, daneben Brecht mit Kurt Weill über ein Schwejk-Musical für den Broadway. Brecht verfaßt in kürzester Zeit einen *Schweyk*-Fabelentwurf (GBA 24,325-333). Ausarbeitung des Stücks mit dem Titel *Schweyk*. Weill verliert das Interesse und Hanns Eisler beginnt mit der Komposition; 1943/44: Amerikanische Übersetzung. Verhandlungen mit Charles Laughton. Scheitern sämtlicher Aufführungspläne in USA; 1947/48: Vorabdruck von Szene 7 in der Zeitschrift *Ulenspiegel*, Berlin; 1955/56: Plan einer Inszenierung am BE. Vorabdruck der Szenen 1-5 in *Zehn Jahre. Ein Almanach*. Berlin/DDR: Aufbau-Verlag 1955, S. 72-85. Hektographiertes Bühnenmanuskript *Schweyk im zweiten Weltkrieg* im Henschel-Verlag, Berlin/DDR.
Z: BV 1,168-171: 1955-1983. – ED: *Stücke*. Band 10. Berlin / Frankfurt a.M.: Suhrkamp Verlag 1957. S. 5-131 (Titel: *Schweyk im zweiten Weltkrieg*). – D: *Stükke 10*,5-131, ab 4. Aufl.: 5-130 (AV) / GW II bzw. wa 5,1913-1994 (entspricht einem verkürzten – es fehlt das *Zwischenspiel in den niedern Regionen*, vor Szene 5 – Text von 1943, jedoch von Elisabeth Hauptmann entschieden bearbeitet) / GBA 7,181-252 (gibt die am weitesten fortgeschrittene Bearbeitung von 1943 mit einem Anhang der wichtigsten Varianten) *416-452* / AW 2,499-575 *747-762*; BBB 317-323. – UA: 17.1.1957, Theater der polnischen Armee, Warschau (in polnischer Sprache); deutsche Erstaufführung: 1.3.1958, Städtische Bühnen, Erfurt. – Musik: Hanns Eisler (begonnen 1943, für UA 1957 vorläufig abgeschlossen und für die Inszenierung in Frankfurt a.M. 1959 und in Villeurbanne-Lion 1961 ergänzt und beendet.)
Lit.: Petr 1963; Müller 1973; Knust (Hg.) 1974.

The Duchess of Malfi

E: 1943: Bearbeitung von John Websters (1580-1625) *The Tragedy of the Dutchesse of Malfy* (1613/14) als »adaptation for the modern Stage«, Auftragsarbeit für den Broadway; drei Typoskriptfassungen zusammmen mit Hoffman Reynolds Hays. Grundlegende Straffung und Veränderung der Stückfabel (Betonung der Kriegshandlung und des Inzestmotivs). Hays scheidet aus; 1944: Beginn der Zusammenarbeit mit Wystan Hugh Auden; Unterbrechung; 1945: Brecht und Auden arbeiten im Sommer bzw. Herbst an jeweils eigenen Fassungen; 1946: Erneute Kooperation Brecht / Auden. Voraufführungen an der Ostküste und Broadway-Premiere am 15.10.; Brechts Bearbeitung findet keine wesentliche Berücksichtigung. Scheitern und Abbruch des Projekts.
Z: BV 1,181-205: 2074-2380. – ED: *Collected Plays*. Hg. v. Ralph Manheim und John Willett. Band 7. New York 1974. S. 329-456 (Kompilation verschiedener Typoskripte von 1945/46). – D: nicht in *Stücke* und GW bzw. wa / GBA 7,259-350 (Typoskript von Sommer 1945; berücksichtigt umfangreiches Material aus Brechts Nachlaß) *453-509*; vgl. auch die Gedichte *Als wir kamen vor Milano* (15,84f.), *Einmal unter vielen Malen* (15,93) und *Leicht, als ob nie den Boden berührend* (15,162). – UA: 25.9.1946, Shubert Theater, Boston (Brechts Inszenierungsvorschläge bleiben weitgehend unberücksichtigt). – Musik: Benjamin Britten (Ouverture zur UA).
Lit.: Kussmaul 1974; Willett 1984; Völker 1990.

Der kaukasische Kreidekreis

E: 1938/39: Im dänischen Exil Bearbeitung des Kreidekreis-Motivs (Vorlage Klabund: *Der Kreidekreis.* Spiel aus dem Chinesischen, 1924). Vornehmlich als Geschichte des Richters »Shao-fan / Tao Schun« entsteht der *Odenseer Kreidekreis* (Fragment); Januar 1940: Im schwedischen Exil Bearbeitung des Stoffs in der Erzählung *Der Augsburger Kreidekreis* (18,341-354) im historischen Kontext von *Mutter Courage* und *Leben des Galilei*; 1942: Notiz eines Filmplans in den USA; 1944: Ab März Wiederaufnahme der Arbeit und »Erste Fassung« (5 Akte und ein »Vorspiel«); datiert auf »5. Juni 1944«. Zahlreiche Übersetzungsversuche ins Amerikanische und konkrete Pläne für eine Aufführung am Broadway. Im Sommer erhebliche Korrekturen in einer »Zweiten Fassung«: u.a. Änderung der Personennamen; neues, zeitbezogenes »Vorspiel« sowie Ergänzung eines »Nachspiels«; 1949: Erstdruck der »Zweiten Fassung« in *Sinn und Form* mit dem geänderten »Vorspiel«; 1954: Neubearbeitung während der Proben am BE; Druck in Heft 13 der *Versuche* mit abermals geändertem »Vorspiel«; 1956: Prosatext *Die Geschichte des Kaukasischen Kreidekreises* (20,204-210) zu Zeichnungen des polnischen Graphikers Tadeusz Kulisiewicz; 1957: Druck in *Stücke* (SV), Band 10; 1957: Auflösung des »Vorspiels« als 1. Akt *Der Streit um das Tal* (übernommen in *Versuche,* Heft 13, ab ^{3}1958).
Z: BV 1,171-180: 1984-2073. – ED: *Sinn und Form. Sonderheft Bertolt Brecht.* Berlin 1949. S. 52-164 (Zweite Fassung 1944 ohne das »Nachspiel«). – D: *Stücke 10*,133-301 (SV); *10*,133-304, ab 4. Aufl.: 135-306 (AV) / GW III bzw. wa 5,1999-2105 (entspricht dem Druck in *Stücke* (SV), Band 10) / GBA 8,7-92 und 93-185 (Doppeldruck: ED mit dem »Vorspiel« und »Nachspiel« der ersten Fassung 1944 als Anhang / *Versuche*-Druck von 1954) *449-487* / AW2,577-675 (*Versuche*-Druck von 1954) *763-776*; BBB 212-219. – UA: 4.5.1948, Nourse Little Theatre am Carleton-College, Northfield/Minn.; 23.11.1951, Stadsteatern Göteborg (erste professionelle Aufführung); deutsche Erstaufführung: 7.10.1954, BE, Theater am Schiffbauerdamm, Berlin. – Musik: Katherine Griffith (1948 für die UA in den USA), Paul Dessau (1953/54 für die Inszenierung am BE unter Einsatz eines neuen Instruments, des »Gongspiels«, 28 Nummern.) – Mitarbeit: Ruth Berlau (Hanns Eisler, Hans Winge).
Lit.: Bunge 1957; Hinck 1959; Klotz 1961; Hennenberg 1963; Poser 1972.

Die Antigone des Sophokles

E: 1947/48: Bearbeitung der Sophokleischen *Antigone* auf Grundlage der Hölderlin-Übertragung (wörtliche Übernahme von ca. 400 Versen) mit einem *Vorspiel. Berlin, April 1945.* Umfang: 1300 Verse. Sofortiger Probenbeginn am Stadttheater in Chur (vgl. das Gedicht *Antigone,* 15,191); 1948/49: *Antigonemodell 1948,* Berlin: Gebrüder Weiß-Verlag 1949; gegenüber der Aufführung geänderter Dramentext und 94 Fotos (Ruth Berlau) der »Modellinszenierung« in Chur. Die als »Brückenverse« für Schauspieler gedachten 194 Hexameter der *Antigone*-»Legende« werden zu Bildunterschriften umgearbeitet (GBA 25); 1951: Für die Inszenierung in Greiz wird das *Vorspiel* durch einen neuen »Prolog« (8,242) ersetzt; 1952: Druck in: *Sinn und Form,* H. 5, S. 71-120 (Modellbuchtext 1948/49 mit kleineren Korrekturen); 1955: Neuauflage *Antigonemodell 1948* im Henschelverlag, Berlin/DDR (als Band 1 der »Modellbücher des Berliner Ensembles«); mit dem »Prolog« von 1951.
Z: BV 1,205-207: 2381-2397. – ED: Brecht. Neher: *Antigonemodell 1948.* Berlin: Gebrüder Weiß-Verlag 1949. Versuche 34. – D: *Stücke 11*,9-96 (SV); *11*,9-97

(AV) / GW III bzw. wa 6,2273-2327 (entspricht ED; ergänzt um einige Verse aus dem Churer Regiebuch Brechts) / GBA 8,193-242 (entspricht ED, mit dem »Prolog« als Anhang) *488-505*; BBB 76-82. – UA: 15.2.1948, Stadttheater Chur. – Mitarbeit: Caspar Neher, Ruth Berlau. – Film: 1991 unter der Regie von Jean-Marie Straub und Danièle Huillet.
Lit.: Baldo 1987; Hecht (Hg.) 1988.

Die Tage der Kommune

E: 1937: Brecht trifft in Svendborg den Norweger Nordahl Grieg, dessen Stück über die Pariser Commune *Nederlaget* (dt.: *Die Niederlage.* Übersetzung von Margarete Steffin, in: *Das Wort,* Heft 1, 3 und 4) er kennt; erste Pläne eines eigenen Commune-Stücks; 1947: Buchausgabe der Steffinschen Übersetzung, Berlin: Verlag Bruno Henschel & Sohn; 1949: Neulektüre von *Die Niederlage* und Plan einer Umarbeitung *Untergang der Kommune* für das Deutsche Theater, Berlin. Titelvarianten: *Die Tage der Commune, Zur Zeit der Kommune* und *Die 73 Tage.* Erste Stückentwürfe als fingierte Bearbeitung eines »alten französischen Stücks«; fiktiver Autor »Jacques Malorne« oder »Jacques Duchesne«. Umfangreiches Quellenstudium. Abbruch der Arbeit mit einer »vorläufigen«, als Typoskript vervielfältigten Fassung; 1956: Wiederaufnahme und erste Probenarbeit am BE; Bühnenmanuskript. Korrekturen Elisabeth Hauptmanns für den Druck in Heft 15 der *Versuche* (Titel: *Die Tage der Commune*). UA nach Brechts Tod.
Z: BV 1,207-223: 2398-2586. – ED: *Versuche.* Heft 15 (*Versuche 29/37*). Berlin / Frankfurt a.M.: Suhrkamp Verlag 1957. S. 5-76. – D: *Stücke 10*,303-437 (SV); *10*,305-440, ab 4. Aufl.: 307-442 (AV) / GW III bzw. wa 5,2107-2192 (entspricht dem *Versuche*-Druck) / GBA 8,243-317 (Bühnenmanuskript des BE von 1956) *506-555*; BBB 326-332. – UA: 17.11.1956, Städtisches Theater Karl-Marx-Stadt. – Mitarbeit: Ruth Berlau.
Lit.: Kaufmann 1962; Siegert (Hg.) 1983; Hinderer (Hg.) 1984.

Der Hofmeister von Jacob Michael Reinhold Lenz (Bearbeitung)

E: 1938: Sonett *Über Kants Definition der Ehe in der »Metaphysik der Sitten«* (11,270) entsteht als Teil der Gedichtsammlung *Studien*; 1940: Sonett *Über das bürgerliche Trauerspiel »Der Hofmeister« von Lenz* (11,270f.) für die *Studien*; *Notizen über realistische Schreibweise* (22,620-640); 1949: Zwei Stufen der *Hofmeister*-Bearbeitung im November/Dezember, unterstützt durch Mitarbeiter; 1950: Während der Proben des BE kontinuierliche Weiterentwicklung und Textkorrekturen bis zur Fassung der UA. Herstellung eines »Modellbuchs« mit Fotos von Ruth Berlau; 1951/52: Umfangreiche Dokumentation der UA und äußerst konzise Fabelerzählung mit Fotos in: *Theaterarbeit*, S. 68-120 (nicht in GW bzw. wa).
Z: BV 1,224-232: 2587-2684. – ED: *Versuche.* Heft 11 (*Versuche 25/26/35*). Berlin / Frankfurt a.M.: Suhrkamp Verlag 1951. S. 3-55. – D: *Stücke 11*,117-213 (SV); *11*,119-214 (AV) / GW III bzw. wa 5,2331-2394 (entspricht dem *Versuche*-Druck) / GBA 8,319-371 (entspricht dem *Versuche*-Druck) *556-585*; BBB 199-200. – UA: 15.4.1950, Deutsches Theater Berlin. – Mitarbeit: Ruth Berlau, Benno Besson, Caspar Neher (auch Egon Monk).
Lit.: Kitching 1976; Haffner 1979; Zimmermann 1983; Grathoff 1985.

Biberpelz und roter Hahn

E: 1892/93: Gerhart Hauptmann schreibt die vieraktige »Diebskomödie« *Der Biberpelz*; 1901: Fortführung der Handlung in dem Vierakter *Der rote Hahn*; 1913/

14: Brecht und Mitschüler arrangieren ein Puppenspiel nach *Der Biberpelz*; 1916: Inszenierung von *Der Biberpelz* durch Max Reinhardt; 1950: Zusammenfassung (sechs Akte) und Bearbeitung beider Stücke Hauptmanns für das BE; zahlreiche neue Textpassagen; 1951: Absetzung nach 14 Aufführungen aufgrund eines Einspruchs der Hauptmann-Erben; Verbot einer Publikation wegen zu starker Eingriffe in die Vorlagen.
Z: BV 1,414-418: 4658-4701. – ED: GBA 8,373-448 (Bühnenmanuskript des BE) *586-605*. – D: *Theaterarbeit*, S. 171-226 (die »hauptsächlichen Veränderungen« der Vorlagen; Dokumentation der UA). – UA: 24.3.1951, Deutsches Theater Berlin (Kammerspiele). – Mitarbeit: Egon Monk.
Lit.: Fischer 1975; Jacobs 1977; Tschörtner 1986; Müller (Hg.) 1993.

Coriolanus

E: 1924/25: Beteiligung an einer Bearbeitung des Shakespeareschen *Coriolanus* (1608) für das Deutsche Theater, Berlin (mit Erich Engel, Caspar Neher und Fritz Kortner); 1951: Projekt einer Neubearbeitung. Studium historischer Quellen (Dionysius von Halikarnassos, Titus Livius, Plutarch); 1952-1954: Übersetzung der Vorlage bis Ende 1952. »Modellhafte« 1. Szene für *Theaterarbeit*, S. 419-424. *Coriolanus* wird für den »Spielplan 53/54« des BE erwogen; vgl. das *Studium des ersten Auftritts in Shakespeares »Coriolan«* (23,386-402). Während der – bald abgebrochenen – Proben Korrekturen des Textes; 1955: Erneute »Analyse« der 1. Szene wegen neuer Aufführungspläne. – 1966: Günter Grass knüpft mit dem Stück *Die Plebejer proben den Aufstand* an Brecht *Coriolanus* an.
Z: BV 1,238-245: 2749-2821. – ED: *Stücke*. Band 11. Berlin / Frankfurt a.M.: Suhrkamp Verlag 1959. S. 227-381. – D: *Stücke 11*,229-391 (AV) / GW III bzw. wa 6,2395-2497 / GBA 9,7-81 *341-373*; BBB 104-105. – UA: 22.9.1962, Städtische Bühnen Frankfurt a.M. – Musik: Paul Dessau (für die Insenierung des BE, September 1964).
Lit.: Dieckmann 1965; Grass 1965; Grathoff 1971; Gebhard 1972; Brunkhorst 1973; Baum 1981; Verweyen 1984; Michael 1987; Buzady 1990.

Anna Seghers. Der Prozeß der Jeanne d'Arc zu Rouen 1431

E: 1937: Für den Rundfunk Antwerpen schreibt Anna Seghers das Hörspiel *Der Prozeß der Jeanne d'Arc zu Rouen 1431* (Druck in: *Internationale Literatur*. Moskau. 1937. H. 5, S. 74-90); 1952: »Bearbeitung des Berliner Ensembles« in 14 Szenen; 1953: Bühnenmanuskript (im Aufbau-Bühnen-Vertrieb); 1954: Zwei Überarbeitungen: Hinzufügung einer Anfangs- und Schlußszene, einer Volksszene und drei Strophen des Gedichts *Ditié de Jeanne d'Arc* von Christine de Pisan (1364-1431); gekürzte Bühnenfassung (16 Szenen) für die Neuinszenierung.
Z: BV 1,232-238: 2685-2748. – ED: *Stücke*. Band 12. Berlin / Frankfurt a.M.: Suhrkamp Verlag 1959. S. 5-83. – D: *Stücke 12*,5-77 (AV) / GW III bzw. wa 6,2449-2546 (Bühnenfassung von 1954, 16 Szenen) / GBA 9,83-125 (Bearbeitung von 1952, 14 Szenen; mit den 1954 geänderten Szenen im Anhang) *374-396*; BBB 305-306. – UA: 23.11.1952, Deutsches Theater Berlin, Kammerspiele (das Stück wird bis April 1954 zeitweise zusammen mit *Die Gewehre der Frau Carrar*, dann in erweiterter Form bis Juni selbständig aufgeführt). – Musik: Kurt Schwaen (1954 für das Lied *Wunderbarlich Mädchen du* nach Christine de Pisan). – Mitarbeit: Benno Besson, Anna Seghers.

Turandot oder Der Kongreß der Weißwäscher

E: 1930-1935: Entwürfe und Skizzen zu einer Komödie über »bürgerliche Ideologen« als Teil des sogenannten Tui-Komplexes; früher Titel *›Turandot‹ oder ›Die Macht des Geistes‹*; 1935: Der Pariser Schriftstellerkongreß zur Verteidigung der Kultur im Juni befördert die Weiterarbeit und begründet den Titel; 1941: Weitere Beschäftigung im Kontext des *Arturo Ui*; »Ui« als sprachliche Reduktion von »Tui« (Tellekt-uell-ins); 1942: Vorschlag Hanns Eislers, das Institut für Sozialforschung (Adorno, Horkheimer, Marcuse, Pollock u.a.) als Vorbild für den *Tuiroman* zu nutzen; 1944: Weiterarbeit an einem Tui-Drama; 1953/54: Ausarbeitung des *Turandot*-Dramas in 15 bzw. 10 Szenen. Unter dem Eindruck des 17. Juni 1953 *Vorwort zu Turandot*, unvollständig in: *Sinn und Form*. 1991. H. 1. S. 5f.
Z: BV 1,246-259: 2829-2988. – ED: *Stücke*. Band 14. Frankfurt a.M.: Suhrkamp Verlag 1967. S. 5-132 (auf Grundlage der letzten Bearbeitung 1953/54 für den Druck eingerichtet von Elisabeth Hauptmann). – D: *Stücke 14*,5-129 (AV) / GW III bzw. wa 5,2193-2269 (Fassung von 1954) / GBA 9,127-198 (Typoskript 1954, mit drei Szenen als Anhang) *397-416*. – UA: 5.2.1969, Schauspielhaus Zürich. – Musik: Yehoshua Lakner.
Lit.: Thiele 1981; Knopf (Hg.) 1986.

Don Juan von Molière

E: 1951/52: Bearbeitung von Molières Komödie *Dom Juan ou Le festin de pierre* (1664/65; dt. *Don Juan oder Der steinerne Gast*) durch Elisabeth Hauptmann, Benno Besson und Brecht; UA durch das BE. 1953/54: Überarbeitung (Hinzufügung der sogenannten Rudererszene, I/5). Neuinszenierung als Eröffnungspremiere des BE im Theater am Schiffbauerdamm am 19.3.1954.
Z: BV 1,245f.: 2822-2828. – ED: *Stücke*. Band 12. Berlin / Frankfurt a.M.: Suhrkamp Verlag 1959. S. 85-188 (auf Grundlage der letzten Fassung 1954 für den Druck überarbeitet von Elisabeth Hauptmann). – D: *Stücke 12*,79-180 (AV) / GW III bzw. wa 6,2547-2615 (entspricht ED) / GBA 9,199-257 (Typoskript von 1954) *417-430*. – UA: 25.5.1952, Volkstheater Rostock. – Mitarbeit: Elisabeth Hauptmann, Benno Besson.

Pauken und Trompeten

E: 1954/55: Deutsche Übersetzung von George Farquhars Komödie *The Recruiting Officer* (1705/06) durch Elisabeth Hauptmann und Benno Besson; Bearbeitung durch Brecht und Besson für das BE; mehrere Textfassungen. Während der Ausarbeitung Verlegung der Handlung in das »England zur Zeit des amerikanischen Unabhängigkeitskrieges« (1775-1783). Zahlreiche Stückpläne, Titel- und Szenenvarianten; ein Inspizientenbuch überliefert den Bühnentext der UA.
Z: BV 1,259-271: 2989-3140. – ED: *Stücke*. Band 12. Berlin / Frankfurt a.M.: Suhrkamp Verlag 1959. S. 195-345 (auf Grundlage des Inspizientenbuchs für den Druck überarbeitet von Elisabeth Hauptmann). – D: *Stücke 12*,187-335 (AV) / GW III bzw. wa 6,2617-2710 (entspricht ED) / GBA 9,259-338 (letzte Textfassung 1955; mit wichtigen Varianten zur Bühnenfassung im Kommentar) *431-457*. – UA: 19.9.1955, Berliner Ensemble; Januar 1962, Städtische Bühnen Lübeck. – Musik: Rudolf Wagner-Régeny. – Mitarbeit: Elisabeth Hauptmann, Benno Besson.
Lit.: Ferran 1972; Wertheim 1975; Mews 1980.

2.8 Die Stückfragmente und Stückprojekte im Überblick

In den Journalen und Briefen gibt es zahlreiche Hinweise auf nicht oder nur teilweise ausgeführte Stückprojekte. Die nachfolgende Übersicht erfaßt die wichtigsten, jeweils unter dem Arbeitstitel zusammengefaßten Stückpläne, Szenenentwürfe und Bruchstücke. Grundlage ist Band 1 des Bestandsverzeichnisses des Bertolt-Brecht-Archivs bzw. GBA 10.

Einige Stückfragmente stehen in direktem Zusammenhang mit ausgeführten Arbeiten Brechts, entweder aufgrund thematischer Schwerpunkte (z.B. *Dan Drew* und *Jae Fleischhacker in Chikago* als umfangreiche Vorarbeiten zu *Die heilige Johanna der Schlachthöfe*) oder als frühe Fabelentwürfe eines erst viel später ausgearbeiteten Stücks (*Die Ware Liebe* von 1927/28 als Entwurf zu *Der gute Mensch von Sezuan*).

Oratorium

E: 1919. Z: BBA. ED: Frisch/Obermeier, 1975, S. 278-283 (Typoskript / Abschrift von Armin Kroder). D: GBA 10,7-10 (Manuskript Brechts).
Vgl. den Einakter *Die Bibel* (1,7-15) und die Szene *Das Feuer* (26,93).

Sommersinfonie

E: 1919-1921. Z: BV 1,287f.: 3273-3281. ED: GBA 10,11-15.

Galgei

E: 1920-1925. Z: BV 1,275-277: 3177-3193. ED: GBA 10,16-48.
Vorstufe zu *Mann ist Mann* (2,93-227).

Herr Makrok

E: 1919. Z: Manuskripte, Nachlaß Jacob Geis. ED: GBA 10,49-74.
Vater-Sohn-Thematik. Autobiographische Bezüge.

Hans im Glück

E: 1919/20. Z: BV 1,275: 3174-3176. ED: GBA 10,75-119.
Nach dem gleichnamigen *Kinder- und Hausmärchen* (1812-1815) der Brüder Grimm, unter dem Gesichtspunkt des »Materialwerts«.

David

E: 1919-1921. Z: BV 1,280-282: 3212-3228. ED: GBA 10,120-142.
Biblische Thematik, später nochmals aufgegriffen im *Goliath*-Fragment (vgl. S. 139).

Die Bälge

E: 1920. Z: BV 1,284: 3244-3246. ED: GBA 10,143-149.
Thema: Abtreibung. Vgl. *Baal* und *Die Hochzeit* (über die *Keuschheitsballade*).

Der grüne Garraga

E: 1920. Z: BV 1,279: 3203-3206. ED: GBA 10,150-156.
Anklänge an die Thematik des Ewigen Juden.

Park Gogh
E: 1920/21. Z: BV 1,279: 3207-3209. ED: GBA 10,157-160.

Die Fleischbarke. Operette
E: 1920. Z: BV 1,283: 3239f. ED: GBA 10,161f.
Schiffsmotiv; vgl. das Fragment *Der grüne Garraga* oder die Geschichte *Bargan läßt es sein* sowie verschiedene Gedichte.

Die Päpstin Johanna
E: 1921. Z: BV 1,285f.: 3249-3260. ED: GBA 10,163-175.
Verarbeitung des Stoffs einer mittelalterlichen Legende.

Gösta Berling
E: 1922-1924. Z: BV 1,293-295: 3325-3343. ED des *Vorspiels*: *Das Kunstblatt*. Potsdam. 1924. Heft 1. S. 7-12. D: GW III bzw. wa 7,2883-2892. GBA 10,176-231.
Dramatisierung des Romans *Gösta Berlings saga* (1891, dt.: *Gösta Berling*) von Selma Lagerlöf.

Bertold Brechts Kolportagedramatik
E: 1922. Z: BV 1,286: 3263-3266. ED: GBA 10,232-234.
Parodie auf Themen der Klassik (Goethe, Schiller) und der Bibel.

Der Impotente
E: 1922. Z: BV 1,286f.: 3267-3271. ED: GBA 10,235-238.

Hannibal
E: 1922. Z: BV 1,290-292: 3297-3322. ED der ersten Szene (B 3): *Berliner Börsen-Courier*. 12.11.1922. D: GW III bzw. wa 7,2875-2882. GBA 10,239-270.
Behandlung des historischen Stoffs nach antiken Zeugnissen (Livius); teilweise Reaktion auf Grabbes gleichnamiges Stück.

Jae Fleischhacker in Chikago
E: 1924-1929. Z: BV 1,302-311: 3412-3517. ED: GBA 10,271-318.
Grundlagen zu diesem Projekt, mit denen ihn sein Bruder Walter 1925 direkt aus den USA versorgt, und die Lektüre von Frank Norris' Wirtschaftsromanen verarbeitet Brecht kurz danach in *Die heilige Johanna der Schlachthöfe* (vgl. S. 89f.). Er bricht die Arbeiten am Fleischhacker ab: »statt dessen begann ich Marx zu lesen« (22,139) – wie er später sagt.

Alexander und seine Soldaten
E: (1917) 1924. Z: BV 1,292f.: 3323f. ED: GBA 10,319f.

Mann aus Manhattan
E: Um 1924. Z: BV 1,295f.: 3346-3354. ED von *Anne Smith erzählt...* (B 5): GW Supplement 2 bzw. wa Supplement III,171f. D: GBA 10,321-333.

Dan Drew
E: 1925/26. Z: BV 1,296-298: 3355-3373. ED: GBA 10,334-381.
Vgl. *Die heilige Johanna der Schlachthöfe*.

Revue
E: 1926. Z: BV 1,299: 3380-3384. ED: GBA 10,382-385.
Geplant als Revue für Max Reinhardt, Großstadt-Thematik; vgl. auch die Gedichtsammlung *Aus dem Lesebuch für Städtebewohner*.

Fatzer
E: 1926-1930. Z: BV 1,311-328: 3521-3731. ED: *Versuche*. Heft 1 (*Versuche 1-3*). Berlin: Gustav Kiepenheuer Verlag 1930. S. 24-35 (Teile) (3. Versuch) / *Gedichte 2*,199 (SV); *2*,200 (AV) (*Unrecht ist menschlich*) / *Gedichte 9*,12 (SV); *9*,23 (AV) (*Das Gesicht des Denkenden von der Zeit nach ihm*). D: GW III bzw. wa 7,2893-2912 (U.d.T.: *Untergang des Egoisten Johann Fatzer*). GBA 10,387-529.
Aus den Texten des umfangreichsten Fragments (fünf Arbeitsphasen) erstellt Heiner Müller 1978 eine Spielfassung (es 1830).
UA: 1975/76: Andrzej Wirth, Stanford, 1976: Frank-Patrick Steckel, Schaubühne Berlin, 1987: Manfred Wekwerth / Joachim Tenschert, BE.
Lit.: Wilke 1998.

Die letzten Wochen der Rosa Luxemburg
E: 1926/27. Z: BV 1,329: 3734-3736. ED: *Drucksache 6*, Berlin, 1993, S. 245-252. D: GBA 10,530f.
Vgl. *Rosa Luxemburg* (von 1944, 1948, 1952).

Chinesischer Vatermord
E: Zwischen 1926 und 1932. Z: BV 1,302: 3410f. ED: GBA 10,532-534.
Grundlage ist eine Zeitungsmeldung aus Japan (Nachlaß).

Sintflut
E: 1925/26. Z: BV 1,300f.: 3391-3405. ED: GBA 10,535-545.
Vgl. *Betrachtungen bei Regen* (*Frankfurter Zeitung*, 27.7.1925) und die Überarbeitung von *Im Dickicht der Städte* 1926.

Macbeth
E: 1927. Z: BV 1,328: 3732f. ED: SzT 1,101-106 (SV); 1,108-114 (AV) (*Vorrede zu »Macbeth«*). D: GBA 10,546-553.

Die Neandertaler
E: 1927. Z: BV 1,299: 3385f. ED: GBA 10,554-561.

Clownerien
E: Um 1927. Z: BV 1,300: 3388. ED: GBA 10,562f.

Die Ware Liebe
E: 1927/28 und um 1930. Z: BV 1,331: 3755-3757. ED: GBA 6,280f.
Vorstufe zu *Der gute Mensch von Sezuan*.

Der Brotladen
E: 1929/30. Z: BV 1,332-343: 3761-3926. ED: *Sinn und Form*. Berlin/DDR. 1958. Heft 1. S. 5-27 (Prolog, zwei Szenen) / Gedichte 9,27-32 (SV) (*Prolog, Der Weg nach unten!, Aber auch unter uns gibt es noch Ebenen, Einst sah ich eine Suppe*); 9,27-34 (AV) (*Prolog, Rundgesang der Als, Einst sah ich eine Suppe, Lied der Als im*

Heilsarmeelokal, Aber auch unter uns gibt es noch Ebenen, Der Weg nach unten!). D: GW III bzw. wa 7,2913-2949. GBA 10,565-659.
Vgl. Elisabeth Hauptmanns Stück *Happy End* und *Die heilige Johanna der Schlachthöfe*. Manfred Karge und Matthias Langhoff erstellen 1967 eine Spielfassung (es 339).

Eisbrecher Krassin
E: 1929/30. Z: BV 1,331f.: 3758-3560. ED: GBA 10,660-662.

Der böse Baal der asoziale
E: 1929/30. Z: BV 1,350-354: 3999-4043. ED: es 248. D: GBA 10,663-675.
Vgl. *Baal* und die Lehrstücke.

Der Brückenbauer
E: 1929/30. Z: BV 1,354: 4045-4050. ED: GBA 10,676-678.

Aus nichts wird nichts
E: 1929/30. Z: BV 1,344-349: 3927-3994. ED: GW III bzw. wa 7,2950-2963 (Teile). D: GBA 10,679-718.

Das wirkliche Leben des Jakob Gehherda
E: 1936/37. Z: BV 1,359-362: 4096-4138. ED: *Gedichte* 5,169f. (SV); 5,171f. (AV) (*Der neue Don Quichote, Von uns gehen eben dreizehn auf ein Dutzend*). D: GW III bzw. wa 7,2964-2986. *Spectaculum 41*, 125-144; 286. GBA 10,719-752.
Weitere Bearbeitung (zusammen mit Margarete Steffin) des Motivs der Persönlichkeitsspaltung (vgl. *Die heilige Johanna der Schlachthöfe* oder *Der gute Mensch von Sezuan, Herr Puntila und sein Knecht Matti* u.a.).
Lit.: Hauck 1998.

Goliath
E: 1937. Z: BV 1,363-369: 4141-4212. ED: GBA 10,753-789.
Vgl. das *David*-Fragment.

Die Geschäfte des Herrn Julius Caesar
E: 1937. Z: BV 1,369-373: 4213-4262. ED: Jeske (Hg.) 1984, S. 264-274 (Teile). D: GBA 10,790-823.
Vorstufe zum gleichnamigen Roman (ebenfalls Fragment).

Pluto
E: 1940. Z: BV 1,374f.: 4268-4275. ED: GBA 10,824-831.

Die Judith von Shimoda
E: 1940. Z: BV 1,375-377: 4276-4296. ED: GBA 10,832-877.
Bearbeitung (mit Steffin und Hella Wuolijoki) des japanischen Stücks (in englischer Übersetzung) *The Story of Shink Okichi*. (Vgl. auch *Journale*, 25.9.1940.)

Leben des Konfutse
E: 1939-1941. Z: BV 1,378-380: 4301-4327. ED: *Neue Deutsche Literatur*. Berlin/DDR. 1958. Heft 2. S. 10-13 (*Der Ingwertopf*). D: *Theater heute*. Velber bei Hannover. 1965. Heft 1. S. 67 (*Der Ingwertopf*). GW III bzw. wa 7,2987-2992. GBA 10,878-894.

A Woman Killed with Kindness
E: 1941/42. Z: BV 1,385f.: 4374-4383. ED: GBA 10,895-911.
Bearbeitung des Stücks von Thomas Heywood (1907).

Leben des Menschenfreunds Henri Dunant
E: 1942. Z: BV 1,381: 4334-4341. ED: GBA 10,912-917.
Vgl. auch den Prosatext *Die seltsame Krankheit des Herrn Henri Dunant* (20,89-95) für einen nicht ausgeführten Film über den Gründer des Roten Kreuzes.

Ruza Forest
E: Um 1942. Z: Nachlaß. ED: GBA 10,918-921.

Die Reisen des Glücksgotts
E: Zwischen 1942 und 1949. Z: BV 1,382-384: 4346-4372. ED: *Gedichte 9*,89 (SV); *9*,95 (AV) (Lieder). D: GBA 10,922-937.

Der Wagen des Ares
E: 1946-1948. Z: BV 1,386-388: 4385-4405. ED: GBA 10,938-953.

Dante-Revue
E: Um 1948. Z: BV 1,388: 4406-4409. ED: GBA 10,954-957.

Der Salzburger Totentanz
E: 1949-1951. Z: BV 1,392-394: 4441-4456. ED: *Stuttgarter Zeitung*. 5.1.1963. D: GW III bzw. wa 7,2993-2999. GBA 10,958-970.

Büsching
E: 1950-1954. Z: BV 1,395f.: 4470-4480. ED: GBA 10,971-979.
Geplantes Stück über einen »Helden der Arbeit«, Hans Garbe. Gehört in weiterem Sinn zu den Lehrstücken.

Rosa Luxemburg
E: 1944, 1948, 1952. Z: BV 1,396f.: 4481-4488. ED: *Drucksache 6*, Berlin, 1993, S. 245-252. D: GBA 10,980-983.

Leben des Einstein
E: 1955/56. Z: BV 1,397f.: 4492-4501. ED: GBA 10,984-986.
Vgl. *Leben des Galilei*, Berliner Fassung, 1955/56.

Neben diesen Stückfragmenten und Stückprojekten mit mehr oder weniger ausgeführten Plänen, Entwürfen und / oder angefangenen Dialogen gibt es 112 weitere Stückprojekte und Stückideen, zu denen es teilweise nur einen Titel – z.B. *Caesar unter den Seeräubern. Lustspiel* (Nr. 32) – oder wenige Stichworte und Notizen gibt. Sie sind – zeitlich geordnet – am Ende von GBA 10 kurz charakterisiert (10,1301-1311).

3. Der Lyriker

3.1 Gelegenheitsgedichte

Im Erscheinungsjahr der *Hauspostille* 1927 startet die Zeitschrift *Das Tagebuch* wie jedes Jahr vor Weihnachten ihre *Umfrage bei den besten Autoren über das beste Buch des Jahres* (Heft 49, 3.12.1927) – sozusagen als Tip für letzte Geschenke. Brechts Freund Arnolt Bronnen nennt an erster Stelle: »*Brechts ›Hauspostille‹*, aufzeigend die einzig mögliche Art, in diesem Land noch Gedichte zu schreiben, und also umgekehrt, wie sie sonst geschrieben und begriffen wird: Nur mehr durch ihre Form vereinzelt, durch diese Vereinzelung schlechthin und sinnlos erregend; im ganzen aber erklärbar, durchaus ungedichtet und deutlich.« Arnold Zweig führt zunächst einige Romane von Döblin, Feuchtwanger u.a. an: »Dann ein Gedichtbuch, *Bertolt Brechts ›Hauspostille‹* (Propyläen-Verlag), ein Buch, in dem der Bodensatz und der Gesang unserer Zeit zu hinreißendem Ausdruck kommt und dessen große Gedichte die Nähe von Nordseenächten gut vertrugen.« Herbert Jhering schreibt lapidar: »Die besten Bücher? Die *›Zuchthausbriefe‹* von *Max Hölz, ›Wir sind Gefangene‹* von *Oskar Maria Graf, ›Die Hauspostille‹* von *Bert Brecht.*«

Der Verlag wirbt für den Gedichtband mit folgenden Hinweisen: »*Bert Brechts Hauspostille.* Sie ist soeben erschienen. In ihr hat der zukunftsreiche junge Dramatiker seine Verse zum ersten Mal gesammelt. Den Titel entlehnt er den alten häuslichen Erbauungsbüchern, den Stoff aber entnimmt er dem modernen Leben. Brechts Verse bezeugen seine Phantasiefülle, die Plastik seiner Sprache und seinen verbissenen Humor.« (*Die Literarische Welt*, Nr. 14, 8.4.1927, S. 3.)

Bevor er mit diesem Band an die literarische Öffentlichkeit geht (erstmals angekündigt im Kiepenheuer-Druck von *Baal* im Jahre 1922), ist Brecht als Lyriker nicht besonders in Erscheinung getreten. Sein Bänkelsang der Augsburger Jugendjahre ist allenfalls den engsten Freunden bekannt. Kostproben seiner Verse sind lediglich durch die ersten Drucke seiner Stücke mit den jeweiligen Songs zugänglich.

Verse sind gleichwohl sehr früh die Spezialität des Stückeschreibers und Regisseurs Brecht. Während er sich die Konzeptionen und die Dialoge zu den unterschiedlichsten Stücken erst allmählich erarbeiten muß, hat er mit Reimen weit weniger Schwierigkeiten. Dabei handelt es nicht nur um Endreime, sondern auch um rhythmische Texte wie *Die Leute* (13,42f.) oder *Die Musik* (13,43f.), die schon der Schüler im Jahre 1913 zu Papier bringt. Andere Gedichte unter den Erstlingen lassen sich schwer zu großer lyrischer Dichtung rechnen, sei es das »teutsche« *Bannerlied* (13,21f.) und ähnliche chauvinistische Erzeugnisse, die ganz dem Zeitgeist verpflichtet sind, oder Beispiele wie »Der Mensch ist kein Schwimmer, der Mensch kein Flieger: / Er ist aus der Gattung der Rückenlieger.« (13,171.)

Verschiedene Notizen aus unterschiedlichsten Zeiten, im Brecht-Archiv überliefert, zeigen, daß Brecht sich auch über (End)Reime mehrfach und immer wieder Gedanken gemacht, Listen mit Reimworten aufgezeichnet hat.

Lange dauert es nicht, bis er sehr schöne, zündende Verse findet, die fast von Anfang an für ihn mit Musik verbunden sind wie etwa die *Lieder zur Klampfe von Bert Brecht und seinen Freunden. 1918* (11,7-14). Teilweise hat er selbst Ideen und notiert sie auf seine unkonventionelle Weise (vgl. Hecht, Hg., 1978, S. 27); bald findet er aber Musiker wie Franz S. Bruinier, die seine Melodien in gängiger Form in Notenbilder bringen.

Oft stehen Gedichte – z.B. die über »Mahagonny« – am Anfang zu einem Stück oder sind unabhängig davon lange vorher geschrieben; oder die Arbeit an der Inszenierung eines Stücks erfordert neue Gedichte: So geschehen z.B. im Sommer 1928, buchstäblich in letzter Minute vor der Uraufführung der *Dreigroschenoper*. Weil der Darsteller des Macheath unzufrieden ist mit seiner Rolle, aus seiner Sicht zu kurz kommt, entsteht spontan ein Song wie *Die Moritat von Mackie Messer* (11,133f.).

Lange hauptsächlich bis ausschließlich als Dramatiker eingestuft, wird Brecht heute neben Gottfried Benn und Rainer Maria Rilke zu den großen Lyrikern des 20. Jahrhunderts gezählt. Daß er sich mit diesen messen kann, zeigt sich nicht nur an der Zahl seiner Gedichte, sondern auch an der Vielfalt seiner Themen und der Fülle der Formen.

Wie in den anderen Bereichen findet er auch bei der Lyrik Vorbilder (z.B. Walt Whitman, Rudyard Kipling) und reagiert bereits in den Schülergedichten zunächst auf kriegerische Zeitereignisse. Ein durchgängiges Thema in der Lyrik ist z.B. Deutschland. Wohl am stärksten in der Tradition Heinrich Heines, kommt Brecht in seinen Gedichten immer wieder auf dieses Thema zurück. *Deutschland, du Blondes, Bleiches* (13,171f.), das er am 28.6.1920 in ein Notizheft schreibt, ist gleichzeitig Brechts erste Hommage an – ein wenn auch »phantastisches« – Amerika als Alternative. In Gedichten sind außerdem oft die Themen angelegt, die Brecht später in Stücken, Opern oder Prosa ausbreitet. Der lyrische Vorentwurf bündelt Themenkomplexe, bevor sie der dramatischen Formung zugänglich sind, z.B. die Mahagonny-Gedichte der Jahre 1924/25 (11,100-106; 13,297-299).

In sein Tagebuch von 1913 notiert Brecht Verse und kleine Gedichte, auch Versuche zu großen Balladen. Sein erstes überliefertes Gedicht datiert vom 19.5.1913: in ganz traditioneller Weise inszeniert sich der Schüler als Sänger und Dichter unter der Linde (*Sommer*; 26,10f.). Abendröte (*Die Erinnerung*; 26,42), graue Tage (*Fontainebleau*; 26,44f.), helle Nächte (*Der Bettler*; 26,37), Stille (*Alexander*; 26,38-40) markieren die zurückgezogenen Orte, an denen Brecht seine Leidenschaft zu dichten kultiviert. Heimat- und Naturgedichte und, weil Geschichte dem Schüler als eine von Siegen und Niederlagen vermittelt wird: viele Helden- und Kriegsgedichte über *Alexander* (26,38-40), den Großen, oder Napoleon (*Fontainebleau*, 26,44f.) notiert Brecht in dieses Tagebuch. Gedichte schreiben ist in erster Linie Übung, und Brecht probiert und kopiert sämtliche lyrischen Formen. Anschließend stellt er die Ergebnisse durchaus in Frage. Zu *Heimat* (26,13f.) notiert er im Mai 1913: »Das die Probe einer Ballade. Ich beherrsche den Stil noch nicht!« (26,14.) Zu *Friedhof* meint er im August: »Dieses Gedicht ist Skizze und nichts wert.« (26,69f.) Bei *Mond!* heißt es: »Schlußzeile banal!« (26,75.) Oder er stellt schon fest, bevor er *Die Gewaltigen* ins Tagebuch einträgt: »Nachfolgend ein Versuch, ein Sonett zu formen.« (26,12.)

Der Kaiser. Silhouette vom Januar 1915, am 27.1.1915 in den *Augsburger Neuesten Nachrichten* erschienen, fängt die Stimmung in Deutschland während des ersten Weltkriegs sehr genau ein: der Krieg gilt als Aufbruch aus der Erstarrung zu einem Zeitpunkt, als »der Frieden nur mehr Untergang war« (13,76). Solche Euphorie läßt jedoch rasch nach. Es wird Brecht bewußt, daß Krieg kein Spiel mit Säbeln ist: »Bei den Soldaten drunten / Ist auch mein Freund dabei«, heißt es 1916 in *Soldatengrab* (13,89). Es folgen keine Kriegsgedichte mehr, vielmehr eine Phase der Selbstbesonnenheit, der Emanzipation und des Erwachsenwerdens, die sich auch in der Lyrik niederschlägt (*Der Himmel der Enttäuschten* oder *Hymne an Gott*, 13,100f.).

Die Leitfiguren seiner Gedichte und Balladen wechseln am Ende des Kriegs: Die große, zwölfstrophige *Ballade vom François Villon* (13,113-115) und der kurz darauf geschriebene *Choral vom großen Baal* (13,121-123; beide Anfang 1918) zeigen den selbstbewußten, aber verkannten und als verkommen betrachteten Dichter. Viele Gedichte ab 1918 haben erotische Inhalte: *Was brauchen den Dirnen* (13,110), *Oh, holde Jungfrau* (13,116), *Liebeslied* (13,123f.), *Ich, Jüngling, sage mir* oder *Durch die Kammer ging der Wind* (beide 13,151). Der Lyriker, Verführer und Vernichter Baal, seine proletarische Bohème ist Brechts neue Rolle. Obwohl er in seiner Augsburger Mansarde bis zur Erschöpfung arbeitet, ein Projekt nach dem anderen entwirft, um es im nächsten Moment wieder zu verwerfen, ist sein emotionales Grundmuster das Gelangweiltsein. Typisch und in der Tradition des jungen Büchner und Heines schreibt der Zweiundzwanzigjährige ins Tagebuch: »Wie mich dieses Deutschland langweilt. [...] Ein verkommener Bauernstand, [...] ein verfetteter Mittelstand und eine matte Intellektuelle! Bleibt: Amerika!« (26,121.) Und sein berühmt gewordenes Jugendgedicht aus der gleichen Zeit, *Deutschland, du Blondes, Bleiches*, endet: »Und in den Jungen, die du / Nicht verdorben hast / Erwacht Amerika!« (13,172.)

Natürlich verbindet der mittlerweile als Student in München eingeschriebene Brecht damit keinen konkreten geographischen Ort. Amerika, das ist das ganz andere, Amerika ist das Land, in dem jeder die Chance hat, Erfolg zu haben, wenn er nur tüchtig kämpft. »Öl und Eisen und Gold gab es mehr als Wasser / [...] / In den ewigen Prärien aus Stein« (*Ane Smith erzählt die Eroberung Amerikas*, 13,287; vgl. auch *Mich hat erfaßt das Fieber*, 13,284). Es ist nicht verwunderlich, denn was von jenseits des atlantischen Meeres in die junge deutsche Republik – manches sogar nach Augsburg – lockend herüberschwappt, ist tatsächlich bunter als die Tristesse des vom verlorenen Krieg arg mitgenommenen Deutschland. In den schnapstrunkenen Gedichten und exotischen Geschichten dieser Zeit spiegelt sich auch der Frust des jungen Zivilisationsflüchtlings, der nur eins will: raus aus der Kleinstadt und aller Welt zeigen, was er kann (vgl. *Anna redet schlecht von Biti*, 13,197f.). »Aus dem Aasloch Europa erhebt sich befreiter / Ein neues Geschlecht und es dehnt sich und wächst«, heißt es zukunftsgewiß in *Unsre Erde zerfällt* (13,172f.).

Exotische Themen wie in der *Ballade von den Abenteurern* (11,78), der *Ballade auf vielen Schiffen* (11,78-80), in *Das Lied von der Eisenbahntruppe von Fort Donald* (11,82f.), der *Ballade von den Seeräubern* (11,85-89) oder der *Ballade von der Hanna Cash* (11,90-92), später in der »Lektion« *Chroniken* in der *Hauspostille* zusammengestellt, sind lange Zeit bei Brecht sehr beliebt, genauso wie das Thema Liebe, und sei es deren Vergänglichkeit – wie bei der *Erinnerung an die Marie A.* (11,92f.), geschrieben im Zug bei seiner ersten Reise nach Berlin im Februar 1920 als *Sentimentales Lied No. 1004*, um anzudeuten, daß damit Don Juan und Casanova mit ihren angeblich jeweils 1003 Geliebten überrundet sind.

Das als Beispiel für nihilistische Tendenzen des jungen Brecht verstandene (vgl. Schwarz 1971) Gedicht *Den Nachgeborenen* (»Wenn die Irrtümer verbraucht sind / Sitzt als letzter Gesellschafter / Uns das Nichts gegenüber«, 13,189) ist kein Ausdruck anhaltender Verzweiflung. Es ist weniger symptomatisch, vielmehr der Beginn einer Neuorientierung, weg von Augsburg und München. Der Tod der Mutter im Mai 1920 (vgl. das Gedicht *Der Beleidigte*, 13,168f.) hat die Bindungen zur Familie schwächer werden lassen, und auch die Freunde orientieren sich neu. Weniger Verzweiflung als Unsicherheit über seine Zukunft und eine daraus resultierende Unentschlossenheit diktieren die ungewöhnlich zahlreichen Gedichte der Jahre 1920 bis 1922. »Man rauchte, las Zeitung, trank Kognak, schlief, schiß«, heißt es 1922 – wohl nicht ohne jeden autobiographischen Bezug – in dem Gedicht *An meiner Wiege* (13,242f.).

Andererseits trifft eine Feststellung wie die in *Das Zehnte Sonett* auf Brecht nicht zu: »Es ist mir gleich, ob diese Welt mich liebt« (13,394). Die vielen narzistischen Kränkungen und die vielen Enttäuschungen bewahrt er vor allem in Gedichten auf. *Die jungen Mädchen lieben uns nicht* (13,96f.) meint er bereits 1917. 1922 schreibt er *Der Narziß* (13,249) und die Variante *Dies milchglasige Licht* (13,249f.).

In intensiver Zusammenarbeit mit Kurt Weill entstehen ab 1927 die populärsten Songs von Brecht für die Oper *Aufstieg und Fall der Stadt Mahagonny* (2,333-389) bzw. das Songsspiel (2,323-331), für die *Dreigroschenoper* (2,229-308; vgl. 11,131-149) und für *Happy End* (u.a. *Der Bilbao-Song*, 14,23-25), das Stück von Elisabeth Hauptmann, das sie unter dem Pseudonym »Dorothy Lane« herausbringt. Viele Songtexte schreibt Brecht in dieser hochproduktiven Phase aus ökonomischen Gesichtspunkten und anfänglich unabhängig von konkreten Stückprojekten. Andererseits gibt es Mehrfachverwendungen: *Der Leutnant des lieben Gottes* (14,25-27) oder *Geht hinein in die Schlacht* (14,27) werden für *Happy-End* geschrieben, dann für eine Aufnahme in *Der Brotladen* (10,651-653 und 637) verändert, bis die Songs schließlich in *Die heilige Johanna der Schlachthöfe* (3,134 und 158f.) aufgenommen werden. Die Stückprojekte stehen ebenfalls ganz im Zeichen der Arbeitsökonomie: Ähnliche Sujets, austauschbare Dialoge, nahezu identische Musiken: Weills Musik für *Song Hosianna Rockefeller* (14,28f.) – geschrieben für die Schlußszene von *Happy End*, eingefügt in *Der Brotladen* (10,657f.) und in *Die heilige Johanna der Schlachthöfe* (3,225f.) – ist die Melodie seines Songs *Berlin im Licht*, zu dem Brecht wiederum einiges an Text beigesteuert hat (vgl. *Wir haben zu viel parat*, 14,12f.).

Während der Exiljahre verarbeitet Brecht diese besondere Situation vor allem in Gedichten: sei es in *Über die Bezeichnung Emigranten* (12,81), *Besuch bei den verbannten Dichtern* (12,35f.), *Gedanken über die Dauer des Exils* (12,82), *Zufluchtsstätte* (12,83), *Verjagt mit gutem Grund* (12,84) oder auch die *Legende von der Entstehung des Buches Toateking auf dem Weg in die Emigration* (12,32-34), wenngleich dieses Gedicht nicht nur autobiographischen Hintergrund hat; den Stoff hat Brecht bereits Anfang 1925 in der Geschichte *Die höflichen Chinesen* (19,200) verarbeitet.

Noch zahlreicher sind die lyrischen Kommentare zur Zeitgeschichte: sei es mit der *Deutschen Kriegsfibel* als erstem Teil der *Svendborger Gedichte* (12,9-15) oder den *Deutschen Satiren* als fünftem Teil dieser Sammlung, geschrieben für den deutschen Freiheitssender (der von Spanien aus nach Deutschland sendet), sei es in der besonderen Form der Fotoepigramme, kommentierende Vierzeiler zu aktuellen Fotos aus Zeitungen und Magazinen, die Brecht ab 1940 schreibt und später zur *Kriegsfibel* (12,127-283) zusammenstellt.

Auch unter den späten Gedichten überwiegen – neben neuen Liedern zu den Stücken – die Zeitgedichte: dafür stehen Beispiele wie *Wahrnehmung* – nach den »Mühen der Gebirge« nun die »Mühen der Ebenen« (15,205) –, *An Meine Landsleute* (15, 205f.), *Deutsches Lied* (15,212), *Herrnburger Bericht* (15,246-253) oder *Friedenslied* (15,254); dazu gehören natürlich die *Buckower Elegien*, Brechts nicht sofort als Kommentare zu den Ereignissen des 17. Juni 1953 erkennbare Gedichte.

Brecht kennt und nutzt sämtliche Formen des Genres: er weiß klassische Versstrukturen genauso einzusetzen wie reimlose Lyrik. Er schreibt zu allen Zeiten Naturgedichte und Großstadt-Lyrik, Zeitgedichte, Kinderlieder und Liebesgedichte, entwickelt eine Sonderform: das (Foto-)Epigramm für die *Kriegsfibel*.

3.2 Zur Editionsgeschichte der Gedichte

Brecht selbst beginnt noch im Juni 1956 seine erhebliche lyrische Produktion zu sichten: »Nebenbei will er sich u.a. gern mit dem Zusammenstellen der großen Gedichtbände (Format wie *Stücke*) befassen, und hat jetzt, glaube ich, aus allen Ecken, Schubfächern usw. alles, was wie ein Gedicht aussieht, draußen in Buckow«, berichtet

Elisabeth Hauptmann am 28.6.1956 an Peter Suhrkamp (Hecht 1997, S. 1240). Der erste Band ist für 1957 geplant. Elisabeth Hauptmann, die sich nach Brechts Tod um die Edition der Lyrik kümmert, braucht aber mehr Zeit, bis sie 1960 die ersten beiden Bände

Gedichte 1 (mit *Bertolt Brechts Hauspostille, Aus einem [!] Lesebuch für Städtebewohner* und *Zum Lesebuch für Städtebewohner gehörige Gedichte, Geschichten aus der Revolution.* 1918-1929) und

Gedichte 2 (*Unveröffentlichte und nicht in Sammlungen enthaltene Gedichte, Gedichte und Lieder aus Stücken.* 1913-1929) vorlegen kann. Ein Jahr später, 1961, folgen die Bände

Gedichte 3 (*Lieder Gedichte Chöre, Die drei Soldaten, Die sieben Todsünden der Kleinbürger, Unveröffentlichte und nicht in Sammlungen enthaltene Gedichte, Gedichte und Lieder aus Stücken.* 1930-1933) und

Gedichte 4 (*Svendborger Gedichte, Chinesische Gedichte, Studien, Gedichte aus dem Messingkauf* und *Zum Messingkauf gehörige Gedichte, Steffinische [!] Sammlung.* 1934-1941). Es folgen 1964

Gedichte 5 (*Unveröffentlichte und nicht in Sammlungen enthaltene Gedichte, Gedichte und Lieder aus Stücken.* 1934-1941),

Gedichte 6 (*Gedichte im Exil, Unveröffentlichte und nicht in Sammlungen enthaltene Gedichte, Gedichte und Lieder aus Stücken.* 1941-1947) und

Gedichte 7 (*Buckower Elegien, In Sammlungen nicht enthaltene Gedichte, Gedichte und Lieder aus Stücken.* 1947-1956). 1965 schließen sich an

Gedichte 8 (*Nachträge zu den Gedichten,* 1913-1956) und

Gedichte 9 (*Nachträge zu den Gedichten und Liedern aus Stücken und anderen Arbeiten, Gedichte über Stücke, Fragmente.* 1913-1956). Danach wird diese Edition unterbrochen und erst 1976 mit

Gedichte 10 (*Nachträge zu Gedichten, Nachträge zu Gedichten und Liedern aus Stücken und anderen Arbeiten, Letzte Fassungen von Gedichten, Übersetzungen – Bearbeitungen – Nachdichtungen*) abgeschlossen (Rosemarie Hill führt Elisabeth Hauptmanns Arbeit nach deren Tod im Jahre 1973 zu Ende). Zeitverschoben und nicht identisch erscheinen diese Bände zwischen 1961 und 1978 auch im Aufbau-Verlag, Berlin und Weimar.

Ehe diese erste zehnbändige Lyrik-Edition abgeschlossen werden kann (der gesamte Nachlaß ist zu diesem Zeitpunkt noch längst nicht gesichtet und sortiert – der Band des Bestandsverzeichnisses zu den Gedichten liegt erst 1970 vor), bereitet Elisabeth Hauptmann bereits die zweite vor für die *Gesammelten Werke* (GW IV) bzw. die parallele *werkausgabe edition suhrkamp* (wa 8-10), die Ende

1967 vorgelegt wird: hierbei fügt sie die Brechtschen Gedichtbände (*Hauspostille, Lieder Gedichte Chöre* usw.) in die Chronologie der Einzelgedichte ein. Die Gedichte aus Stücken und anderen Texten werden dabei nicht berücksichtigt, da die Vermeidung von Doppeldrucken Prinzip dieser Gesamtausgabe ist. (Sie werden 1976 zusammengetragen, als – zusammen mit wa 8-10 – die vierbändige Ausgabe *Gesammelte Gedichte* vorbereitet wird; sie ist identisch mit der Ausgabe *Die Gedichte in einem Band* von 1981). Nachdem Herta Ramthun das Bestandsverzeichnis abgeschlossen hat, kann sie diese zweite Edition in GW IV bzw. wa 8-10 1982 um die *Gedichte aus dem Nachlaß* (GW 1 bzw. wa III und IV) erweitern.

Als 1984 mit den Vorbereitungen für die Lyrik-Bände der GBA begonnen wird, kann teilweise auf den Vorarbeiten der beiden genannten Editionen aufgebaut werden, gleichzeitig zeigt sich aber, daß zusätzliche Grundlagenarbeit nötig ist.

Bis dahin sind nicht alle Gedichtbände von Brecht in den Gesamtausgaben berücksichtigt worden, z.B. seine Zusammenstellung *Die Songs der Dreigroschenoper* von 1928, und wenn sie aufgenommen worden sind, ist das oft nicht in der ursprünglichen Gestalt geschehen, z.B. die *Hauspostille* von 1927: das Gedicht *Orges Wunschliste – Gedichte 1*,69f. und GW IV bzw. wa 8,212f. – schreibt Brecht erst im Juli 1956, als er (wieder einmal) eine Neuordnung der *Hauspostille* vornimmt, und fügt es ein.

Brecht bietet zwar immer wieder und auch mit Erfolg einzelne Gedichte Zeitungen und Zeitschriften zum Erstdruck an, doch gilt sein Augenmerk bei der Lyrik hauptsächlich der Komposition mehrerer lyrischer Texte zu einer Sammlung. Schon in seinem frühen Tagebuch von 1913 hält er mehrere Pläne fest – wenn auch zumeist ohne zusätzliche Hinweise über den genaueren Inhalt: für einen »Zyklus *Leben*« (26,15), einen »Zyklus *Nächte*« (26,97) und einen »Zyklus *Weiße Tage*« (26,98); für einen weiteren Zyklus *Stunden des Lichtes* (26,57) nennt er sogar die zwölf Titel: *Der Fürst, Der Mensch, Der Bauer, Der Vater* (vgl. 26,81), *Der Gelehrte* (möglicherweise das Gedicht *Professor Sil Maria*, 26,85), *Revolution, Der Baum* (vgl. 26,53f.), *Der Weg, Der Wind, Das Meer, Der Strom, Krieg*; allerdings sind in diesem Tagebuch nur zwei bzw. drei davon ausgeführt (und andere Überlieferungen gibt es nicht).

Bei der neuen Gesamt-Edition der Gedichte innerhalb der GBA ist die Vorgehensweise Brechts, Gedichte in Sammlungen zu publizieren, Rechnung getragen worden. In zwei gesonderten Bänden werden diese Sammlungen präsentiert, in drei weiteren Bänden die übrigen Einzelgedichte, jeweils in chronologischer Anordnung. So sehr es zu wünschen ist, Sammlungen und Einzelgedichte in eine

Chronologie einzubinden, so entschieden steht die Überlieferung dagegen.

Die *Hauspostille* z.B. entsteht – in bereits weitgehend endgültiger Gestalt – 1922; erstmals publiziert wird sie 1926 als *Taschenpostille*, um in veränderter Form 1927 als die »gültige« Ausgabe erneut zu erscheinen. 1938 ist die Sammlung für die *Gesammelten Werke* (Malik-Verlag) vorgesehen und sollte, hätten die geplanten Bände realisiert werden können, erneut verändert werden. Dies geschieht noch einmal 1956, als Brecht die Gedichte für eine weitere Ausgabe neu ordnet. Wie bei seinen Stücken, die er zwischenzeitlich für abgeschlossen erklärt hat, so daß ein Druck zustande kommt, hindert ihn diese Tatsache eines Drucks keineswegs, im Anschluß daran Änderungen vorzunehmen, neue Fassungen zu entwickeln.

Auf andere Weise steht die *Steffinsche Sammlung* einer eindeutig fixierbaren Chronologie entgegen. Steffin stellt die Sammlung Ende 1939 und 1940 unabhängig vom Autor der Gedichte zusammen. Brecht entnimmt sie dem Nachlaß seiner Mitarbeiterin und macht sie sich, indem er ihr u.a. den Titel gibt, zu eigen. Die Aneignung vollzieht sich freilich mit einer Neuanordnung der Gedichte, die dann aber auch nicht bestehen bleibt, weil neue Aspekte dazu führen, die Sammlung nach dem Krieg (1948) wiederum verändert zusammenzustellen. Da die *Steffinsche Sammlung* zu Brechts Lebzeiten nicht publiziert worden ist, muß die Edition nach der letzten Fassung erfolgen; diese jedoch steht chronologisch weit nach der Entstehungszeit der Sammlung.

Die *Kriegsfibel*, um ein weiteres Beispiel zu geben, ist Anfang 1945 abgeschlossen. Ihre Publikation stößt jedoch über Jahre hinweg auf Hindernisse, die zu zwei weiteren Fassungen der Foto-Gedicht-Sammlung führen. Ihre endgültige Gestalt – mit entsprechenden Neufassungen von Fotoepigrammen – erhält sie erst unmittelbar vor der Drucklegung (Ende 1954). Die Eingriffe sind dergestalt, daß das ursprünglich ganz auf den Hitlerkrieg bezogene, vor seinem Ende abgeschlossene »Lehrbuch des Krieges« in seiner endgültigen Fassung aktualisiert ist und Texte enthält, die Brecht erst 1954 formuliert hat und formulieren konnte.

Hinzu kommt, daß Brecht beinahe jede Sammlung aus Gedichten verschiedenster Zeiten gebildet hat und stets auch bereit war, bei entsprechenden Anlässen, neue Sammlungen aus bereits vorliegenden zusammenstellen.

Die Sammlungen in die Chronologie der Einzelgedichte einzufügen, würde bedeuten, entweder ihren ursprünglichen Ort und womöglich ihr ›eigentliches‹ Aussehen zu rekonstruieren oder eine Datierung zu suggerieren, die in Wahrheit nicht besteht. Da jegliche

Rekonstruktion auszuschließen und zugleich einer unangemessenen, d.h. dem Werk Brechts widerstreitenden, Rezeption vorzubeugen ist, ergibt sich die Notwendigkeit, die Sammlungen aus der Chronologie herauszunehmen und so auf ihre eigene »Chronologie« zu verweisen.

Die Neuedition der Sammlungen läßt erstmals ihre Veränderbarkeit bzw. – in den entsprechenden Fällen – ihre Unabgeschlossenheit durchschaubar werden. Der bisher häufig suggerierte Charakter von festgefügten »Zyklen« erweist sich in den meisten Fällen als Illusion. Die Sammlungen zeigen sich auf diese Weise nicht nur selbst als historisch und damit als veränderlich (und veränderbar), sie demonstrieren vielmehr auch der Rezeption, daß ihr Autor sich in der lyrischen Produktion ebenso von den Realitäten der Zeit leiten läßt und mit seiner Lyrik die Realität befragt.

Hinzu kommt, daß Brecht selbst für die Gesamtausgaben, die er plant, stets Sammlungen seiner Gedichte vorgesehen hat. Einzelgedichte gibt es innerhalb der Ausgaben, an denen er beteiligt ist, nicht. Damit erhalten die Sammlungen durch ihren Autor eindeutige Priorität, die Brecht damit begründet hat, daß einerseits jedes Gedicht »der Feind jedes anderen Gedichts« sei, andererseits die Gedichte einander benötigten, Kraft auseinander zögen und also vereint werden könnten. »Es handelt sich nicht darum, ›den Dichter kennenzulernen‹, sondern die Welt und jene, mit denen zusammen er sie zu genießen und zu ändern sucht.« (Brief 1491, an Wieland Herzfelde, Mai 1950, als Stellungnahme zu den *Hundert Gedichten*.)

Die Zusammenstellung von Gedichten zu Sammlungen in GBA berücksichtigt entweder von Brecht zu Lebzeiten veranstaltete Publikationen (Erstdrucke) oder aber entsprechende Überlieferungen aus dem Nachlaß (Reinschriften, Matrizenabzüge, Korrekturfahnen u.ä.). Erstmals als komplette Sammlungen erscheinen in GBA die *Lieder zur Klampfe von Bert Brecht und seinen Freunden. 1918* (11,7-14) oder auch die *Psalmen* (11,15-35) und die *Sonette* (11,183-191), bei denen es sich z.B. um Arbeitstitel Brechts für geplante Publikationen handelt. Die äußerst komplizierten Entstehungsgeschichten werden in der nachfolgenden Auflistung umrissen.

3.3 Die Gedichtsammlungen im Überblick

Lieder zur Klampfe von Bert Brecht und seinen Freunden. 1918

E: 1918: Sammlung von acht Gedichten / Liedern im Kontext von *Baal* als Liederbuch mit Notenskizzen. Teilweise werden frühere Gedichte für die Zusammenstellung geändert und ergänzt oder bleiben Fragment. Die Musik spielt für den

Gebrauchswert der *Lieder zur Klampfe* eine entscheidende Rolle.
ED: GBA 11,7-14 *289-292* / AW 3,7-14 *413f.*
Lit.: Knopf 1984, S. 14, 40f.

Psalmen

E: 1920: Als Langvers- oder Prosagedichte notiert Brecht eine größere Gruppe von Psalmen in sein Notizbuch. Die Sammlung erfährt keine endgültige Zusammenstellung; Teile bleiben Fragment oder weisen Uneinheitlichkeiten in Strophenzählung und Orthographie auf; 1922: Weitere Arbeit an den Psalmen und geplante Aufnahme von drei Gedichten in die *Hauspostille*; 1956: Für die letzte Neuordnung der *Hauspostille* erwägt Brecht die Aufnahme von drei Gedichten in ein Kapitel *Psalmen und Mahagonnygesänge* (vgl. GW IV bzw. wa 8,241-243). – D: *Gedichte 2*,75-84, Teile (SV); *2*,75-84, Teile (AV) / GW 2 bzw. wa III,75-83 / GBA 11,15-35 *293-298* / AW 3,15-35 *415-417*.
Lit.: Marsch 1974, S. 101-103.

Bertolt Brechts Hauspostille

E: 1922: Konzeption und erste Zusammenstellung von »Balladen« für eine *Hauspostille*; 1923-1925: Mehrfache Ergänzungen und Umstellungen der »Lektionen« sowie Aufschub des Drucks; 1925: Vertrag mit dem Propyläen-Verlag, unter anderem über die *Hauspostille*; 1926: Unter dem geänderten Titel *Taschenpostille* druckt der Kiepenheuer Verlag, Potsdam, eine Kleinstauflage »im Auftrage des Verfassers als einmaliger unverkäuflicher Privatdruck«. Die Sammlung umfaßt Gedichte, die zwischen 1916 und 1925 entstanden sind; der angehängte Notenteil stammt – unter Mitarbeit von Franz S. Bruinier – ausschließlich von Brecht; 1927: Im Satz völlig neu gestaltet, im Text nahezu identisch mit der vorausgegangenen *Taschenpostille* erscheint die *Hauspostille* im Propyläen-Verlag, Berlin; 1937/38: Grundlegende Überarbeitung für den – nicht realisierten – Band 4 der *Gesammelten Werke* im Malik-Verlag, London, ohne den *Gesang des Soldaten der roten Armee*, den Brecht auch für weitere Ausgaben streicht; 1951: Erscheinen der *Hauspostille* in der Zusammenstellung von 1927 im Suhrkamp Verlag, Frankfurt a.M.; 1956: Auf Grundlage der Malik-Fahnen von 1938 Überarbeitung für die *Gedichte*-Ausgabe im Suhrkamp Verlag bzw. Aufbau-Verlag, die 1960 postum erscheinen.
ED: *Bertolt Brechts Hauspostille. Mit Anleitungen, Gesangsnoten und einem Anhange*. Berlin: Propyläen-Verlag 1927. (Der ED existiert in zwei Ausgaben mit unterschiedlichen Druckvermerken: 1. »Ullstein Haus, Berlin«. 2. »Jakob Hegner in Hellerau bei Dresden« – in dieser Form als Faksimile: Mit Beiheft. Hg. v. Klaus Schuhmann. Frankfurt a.M.: Insel 1970.). – D: *Gedichte 1*,5-158 (SV); *1*,5-158 (AV) / GW IV bzw. wa 8,167-263 (entspricht der 1956 erweiterten Bearbeitung mit z.T. späten Gedichten.) / GBA 11,37-120 *299-324* / AW 3,37-120 *418-429*.
Lit.: Marsch 1974, S. 114-148; Knopf 1984, S. 28-50; Knopf 1996.

Die Augsburger Sonette

E: 1927: Plan eines »Sonettbandes«. Zusammenstellung von 10 Gedichten der Augsburger Zeit in Sonettform aus den Jahren 1925-1927 in einem Typoskript (sogenannter Privatdruck der Sammlung). Andruck von – korrigierten – Teilen des Privatdrucks und weiteren Gedichten durch den Verlag Lampert & Co., Augsburg. – D: *Gedichte 2*,140-148, 149-157, Teile (SV); *2*,140-148, 149-157 (AV) / GW IV bzw. wa 8,311-313 und GW 1 bzw. wa III,192-199; GBA

11,121-130 *325-330* / AW 3,121-130 *430f.*
Lit.: Marsch 1974, S. 149-152; Knopf 1984, S. 60-65.

Die Songs der Dreigroschenoper

E: 1924-1927: Ausarbeitung einiger Songs unabhängig von der *Dreigroschenoper*; der *Kanonen-Song* z.B. ist in der *Hauspostille* enthalten; 1928: Entstehung und mehrfache Veränderung der meisten Songs während der Fertigstellung und Einstudierung der *Dreigroschenoper*; die *Moritat vom Mackie Messer* schreibt Brecht unmittelbar vor der UA im August. Im Oktober erscheint die Sammlung im Kiepenheuer Verlag, Potsdam; 1929: Verschiedene Publikationen der *Songs* als Bestandteil der *Dreigroschenoper*; 1933/34: Änderung der Folge und Neufassung einiger Songs für die Mottos des *Dreigroschenromans*; 1946-1949: Bearbeitung alter und Entstehung neuer Songs für *Die Dreigroschenoper*. Völlige Neubearbeitung der Sammlung unter dem Titel *Songs aus der Dreigroschenoper* 1949 im Gebrüder Weiß Verlag, Berlin-Schöneberg.
ED: *Die Songs der Dreigroschenoper*. Potsdam: Gustav Kiepenheuer Verlag 1928. – D: GBA 11,131-153 *331-347* (nach ED mit einem Anhang der Veränderungen von 1949) / AW 3,131-153 *432-437*.

Aus dem Lesebuch für Städtebewohner

E: 1926/27: Konzeption eines *Lesebuchs* als Sammlung von Gedichten über die »großen Städte«, die Brecht seit 1921 – z.T. für eine Aufnahme in die *Hauspostille* – verfaßt. Entstehung und Zusammenstellung einer Auswahl von zehn Gedichten *Aus dem Lesebuch für Städtebewohner*; identisch mit dem späteren *Versuche*-Druck. Publikation einzelner Titel zwischen 1926 und 1928; 1928: Entstehung weiterer Großstadtgedichte im Zusammenhang mit dem *Lesebuch*-Projekt; 1930: ED in Heft 2 der *Versuche*; 1938: Geplante Aufnahme einer neuen Zusammenstellung mit dem korrigierten Titel *Aus dem »Lesebuch für Städtebewohner«* in – dem nicht ausgedruckten – Band 4 der *Gesammelten Werke* im Malik-Verlag, London.
ED: *Aus dem Lesebuch für Städtebewohner*. In: *Versuche*. Heft 2 (*Versuche 4-7*). Berlin: Gustav Kiepenheuer Verlag 1930. S. 116-122 (6. Versuch). – D: *Gedichte 1*,159-195 (SV); *1*,159-196 (AV) / GW IV bzw. wa 8,267-276 (entspricht dem *Versuche*-Druck ohne das Abschlußgedicht *Wenn ich mit dir rede*; vgl. GW V bzw. wa 12,498.) und GW IV bzw. wa 8,277-295 (dem *Lesebuch* zugehörige Gedichte); GBA 11,155-165 und GBA 11,166-175 (zum *Lesebuch* gehörende Gedichte) *348-355* / AW 3,155-176 *438-441*.
Lit.: Marsch 1974, S. 154-168; Knopf 1984, S. 55-58.

Geschichten aus der Revolution

E: 1932/33: Für Heft 7 der *Versuche* stellt Brecht drei Gedichte unter dem Titel *Erzählungen aus der Revolution* zusammen. Für den ED streicht er das dritte, *Die Internationale* (GW IV bzw. wa 8,394-395), und korrigiert den Titel. *Die Teppichweber von Kujan-Bulak* geht in verschiedene spätere Sammlungen ein.
ED: *Geschichten aus der Revolution*. In: *Versuche*. Heft 7 (*Versuche 15/16*). Berlin: Gustav Kiepenheuer Verlag 1933. S. 79-82 (16. Versuch). – D: *Gedichte 1*,197-203 (SV); *1*,197-203 (AV) / GW IV bzw. wa 8,392-393 und GW IV bzw. wa 9,666-668; GBA 11,177-182 *356-358* / AW 3,177-182 *442f.*
Lit.: Marsch 1974, S. 196f.; Knopf 1984, S. 71, 111f.

Sonette

E: 1932-1934: Entstehung von 13, an die Freundin Margarete Steffin gerichtete Gedichte in wenig strenger Sonettform.
ED: *Gedichte 5*,96-101 (Das 1., 4., 11., 13., 19., 21. Sonett) (SV); *5*,98-103 (AV) / D: GW IV bzw. wa 9,536-540 (Das 1., 4., 5., 6., 7., 11. u. 13. Sonett) und GW 2 bzw. wa IV,280-283 (Das 2., 3., 7., 8., 9., u. 10. Sonett); GBA 11,183-191 *359-362* / AW 3,183-191 *444f.*
Lit.: Marsch 1974; Knopf 1984, S. 94-96.

Englische Sonette

E: 1934: Entstehung der drei Sonette anläßlich des Besuchs bei Karl Korsch in London zwischen Oktober und Dezember. – D: *Gedichte 5*,35f. (SV); *5*,35f. (AV) / GW IV bzw. wa 9,540-541 (*Der Orangenkauf* und *Fragen*), GW 2 bzw. wa IV,284 (*Liebesgewohnheiten*); GBA 11,195-196 *363* / AW 3,193-196 *445*.
Lit.: Marsch 1974, S. 152f.; Knopf 1984, S. 94.

Lieder Gedichte Chöre

E: 1933/34: Plan eines »Liederbuchs der Antifaschisten« mit Texten von Brecht und Musik – zur Steigerung des »Gebrauchswerts« – von Hanns Eisler; geplanter Titel *Lieder Chöre Balladen*. Zusammenstellung des Bandes durch Margarete Steffin und Elisabeth Hauptmann aus zwischen 1918 und 1933 entstandenen Gedichten sowie ausgewählten Liedern aus *Die Maßnahme* (1930) und *Die Mutter* (1931). Brecht ergänzt das Kapitel *1933* und das *Deutschland*-Gedicht; 1938: Korrekturen und teilweise Neuanordnung der Sammlung unter dem Titel *1933. Lieder Gedichte Chöre* für den nicht realisierten Band 3 der *Gesammelten Werke*, Malik-Verlag, London. Gestrichen wird die *Legende vom toten Soldaten*; 1946-1948: Zuordnung von Teilen der Sammlung in eine Anthologie *Gedichte im Exil*, deren Publikation in Deutschland Brecht ablehnt.
ED: Bertolt Brecht / Hanns Eisler, *Lieder Gedichte Chöre. Mit 32 Seiten Notenbeilage*. Paris: Editions du Carrefour 1934. – D: *Gedichte 3*,5-101 (SV); *3*,5-105 (AV) / GW IV bzw. wa 9,423-488 (entspricht der Zusammenstellung in den Malik-Fahnen von 1938; Umstellung des *Deutschland*-Gedichts); GBA 11,199-254 u. 285f. *364-385* / AW 3,197-254 *446-458*.
Lit.: Marsch 1974, S. 205-224; Knopf 1984, S. 77-88.

Chinesische Gedichte

E: 1937/38: Auf der Grundlage einer englischen Nachdichtung chinesischer Lyrik publiziert Brecht *Sechs Chinesische Gedichte. Übertragungen* in der Exilzeitschrift *Das Wort*, Moskau; 1944: Weitere Übertragungen aus dem Chinesischen; 1950: Um drei Gedichte ergänzt und korrigiert werden die *Chinesischen Gedichte* als Teil des 23. Versuchs in Heft 10 der *Versuche* wiederum »ohne Zuhilfename der chinesischen Originale« mit *Anmerkungen* gedruckt. – ED: *Sechs chinesische Gedichte. Übertragungen*. In: *Das Wort*. Moskau. 1938. Heft 8. S. 87-89, 157 (Anmerkungen). – *Chinesische Gedichte*. In: *Versuche*. Heft 10 (*Versuche 22-24*). Berlin/West: Suhrkamp Verlag 1950. S. 139-144, 145 (*Anmerkungen*). – D: *Gedichte 4*,147-158, mit Anmerkungen (SV); *4*,153-166, mit Anmerkungen (AV) / GW IV bzw. wa 9,618-621 (entspricht den ersten sechs Gedichten des *Versuche*-Drucks von 1950; zu den folgenden drei Gedichten *Bei der Geburt seines Sohnes* vgl. GW IV bzw. wa 9,684; *Ansprache an einen toten Soldaten des Marschalls Chiang Kai-Shek* und *Gedanken bei einem Flug über die Große Mauer* vgl. GW IV bzw. wa

10,1069-1071.); GBA 11,257-260 (entspricht ED in: *Das Wort*) u. 261-266 (entspricht dem *Versuche*-Druck) *386-391* / AW 3,255-262 *459-461*.
Lit.: Marsch 1974, S. 255-264; Knopf 1984, S. 102-107.

Studien

E: 1934: Entstehung des Sonetts *Über die Gedichte des Dante auf die Beatrice* im Kontext der Sonette von 1933/34; 1938: Im Zuge der sogenannten Expressionismusdebatte schreibt Brecht sechs weitere literaturkritische Sonette und faßt sie unter dem Titel *Studien* zu einer hektographierten Sammlung zusammen. Als neue *Vierte Lektion: Literarische Sonette* für die geplante Neuausgabe der *Hauspostille* in den *Gesammelten Werken* zieht Brecht das *Sonett über Schillers Gedicht »Die Bürgschaft«*, das *Sonett über Goethes Gedicht »Der Gott und die Bajadere«* und das *Sonett über die Gedichte des Dante auf die Beatrice* aus der Sammlung. Weitere Sonette mit ähnlicher Thematik; 1940: Brecht ergänzt die Sammlung um das Gedicht *Über das bürgerliche Trauerspiel »Der Hofmeister« von Lenz*; 1951: Gegenüber 1940 unerheblich korrigierter Druck der *Studien* in Heft 11 der *Versuche.*
ED: *Versuche.* Heft 11 (*Versuche 25/26/35*). Berlin: Suhrkamp Verlag 1951. S. 79-88. – D: *Gedichte 4*,159-168 (SV); *4*,167-176 (AV) / GW IV bzw. wa 9,608-613 u. GW IV bzw. wa 9,613-617 (zugehörige Gedichte); GBA 11,267-273 *392-397* / AW 3,263-269 *462-464*.
Lit.: Marsch 1974, S. 252-255; Knopf 1984, S. 99-102.

Svendborger Gedichte

E: 1937: Zusammenstellung von – auch älteren, bereits gedruckten oder überarbeiteten – Gedichten und kleineren Teilsammlungen in sieben Kapiteln unter dem Titel *Bertolt Brecht. Gedichte im Exil. 1937.* Erweiterung und endgültige Ordnung der Sammlung in sechs Kapiteln; geplanter Druck als *Gedichte im Exil* für Band 4 der *Gesammelten Werke* im Malik-Verlag. Vorbereitung einer Einzelpublikation. Druck der Teilsammlung *Deutsche Kriegsfibel* in: *Das Wort*, Moskau, 1937, Heft 4/5, S. 59-63. Druck eines Teils der *Deutschen Satiren* in: *Internationale Literatur*, Moskau, 1937, Heft 10, und in verschiedenen Heften von: *Das Wort*, 1937/38; 1938: Weiterarbeit an dem Projekt und Ergänzung von neuen Gedichten unter dem neuen Titel *Svendborger Gedichte.* In der zwischenzeitlich auf 3 Bände konzipierten Ausgabe der *Gesammelten Werke* erscheint die Sammlung in den Satzfahnen von Band 3; unvollständig erhaltener, sogenannter Prager Satz der Sammlung; 1939: Verlegung des Malik-Verlags nach London nach dem Einmarsch der Nazis in Prag; Zerstörung der Druckplatten für Band 3 der *Gesammelten Werke*; 1939: Erscheinen der Sammlung in Kopenhagen mit leichten Korrekturen.
ED: *Svendborger Gedichte.* London: Malik-Verlag 1939. – D: *Gedichte 4*,5-145 (SV); *4*,5-151 (AV) / GW IV bzw. wa 9,631-725; GBA 12,7-92 *349-388* / AW 3,271-351 *465-493*.
Lit.: Marsch 1974, S. 265-291; Knopf 1984, S. 111-131; Knopf 1996.

Steffinsche Sammlung

E: 1940: Brechts langjährige Mitarbeiterin Margarete Steffin stellt eine Typoskriptsammlung *Brecht. Gedichte* zusammen. Sie umfaßt vor allem Gedichte der Jahre 1937-1940 aus dem skandinavischen Exil; 1941: Steffin stirbt im Juni in Moskau; Brecht ändert daraufhin den Titel in *Steffinsche Sammlung*; 1942: In USA Ergänzung der *Chroniken* sowie der *Visionen*; Korrekturen an Text und

Überschriften (*Finnische Epigramme*) für eine größere Anzahl hektografierter Exemplare; 1948: Für die geplante Publikation in *Gedichte im Exil* im Berliner Aufbau-Verlag Neubearbeitung der Sammlung; überliefert sind die Korrekturfahnen.
ED: *Gedichte 4*,215-228 (SV); *4*,223-236 (AV). – D: GW IV bzw. wa 9,815-822 (entspricht der Zusammenstellung von 1940, gibt allerdings die einzelnen Gedichte in ihrer letzten Fassung); GBA 12,93-112 (entspricht der Zusammenstellung in den Aufbau-Fahnen von 1948; berücksichtigt im Anhang die ausgesonderten Gedichte) *389-398* / AW 3,353-372 *494-499*. – Musik: Hanns Eisler (1942/43: Vertonung nahezu aller Gedichte für den ersten Teil des *Hollywooder Liederbuchs*.)
Lit.: Marsch 1974, S. 307-310; Knopf 1984, S. 136-141.

Hollywoodelegien

E: 1942: Brecht stellt – auf Anregung Hanns Eislers – im Exil an der amerikanischen Westküste vier Kurzgedichte unter dem Titel *Hollywoodelegien* zusammen. Entstehung thematisch verwandter, der Sammlung nicht eindeutig zugeordneter Gedichte.
ED: *Gedichte 6*,58f. (SV); *6*,57f. (AV). – D: GW IV bzw. wa 10,849-850 (entspricht der Zusammenstellung von 1942; Hinzufügung von *Die Stadt ist nach den Engeln genannt*); GBA 12,113-116 *399-403* / AW 3,373-376 *500f.* – Musik: Hanns Eisler (September 1942: Vertonung von insgesamt 6 Elegien in eigener Zusammenstellung; Einfügung in das *Hollywooder Liederbuch*.)
Lit.: Marsch 1974, S. 311-313; Knopf 1984, S. 151-154; Fuhrmann 1985; Fuhrmann 1986.

Gedichte im Exil

E: 1943/44: Unter dem ab 1937 bereits für andere Projekte geplanten Titel *Gedichte im Exil* stellt Brecht – unter Rückgriff auf die *Svendborger Gedichte* und die *Steffinsche Sammlung* – eine Sammlung typischer Emigrationslyrik zusammen. Brecht verschickt Ende 1944 mangels Druckmöglichkeiten einige hektographierte Exemplare an Freunde; 1949: In *Sinn und Form. Sonderheft Bertolt Brecht*, Berlin, 1949, erfolgt der Erstdruck einzelner Gedichte der Sammlung in veränderter Form.
ED: *Gedichte 6*,5-42 (SV); *6*,5-42 (AV). – D: GBA 12,117-125 *404-408*. vgl. 335-338 (Inhaltsverzeichnis von 1948) *456* / AW 3,377-385 *502f.*
Lit.: Knopf 1984, S. 165f.

Kriegsfibel

E: 1940-1944: Entstehung von über 70 epigrammatischen Vierzeilern aufgrund von Bildvorlagen aus Zeitungen und Zeitschriften. Im Februar und Juni 1944 Einzelpublikation einiger Text-Bild-Montagen in *The Austro-American Tribune*, New York; 1944/45: Zusammenstellung von insgesamt 78 »Fotoepigrammen« (authentische Pressefotos mit unterlegten oder eingespiegelten Vierzeilern) zur *Kriegsfibel* nach dem Muster der seit 1940 in die *Journale* eingearbeiteten Bildmontagen. Abschluß der Arbeit und Übersendung eines Exemplars an Karl Korsch Anfang 1945; 1949-1954: Debatten mit dem »Kulturellen Beirat für das Verlagswesen« (Berlin/DDR) verzögern eine Publikation nach dem Krieg; 1954/55: Vertragsabschluß mit dem Eulenspiegel Verlag (Berlin/DDR) über die *Kriegsfibel* als Neuzusammenstellung von nunmehr 71 Fotoepigrammen. Erläuternde *Nachbemerkungen zu den Bildern* durch die Redaktion des Eulenspiegel Verlags

nach Entwürfen Brechts. Auf Intervention des »Amtes für Kultur« (Berlin/DDR) behutsame Korrekturen. Der Band erscheint 1955 mit insgesamt 69 Text-Bild-Montagen.
ED: *Kriegsfibel.* Hg. v. Ruth Berlau. Berlin/DDR: Eulenspiegel Verlag 1955. (Vorabdruck von Teilen in der Zeitschrift *Eulenspiegel*, Berlin/DDR, Januar – Juni 1955.) – D: *Gedichte* 6,115-132 (SV); 6,114-131 (AV) (69 Vierzeiler ohne die Abbildungen) / GW IV bzw. wa 10,1035-1048 (69 Vierzeiler ohne die Abbildungen); Bertolt Brecht: *ABC de la guerre.* Édition française établie, présentée et annotée par Klaus Schuffels. Traduction Philippe Ivernel, Grenoble: Presses universitaires de Grenoble 1985 (Kritisch edierte Ausgabe in französischer Sprache; berücksichtigt und kommentiert umfängliches Bild- und Textmaterial aus dem Nachlaß. Kleinere Differenzen zu ED, vor allem in den Bildausschnitten; GBA 12,127-283 *409-436* (bislang vollständigste Edition der *Kriegsfibel*); nicht in die Sammlung aufgenommen: GBA 15,16f. 227 291 *326 449 493.* – Musik: Paul Dessau (1944/45 Komposition des *Deutschen Miserere* als Chorwerk mit großem Orchester und Orgel unter Verwendung von 28 Epigrammen Brechts als Teil 2; UA in Leipzig 1966. Parallel Entstehung der *Internationalen Kriegsfibel* mit 13 Vierzeilern Brechts). – Mitarbeit: Ruth Berlau.
Lit.: Marsch 1974, S. 293f.; Grimm 1969; Knopf 1984, S. 204-212; Wöhrle 1997.

Deutsche Satiren (Zweiter Teil)

E: 1945: Drei Zeitgedichte als unmittelbare Reaktion auf das Kriegsende. Anknüpfung an die *Deutschen Satiren* der *Svendborger Gedichte.* – D: GW 2 bzw. wa IV,396 (*Legalität*), GW IV bzw. wa 10,939-940 (*Der Nürnberger Prozeß* und *Der Krieg ist geschändet worden*); GBA 12,285-288 *437f.* / AW 3,387-390 *504f.*
Lit.: Knopf 1984, S. 154f.

Kinderlieder / Neue Kinderlieder

E: 1950: Zur Vertonung durch Hanns Eisler entstehen Gedichte in der Kinder- und Volksliedtradition. Unter dem Sammlungstitel *Kinderlieder* Abdruck von fünf Gedichten in: *Sinn und Form*, Potsdam, 1950, Heft 6, S. 44-46; 1952: Für das geplante *Versuche*-Sonderheft neue Zusammenstellung der *Kinderlieder*; wegen der Streitigkeiten um den *Herrnburger Bericht* (vgl. *Journale*, 17. und 21.8.1951) wird das Heft in der ursprünglich geplanten Form nicht ausgedruckt; 1953: Unter dem Titel *Neue Kinderlieder* korrigierte, mit einem Vorspruch versehene Fassung der Sammlung in: *Versuche. Sonderheft*, Berlin/DDR: Aufbau-Verlag 1953, S. 51-58. Der *Herrnburger Bericht* entfällt; Teile davon gehen in die Sammlung ein. – D: *Gedichte* 7,48-58 (SV); 7,63-72 (AV) / GW IV bzw. wa 10,970-978 (entspricht weder der Zusammenstellung von 1950 noch der von 1953); GBA 12,289-295 297-303 *439-443* (berücksichtigt die verworfenen Satzfahnen von 1952 und den Druck 1953) / AW 3,391-397 (*Kinderlieder*) *506-508.* – Musik: Hanns Eisler (vertont einige der Lieder zwischen 1950 und 1953); Paul Dessau (schreibt 1951 die Musik zum *Herrnburger Bericht*).
Lit.: Marsch 1974, S. 345-349; Knopf 1984, S. 96-98, 175-177.

Buckower Elegien

E: 1953: Entstehung der Elegien – in Brechts Haus in Buckow am Schermützelsee – als Reaktion auf die Ereignisse in der DDR am 17. Juni (vgl. *Journale*, 20.8.1953). Druck einer Auswahl von sechs Gedichten aus den *Buckower Elegien*

in: *Versuche*, Heft 13, Berlin: Suhrkamp Verlag 1954, S. 109-113; nahezu identischer Vorabdruck dieser Auswahl unter dem Titel *Gedichte* in: *Sinn und Form*, Potsdam, 1953, Heft 6, S. 119-121. – D: *Gedichte 7*,5-23, Teile, *8*,207f., Teile (SV); *7*,5-27, Teile (AV) / GW IV bzw. wa 10,1009-1016 (postume Zusammenstellung von 21 Gedichten und des Mottos); GBA 12,305-315 *444-450* (*Versuche*-Druck von 1954; Ergänzung der Sammlung mit zugehörigen Gedichten unter Berücksichtigung der Nachlaßbestände) / AW 3,399-409 *509-512*. – es 1397.
Lit.: Marsch 1974, S. 355-358; Knopf 1984, S. 191-204; Knopf 1996.

Gedichte aus dem Messingkauf

E: 1948: Plan einer selbständigen Publikation von »Versstücken« aus dem *Messingkauf* (1939/40) in den *Versuchen*; nicht realisiert; maßgebliche Teile werden erst 1961 aus dem Nachlaß ediert: *Gedichte 4*,171-188 (SV); *4*,177-197 (AV); 1955: Zusammenstellung der sieben *Gedichte aus dem Messingkauf* für Heft 14 der *Versuche* unter Berücksichtigung teils älterer (ab 1935) Gedichte über Theaterarbeit. Sie stammen – trotz des Titels – nicht aus dem unmittelbaren Zusammenhang der Theatertheorie der *Messingkauf*-Dialoge. Sie verweisen inhaltlich eher auf Brechts aktuelle Inszenierungen in Berlin. Die meisten Gedichte entstehen 1951/52; sechs Gedichte erscheinen bereits in *Theaterarbeit. Sechs Aufführungen des Berliner Ensembles*, Dresden 1952. – ED: *Gedichte aus dem Messingkauf.* In: *Versuche*. Heft 14 (*Versuche 19*). Berlin: Suhrkamp Verlag 1955. S. 103-117. – D: *Gedichte 4*,169-188, 189-213 (SV); *4*,177-197, 199-222 (AV) / GW IV bzw. wa 9,760-798 (postume, umgeordnete Zusammenstellung »aller« *Messingkauf*-Gedichte unter dem Titel des ED); GBA 12,317-331 *451-455* (entspricht dem *Versuche*-Druck von 1955).
Lit.: Marsch 1974, S. 296.

Deutsches Miserere (Inhaltsverzeichnis: 12,338f. *456*).

Zusammenstellung von Gedichten wie *O Deutschland, bleiche Mutter* (11,253f.) und insbesondere 28 Epirammen aus der *Kriegsfibel* für eine Vertonung Paul Dessaus »für gemischten Chor, Kinderchor, Sopran-Alt-Tenor und Baß-Solo, Großes Orchester, Orgel, Trautonium (1944/1945)« (vgl. 12,*412*); Brecht ist vermutlich nicht daran beteiligt.

Hundert Gedichte. 1918-1950. Berlin/DDR: Aufbau-Verlag 1951 (Inhaltsverzeichnis: 12,339-342 *457*).

Die Sammlung hat Wieland Herzfelde 1951 herausgegeben. Brecht hat die Textherstellung teilweise beobachtet und begleitet, Herzfelde jedoch weitgehend freie Hand gelassen. Diese Sammlung, mit der sich Brecht der DDR als Lyriker präsentiert hat, wird zum Ersatz für die nicht ausgedruckte Sammlung *Gedichte im Exil* (1948).

Bertolt Brechts Gedichte und Lieder. Frankfurt a.M.: Suhrkamp Verlag 1956 (Inhaltsverzeichnis: 12,343-345 *457*).

Peter Suhrkamps Auswahl von 1956 sollte das bundesdeutsche Pendant zu den *Hundert Gedichten* bilden. Brecht hat die Auswahl und Anordnung eingesehen und ausdrücklich befürwortet. Die Textgestaltung hat aber ganz in Suhrkamps Hand gelegen und ist deshalb nicht authentisch.

4. Der Erzähler

4.1 Zur frühen Prosa

Der erste literarische Erfolg gelingt dem jungen Brecht mit einem Stück Prosa. Die »Flibustiergeschichte« – oder einfacher: die Seeräubergeschichte – *Bargan läßt es sein* aus dem Jahre 1919 verschafft dem ambitionierten Literaten die Aufmerksamkeit, die er als Stückeschreiber bis dahin noch nicht hat. Nachdem sie im September 1921 in der Münchener Zeitschrift *Der Neue Merkur* erschienen ist, kann Brecht Ende des Jahres aus Berlin an seine »Bi« in Augsburg schreiben: »Auch kriege ich viele Verbindungen, die Leute kennen alle die Novelle im *Merkur* und reden einiges davon und wollen mir alle noch behilflich sein.« (Brief 145; Faksimile bei Fassmann, 27.)

Nachdem dieser Text so beachtet worden ist, denkt er – ganz journalistisch – an eine Serienproduktion von Bargan-Geschichten, zu der natürlich ein Held gehört, der die Sache zusammenhält, und um den herum immer neue Episoden erzählt werden können.

Aber Planung und Ausführung sind zweierlei. Kürzere Prosa schreibt er seit dem Sommer 1913, wie seine Beiträge in der Schülerzeitung *Die Ernte* zwischen August 1913 und Februar 1914 belegen: das erste Heft enthält gleich drei Beispiele, den Anfang von *Die Geschichte von einem, der nie zu spät kam* (19,10-12), *Balkankrieg* (19,9) und *Wagner* (19,12).

Mitte 1920 stellt Brecht fest, daß er »kein Sitzleder« (26,123) habe, Prosaschreiben fällt ihm schwer. Lyrik liegt ihm mehr und erst recht die stets dominanten Stücke, hinter die das Erzählen häufig zurückgestellt wird, wenngleich er immer wieder auch darauf zurückkommt.

Schon die Anzahl der Geschichten aus der Augsburger und Münchener Zeit ist beträchtlich; sie stehen thematisch und motivisch in unmittelbarem Zusammenhang zu parallel geschriebenen Gedichten und Einaktern. Bestimmende Themen der frühen erzählenden Prosa sind der Generationenkonflikt (Abnabelung vom Elternhaus), die Abenteurer-Romantik, erste Ansätze zum Protest gegenüber der kleinstädtischen und kleinbürgerlichen Umgebung sowie (sekularisierte) biblische Themen, etwa *Von der Sintflut* (19,200-202).

Beispiel dafür, wie er schon früh gleiche Themen mit unterschiedlichen literarischen Mitteln gestaltet, sind etwa *Das Lied vom Geierbaum* (13,95f.) von 1917 und die Geschichte *Der Geierbaum* (19,23) von 1918. Neben dem ähnlichen Titel übernimmt Brecht auch den Ansiedlungshorizont der politischen Allegorie in die Prosafassung.

Der Elternmord z.B. ist Thema des Gedichts *Apfelböck oder Die Lilie auf dem Felde* (11,42f.) von 1919 (1927 in *Bertolt Brechts Hauspostille* aufgenommen) und der Geschichte *Die Erleuchtung* (19,158f.) von 1921. Beide haben den gleichen Kriminalfall aus dem München des Jahres 1919 zur Grundlage. Der Gerichtspsychiater attestiert Joseph Apfelböck »notorischen Kinowahn«, der »seinen Ausdruck in einem romantischen Freiheitsbedürfnis gefunden« habe (Bayerisches Staatsarchiv, München).

Freiheitsbedürfnisse kennen auch Brecht und die Helden seiner Texte: Seeräuber auf ihren Schiffen, Abenteurer, Pioniere in exotischen Landschaften, Asoziale und extrem Introvertierte, die in ganz ausweglose Situationen geraten und den Tod finden, gibt es in zahlreichen Gedichten, etwa in der *Ballade auf vielen Schiffen* in den »Ostpassatwinden« (11,78-80), in *Vom Tod im Walde* am Mississippi (11,80-82) oder in *Das Lied von der Eisenbahntruppe von Fort Donald* aus Ohio (11,82f).

Genauso gibt es diese in Erzählungen wie der *Geschichte auf einem Schiff* (19,145-147) von hoher See, *Der Javameier* aus »Java, Hütte 17« (19,135-144; 136) oder *Die Flaschenpost* von der »chilenischen Küste« (19,166-168; 167), später in *Vier Männer und ein Pokerspiel oder Zuviel Glück ist kein Glück* aus »Havanna« (19,245-252; 245) und eben *Bargan läßt es sein* aus »Chile« (19,24-37; 33). Nachdem durch das Erscheinen dieser Flibustiergeschichte im Herbst 1921 selbst einige Leute in Berlin auf den 23jährigen Augsburger aufmerksam geworden sind, stellt er dem Kiepenheuer Verlag in Potsdam, dem er in erster Linie seine Stücke verkaufen möchte, einen Sammelband mit einer ganzen Reihe solcher Geschichten in Aussicht und beginnt auch im Frühjahr und Sommer 1922, solche Texte zu schreiben: bei *Bargans Jugend* (19,174-177) und den *Geschichten von St. Patriks Weihnachtskrippe* (19,177-179) bleibt er jedoch nach ein paar Seiten stecken, auch als er *Bargans Jugend* mit dem neuen Titel *Bargan aus den Wäldern* in die Maschine tippt. Das »Sitzleder« hat sich nicht vergrößert, wenngleich die Ideen während seiner Spaziergänge durch Augsburg sprießen, wie mehrere Eintragungen in mitgeführten Notizbüchern belegen: etwa eine Liste *Flibustiergeschichten*, in der u.a. Hanna Cash genannt wird (BBA 436/39; vgl. *Ballade von der Hanna Cash*; 11,90-92), Stichworte zu

Überschriften wie *Bargan und der Hellere* (BBA 424/126) oder *Larrys Mamma* (BBA 450/46). Letztere führt er auch unter dem Titel *Jarrys Mamma* (vgl. Brief 185) aus und schickt sie später an die *Vossische Zeitung* nach Berlin (sie geht dort in der Redaktion verloren; vgl. Brief 408). Die Geschichten-Sammlung, angelegt auf »200 Seiten«, wird jedoch im Sommer 1922 bald vernachlässigt (Brief 180).

Weitere Themen der frühen Prosa sind z.B. 1921 das Hereinbrechen des Ungeheuerlichen in *Der Blinde* (19,147-151) und *Die Hilfe* (19,159-163); beeinflußt durch die Lektüre des Romans *Das Licht erlosch* von Rudyard Kipling behandelt Brecht in beiden Texten das gleiche Sujet, erprobt er mehrere Verlaufsformen desselben Problemfelds, wie er es später auf anderer Ebene in den Lehrstücken tut (vgl. Boie-Grotz 1978, S. 87-90). Oder 1924 das Thema »große Männer«, etwa in *Tod des Cesare Malatesta* (19,183-187) – auf der Grundlage von Jacob Burckhardts *Die Kultur der Renaissance in Italien.*

Im folgenden Jahr 1925 kommt als Thema außerdem die chinesische Philosophie hinzu bzw. ein großer Vertreter, und zwar in Verbindung mit einer zeitbezogenen Thematik – »Mahagonny weist alle Bayern aus« (Brief 223) –, dem Exil: Brecht schreibt die Kurzgeschichte *Die höflichen Chinesen* (19,200), eine Prosavariante zur späteren *Legende von der Entstehung des Buches Taoteking auf dem Weg des Laotse in die Emigration* (12,32-34) von 1938.

Schließlich gibt es das Großstadtgetriebe mit Smalltalk (*Ein kleines Gespräch*; 19,279) oder Modefragen (*Kritik*; 19,279f.; *»Nordseekrabben« oder Die moderne Bauhaus-Wohnung*; 19,267-275), mit Mißtrauen von Mensch (*Müllers natürliche Haltung*; 19,285-291) und/oder Tier (*Brief über ein Dogge*; 19,189-195), mit den Fluchtgedanken in die Natur (*Gespräch über die Südsee*; 19,252-254) oder den Angeboten an Unterhaltung, die Brecht in dieser Zeit insbesondere mit dem Boxen verbindet, das er in Gedicht und Prosa thematisiert und in vielem für vorbildlich hält für ein Theater mit Zukunft (wie zahlreiche Schriften von ihm belegen).

Um all das darzustellen, bemüht sich Brecht, die sprachlichen und künstlerischen Möglichkeiten bestimmter Literaturformen kennenzulernen, um sie bei Gelegenheit und für eine ganz konkrete Idee gezielt einsetzen zu können. Von diesem konkreten Interesse am verarbeiteten Stoff sind seine Lektüreerlebnisse geprägt. So können die Groschen-Heft-Serie der Abenteuer des »Räuberhauptmanns Fetzer«, Buffalo-Bill-Hefte oder populär-romantische Geschichtsdarstellungen (z.B. *Hannibals Schwert. Schicksale und Thaten des größten Kriegshelden, der je gelebt hat. Romantische Erzählung für die reifere Jugend* von Karl Oppel, Berlin o.J.) neben einer beliebigen, und somit repräsentativen, Auswahl internationaler Romanliteratur (Cervantes, Casanova, Maupassant, Zola, Rudyard Kipling, Upton Sinclair, Robert Louis Stevenson, aber auch sehr bald Alfred Döblin) bestehen, wie die frühen Tagebucheintragungen deutlich machen (vgl. Jeske 1984, S. 20-28). Besonders begeistern die verflochtenen Handlungskonstruktionen von Kriminal- und Detektivromanen den jungen Brecht. Gaston Leroux, Arthur Conan Doyle und natürlich Edgar Wallace werden unbefangen gegen Thomas Mann ins Feld geführt. Im Laufe der zwanziger Jahre treten im Zusammenhang mit der Arbeit an verschiedenen Stücken vor allem die amerikanischen Literaten der Sachlichkeit in den Vordergrund. Details der Fabelführung und Milieuschilderungen findet Brecht in erster Linie in der sogenannten Nestbeschmutzer-Literatur (»muckraker«) Upton Sinclairs und in den sozialkritischen Werken Jack Londons oder Samuel Butlers (vgl. z.B. 21,360-368).

Brechts intensive Überlegungen zur Tradition des Romans in den Tagebüchern und Notizheften der ersten zwanziger Jahre (vgl. 26,119-272) stehen im Zusammenhang mit eigenen Arbeitsprojekten. Ihn interessieren die speziellen Möglichkeiten dieser literarischen Form. Leitend ist die Frage nach dem »Wie«, d.h. nach der adäquaten »stilistischen Möglichkeit« (26,124) für die Vermittlung des Inhalts. Die epische Breite des Romans ist Chance und Hemmschuh zugleich; den großen Wurf im Kopf, fehlt Brecht die »Reife des Steißes: ein Sitzleder« (26,145) zur Ausformung der Idee. Konzeptionell denkt Brecht durchaus traditionell-bürgerlich, schafft es aber zunächst nicht, die literarische Langform des durchgängigen Erzählens zu beherrschen.

Als die Schriftsteller des literarischen Expressionismus zum Versuch antreten, die sie umgebende Wirklichkeit so abzubilden, wie sie sich ihnen darstellt, nämlich chaotisch, ungeordnet und nur zwanghaft in Rahmen gepreßt, ist traditionelles Erzählen bereits in die Krise geraten. Durch die Erprobung neuer literarischer Formen (etwa der journalistische Stil der Reportage oder die dem Film abgeschaute Montagetechnik) werden die Werke realitätsgeladener, doch ist die Vorstellung des unbeherrschbar Disparaten erdrückend und signalisiert Ausweglosigkeit. Solche Werke aber, die Gefühle des Sich-Nicht-Zurechtfindens und der Ohnmacht thematisieren, etwa Musils *Törleß* (1906), nimmt Brecht in dieser Zeit wenig zur Kenntnis.

Der bei anderen Autoren verbreitete Topos des Selbstmords als letztendliche Auflösung aller Konflikte wird von Brecht in seinem Romanentwurf *Die Rothaut* (1921; 17,405-408) unpathetisch persifliert und damit verabschiedet. In einem Interview mit Bernard

Guillemin antwortet er 1926, angesprochen darauf, daß seine Werke »eigentlich vom Verstand her das Chaos in der Wirklichkeit bejahen«: »Und selbst das Chaos gibt es nur, weil unser Kopf kein vollkommener ist. Was draußen bleibt, nennen wir das Irrationale« (*Die Literarische Welt*, Berlin, 30.7.1926; vgl. *Brecht im Gespräch*, 1975, S. 189). Brechts Zugriff auf die ihn umgebende Wirklichkeit ist ein pragmatischer.

Ich lasse mein Gefühl in die dramatische Gestaltung nicht hineinfließen. Es würde die Welt verfälschen. Ich gehe auf einen möglichst klassischen, kalten, sehr vom Verstand herkommenden Darstellungsstil aus. [...] Es gibt Schriftsteller, die nur den Vorgang geben. Zu diesen gehöre ich. Meine Stoffe *sind* verstehbar. Ich brauche sie darum nicht erst verstehbar zu *machen*. (*Brecht im Gespräch*, 1975, S. 187f.)

Seine Kritik am expressionistischen Roman (z.B. der »Regenwurmtheorie« Döblins) relativiert sich in den Zwanzigern zunehmend. Erst allmählich kristallisiert sich für Brecht die Wirklichkeit zu disparaten Teilen, erkennt er den Historismus der Geschichtswissenschaften und Romanschriftstellerei als durch »ideologische Spintisierereien« (26,255) zusammengeklebt. Die Homogenität einer Wirklichkeit und der Romane, die sie abzubilden scheint, entsteht aus der sequentiellen Entwicklung der erzählten Geschichte. Der Roman, als avancierte literarische Form des 19. Jahrhunderts profitiert formal von der Konstanz und Stabilität bürgerlicher Weltanschauung.

So macht er sich Mitte der zwanziger Jahre nicht nur Gedanken *Über den Zweck des Theaters* (21,113), wendet sich nicht nur *An den Herrn im Parkett* (21,117f.), er fragt auch *Gibt es noch Charaktere für den modernen Romanschriftsteller?* (21,132f.). In mehreren Rundschlägen erklärt er, daß Döblin »nichts macht, was mit dem Leben zusammenhängt«, »bombastisch und willkürlich« wirke (*Döblin*; 21,157), Rilke, »wenn er sich mit Gott befaßt, absolut schwul« klinge (*Rilke*; 21,158) und Thomas Mann »der erfolgreichste Typ des bourgeoisen Herstellers künstlicher, eitler und unnützlicher Bücher« sei (*Kleiner Rat, Dokumente anzufertigen*; 21,164). Demgegenüber ist nur Kafka »eine wirklich ernste Erscheinung« (*Geziemendes über Franz Kafka*; 21,158).

Fassade und Oberfläche werden aufgegeben zugunsten der neuen Vorstellung vom »Dokument« und »Material«. In seiner rüden Abrechnung mit den zeitgenössischen Epikern, als deren bekanntester Vertreter Thomas Mann mehrfach einstehen muß, entwirft Brecht seine Vorstellungen einer gebrauchswertorientierten »Materialästhetik«, die auch seine Lektüre zu dieser Zeit bestimmt (vgl. seine Angabe von Biographien oder Bilddokumentationen, als er 1926 nach den besten Büchern des Jahres gefragt wird; 21,176).

Praktisch gesprochen: *wünschenswert ist die Anfertigung von Dokumenten.* Darunter verstehe ich: Monographien bedeutender Männer, Aufrisse gesellschaftlicher Strukturen, exakte und sofort verwendbare Information über die menschliche Natur und heroische Darstellung des menschlichen Lebens, alles von typischen Gesichtspunkten aus und durch die Form nicht, was die Verwendbarkeit betrifft, neutralisiert. (21,165.)

Provokant lobt er Kriminalromane, fordert »Apparate«, ein »Schema« (*Kehren wir zu den Kriminalromanen zurück!*; 21-128-130. *Glossen über Kriminalromane*; 21,130-132), bezeichnet Hedwig Courths-Mahler als »die große Realistin« (*Verlogenheit unserer Literatur*; 21,137), Franz Werfel und Edgar Wallace als Kitsch – verbunden mit dem Hinweis: »Aber das kann mich doch höchstens abhalten, den Werfel zu lesen. Den großen Wallace laß ich mir doch nicht nehmen!« (21,227.)

Qualitätsmerkmale sind »funktionelle Bildnisse« (*Fotografie*; 21,265) und Sachlichkeit, ein Stichwort, das er auch verwendet, als er 1926 nach aktuellen Arbeiten gefragt wird, vor dem Stück *Mann ist Mann* an erster Stelle die Biographie Samson-Körners nennt, der ihn interessiert, denn: »Er boxte sachlich.« (*Brecht im Gespräch*, 1975, S. 190.)

Mit der Geschichte *Der Kinnhaken* (19,205-209) im Vorjahr und nun in der nicht zu Ende geschriebenen Fortsetzungsgeschichte *Der Lebenslauf des Boxers Samson-Körner* (19,216-235) greift Brecht Boxen als zentrales Thema auf. Er lernt die Boxer-Szene nach seiner Übersiedelung in Berlin selbst gut kennen (z.B. über den Schriftsteller und Samson-Körner-Assistenten Emil Hesse-Burri) und gewinnt ungemeines Interesse für die hohe Theatralik der Kämpfe im Ring. Sein Stück *Im Dickicht der Städte* versieht Brecht – in der für den Druck 1927 erheblich reduzierten Bearbeitung – mit dem Untertitel »Der Kampf zweier Männer in der Riesenstadt Chicago«. Die theatrale Wirksamkeit des Boxrings als Bühnenkulisse erprobt Brecht, als er für die Uraufführung des Einakters *Die Hochzeit* in Frankfurt a.M. 1926 und für das Songspiel *Mahagonny* in Baden-Baden 1927 einen ebensolchen Bühnenbau anregt. Sein im selben Jahr entstandenes Gedicht *Gedenktafel für 12 Weltmeister* (13,379-382) ist »die Geschichte der Weltmeister im Mittelgewicht / Ihrer Kämpfe und Laufbahnen / Vom Jahre 1891 / Bis heute« und belegt seine intensiven Recherchen zur Geschichte des Boxsports – bei Materialsammlung und Aufzeichnung der ersten Pläne unterstützt von Hesse-Burri und Elisabeth Hauptmann (vgl. Hauptmann 1957).

Brechts Beschäftigung mit dieser Sportart als exponierter Form bürgerlicher Zerstreuung in der Großstadt erfährt seine weitestgehende Verwertung in *Das Renommee. Ein Boxerroman*, doch auch der ist Fragment geblieben (17,421-439). Das Thema Boxen birgt für Brecht um 1926 gleich mehrere Möglichkeiten der literarischen Verarbeitung: Die große Publizität in den Medien, die nur scheinbare Konzentration des Konflikts im Moment des Aufeinandertreffens der Kontrahenten – der wirkliche Kampf hat sowohl andere Akteure wie Schauplätze – und der ökonomische Aspekt des Boxsports. Brechts erzählerische Idee besteht in der Konzentration verwickelter Handlungsstränge (reales Vorbild: der Weltmeisterschaftskampf Jack Dempsey gegen Georges Carpentier am 2.7.1921) auf ein abschließendes, im Zweikampf kulminierendes Ereignis. An der Figur des Champions wird die Handlung entwickelt, ohne daß dieser tatsächlich zentraler Handlungsträger würde. Der fight im Ring ist nur Bild, steht stellvertretend für den Kampf um Profit und Renommee. Die Welt des Boxsports erscheint derart als authentischer Mikrokosmos der kapitalistischen Gesellschaftsshow und ihrer gekonnten Vermarktung eines Produkts. In doppelter Hinsicht erscheint der Held als »Produkt«: zum einen wegen der sich um ihn bemühenden Publizitätsaktionen und Geschäfte, zum anderen ist er selbst verkäufliche Ware; er wird zunächst hergestellt, dann möglichst teuer verkauft. Die vielfältigen Verwertungsmöglichkeiten des geeigneten Individuums – Boxer, Dressman oder Filmstar – fordern größte Flexibilität. Um nicht unterzugehen oder doch zumindest nicht dauerhaft beschädigt zu werden, verordnet Brecht seinem Helden die robuste Physiognomie des Boxers, stellvertretend für die auszuhaltenden Kämpfe des Lebens (vgl. *Einige Punkte aus dem Boxer-Roman*; 17,428).

Auf anderer Ebene vertieft Brecht seine Kenntnisse über das Boxen samt dem Getriebe um diesen Sport und verbindet es gleichzeitig mit seinem Metier, als er von Ferdinand Reyher und dessen Boxer-Stück *Don't bet on fights* erfährt und mit dem Autor korrespondiert. Elisabeth Hauptmann übersetzt *Harte Bandagen*, die am 31.12.1929 ihre deutsche Erstaufführung erleben (vgl. Lyon 1978, S. 39-54, und die Briefe, S. 162-171; Reyher, der aus diesem Anlaß nach Berlin kommt, ist der erste Amerikaner, den Brecht kennenlernt).

Bis zu diesem Zeitpunkt hat Brecht das Boxen auch u.a. 1926 im Zwischenspiel *Das Elefantenkalb oder Die Beweisbarkeit jeglicher Behauptung* zu *Mann ist Mann* eingesetzt (am Ende: »*Alle ab zum Boxkampf*«; 2,168) oder 1927 in *Aufstieg und Fall der Stadt Mahagonny*: dort löst in Szene 15 der Tod des Boxers Joe bei der Menge »anhaltendes Gelächter« aus (2,368).

Das Thema ist in diesen Jahren bei anderen Autoren und Komponisten genauso beliebt: Frank Thieß befaßt sich damit 1927 in

Die Geistigen und der Sport, Ernst Krenek komponiert 1928 die Oper *Schwergewicht oder Die Ehre der Nation*, Bernhard Diebold – Autor von *Anarchie im Drama* (1921) – schreibt die Rhapsodie *Fair oder nicht fair...*, J. Rothe 1929 *Die Rückkehr des Boxers* und ab 1930 wird Robert Musil seinen Roman *Der Mann ohne Eigenschaften* veröffentlichen.

Aber die Sachlichkeit bleibt nicht auf das Thema Boxen beschränkt, wie die Geschichte *»Nordseekrabben« oder Die moderne Bauhaus-Wohnung* (19,267-275) zeigt.

Brechts Ansatz trennt stark zwischen Leser und Schriftsteller. Sein Interesse an Literatur ist stets verbunden mit der Suche nach Quellen, nach Anregungen für die eigene Produktion. Wenn er den *Ulysses* von James Joyce als eines der besten Bücher des Jahres 1928 lobt, dann ausschließlich weil der Roman »als Sammlung verschiedener Methoden der Betrachtung [...] ein unentbehrliches Nachschlagewerk für Schriftsteller« sei (21,255). Alle ästhetischen und binnenliterarischen Kriterien der Beurteilung, die er gelten läßt, stehen unter diesem Vorzeichen. Hiermit korrespondiert Brechts verstärktes Interesse am Film und an der Zeitung als authentischeren Medien im Vergleich zur formvollendeten Traditionsliteratur.

Brechts Theaterverlag Felix Bloch Erben in Berlin (1928 sind dort die Ausgaben der *Dreigroschenoper* erschienen, 1931 wird das Textbuch zur *Heiligen Johanna der Schlachthöfe* folgen) läßt vermutlich 1930 von einem Vervielfältigungsbüro den Band *9 Kurzgeschichten* schreiben und vertreibt die numerierten Exemplare wie ein Bühnenmanuskript an Zeitungen. Die *9 Kurzgeschichten* werden in etwa um die gleiche Zeit in Umlauf gebracht, als das erste Heft der Publikationsreihe *Versuche* erscheint, das (neben dem Lehrstück *Der Flug der Lindberghs* und Auszügen aus *Fatzer*) die erste Teil-Sammlung der *Geschichten vom Herrn Keuner* enthält, den pointierten Kurzgeschichten-Erzähler vorstellt und gleichzeitig demonstriert, wie die didaktische Konzeption der Geschichten mit Brechts Lehrstück-Theorie korrespondiert (vgl. S. 91ff.). Für die Keuner-Figur kann eine Vielzahl von Bezügen zum dramatischen Werk nachgewiesen werden (vor allem zum Lehrstückfragment *Fatzer*; vgl. Müller 1980, S. 102-110). Anwendbarkeit der Gedanken und Wiedererkennen der Argumentation sind dabei wichtige Aspekte. »[...] sich nützlich zu machen« (21,193) als zentrale Aufgabe des Schriftstellers verweist gerade im Zusammenhang mit den Keuner-Geschichten auf die energische Forderung Brechts nach einem möglichst hohen Gebrauchswert von Literatur.

Für einen Roman bleibt er weiterhin zu unstet, das Theater ist ihm wichtiger; für Gedichte und Kurzprosa bleibt aber immer etwas

Zeit – und für die weitere theoretische Auseinandersetzung mit dem herkömmlichen Roman etwa in *Über den aristotelischen Roman* (21,538f.) und *Tautologien der alten Romanform* (21,541f.); hinzu kommen – zumindest ansatzweise – Gedanken *Über ein nichtaristotelisches Romanschreiben* (21,541), das »Aussagen über Erscheinungen« mache, »welche Operationen mit diesen Erscheinungen gestatten, praktische Aussagen«.

4.2 Zur Prosa des Exils

Zu den ersten umfangreichen Arbeiten des Exils gehört Brechts einziger abgeschlossener Roman, der *Dreigroschenroman*. Nachdem er darüber mit dem Verlag Allert de Lange (Amsterdam) einen Vertrag abgeschlossen hat, beginnt er gleich nach seiner Ankunft in Dänemark mit der ersten Niederschrift und ist bestrebt, das Projekt schnell zum Abschluß zu bringen. Daß es dann doch von Juli 1933 bis Juli 1934 dauert, bis der Roman fertig ist, bewirkt die enge Einbeziehung Margarete Steffins bei diesem neuartigen Ökonomie-Projekt; sie hat immer wieder zusätzliche Ideen, macht Änderungsvorschläge, weist auf nicht plausible Handlungsteile hin.

Symptomatisch für ihre Mitarbeit ist es, wenn sie zu Anfang des Jahres 1934 an Walter Benjamin schreibt: »Brechts Roman wird großartig. Er war fertig, der Arme, jetzt habe ich ihm wieder Flöhe ins Ohr gesetzt, so daß er still die letzten Kapitel, die ich noch abschreiben sollte, wieder einpackte.« (Steffin an Benjamin, undatierter Brief von Anfang 1934; zitiert nach Jeske 1994a, S. 120.) An den zahlreichen überlieferten Varianten und Fassungen, läßt sich gerade am Beispiel *Dreigroschenroman* ablesen, wie sich ein Text unter Steffins Beteiligung entwickelt: einerseits erfüllt sie traditionelle Sekretariatsaufgaben durch immer neue Abschriften, die beim notorischen Änderer Brecht ständig erforderlich sind; andererseits geht ihre Mitwirkung am Text schon durch die Übertragung in die regelgerechte Groß- und Kleinschreibung und die Einfügung von Satzzeichen über das reine Abschreiben hinaus (vgl. Jeske 1994a).

Zuvor, nachdem Brecht in Dänemark erste Teile des Romans ausformuliert hat, ist Margarete Steffin in Paris aufgefordert, inhaltlich dazu Stellung zu nehmen: »Nächste Woche schicke ich ein Drittel des *Dreigroschenromans*. Hoffentlich verreißt Du ihn nicht gleich«, argwöhnt Brecht (Brief 498). Steffin äußert sich allgemein zu Kürze oder Langatmigkeit einzelner Teile, bemängelt »unglückliche Gewichtsverteilung« (Brief 505) und greift stilistisch ein. Brecht meint dazu: »Die Kritik ist gut, aber zu kurz und zu wenig ausführlich. (Ihr fehlt ebenso wie dem Roman noch eine gewisse Solidität.) Du mußt mir noch auf alle meine Fragen antworten. Und: Schreib nichts ab, was Dir nicht gefällt! Sondern: schicke alles, in Partien, zurück, und zwar die Stellen angestrichen, die nachlässig gearbeitet sind, Kraftausdrücke oder absichtliche Witzigkeiten.« (Brief 502.) Im August 1933 heißt es: »Vom *Dreigroschenroman* hab ich schon 95 Seiten jetzt, also fast ganze zwei Drittel (Gesamtumfang 150).« (Brief 506.) Eine erste Fassung des Romans (entstanden zwischen Juni und August 1933) umfaßt schließlich 137 Seiten (BBA 269-271). In einer zweiten Phase entsteht im Dezember 1933 und Januar 1934 eine neue Fassung des Romans, erstmals mit dem Einleitungskapitel *Die Bleibe* (BBA 272-273). Diese zweite Fassung hat 145 Seiten und auf Papierstreifen festgehaltene und angeklebte Ergänzungen; sie endet mit dem Schlußteil des 8. Kapitels (16,162-166). In einer dritten Phase im Februar/März 1934 wird die zweite Fassung um 62 Seiten erweitert, auf denen das Hauptgeschehen der späteren Kapitel 13-15 zu lesen ist (BBA 273/47-108; vgl. 16,306-374). Hier ist Steffin z.B. durch die Vergabe von Kapitelnummern und Überschriften beteiligt.

Als es von Juli bis September 1934 um die Korrektur des gesetzten Textes geht, achtet Steffin auf die vollständige Erfassung des Manuskripts, auf Rechtschreib- und Lesefehler der holländischen Setzer. Daneben nimmt sie Vereinheitlichungen vor (etwa bei Namen), bewahrt Brechtsche Eigenheiten (er schreibt gern »Mahagonnymöbel«), denkt an Feinheiten (bei der englischen Währung mit Zwölfersystem heißt es besser »1 Schilling elfeinhalb Pence« statt »1 Schilling 95 Pennies« usw. (BBA 289/18; vgl. 16,137.).

Nachdem erste positive Rezensionen erschienen sind, schreibt Brecht an Steffin: »Im allgemeinen scheinst Du eben doch ein Meisterwerk verfaßt zu haben, alter Muck. Besonders gerühmt wird Deine reine Sprache. Ohne Spaß: es ist gut, wenn man den anspruchsvollsten Leser im *Hause* hat!« (Brief 620.) – Mit ihrer Unterstützung sind aus den anfänglich geplanten 150 Seiten Gesamtumfang 494 Druckseiten geworden. Der Tatsache von Steffins Mitarbeit verdankt der *Dreigroschenroman* möglicherweise sogar die Fertigstellung, da spätere, ähnlich umfangreiche Projekte zeigen, daß Brecht weiterhin die Geduld und Ausdauer fehlen, um sie abzuschließen.

Brecht geht in der Geschichte nicht so weit zurück wie gleichzeitig etwa Thomas Mann mit seinen ersten *Joseph*-Romanen und andere, die auch in den folgenden Jahren für eine ganze Schwemme von historischen Romanen sorgen. Der *Dreigroschenroman* spielt in einem viktorianischen London um die Jahrhundertwende – während des Burenkrieges, den Engländer in Südafrika führen – und in der »Hauptstadt der Welt«, wo »patriotische« Stimmungen für verschiedene Deals genutzt werden.

Die zum großen Teil aus der *Dreigroschenoper* übernommenen Figuren läßt Brecht zum einen nach vorgelebten Mustern aus der amerikanischen Wirtschaftsgeschichte handeln (vgl. Myers 1916; 21,176), zum andern nach den Prinzipien der nationalsozialistischen Mittelstandspolitik, wie sie seit Jahren propagiert und zu dieser Zeit angewendet wird hinsichtlich Kleinhandel und Warenhäusern bzw. Handelsketten. Die gesamte Handlung um die kleinen Ladenbesitzer und großen Handelsorganisationen ist geschrieben vor dem Hintergrund dieser Politik, die die Kleinen zu fördern vorgibt und den Warenhäusern, Einheitspreisläden und Konsumvereinen den Kampf ansagt, indem sie Sondersteuern erhebt, um das dahinterstehende »jüdische Finanzkapital« zu treffen (vgl. Hans Buchner, *Warenhauspolitik und Nationalsozialismus*, München 1931).

Die Verbindung zur Zeitgeschichte in Deutschland wird auch deutlich, wenn er das Romanpersonal über Begriffe wie »Treue«, »Verantwortung«, »Familie«, »Charakter«, »Opfer« »Natur« usw. sinnieren läßt oder über »Ehrlichkeit« (in Politik und Wirtschaft) und »Bescheidenheit«. Auf anderen Ebenen macht er das gleichzeitig, etwa in der Form von *Über die Frage, ob es Hitler ehrlich meint* (22,184f.; vgl. 22,185-188) oder mit Gedichten wie *Was der Führer nicht weiß* (12,73f.). – Hitler sieht im England der Kolonialzeit ein Vorbild, dem er bestätigt, daß es sich »am genialsten« und »in Ausübung eines außerordentlich brutalen Herrenrechts« seinen Anteil gesichert habe (Rede vor dem »Industrieklub«, 27.1.1932). Aufmerksame Zeitgenossen der dreißiger Jahre verbinden mit Burenkrieg und Südafrika eine besondere Erinnerung: »Konzentrationslager. Ich habe das Wort nur als Junge gehört, und damals hatte es einen durchaus exotisch-kolonialen und ganz undeutschen Klang für mich: während des Burenkrieges war viel die Rede von den Compounds oder Konzentrationslagern, in denen die gefangenen Buren von den Engländern überwacht wurden«, schreibt Victor Klemperer am 29.10.1933 in sein Notizbuch (*LTI [Lingua Tertii Imperii, Sprache des dritten Reiches]. Notizbuch eines Philologen*, Frankfurt a.M. 1975, S. 46f.). – Andere Themen mit aktuellem Bezug sind Arbeitslosigkeit oder Abtreibung.

Solche Inhalte legen es nahe, sie in einer besonderen Form des Kriminalromans, den Brecht zeitlebens schätzt, zu verpacken. Der *Dreigroschenroman* wird zu einem »Grenzfall des Kriminalromans«, bei dem es gelingt, »die hochentwickelte Technik des Kriminalromans beizubehalten, aber dessen Spielregeln auszuschalten« (Benjamin 1981, S. 61f.).

Spielregeln ausgeschaltet haben Brecht und Weill schon bei der *Dreigroschenoper* im Vergleich mit dem sonst praktizierten Opernbetrieb; der seit Sommer 1928 gespielte Text freilich hat noch nicht die Schärfen des Drucks von 1931 und wird entsprechend nicht als Kritik am damaligen kapitalistischen System verstanden. Gegen Anerkennung und Erfolg hat Brecht nichts einzuwenden, aber er versucht auf mehreren Ebenen, das »Modestück« (Kessler 1982, S. 601: 27.9.1928) zu präzisieren, die Formel »Räuber gleich Bürger, Bürger gleich Räuber« deutlicher zu machen: bei der Edition des Stücks oder beim Filmexposé *Die Beule* (bei der Verfilmung der Oper und seinem Mitspracherecht betreibt er das sogar bis zu – allerdings erfolglosen – juristischen Auseinandersetzungen; vgl. S. 195). Beim Roman geht er noch weiter: er ist die literarische Behandlung der These, die Brecht unmittelbar danach auf die Formel gebracht hat, der Faschismus sei *»als nacktester, frechster, erdrückendster und betrügerischster Kapitalismus«* (22,78) zu betrachten und zu bekämpfen.

Brecht benutzt bei seinen Beschreibungen Elemente, die er vom Film her kennt (Schnitte, Rückblenden, Montagen usw. sind von anderen Autoren auch schon zuvor benutzt worden, wie Brecht bei der Lektüre von Stevenson, Dos Passos oder Joyce selbst festgestellt hat). Eine Besonderheit des *Dreigroschenromans* ist aber z.B., daß zwischendurch immer wieder Texte eingebaut (und im Druck hervorgehoben) sind, in denen den Hauptakteuren große und »hehre« Worte in den Mund gelegt werden, die in eklatantem Widerspruch zu ihrem Verhalten und Tun stehen:

Auf diese Weise fließen z.B. scheinbare Begründungen für das Agieren der großen Gauner ein, die auch in ihren »schwachen Minuten« vom Leser nicht unbeobachtet bleiben (wenn sowohl Herr Peachum als auch Herr Macheath die Tochter bzw. das ungeborene Kind – das natürlich nur ein Sohn werden kann – als Hauptgrund für den ganzen Streß, den sie sich antun, nennen und gleichzeitig die eigene Bedürfnislosigkeit hervorheben). – Oder Macheath spricht vor den Kleingewerbetreibenden von »sozialem Fortschritt«, »opferfreudiger Arbeit«, »Fleiß« und »Genügsamkeit«, von den B.-Läden als »Goldgruben« für die kleinen Betreiber; Herr Coax appelliert an das nationale Bewußtsein und betont, daß »unter Brüdern nicht gehandelt« werden dürfe, bevor er die TSV-Gesellschafter über den Tisch zieht usw. – Oder Smithy, ein kleiner Ganove aus der Firma Peachum, kann lauthals einen ehrlichen Kampf von Fewkoombey, dem beinamputierten Kriegsversehrten, fordern *»nach den Regeln des Britischen Faustkämpferverbandes«* – bevor er auch unter die

Gürtellinie schlägt (16,13). – Oder der Arzt, zu dem die schwangere Polly geht, kann von »*Vorschriften*« sprechen, vom Leben, das »*heilig*« ist, von »*Risiko*« und schwerer »*Verantwortung*«, um sie dann mit dem Hinweis auf die nächste Sprechstunde zu verabschieden: »*Und bringen Sie das Geld mit, sonst brauchen Sie gar nicht erst zu kommen.*« (16,70f.)

Andererseits ergibt sich bei dieser Technik die Möglichkeit, Gedanken von Figuren mitzuteilen, die sie aus unterschiedlichsten Gründen in der Romanwelt gar nicht haben: so wird etwa vorgestellt, was Fewkoombey denken könnte (»So ungefähr hätte der Soldat gedacht. Aber er dachte nicht: er war zur Disziplin erzogen«; 16,73f.); an anderer Stelle denkt auch Macheath »ungefähr« (16,91f.).

Wie Brecht zusätzlich »filmische Optik« im *Dreigroschenroman* sprachlich umsetzt, macht eine Episode während seiner Untersuchungshaft deutlich: als Vergleich, wie Macheath die kleinen Ladenbesitzer ausnimmt, wird beschrieben, wie er sein Frühstücksei auslöffelt (16,348f.).

Als der *Dreigroschenroman* im November 1934 im Verlag Allert de Lange in Amsterdam erstmals erscheint, zeigt sich bald an einer Vielzahl von Kritiken, daß ein von sehr vielen beachtetes und bewundertes Werk entstanden ist. Die einen loben die satirischen Momente der Geschichte und sehen Brecht als Nachfolger von Jonathan Swift oder Miguel de Cervantes, andere heben die Verbindung zum Kriminalroman hervor, die meisten bewundern die gelungene Art, einerseits mit dem Titel und wichtigen Figurennamen an die eigene *Dreigroschenoper* (und ihren Erfolg) anzuknüpfen und andererseits gleichzeitig in dieser neuen »Verpackung« ein Stück Zeitgeschichte darzubieten, die den *Dreigroschenroman* als »Brechts Hauptwerk«, als eine seiner »wesentlichsten Leistungen«, als »Bericht über die Kulturinhalte unserer Epoche« oder als »wirtschaftlich-politisches Kompendium der Zeit von wahrhaft homerischen Ausmaßen« erscheinen lassen, den Autor selbst als »Epiker von hohen Graden« (vgl. Jeske, Hg., 1984, S. 152-174. 16,418-437).

Ein ganz anderer Aspekt taucht auf, nachdem die englische Übersetzung erschienen ist; Brecht erwägt deshalb bei einer neuen Auflage, dem Roman ein Vorwort beizugeben und schreibt u.a.:

> Der Verfasser bedauert [...], daß, wie ihm englische Freunde versichern, seine Studien englischer Gebräuche und des Londoner Kolorits, die er an der Hand verbürgt englischer Kriminalromane vornahm, ihm wenig genützt haben. Es wird ihm glaubhaft versichert, daß seine Schilderung Londons nicht ganz mit der Wirklichkeit übereinstimmt. Nun, dann stimmt sie mit der Schilderung englischer Autoren überein. (16,433 und 22,99f.)

Die Einführung der »filmischen Optik« im Zusammenhang mit ökonomischen Fragestellungen und historischen Betrachtungsweisen, spielt auch bei dem anderen, relativ weit ausgeführten Romanprojekt eine Rolle. Brecht läßt Andrea in *Leben des Galilei* (Fassung 1938/39) nach dem Verlesen des Widerrufs aufschreien: »Unglücklich das Land, das keine Helden hat!« Und Galilei läßt er antworten: »Nein. Unglücklich das Land, das Helden nötig hat.« (5,93.) Im gleichzeitig entstehenden *Caesar*-Romanprojekt bietet er eine Steigerung an, wenn er den fiktiven Biographen im Verlauf seiner Recherchen einsehen läßt, daß es die großen Männer überhaupt nicht gibt, daß sie zuallererst exponierte Vollstrecker geschichtlicher Konstellationen sind. Nicht für die Geschichte verantwortlich sind die Helden und Idole, sondern ihr verantwortlich zu machen. Nicht die »List der Vernunft« (Hegel, *Philosophie der Geschichte*, 63) packt sich einzelne Individuen, sie zu Großem zu befördern; durchschaubare historische Konstellationen ermöglichen den Aufstieg von großen Persönlichkeiten und Imperatoren.

Der (Fragment gebliebene) Roman *Die Geschäfte des Herrn Julius Caesar* wird zum Kaleidoskop von römischer Realität, in der das Bild des »Idols« (17,171) sich nicht konstituieren lassen will. Der Leser verfolgt wechselnde Einschätzungen ein- und derselben Sache, wird zum Urteilen verführt, um sogleich von der Plausibilität des Gegenteils sich überzeugen lassen zu müssen. Die Scheinhaftigkeit bloßer Fakten ohne ein dialektisch verfahrendes Erkennen der Zusammenhänge wird allenthalben vorgeführt.

Auch in dieser Zeit, 1938/39, kommt es zu zahlreichen theoretischen Überlegungen zum Romanschreiben im Zusammenhang mit der sogenannten Expressionismus- oder Realismusdebatte: gerade als sich Brecht *Über den formalistischen Charakter der Realismustheorie* (22,437-445) äußert, den Roman als »die Domäne unserer Theoretiker« bezeichnet und damit vor allem gegen Georg Lukács zielt, dessen Rezepte ihm für seine Darstellungsziele nicht helfen, führt er sein *Caesar*-Romanprojekt an: neben der Tagebuchform und dem Wechsel des point of view in andern Teilen, sieht er den eigenen Standpunkt »in der Montage der beiden fiktiven Schreiberstandpunkte« und mutmaßt, »daß sich so etwas nicht als nötig hätte herausstellen dürfen« (22,438), wollte er den dogmatischen Forderungen von Lukács u.a. genügen. Er baut aber lieber »Modelle, weil ich die Wirklichkeit darstellen möchte«, nimmt z.B. den angegriffenen »großen satirischen Roman« *Ulysses* von Joyce in Schutz, der den inneren Monolog verwenden dürfe, auch wenn Tolstoi das nicht gemacht hätte (22,441). Er weigert sich, den Dos Passos-Roman *Manhattan Transfer* mit einem Balzac-Roman zu vergleichen, da diese

Darstellung vielmehr mit den New Yorker Slums konfrontiert werden müsse (22,449). Er hält dagegen mehr von der Art, *Wie Tacitus den Untergang einer Legion in einem Meeresarm beschreibt* (22,482), und z.B. vom »Grundschema des guten Kriminalromans«, das Ähnlichkeiten mit der »Arbeitsweise unserer Physiker« hat (Fakten, Hypothese, Experiment): es werden »die Charaktere aus den Handlungen entwickelt« und nicht umgekehrt, der Leser wird in die dem Detektiv gestellte Denkaufgabe einbezogen und in die Untersuchung des Falls; das Schema nutze außerdem die alltägliche Gewißheit der Leser – »*Wir machen unsere Erfahrungen im Leben in katastrophaler Form*« – und die Tatsache, daß hinter den von den Medien gemeldeten Katastrophen andere – »die *eigentlichen* Geschehnisse« – vermutet werden, und lasse so den Geist beim Lesen »auf Patrouille« gehen, was wiederum Schulung für den Alltag sein könne: »Die Geschichte wird *nach* den Katastrophen geschrieben« (*Über die Popularität des Kriminalromans*; 22,504-510).

4.3 Arbeiten für den Film

Nachdem, wie seine Tagebücher belegen, Brecht schon Anfang der zwanziger Jahre nicht nur begeisterter Kinogänger ist, sondern auch Texte für Filme schreibt, sich u.a. mit Karl Valentin die *Mysterien eines Frisiersalons* (1923) ausdenkt und dreht (Gersch 1975, S. 23f.,380), Anfang der dreißiger Jahre die ursprünglichen Intentionen bei der *Dreigroschenoper* im Medium Film umsetzen möchte (*Die Beule*; 19,307-320), was ebenfalls mißlingt, oder das Drehbuch *Weekend – Kuhle Wampe* (19,441-571) schreibt, kommt solchen Arbeiten im kalifornischen Exil wiederum besondere Bedeutung zu.

Viele seiner Prosaarbeiten des US-Exils sind als Versuch zu werten, Filmstoffe zu liefern. Doch das Schreiben in den USA muß strengen Verwertbarkeitskriterien gehorchen, mit denen er seine Schwierigkeiten hat.

»Es ist hier für Emigranten schwer, nicht entweder in ein wildes Geschimpfe auf ›die Amerikaner‹ zu verfallen oder ›mit dem Wochenscheck im Maul zu reden‹« (27,23), stellt Brecht ein Vierteljahr nach der Ankunft in Kalifornien fest, u.a. deshalb, weil sich zumindest »die Amerikaner« Hollywoods nicht für sein Exposé *Rich Man's Friend* (20,23-26) interessieren, das vermutlich im zweiten Halbjahr 1941 entsteht, und für seine (autobiographisch geprägte; vgl. Brief 626) Darstellung der Lage von Emigranten, hier eines Schauspielers (Peter Lorre).

Selbst als der anerkannte Regisseur Wilhelm Dieterle (er ist seit 1930 in Hollywood und heißt längst William) sich nach einem historischen Stoff umsieht und Brecht im April 1942 veranlaßt, *Caesars letzte Tage* zu schreiben (20,62-79, 79-88; vgl. S. 175f.), ist sich der sicher, daß das Projekt »keine Chance« hat der »Industrie« wegen, die den Publikumsgeschmack selbst definiert (»kennt«). (27,80f.)

Etwa gleichzeitig entwickelt Brecht Ideen über das *Leben des Menschenfreunds Henri Dunant*, plant zunächst die »Tragödie eines gigantischen Schimpfers« (27,87; vgl. 10,912-917), die ihm aber »riesige Schwierigkeiten« bereitet (27,93) und deshalb dramatisch nicht ausgeführt wird. Statt dessen schreibt er als Filmtext über *Die seltsame Krankheit des Herrn Henri Dunant* (20,89-95), gemeint ist die »Güte«, die den Gründer des Roten Kreuzes im Armenhaus enden läßt.

Drei weitere Beispiele aus dem Jahre 1945, bei denen er u.a. von Ferdinand Reyher unterstützt wird, belegen, daß es auch nicht hilft, wenn solche Arbeiten für den amerikanischen Film gleich in Englisch vorgelegt werden: sei es die Shakespeare-Modernisierung *Lady Macbeth of the Yards* (20,143-162), sei es der Kriminalfilm im französischen Widerstands- und Kollaborationsmilieu *Silent Witness* (20,97-120) oder sei es *The Goddess of Victory* (20,120-140); bei diesem letztgenannten Projekt kommt die Thematik erschwerend hinzu: wenn auch verschlüsselt, wird Kritik geübt an der amerikanischen Wirtschaftshilfe-Politik am Beispiel Italien, an den Profiteuren und Machtgewinnenden.

Als Brecht im Frühjahr 1947 Gogols Novelle *Der Mantel* für den Film bearbeitet (20,165-180) oder *Offenbachs »Hoffmanns Erzählungen« in einer neuen Version* vorlegt (20,180-184), weiß er: »Keine Aussichten dafür in Hollywood, denke an die Schweiz« (27,243). Doch auch dort werden die Ideen nicht verwirklicht (vgl. Gersch 1975, S. 219-248).

4.4 Wichtige Prosa-Texte im Überlick

4.4.1 Romane und Romanfragmente

Dreigroschenroman

E: 1933/34. Z: BV 3,1-20: 11207-11482. ED: Amsterdam: Allert de Lange 1934. D: *Prosa 3* (SV); *2* (AV) / GW VI bzw. wa 13,729-1165 / GBA 16,7-391 *395-466* / st 1846 u. st 2804.

Mitarbeit: Margarete Steffin; vgl. hier S. 166f.

In Brechts rund acht Jahre zurückliegendem Boxerroman-Projekt *Das Renommee* steigert irgendwie jeder sein Renommee, sogar der Champion – als lebendiges Kapital der Drahtzieher – verdient und bleibt am Ende nicht unbeachtet. Daß er der Größte nicht wird, stört kaum; er hat sich eben nicht konzentrieren wollen oder können, sich aber halbwegs passabel inszeniert. Im *Dreigroschenroman* geht es jetzt um die im Dunkeln agierenden wirklichen Boxer und Totschläger der Gesellschaft, um die Genese der »self-made-merchants« und ihr Geschick, trotz der offen brutalen Methoden des Betrugs und des Verbrechens die Weste weiß zu halten. Prinzipien des Kampfes als sportlichem Wettstreit mit nicht immer sauberen, aber doch leidlich vorhandenen Regeln des fair-play kommen hier nur noch am Rande zum Vorschein bei den von der Gesellschaft an den Rand Gedrängten, wenn der Profi-Bettler den Amateur zu »offenem, ehrlichem Kampf« nach den »Regeln des Britischen Faustkämpferverbandes« (16,13) auffordert und ihn dann kurzerhand zusammenschlägt. Brecht verläßt im übrigen beim *Dreigroschenroman* völlig die Ebene des Sports, der – im weitesten Sinne seiner Regelhaftigkeit – Projektionsfläche der Handlung sein könnte.

Was er zeigen möchte, faßt er in einem *Demonstrandum eines Dreigroschenromans* zusammen:

»Die kleinen Verbrecher sind ebenso bürgerlich wie die kleinen Bürger.
Die großen Bürger sind ebenso verbrecherisch wie die kleinen Verbrecher.
Auch die Hilfe, die den Ausgebeuteten geleistet wird, ist Ausbeutung, und zwar Ausbeutung der Kleinen direkt und Erpressung der Großen indirekt.
Kampf des Machieth gegen den Peachum: Beraubung des Schwächeren.
Kampf des Peachum gegen den Machieth: Erpressung einer Gewinnbeteiligung.«

Vgl. die Dokumentation der unmittelbaren Wirkung unter den Exilanten: Jeske (Hg.) 1984, S. 152-174. – GBA 16,418-437.
Lit.: Boie-Grotz 1978, S. 186-202; Müller 1980, 134-185; Jeske 1984, S. 104-200; Jeske (Hg.) 1984, S. 35-182; Knopf 1984, S. 322-369.

Der Tuiroman

E: 1933-1942. Z: BV 3,21-39: 11483-11714. ED: *Stücke*. Band 14. Frankfurt a.M.: Suhrkamp Verlag 1967. S. 135-360 (Zusammenstellung: Elisabeth Hauptmann). D: GW V bzw. wa 12,587-727 (Zusammenstellung: Elisabeth Hauptmann) / GBA 17,9-161 *459-508* (Zusammenstellung: Wolfgang Jeske).

Das Projekt sollte eine großangelegte Intellektuellen-Kritik werden, die nicht abgeschlossen wird, weil – im Laufe der Jahre – immer neue thematische Schwerpunkte hinzukommen: zunächst plant Brecht einen Rückblick auf die jüngste deutsche Geschichte (Kaiserreich, Weimarer Republik, beginnender Faschismus), dann bezieht er das Verhalten der Emigranten (-Kollegen) in Europa ein; zu Beginn des Exils in den USA kommt das Verhalten der dort lebenden Emigranten hinzu, bald der Einbruch angesichts der dortigen »Normalität«.

So dokumentieren die überlieferten Texte überwiegend eine Materialsammlung, nur teilweise gibt es Ausarbeitungen, z.B. die *Tui-Geschichten* (17,111-140).

Es sollte ein Komplex entstehen – inhaltlich und formal –, bestehend aus Prosa und Lyrik, aber auch aus Dramatik; schon in den dreißiger Jahren bezieht Brecht den Turandot-Stoff ein, den er als einzigen Teil 1953/54 unter den neuen Gegebenheiten in der DDR ausführen wird in *Turandot oder Der Kongreß der Weißwäscher* (9,127-198); u.a. gibt es schon in den dreißiger Jahren das Motiv der

Regierung bzw. Herrschenden, die sich ein Volk wählen (vgl. das Gedicht *Die Lösung* aus den *Buckower Elegien* als einer der Kommentare zum 17. Juni 1953; 12,310).

Brecht schreibt nach Beendigung der Arbeit:
»Das Stück *Turandot oder Der Kongreß der Weißwäscher* gehört zu einem umfangreichen literarischen Komplex, der zum größten Teil noch in Plänen und Skizzen besteht, zu ihm gehören der Roman *Der Untergang der Tuis*, ein Band *Tuigeschichten*, eine Folge kleiner Stücke *Tuischwänke* und ein Bändchen von Traktaten *Die Kunst der Speichelleckerei und andere Künste.* — Alle diese Arbeiten, die den Verfasser seit Jahrzehnten beschäftigen, behandeln den Mißbrauch des Intellekts.« (24,411.)

Spielen sollte alles in »Chima«, dem »Land der Mitte, das auf keiner Karte verzeichnet ist« (17,43); entsprechend erhalten alle Figuren, Gruppierungen und Orte (wie beim *Buch der Wendungen*) chinesisch klingende Namen. Vgl. die Auflistung der bislang entschlüsselten Bezeichnungen: 17,506-508.
Lit.: Müller 1980, S. 350-392; Jeske 1984, S. 201-217; Jeske (Hg.) 1984, S. 183-239; Knopf 1984, S. 399-422.

Die Geschäfte des Herrn Julius Caesar

E: 1937-1942. Z: BV 3,40-63: 11715-12046. ED: Berlin/West: Gebrüder Weiß Verlag 1957 (Die ersten drei Bücher und die fertiggestellten Teile des vierten Buchs). D: *Prosa 4* (SV); *3*,5-195 (AV) / GW VI bzw. wa 14,1167-1379 / GBA 17,163-390 *509-567* (Mit weiteren Texten zum vierten bis sechsten Buch) / es 332.
Teil-ED: *Sinn und Form. Sonderheft Bertolt Brecht.* Berlin 1949. S. 181-258 (*Zweites Buch / Unser Herr C.*); *Sinn und Form. Zweites Sonderheft Bertolt Brecht*, Berlin/DDR 1957, S. 391-418 (*Drittes Buch / Klassische Verwaltung einer Provinz*).
Mitarbeit: Margarete Steffin.

Im Herbst 1937 plant Brecht zunächst ein Stück in fünf Akten mit gleichlautendem Titel (10,790-823) und sammelt viel historisches Material. Ab Januar 1938 beginnt die Arbeit am Roman und die rasche Fertigstellung der ersten drei Bücher (bis Mai). Durch neue Projekte wie Szenen zu *Furcht und Elend des III. Reiches*, die Zusammenstellung der *Svendborger Gedichte* oder die Vorbereitungen und das »Herunterdramatisieren« der dänischen Fassung von *Leben des Galilei* wird die Ausarbeitung des Romanprojekts (mit insgesamt sechs Büchern) unterbrochen. Mit den fertiggestellten Büchern versucht Brecht, an einem Literaturwettbewerb der »American Guild for German Cultural Freedom« teilzunehmen; der Text wird jedoch als »unfinished novel« abgelehnt. Noch 1938 schreibt Brecht das Filmexposé *Der gallische Krieg oder Die Geschäfte des Herrn J. Caesar* (19,416-418), in dem er die für das fünfte Roman-Buch geplante Handlung aufnimmt. Die Arbeit am Roman bleibt unterbrochen bis November 1939, als Brecht mit der Ausarbeitung des vierten Buchs beginnt (bis Januar 1940); anschließend gerät die Arbeit erneut ins Stocken und wird danach nicht wieder aufgenommen.

Das 1942 in Kalifornien geschriebene Filmexposé *Caesars letzte Tage*, bestehend aus einem Einleitungsabschnitt (»Der Film zeigt...«) und den Teilen *Wie Caesar starb* und *Caesars Soldat*, gehört – unabhängig vom Romanprojekt – zu Brechts Versuchen, Stoffe für Hollywood zu liefern (20,62-79; 79-88); als daraus nichts wird, arbeitet er den Text zu eigenständigen Erzählungen um: Teil 1 des

Films erhält den Titel *Die Iden des März*, Teil 2 behält den Titel des Exposés. Für die *Kalendergeschichten* erhalten die beiden Erzählungen die Titel *1/Cäsar* und *2/ Cäsars Legionär* und werden zu der Geschichte *Cäsar und sein Legionär* zusammengestellt (18,389-404).

In ihrem Film *Geschichtsunterricht* (1972) verwenden Jean-Marie Straub und Daniele Huillet Texte »aus dem Romanfragment *Die Geschäfte des Herrn Julius Caesar* von Bertolt Brecht«; »der Junge Mann« (der Biograph) begegnet bei Fahrten (im Fiat 500) durch das proletarische Rom Anfang der siebziger Jahre vier Zeitgenossen Caesars; es sprechen »der Bankier« (Spicer), »der Bauer«, »der Anwalt« (Carbo) und »der Dichter« (Alder) Auszüge aus dem Romanfragment.

Schon als er das Thema dramatisch behandeln möchte, betreibt Brecht, unterstützt von Steffin, umfangreiche historische Studien. Die Wiederaufnahme der Thematik der »großen Männer der Geschichte« unter Weiterführung der ökonomischen Betrachtungsweise soll »auf streng historischer Grundlage« betrieben werden und es soll keine »verkleidete Hitler- oder Mussolini-Biographie« entstehen (Brief 848; September 1938); allerdings ist dabei zu beachten: »Die Geschichtsforscher müssen mit Vorsicht genossen werden. Sie sind verpflichtet, nachzuweisen, warum alles so kam, wie es kam.« (17,386.) Vgl. die Übersicht zu den antiken und geschichtswissenschaftlichen Quellen (17,517-522) sowie die Einzelnachweise (17,529-559).

Daß sowohl das Stück- wie das Roman-Projekt einen aktuellen Bezug haben, steht für Brecht dennoch fest: »Der tragikomische Held des Stückes ist das Bürgertum, das unter der Führung seiner ›Creme‹, der Finanzhaifische, sich aus Haß gegen den Junker- und Finanzadel und aus Furcht vor den Plebejern und Sklaven dem demokratischen Diktator an den Hals wirft.« (10,811: A 21.)

Lit.: Claas 1977, S. 112-176, 179-236. Müller 1980, S. 236-285. Jeske 1984, S. 218-313. Jeske (Hg.) 1984, S. 241-370. Knopf 1984, S. 370-399.

4.4.2 Prosasammlungen

Geschichten vom Herrn Keuner

E: 1929-1956. Z: BV 3,96-125: 12331-12606. ED: *Versuche*. Heft 1 (*Versuche 1-3*). Berlin: Kiepenheuer 1930. S. 22-25 (2. Versuch; 11 Geschichten); *Versuche*. Heft 5 (*Versuche 13*). Berlin: Kiepenheuer 1932. S. 456-459 (Teil des 2. Versuchs; 9 weitere Geschichten); *Kalendergeschichten*. Berlin: Gebrüder Weiß 1949. S. 160-184 (15 Geschichten aus *Versuche* und 24 weitere). D (mit weiteren ED): *Prosa 2*,103-148 (SV; insgesamt 86 Geschichten); *1*,362-399 (AV; insgesamt 87 Geschichten) / GW V bzw. wa 12,373-415 (insgesamt 87 Geschichten) / GBA 18,11-43, 436-451 (insgesamt 106 Geschichten) *457-485*, *665-669* / AW 5,216-231 *533-536* (Auswahl der *Kalendergeschichten*).

Weitere Drucke: *Der Monat*, Weinheim/Berlin, Mai 1952, S. 144 (1 Geschichte aus *Kalendergeschichten*); *Versuche*, Heft 12 (*Versuche 27/32*), Berlin/West: Suhrkamp 1953, S. 151-154 (Teil des 2. Versuchs; 12 Geschichten aus *Kalendergeschichten*); *Sonntag*, Berlin/DDR, 16.5.1954 (3 Geschichten aus *Kalendergeschichten*); st 16.

Postume ED: *Sinn und Form. 2. Sonderheft Bertolt Brecht*. Berlin/DDR 1957. S. 185-187 (7 Geschichten); *Geschichten*. Frankfurt a.M. 1962. S. 191-201: *Weitere, bisher nicht veröffentlichte Geschichten vom Herrn Keuner* (24 Geschichten); Klaus

Völker: *Bertolt Brecht. Eine Biographie.* München/Wien 1976. S. 386 (*Herr Keuner sagte: Es ist ein weitverbreiteter Unfug*).

Die Kurzgeschichten entstehen in einem Zeitraum von rund 27 Jahren. »Keuner« wird ursprünglich als Figur eines »Denkenden« im Kontext der Lehrstücke konzipiert (vgl. die »Kommentar«-Texte zu *Fatzer*, 10,518-534, und *Das Badener Lehrstück vom Einverständnis*, 2,25-46, Szene 7, 2,37f.). 1929 löst Brecht die Keuner-Figur aus dem dramatischen Kontext, schreibt erste selbständige *Geschichten vom Herrn Keuner*. Er spielt dabei mit der Doppeldeutigkeit des Titels: Geschichten von Herrn Keuner bzw. Geschichten über Herrn Keuner.

GW V bzw. wa 12,373-415: hier sind 87 Geschichten aufgenommen: an den Beginn gestellt sind die in den *Versuchen* veröffentlichten (1930, 1932, 1953), wobei die 6 Geschichten von 1932 (*Herr Keuner und die Originalität*; *Herr Keuner und die Frage, ob es einen Gott gibt*; *Herr Keuner und der hilflose Knabe*; *Herr Keuner und die Natur*; *Die überzeugenden Fragen*; *Der Mantel*) die Titel tragen, die sie 1949 innerhalb der *Kalendergeschichten* erhalten haben (*Originalität*; *Die Frage, ob es einen Gott gibt*; *Der hilflose Knabe*; *Herr K. und die Natur*; *Überzeugende Fragen*; *Verläßlichkeit*). Die übrigen Geschichten sind chronologisch angeordnet. Die Abfolge der in den *Kalendergeschichten* publizierten insgesamt 39 Geschichten ist aufgelöst; die erstmals gedruckten Geschichten sind an entsprechender Stelle in die Chronologie eingeordnet. Ergänzt wird – im Vergleich zu *Prosa 2* (SV) – *Über Systeme* aus dem Nachlaß.

GBA 18,11-43: hier sind die Teilsammlungen aus den *Versuche*-Heften von 1930 (18,13-17), 1932 (18,18-22) und 1953 (18,23-27) originalgetreu an den Beginn gestellt; danach folgen die 62 einzeln überlieferten zugehörigen Geschichten (18,28-43). Die Kalendergeschichte *Geschichten vom Herrn Keuner* erscheint innerhalb der Sammlung *Kalendergeschichten* (18,436-451); dadurch kommt es zu 15 Dopplungen, da 8 Geschichten mit gleichem, 7 mit geändertem Titel aus den *Versuche*-Sammlungen von 1930 bzw. 1932 übernommen werden.

Lit.: Schwimmer 1975, S. 9-37; Boie-Grotz 1978, S. 149-151; Song 1978; Müller 1980, S. 97-133; Häußler 1981; Knopf 1984, S. 311-322.

Buch der Wendungen

E: Um 1934/35 – Um 1955. Z: BV 3,126-180: 12607-13123. ED: *Prosa 5*. Frankfurt a.M. 1965 (Zusammenstellung: Uwe Johnson, u.d.T. *Me-ti. Buch der Wendungen*). D: GW V bzw. wa 12,417-585, Frankfurt a.M. 1967 (Zusammenstellung: Klaus Völker, u.d.T. *Me-ti / Buch der Wendungen*) / *Prosa 4* (AV), Berlin u. Weimar 1975 (Zusammenstellung: Werner Mittenzwei, u.d.T. *Me-ti. Buch der Wendungen*) / GBA 18,45-194 *486-572* (Zusammenstellung: Jan Knopf) / BS 228 (Zusammenstellung: Uwe Johnson).

Die ersten längeren Arbeitsphasen an diesem Projekt fallen in die zweite Hälfte der dreißiger Jahre; danach hat sich Brecht sporadisch, aber immer wieder damit beschäftigt.

Brechts Quelle ist: *Mê Ti, des Sozialethikers und seiner Schüler philosophische Werke, zum ersten Male vollständig übersetzt, mit ausführlicher Einleitung, erläuternden und textkritischen Erklärungen versehen von Professor Alfred Forke* (Berlin: Kommissionsverlag der Vereinigung wissenschaftlicher Verleger 1922).

Die Texte entstehen einerseits im Zusammenhang mit Brechts »Marxistischen Studien«, seiner Auseinandersetzung mit den »Klassikern«, vor allem Marx, Engels, Lenin, sowie der Beschäftigung mit Hegel und chinesischer Philosophie (Konfutse); neben diesen philosophischen Texten, in einem Pseudo-China ange-

siedelt, gibt es andererseits Texte zur Zeitgeschichte in »chinesischen« Verschlüsselungen (vgl. *Der Tuiroman*) sowie biographische (Geschichten um Lai-tu, Ruth Berlau) und autobiographische Texte (Brecht nennt sich u.a. Kin oder Kien-leh). Vgl. die Auflistung der bislang entschlüsselten Figuren-, Gruppierungs- und Ortsbezeichnungen: 18,570-572.
Lit.: Boie-Grotz 1978, S. 203-207; Müller 1980, S. 186-235; Knopf 1984, S. 447-476.

Flüchtlingsgespräche

E: Um 1939 – 1944. Z: BV 3,65-71: 12064-12129. ED: Frankfurt a.M. 1961 (BS 63). D: *Prosa 2*,149-298 (SV); *3*,197-326 (AV) / GW VI bzw. wa 14,1381-1515 / GBA 18,195-327 *573-611* / AW 5,7-117 *499-513* / BS 1271.
Teil-ED: *Sinn und Form. Zweites Sonderheft Bertolt Brecht*. Berlin/DDR 1957. S. 178-184 (Dialog *1 (Über Pässe...)*, 18,197-203).

Im Erstdruck (1961) werden 18 Dialoge publiziert (18,197-295,302-305); diese werden in *Prosa* 2 bzw. 3 und in GW bzw. wa um zugehörige »Bruchstücke« ergänzt: I (18,306-314, ohne *Ziffels Lied*), II (18,296-299), III (18,300f.). Vier weitere Texte (»pornographischen« Inhalts) *Über Gelegenheiten / Erfindung macht verliebt, Über Liebe auf den ersten Blick, Was es mit Sodom und Gomorrha auf sich hatte* und *Ich hab festgestellt, daß es meistens einen Grund hat*, deren Abschnitte nicht den beiden Protagonisten Ziffel und Kalle zugeordnet sind (keine Angabe der Sprechernamen), werden erstmals 1995 innerhalb der GBA vorgelegt (18,315-323).

Die dialogisierte Prosa der *Flüchtlingsgespräche* geht hervor aus einer früheren Idee zu Beginn von Brechts Exil, als er plant, eine Satire über die eigene Situation mit dem Titel *Eine Reise um Deutschland* zu schreiben: sie sollte an den ersten Stationen seiner Exiljahre spielen (Wien, Paris, Thurø) bzw. Rückblicke enthalten (Berlin, Moskau); hierzu gehören u.a. die *Unpolitischen Briefe* (22,11-17; vgl. 18,573f.).

Nach weiteren Zwischenstufen entstehen hauptsächlich in Finnland zwischen September und November 1940 die meisten Texte mit Erinnerungen, die bis in die Augsburger Schulzeit zurückreichen, und die, die über die Exilsituation in den verschiedenen Ländern berichten. Dabei ergeben sich thematische Korrespondenzen zu früheren Gedichten wie *Über die Bezeichnung Emigranten* (12,81; 1937) u.a.

Vorbild für die Dialogform ist Diderots Roman *Jacques le fataliste et son Maître*, in dem Brecht im Oktober 1940 liest (26,430); durch Diderot kommt Brecht außerdem wieder auf Hegel und die Dialektik von Herrschaft und Knechtschaft (*Phänomenologie des Geistes*), die er parallel in *Herr Puntila und sein Knecht Matti* thematisiert.
Lit.: Müller 1980, S. 286-306; Häußler 1981; Knopf 1984, S. 276-293.

Kalendergeschichten

E: 1948. Z: BV 3,72: 12132-12136. ED: Berlin: Gebrüder Weiß Verlag 1949. D: Nicht in *Prosa* und GW bzw. wa / GBA 18,339-451 *624-669* / AW 5, 119-231 *514-536*.

Nach dem Erstdruck (Gebrüder Weiß) im Januar 1949, erscheint im Februar 1949 eine zweite Ausgabe im Mitteldeutschen Verlag (Halle; mit der Jahresangabe 1948) und Ende 1949 eine Ausgabe mit *Anmerkungen* im Verlag Neues Leben (Berlin/DDR). Im Januar 1953 folgt die Taschenbuch-Ausgabe des Rowohlt Verlags (Reinbek bei Hamburg; rororo 77); das Pendant für die DDR erscheint 1958 – nach Goethes *Faust* als 1. Band – als Nummer 2 von »bb. Das Taschenbuch des Aufbau-Verlages«.

Der Band *Kalendergeschichten*, eine Komposition von sieben *Svendborger Gedichten* (1929-1937), dem Gedicht *Kinderkreuzzug* (1941) sowie acht Erzählungen aus der Exil-Zeit (1935-1946) und einer Auswahl von 39 Keuner-Geschichten, ist die erste Publikation Brechts, die in Nachkriegsdeutschland erscheint, gefolgt vom 9. Heft der *Versuche* (Suhrkamp), den *Songs aus der Dreigroschenoper* (Weiß), dem *Antigonemodell 1948* (Weiß; August), dem *Dreigroschenroman* (Desch; Oktober) und zwei Heftchen mit 7 bzw. 9 Liedern aus *Mutter Courage und ihre Kinder*. Die Sammlung ist Brechts erfolgreichster Prosa-Band: allein das Rowohlt-Taschenbuch erreicht bis November 1996 eine Gesamtauflage von 902 000 Exemplaren.

Zu den Erstpublikationsdaten der Geschichten und Gedichte vgl. 18,639-669. In GW bzw. wa ist die Sammlung aufgelöst, sind die Teile den einzelnen Gattungen zugeordnet.

Die Sammlung *Kalendergeschichten* (18,339-451) besteht aus:
- *Der Augsburger Kreidekreis* (1940), D: GW V bzw. wa 11,321-336.
- *Ballade von der Judenhure Marie Sanders* (1935), D: GW V bzw. wa 9,641-642.
- *Die zwei Söhne* (1946), D: GW V bzw. wa 11,363-366.
- *Gleichnis des Buddha vom brennenden Haus* (1937), D: GW V bzw. wa 9,664-666.
- *Das Experiment* (1939), D: GW V bzw. wa 11,264-275.
- *Ulm 1592* (1934), D: GW V bzw. wa 9,645-646.
- *Der Mantel des Ketzers* (1939), D: GW V bzw. wa 11,276-285.
- *Kinderkreuzzug 1939* (1941), D: GW V bzw. wa 10,833-838.
- *Cäsar und sein Legionär* (1942), D: GW V bzw. wa 11,344-362.
- *Die Teppichweber von Kujan-Bulak ehren Lenin* (1929), D: GW V bzw. wa 9,666-668.
- *Der Soldat von La Ciotat* (1929/1935), D: GW V bzw. wa 11,237-239.
- *Fragen eines lesenden Arbeiters* (1935), D: GW V bzw. wa 9,656-657.
- *Der verwundete Sokrates* (1938/39), D: GW V bzw. wa 11,286-303.
- *Mein Bruder war ein Flieger* (1937), D: GW V bzw. wa 9,647-648.
- *Die unwürdige Greisin* (1939), D: GW V bzw. wa 11,315-320.
- *Legende von der Entstehung des Buches Taoteking auf dem Weg des Laotse in die Emigration* (1938), D: GW V bzw. wa 9,660-663.
- *Geschichten vom Herrn Keuner* (1926-1948), D: vgl. GW V bzw. wa 12,373-415.

Lit.: Schwimmer 1975; Knopf 1973a; Müller 1980, S. 308-312; Knopf (Hg.) 1983; Knopf 1984, S. 294-311.

4.4.3 Erzählungen und Filmtexte (Auswahl)

Die Geschichte von einem, der nie zu spät kam. Satire.

E: Juli/August 1913. Z: BV 3,73: 12138. ED: *Die Ernte. Halbmonatsschrift*. Augsburg. Heft 1. [August 1913.] S. 5-7 (Teil 1). – Heft 3. Oktober 1913. S. 2-4 (Fortsetzung und Schluß). (Von »Eugen Brecht«.) D: *Prosa 1*,8-11 (SV); *1*,6-8

(AV) / GW V bzw. wa 11,4-6 / GBA 19,10-12 *577f.* / AW 5,235-237 *537* / st 1746 u. it 2371.

Brecht zeichnet die Geschichte – wie alle frühen Texte – mit seinem Rufnamen Eugen. Auffällig ist das Thema und die Charakterisierung als Satire; im gleichzeitig geführten Tagebuch (26,7-103) sind zwar zahlreiche Gedichte enthalten, ist auch viel vom Dichten die Rede, aber nirgends vom »Weibe« (19,11). – Zur Schülerzeitschrift, deren erste Nummer in den Sommerferien hergestellt wird, vgl. 26,69 und 71f.

Lit.: Boie-Grotz 1978, S. 11-13; Müller 1980, S. 45; Knopf 1984, S. 221. Seidel 1988, S. 233-253. Hillesheim/Wolf (Hg.) 1997.

Balkankrieg

E: Juli/August 1913. Z: BV 3,73: 12137. ED: *Die Ernte. Halbmonatsschrift.* Augsburg. Heft 1. [August 1913.] S. 7 (von »E. Brecht«). D: *Prosa 1*,7 (SV); *1*,5 (AV) / GW V bzw. wa 11,3 / GBA 19,9 *576f.*

Der Text ist in der *Ernte* in die Rubrik »Glossen. Sprüche« aufgenommen.

Lit.: Boie-Grotz 1978, S. 8-11; Müller 1980, S. 44f.; Knopf 1984, S. 221.

Wagner

E: Juli/August 1913. Z: BV 3,523: 16413. ED: *Die Ernte. Halbmonatsschrift.* Augsburg. Heft 1. [August 1913.] S. 7f. (Von »E.B.«.) D: Nicht in *Prosa* und GW bzw. von / GBA 19,12 *578.*

Der Text ist in der *Ernte* in die Rubrik »Glossen. Sprüche« aufgenommen. Mit Richard Wagner wird Brecht während eines Kuraufenthaltes in Bad Steben in der zweiten Juli-Hälfte 1913 konfrontiert (26,54f.); vgl. die Gedichte *Herbststimmung aus »Tanhäuser«* (26,55-57), *Tanhäuser* (26,58f.) und *Die Musik* (26,61-63).

Lit.: Boie-Grotz 1978, S. 13.

Der Freiwillige

E: August 1914. Z: ED. ED: *Der Erzähler.* Literarische Beilage der *Augsburger Neuesten Nachrichten.* 28.8.1914 (von »Berthold Eugen«). D: *Prosa 1*,16f. (SV); *1*,13f. (AV) / GW V bzw. wa 11,11f. / GBA 19,17f. *581.*

Die ersten Zeitungsdrucke seiner Arbeiten zeichnet Brecht mit seinen ersten beiden Vornamen; vgl. etwa die Gedichte *Dankgottesdienst* (13,71) und *Christus vor dem hohen Rat* (13,63f.) oder die Augsburger Kriegsbriefe (21,10-12,13-22,28-33).

Lit.: Boie-Grotz 1978, S. 17-20; Müller 1980, S. 47; Knopf 1984, S. 221, 230.

Bargan läßt es sein. Eine Flibustiergeschichte

E: 1919. Z: BV 3,74: 12146-12148. ED: *Der Neue Merkur. Monatshefte.* München. 5 (April 1921 – März 1922). Heft 6. September 1921. S. 394-407. D: *Prosa 1*,25-43 (SV); *1*,22-37 (AV) / GW V bzw. wa 11,20-36 / GBA 19,24-37 *581-584* / AW 5,238-251 *537f.* / st 1746 u. it 2371.

Aufgrund des Erfolgs dieser Geschichte (vgl. Brief 145) beginnt Brecht im Frühjahr / Sommer 1922, weitere Bargan-Geschichten zu schreiben: *Jarrys Mama* (verschollen) sowie die Fragmente *Bargans Jugend* (19,174-177) und *Geschichten von St. Patriks Weihnachtskrippe* (19,177-179); sie sollten Teil einer Geschichten-Sammlung werden, für die sich der Kiepenheuer Verlag interessiert hat.

Lit.: Boie-Grotz 1978, S. 58-68; Müller 1980, S. 50-53; Knopf 1984, S. 236-239.

Ein gemeiner Kerl. Novelle

E: 1919. Z: ED. ED: *Der Feuerreiter. Blätter für Dichtung und Kritik.* Berlin. Heft 4/5. April 1922 (»von Bert Brecht«). D: *Prosa 1*,94-101 (SV); *1*,80-86 (AV) / GW V bzw. wa 11,81-87 / GBA 19,38-44 *584f.* / AW 5,252-257 *538f.*
Die Novelle gilt als Prosafassung eines 1919 entstandenen, nicht erhaltenen Stücks *Der Schweinigel* (vgl. Frisch / Obermeier ²1986, S. 152-154), das vermutlich zu den Einaktern dieses Jahres gehört hat und von Frank Wedekind angeregt ist.
Lit.: Boie-Grotz 1978, S. 48-51; Müller 1980, S. 63-65; Knopf 1984, S. 229-231.

Geschichte auf einem Schiff

E: 1921. Z: BV 3,75: 12154-12156. ED: *Vossische Zeitung.* Berlin. 12.4.1925. D: *Prosa 1*,52-54 (SV); *1*,45-47 (AV) / GW V bzw. wa 11,44-46 / GBA 19,145-147 *595f.*
Lit.: Voigts 1971, S. 47-51. Boie-Grotz 1978, S. 73-75; Müller 1980, S. 54f.; Knopf 1984, S. 233-235.

Der Vizewachtmeister

E: 1921. Z: BV 3,76: 12166-12168. ED: *Magdeburgische Zeitung.* 3.4.1927, 4. Beilage. D: *Prosa 1*,85-90 (SV); *1*,73-77 (AV) / GW V bzw. wa 11,73-77 / GBA 19,152-156 *598f.*
Aufgenommen in: *9 Kurzgeschichten.* Berlin [1930]. S. 69-74.
Zwischen November 1926 und August 1927 muß Brecht einen Freund in der Feuilletonredaktion der *Magdeburgischen Zeitung* gehabt haben: in diesem Zeitraum erscheinen dort insgesamt sieben Geschichten von ihm. (Vgl. auch Marieluise Fleißers wiederentdeckte Erzählungen aus den zwanziger Jahren: *Die List*, Frankfurt a.M. 1995; neun dieser Texte erscheinen fast parallel zwischen Juni 1926 und Dezember 1927 ebenfalls in der *MZ.*)
Lit.: Boie-Grotz 1978, S. 75-77; Müller 1980, S. 62.

Der Blinde

E: 1921. Z: BV 3,75: 12159f. ED: *Magdeburgische Zeitung.* 25.6.1927. 2. Beilage. D: *Prosa 1*,61-66 (SV); *1*,52-56 (AV) / GW V bzw. wa 11,52-56 / GBA 19,147-151 *596-598.*
Aufgenommen in: *9 Kurzgeschichten.* Berlin [1930]. S. 26-31.
Andere Verhaltensweisen bei plötzlichem Erblinden beschreibt Brecht zur gleichen Zeit in der Geschichte *Die Hilfe* (19,159-163). – Vgl. auch *Journale*, 27.8.1920 (26,142f.).
Lit.: Boie-Grotz 1978, S. 87-89; Müller 1980, S. 58-60.

Der Javameier

E: Juli 1921. Z: BV 3,75f.: 12162f. ED: *Prosa 1. Geschichten 1.* Frankfurt a.M. 1965. S. 73-84. D: *Prosa 1*,62-72 (AV) / GW V bzw. wa 11,62-72 / GBA 19,135-144 *594.* / AW 5,258-267 *539* / st 1746 u. it 2371.
»Ich schwimme, trinke Limonaden, lese Detektivgeschichten, schreibe auch selber eine, den *Javameier*. Es ist spaßig, Ingenieur zu sein.« (26,233; Juli 1921.)
Lit.: Boie-Grotz 1978, S. 77-80; Müller 1980, S. 61f.; Knopf 1984, S. 231-233.

Robinsonade auf Assuncion

E: April – Juni 1922. Z: Typoskript. Privatbesitz. ED: *Berliner Börsen-Courier.* 26.11.1922 (von »Arnolt Bronnen und Bertolt Brecht«). D: Nicht in *Prosa* / GW 1 bzw. wa II,307-312 / GBA 19,169-174 *601-605.*

Das *Filmspiel in 5 Akten* schreibt Brecht mit Arnolt Bronnen; beide reichen es zu einem Preisausschreiben der Richard-Oswald-Film-AG ein – die stellt in der Zeitschrift *Das Tage-Buch* für das beste Filmexposé 200 000 Mark in Aussicht (*Das Tage-Buch.* Berlin. Heft 5. 4.2.1922. S. 161); zuvor hat Stefan Großmann, Herausgeber der Zeitschrift und einer der Juroren, den beiden »Fasolten« – wie die Autoren genannt werden – den ersten Preis versprochen (vgl. Bronnen 1976, S. 43). Brecht überschreibt den Text mit *Die zweite Sintflut* (vgl. Brief 175), Bronnen ändert ihn in *Robinsonade auf Assuncion.* Die Juroren können sich letztlich auf keinen ersten Preisträger einigen und vergeben deshalb in der Zeit der Inflation vier Trostpreise von jeweils 50 000 Mark, u.a. an Brecht und Bronnen (vgl. *Das Tage-Buch.* Heft 44. 4.11.1922, S. 1529). Im *Nachwort* erläutern die Autoren: »Die neue Robinsonade, eine technische; die neue Wildnis, eine zerstörte Stadt« (19,173). Vgl. auch Brechts Entwurf zu einem *Roman*: »Robinsonade in der Stadt [...]« (17,584).

Lit.: Gersch 1975, S. 19, 22, 24, 29f., 317; Knopf 1984, S. 427f.

Bargans Jugend (Fragment)

E: Frühjahr/Sommer 1922. Z: BV 3,185: 13162-13167. ED: *Geschichten.* Frankfurt a.M. 1962 (BS 81). S. 26-29. D: *Prosa 1*,44-48 (SV); *1*,38-41 (AV) / GW V bzw. wa 11,37-40 / GBA 19,174-177 *606-608.* / AW 5,268-271 *539f.* / st 1746 u. it 2371.

Vgl. *Bargan läßt es sein* (19,24-37), hier S. 14, 158-160.

Lit.: Boie-Grotz 1978, S. 73; Müller 1980, S. 53f.

Tod des Cesare Malatesta

E: Um 1923. Z: BV 3,77: 12172f. ED: *Berliner Börsen-Courier.* Nr. 301. 29.6.1924. 1. Beilage (»Von Bertolt Brecht«). D: *Prosa 1*,105-110 (SV); *1*,90-94 (AV) / GW V bzw. wa 11,91-95 / GBA 19,183-187 *610-612.*

Weiterer Einzeldruck: *Die Rampe. Wochenschrift des Deutschen Schauspielhauses in Hamburg.* Nr. 35. 16.4.1928, S. 548-552. – Aufgenommen in: *9 Kurzgeschichten.* Berlin [1930]. S. 19-25.

In mehreren Abschriften haben Brecht bzw. Elisabeth Hauptmann die Endung »olt« beim Vornamen gestrichen. Auf einer Reinschrift notiert Brecht seine Adresse (»Bert Brecht. Berlin W50, Spichernstr. 16«) und vermerkt: »Nachdruck verboten.« (Der auf verschiedenen Originalen angebrachte Hinweis wird 1928 von der Redaktion des *Filmkurier* als Titel betrachtet und gedruckt; vgl. 21,250f. und hier S. 212.)

Brecht stützt sich auf Jacob Burckhardts *Die Kultur der Renaissance in Italien. Ein Versuch* (1860). Die Erzählung ist ein frühes Beispiel für seine Technik, die gängigen Darstellungen der Geschichtsschreibung zu kritisieren, die er später etwa in *Wenige wissen heute* (19,367-375) oder in *Die Geschäfte des Herrn Julius Caesar* (17,163-390) einsetzt.

Lit.: Boie-Grotz 1978, S. 95-97; Müller 1980, S. 66-68; Knopf 1984, S. 250f.

Brief über eine Dogge

E: Um 1924. Z: BV 3,79f.: 12191-12193. ED: *Berliner Börsen-Courier*. Nr. 375. 13.8.1925. (»Von Bert Brecht.«) D: *Prosa 1*,121-129 (SV); *1*,106-113 (AV) / GW V bzw. wa 11,108-115 / GBA 19,189-195 *612-614*.
Weitere Einzeldrucke: *Neue Leipziger Zeitung*. 15.8.1926 (u.d.T. *Erlebnis mit einer Dogge*. Von Bert Brecht); *Magdeburgische Zeitung*, 17.11.1926. 3. Beilage (von »Bert Brecht«). – Aufgenommen in: *9 Kurzgeschichten*. Berlin [1930]. S. 1-10.
Lit.: Boie-Grotz 1978, S. 98-102; Müller 1980, S. 72-74; Knopf 1984, S. 243.

Die Antwort

E: Um 1924. Z: BV 3,77: 12174. ED: *Magdeburgische Zeitung*. 17.8.1927. 3. Beilage (»Von Bert Brecht«). D: *Prosa 1*,111-114 (SV); *1*,95-97 (AV) / GW V bzw. wa 11,96-99 / GBA 19,196-198 *615*.
Lit.: Boie-Grotz 1978, S. 57f.; Müller 1980, S. 68f.

Die höflichen Chinesen

E: Januar – April 1925. Z: BV 3,77: 12175. ED: *Berliner Börsen-Courier*. 9.5.1925. (»Von Bert Brecht«). D: *Prosa 1*,115 (SV); *1*,98 (AV) / GW V bzw. wa 11,100 / GBA 19,200 *616* / AW 5,272 *540* / st 1746.
Vorbemerkung zum Erstdruck: »Diese kleine Geschichte hat Brecht fürs Radio aufgezeichnet und wird sie mit der Mazeppa-Ballade [11,93] am Montag innerhalb der Veranstaltung der ›Novembergruppe‹ in den Sender sprechen.«
Prosafassung des späteren Gedichts *Legende von der Entstehung des Buches Taoteking auf dem Weg des Laotse in die Emigration* (12,32-34).
Lit.: Boie-Grotz 1978, S. 149; Müller 1980, S. 69f.; Knopf 1984, S. 118, 304.

Der Kinnhaken

E: 1925. Z: BV 3,77: 12176f. ED: *Scherl's Magazin*. Berlin. Heft 1. 6.1.1926. S. 48-50 (Mit Illustrationen von Gustav Kamelhard.) D: *Prosa 1*,130-134 (SV); *1*,114-118 (AV) / GW V bzw. wa 11,116-120 / GBA 19,205-209 *619f.* / AW 5,272-276 *541* / st 1746 u. it 2371.
Frühes Prosa-Beispiel der umfangreichen Beschäftigung Brechts mit dem Thema Boxen; vgl. Berg (Hg.) 1995, S. 131-151, 152-164.
Lit.: Boie-Grotz 1978, S. 123f.; Müller 1980, S. 74f.; Knopf 1984, S. 247.

Der Lebenslauf des Boxers Samson-Körner

E: Januar 1926. Z: BV 3,189: 13200-13202. ED: *Die Arena. Das Sportmagazin*. Berlin. 1926. Heft 1. Oktober. S. 32-36 (mit *Inhaltsübersicht der Fortsetzungen in den folgenden Heften*); Heft 2. November. S. 98-103 (1. Fortsetzung); Heft 3. Dezember. S. 176-180 (2. Fortsetzung); 1927. Heft 1. Januar. S. 22-27 (3. Fortsetzung; vier Teile, mit Zeichnungen von Otto Schmalhausen, u.d.T. *Der Lebenslauf des Boxers Samson-Körner. Erzählt von ihm selber, aufgeschrieben von Bert Brecht*). D: *Prosa 1*,135-160 (SV); *1*,119-140 (AV) / GW V bzw. wa 11,121-144. / GBA 19,216-235 *621-626* / AW 5,277-296 *541-543* / st 1746.
Weiterer Einzeldruck: *Jugend und Welt*. Hg. v. Rudolf Arnheim, E.L. Schiffer u. Cl. With. Berlin 1928. S. 11-16 (mit dem Titel *Boxerjugend. Samson-Körner nacherzählt von Bert Brecht*; Teildruck).
Die genaue Datierung ist möglich durch Eintragungen Elisabeth Hauptmanns in ihrem *Tagebuch* (Kebir 1997, S. 35-38). Die Fortsetzungsreportage über Paul Samson-Körner ist 1925 geplant, nachdem Brecht den Halbschwergewichtler

kennengelernt hat; sie wird nicht vollständig ausgeführt, nicht zuletzt deshalb, weil die Karriere Samson-Körners zu Ende geht. In direktem Zusammenhang entstehen die Erzählung *Der Kinnhaken* (19,205-209) und das Gedicht *Gedenktafel für 12 Weltmeister* (13,379-382); *Das Renommee. Ein Boxerroman* (17,421-439) bleibt ebenfalls Fragment.
Lit.: Boie-Grotz 1978, S. 124f.; Müller 1980, S. 75-78; Knopf 1984, S. 247f.

Vier Männer und ein Pokerspiel oder Zuviel Glück ist kein Glück

E: Ende Februar 1926. Z: BV 3,81: 12200f. ED: *Simplicissimus*. München/Stuttgart. Nr. 5. 3.5.1926. S. 67 u. 72 (»Von Bert Brecht«). D: *Prosa 1*,193-202 (SV); *1*,169-177 (AV) / GW V bzw. wa 11,175-183 / GBA 19,245-252 *628-630* / AW 5,296-304 *543f.*
Weiterer Einzeldruck: *Magdeburgische Zeitung*, 1.1.1927, 4. Beilage. – Aufgenommen in: *9 Kurzgeschichten*. Berlin [1930]. S. 47-58.
Die genaue Datierung ist möglich durch Eintragungen Elisabeth Hauptmanns in ihrem *Tagebuch* über die gemeinsame Arbeit (Kebir 1997, S. 41); sie versucht auch, mehrere Zeitschriften in Berlin dafür zu interessieren: »Seine schöne Geschichte (*Pokerspiel + 4 Männer* will der Uhu nicht, die *Voß* nicht, Scherl nicht) – komisch.« (Kebir 1997, S. 44; vgl. S. 51.) Sie ist begeistert von der gefundenen Einleitung – »Sie saßen auf Korbstühlen in Havanna und vergaßen die Welt« -: »Nach einem solchen Anfang kann in einer Geschichte alles passieren [...]« (Hauptmann 1957, S. 242).
Lit.: Müller 1980, S. 83; Knopf 1984, S. 251f.

Gespräch über die Südsee

E: 28.2.1926. Z: BV 3,79: 12188-12190. ED: *Die Dame*. Berlin. Heft 18. Mai 1926. D: *Prosa 1*,119f. (SV); *1*,102f. (AV) / GW V bzw. wa 11,104f. / GBA 19,252-254 *630*.
Aufgenommen in: *9 Kurzgeschichten*. Berlin [1930]. S. 45f.
Die genaue Datierung ist möglich durch Eintragungen Elisabeth Hauptmanns in ihrem *Tagebuch*. Auf einer Reinschrift notiert Brecht seine Adresse (»Bert Brecht. Berlin W50, Spichernstrasse 16«) und vermerkt: »Nachdruck verboten.« (Vgl. hier S. 212.)
Lit.: Boie-Grotz 1978, S. 121f.; Müller 1980, S. 71; Knopf 1984, S. 249.

»Nordseekrabben« oder Die moderne Bauhaus-Wohnung

E: Mai 1926. Z: BV 3,81: 12207. ED: *Münchner Neueste Nachrichten*. 9.1.1927. (»Von Bert Brecht«). D: *Prosa 1*,169-179 (SV); *1*,148-157 (AV) (u.d.T. *Nordseekrabben*) / GW V bzw. wa 11,153-162 (u.d.T. *Nordseekrabben*) / GBA 19,267-275 *637-640* / AW 5,304-312 *544f.* / st 1746 u. it 2371.
Weiterer Einzeldruck: *Die Wilhelmshöhe*. Beilage der *Kasseler Post*, 8.2.1928 (u.d.T. *Die gottgewollte Unordnung der Dinge*). Aufgenommen (u.d.T. *Nordseekrabben*) in: *9 Kurzgeschichten*. Berlin [1930]. S. 32-44.
Die genaue Datierung ist möglich durch Eintragungen Elisabeth Hauptmanns in ihrem *Tagebuch*. – Reales Vorbild für die beschriebene Wohnung ist die von Friedrich Kroner, Chefredakteur der Zeitschrift *Uhu*.
Lit.: Boie-Grotz 1978, S. 118-120; Müller 1980, S. 79-81; Knopf 1984, S. 244f., 253f.

Das Paket des lieben Gottes. Eine Weihnachtsgeschichte

E: 1926. Z: ED. ED: *Magdeburgische Zeitung*. Tägliche Unterhaltungs-Beilage. 25.12.1926. S. 17 (von: »Bert Brecht«). Und gleichzeitig: *Münchner Neueste Nachrichten*, 25./26.12.1926 (mit dem Untertitel: *Eine Novelle*). D: *Prosa 1*,208-212 (SV); *1*,183-186 (AV) / GW V bzw. wa 11,189-192 / GBA 19,276-279 *640f.* / AW 5,312-315 *545* / st 1746 u. it 2371.
Weiterer Einzeldruck: *Die Rampe. Wochenschrift des Deutschen Schauspielhauses in Hamburg*. Heft 21. 25.12.1927. S. 321-325.
Lit.: Boie-Grotz 1978, S. 114f.; Müller 1980, S. 84f.; Knopf 1984, S. 242f.

Müllers natürliche Haltung

E: Um 1926. Z: BV 3,72: 12130. ED: *Ikarus*. Berlin. Nr. 9. September 1927. S. 28-31. D: *Prosa 1*,161-168 (SV); *1*,141-147 (AV) / GW V bzw. wa 11,145-152 / GBA 19,285-291 *643f.* / AW 5,319-325 *546*.
Aufgenommen in: *9 Kurzgeschichten*. Berlin [1930]. S. 59-68.
Lit.: Boie-Grotz 1978, S. 116-118; Müller 1980, S. 79; Knopf 1984, S. 253f.

Barbara

E: Um 1926. Z: BV 3,80: 12197-12199. ED: *Magdeburgische Zeitung*. 16.3. 1927. 2. Beilage. D: *Prosa 1*,203-207 (SV); *1*,178-182 (AV) / GW V bzw. wa 11,184-188 / GBA 19,280-283 *642* / AW 5,316-319 *545f.*
Weitere Einzeldrucke: *Dortmunder Generalanzeiger*. 27.8.1927; *Der Tag*. Wien. 27.8.1927. S. 3f.; *Drei Bücher des Lachens. Die schönsten heiteren Geschichten von heute. Dritter Band*. Berlin: Ullstein 1928. S. 7-12.
Prosa-Beispiel für ein weiteres Lieblingsthema Brechts – neben dem Boxen –, das auch seine Biographie durchzieht; Elisabeth Hauptmann berichtet 1926 in ihrem *Tagebuch* u.a., daß sie für Brecht mehrere Autofirmen »zur Hergabe eines *Reklameautos* zu bewegen« sucht, doch »die Herren« sind »nicht dafür zu haben« (Kebir 1997, S. 53).
Lit.: Boie-Grotz 1978, S. 116; Müller 1980, S. 84; Knopf 1984, S. 243.

Die Bestie

E: Juni – September 1928. Z: BV 3,82: 12208. ED: *Berliner Illustrirte Zeitung*. 27 (1928). Nr. 50. 9.12.1928. S. 2161-2163. D: *Prosa 1*,217-223 (SV); *1*,191-196 (AV) / GW V bzw. wa 11,197-203 / GBA 19,294-299 *646-649* / AW 5,326-331 *546-548* / st 1746 u. it 2371.
Aufgenommen in: *9 Kurzgeschichten*. Berlin [1930]. S. 11-18.
Quelle ist ein Zeitungsartikel mit dem Titel *Ein Wiedererkennen* (*Frankfurter Zeitung*, 22.6.1928).
Der Erstdruck erscheint unter dem Motto »Unser 15 000-Mark-Preisausschreiben für die besten Kurzgeschichten« und mit dem Untertitel »Die erste der fünf Preis-Novellen. Von Bert Brecht«. Er erhält dafür – wie die anderen vier Preisträger auch – 3000 Mark Honorar. (Für 4600 Mark kann man zu dieser Zeit z.B. einen Opel, Modell »Europa«, erwerben.)
Lit.: Dyck 1974, S. 207-260. Morley 1975. Boie-Grotz 1978, S. 155-157; Müller 1980, S. 85-89; Knopf 1984, S. 255-260.

Die Beule. Ein Dreigroschenfilm

E: Mai – September 1930. Z: BV 3,202: 13321f. ED: *Versuche*. Heft 3 (*Versuche 8-10*). Berlin: Gustav Kiepenheuer Verlag 1932. S. 244-255 (9. Versuch). D:

Nicht in *Prosa* / GW 1 bzw. wa II,329-345 / GBA 19,307-320 *652-657* / AW 5,332-345 *548-551*.
Die gesellschaftskritischen Intentionen, die Brecht mit der *Dreigroschenoper* zum Ausdruck bringen will, die aber durch ihren Erfolg in der Unterhaltungsbranche untergehen, versucht er mit diesem »Entwurf zu einem Dreigroschenfilm« (Vorspruch, *Versuche*, S. 149) deutlicher zu machen, unterstützt von Slatan Dudow, Leo Lania und Caspar Neher, die als Mitarbeiter genannt werden (*Versuche*, S. 255). Die Nero-Filmgesellschaft, die den Erfolg der Oper als Kinokassenschlager weiter vermarkten will, nimmt weitgehende Änderungen vor, gegen die sich Brecht, auch juristisch, vergeblich wehrt (vgl. *Der Dreigroschenprozeß*; 21,448-514 und S. 195). Der Film *Die Dreigroschenoper* in der Regie von Georg Wilhelm Pabst hat am 19.2.1931 in Berlin Premiere.
Lit.: Gersch 1975, bes. S. 48-71, 73-97; Müller 1980, S. 146-148; Knopf 1984, S. 506f.

Weekend – Kuhle Wampe / Kuhle Wampe oder Wem gehört die Welt?

E: Frühjahr / Sommer 1931. Z: Stiftung deutsche Kinemathek, Berlin. Vgl. BV 3,228f.: 13578-13580. ED: GBA 19,441-571 *718-730* (von »Bert Brecht, Slatan Dudow, Ernst Ottwalt«). D: GW 1 bzw. wa I,117-182 (Protokoll des Films).
Das Drehbuch *Weekend – Kuhle Wampe* schreibt Brecht zusammen mit Slatan Dudow und Ernst Ottwalt. Die Dreharbeiten reichen von August 1931 bis Februar 1932. Nach dem Bankrott der *Prometheus*-Film übernimmt die *Praesens*-Film das Projekt. Im März/April 1932 wird der Film *Kuhle Wampe oder Wem gehört die Welt?* mehrmals von den Filmprüfstellen verboten (politische Einwände und moralische: Nacktbadeszene); nach mehreren selbstzensorischen Eingriffen der Autoren wird er schließlich am 21.4. (mit nochmaligen Auflagen) freigegeben. Die deutsche Erstaufführung findet am 30.5.1932 statt. Am 14.5. ist er in Moskau uraufgeführt worden; Brecht reist u.a. aus diesem Grund in die sowjetische Hauptstadt. Die Nationalsozialisten verbieten den Film am 26.3.1933. – Vgl. *Film ohne Geschäftswert* (21,544), *Tonfilm »Kuhle Wampe oder Wem gehört die Welt?«* (21,544-547), *Der Film »Kuhle Wampe«* (21,547f.) und *Kleiner Beitrag zum Thema Realismus* (21,548-550).
Kuhle Wampe. Protokoll des Films und Materialien. Ed. v. Wolfgang Gersch u. Werner Hecht. Frankfurt a.M. 1969 (es 362).
Lit.: Gersch 1975, bes. S. 99-139. Kracauer 1979, S. 256-261 und 536-541. Knopf 1984, S. 510-515.

Safety first

E: Um 1933. Z: BV 3,84f.: 12230-12233. ED: *Prosa 1. Geschichten 1*. Frankfurt a.M. 1965. S. 230-244. D: *Prosa 1*,203-215 (AV) / GW V bzw. wa 11,210-223 / GBA 19,350-361 *672f.* / AW 5,346-357 *551f.* / st 1746 u. it 2371.
Früher Titel: *Der Feigling* bzw. *Der Feigling oder Safety first* (BBA 457/38).
Lit.: Boie-Grotz 1978, S. 158-161; Müller 1980, S. 94f.; Knopf 1984, S. 263-265.

Der Arbeitsplatz oder Im Schweiße deines Angesichts sollst du kein Brot essen

E: Um 1933. Z: BV 3,84: 12229; vgl. 13227f., 13448, 16704. ED: *Geschichten*. Frankfurt a.M. 1962 (BS 81). S. 67-72. D: *Prosa 1*,245-250 (SV); *1*,216-221 (AV) / GW V bzw. wa 11,224-229 / GBA 19,345-349 *667-672* / AW 5,357-362 *552f.* / st 1746 u. it 2371.

Quelle ist das Leben von Maria Einsmann aus Mainz und der Prozeß, der ihr gemacht wird, bzw. Zeitungsmeldungen darüber (vgl. 19,667f.). Eine der Meldungen, *Zwölf Jahre als Mann verkleidete Frau* (aus: *Ein Buch für Alle*. 1932. Heft 1), lautet: »In einer Mainzer Fabrik hat sich seit zwölf Jahren ein Nachtwächter gut bewährt, der – wie die Steuerbehörde eines Tages herausfand – eine Frau ist. Sie hatte sich die Papiere ihres von ihr getrennt lebenden Mannes angeeignet und als Mann verkleidet um Stellung beworben. Sogar die Rolle eines guten Familienvaters hat sie gespielt, indem sie sich mit einer Frau, der Mutter von zwei Kindern, standesamtlich trauen ließ. (Wide World.)«

Den Vorfall in ihrer Heimatstadt hat Anna Seghers in mehreren Texten verarbeitet, u.a. in der Erzählung *Der Vertrauensposten*; ein Typoskript davon befindet sich in Brechts Nachlaß (vgl. BV 4,199: 20260f.); sie hat ihm auch als Vorlage gedient.

Lit.: Boie-Grotz 1978, S. 161-163; Müller 1980, S. 95f.; Knopf 1984, S. 262f.

Wenige wissen heute (Fragment)

E: September / Oktober 1934. Z: BV 3,193: 13240f. ED (u.d.T. *Die Geschichte des Giacomo Ui*): *Prosa 1. Geschichten 1*. Frankfurt a.M. 1965. S. 277-288. D: *Prosa 1*,247-256 (AV) (u.d.T. *Die Geschichte des Giacomo Ui*) / GW V bzw. wa 11,252-262 (u.d.T. *Die Geschichte des Giacomo Ui*) / GBA 19,367-375 *675-682* / AW 5,363-371 *553-556* / st 1746 u. it 2371 (u.d.T. *Leben und Taten des Giacomo Ui aus Padua*).

Walter Benjamin schreibt am 27.9.1934 während eines Besuchs bei Brecht in Dänemark in sein Tagebuch: »Seine Planungen greifen weiter aus. Er steht dabei vor einer Alternative. Auf der einen Seite warten Prosavorwürfe. Der kleinere des Ui – eine Satire auf Hitler im Stile der Historiographen der Renaissance – und der große des Tui-Romans.« (Benjamin 1978, S. 160.) Brecht selbst bietet die Geschichte dem Verlag Allert de Lange in Amsterdam an: »Es ist eine satirische Arbeit *Leben und Taten des Giacomo Ui aus Padua*, eine im Stil altitalienischer Chroniken abgefaßte Geschichte des Hitleraufstiegs.« (Brief 593; Oktober 1934.)

Lit.: Boie-Grotz 1978, S. 170-175; Müller 1980, S. 318-321; Knopf 1984, S. 267f.

Der Soldat von La Ciotat

E: September / Oktober 1935. Z: BV 3,86f.: 12248-12260. ED (u.d.T. *L'homme statue*): *Internationale Literatur*. Moskau. 7 (1937). Heft 2. S. 32f. (vgl. GBA 18,634-636). D: *Prosa 2*,73-75 (SV); *1*,232-234 (AV) / GW V bzw. wa 11,237-239 / GBA 18,407f. *656-659* / AW 5,187f. *527f.* / st 1746.

Weitere Einzeldrucke: *Deutsches Volksecho*. New York. 1 (1937). Nr. 17. 12.6. 1937 (u.d.T. *Der Denkmalsmensch*); *Laß nur die Sorge sein. Prosa des 19. und 20. Jahrhunderts*. Hg. v. Carl Seelig. Zürich 1948. S. 163-166 (erstmals u.d.T. *Der Soldat von La Ciotat*); *Auf der Schwelle. Ein fortschrittliches Lese- und Sprecherbuch*. Hg. v. Fritz Adolf Hünich. Leipzig 1953. S. 211-213.- Aufgenommen in: *Kalendergeschichten*. Berlin 1949. S. 113-116.

Die erste Fassung der Geschichte trägt den Titel *Eine unerklärliche Krankheit*, eine erweiterte Fassung den Titel *27. September*. Diese beginnt mit: »In der Zeitung *Politiken* steht heute, daß bei den italienischen Truppen in Eritrea die Kriegsbegeisterung groß sei und daß Seuchen herrschten.« Sie endet: »Ganze Wissenschaften verdanken ihm die Existenz oder den Fortschritt. Die Schmiedekunst, die Chemie und die Chirurgie bilden sich an ihm aus, dem heroischen Versuchskar-

nickel.« (18,633f.) Außerdem ist der Titel *Der Poilu von La Ciotat* erwogen worden.
Brecht hält sich 1928 (auch 1930 und 1931) an der französischen Riviera auf, dabei entsteht im Badeort Le Lavandou die Endfassung der *Dreigroschenoper*; das Hafenstädtchen La Ciotat liegt ganz in der Nähe. Eine Notiz »Jener Soldat [...]« zur Thematik stammt aus dem Jahre 1929 (Brechts Notizbuch), die die Vermutung nahelegt, daß er einen Jahrmarkt mit einer solchen Attraktion besucht hat. 1935 wird er durch die Zeitungsmeldung in *Politiken* bzw. Wochenschauen (wie im ED angeführt) daran erinnert und an seine literarische Quelle, Elisabeth Castoniers Erzählung *Es kann wieder losgehen* (in: *Die Ente*. Düsseldorf. 1932. Nr. 19).
Lit.: Müller 1980, S. 314-316; Knopf 1984, S. 304f.

Die Horst-Wessel-Legende

E: Um 1935. Z: BV 3,585-587: 16969-16986. ED: *Gesammelte Werke*. Frankfurt a.M. 1967. Band VIII bzw. 20. S. 209-219 (nach Typoskript von »Kinner«). D: *Schriften zur Politik und Gesellschaft*, 209-219 (SV); *2*,48-62 (AV) / GBA 19,381-389 *686-695* / AW 5,372-380 *556-561*.
Brecht hat neben einem vierseitigen Exzerpt – *Zum Horst-Wessel-Prozeß. Auszug aus dem Bericht eines Mannes, den die Polizei in diesen Prozeß verwickeln wollte* – mehrere Zeitungsartikel als Grundlagen benutzt (vgl. BV 4,202f.: 20286-20292).
Der 1907 geborene Pfarrerssohn Horst Wessel, seit 1926 NSDAP-Mitglied und SA-Mann, daneben Jura-Student und Zuhälter, erliegt am 23.2.1930 den Verletzungen, die ihm der Zuhälter Ali Höhler beigebracht hat; am 1.3.1930, dem Tag seiner Beerdigung, wird im *Völkischen Beobachter* das nach ihm benannte Lied »Die Fahne hoch...« von 1929 abgedruckt (es wird 1933 zur zweiten Nationalhymne erklärt). NSDAP-Reichspropagandaleiter Joseph Goebbels macht Wessel zum Märtyrer der »Bewegung« und asketischen Helden diverser Kampfzeit-Epen, Filme und Gedächtniskantaten. (Vgl. auch: Ingeborg Wessel: *Mein Bruder Horst. Ein Vermächtnis*. München 1934.) – Von dem im Text genannten Hanns Heinz Ewers erscheint 1932 das Buch *Horst Wessel. Ein deutsches Schicksal* (Stuttgart/Berlin). Ewers fällt 1935 in Ungnade, seine Bücher werden verboten.
Das Motto hat Brecht zuerst dem Abschnitt »1933« in *Lieder Gedichte Chöre* vorangestellt (11,215). – Es gibt zahlreiche Bruchstücke, Entwürfe und Fassungen, die teilweise von Margarete Steffin redigiert worden sind, auch von Karl Korsch, mit dem Brecht im Herbst 1934 in London zusammentrifft und der ihn im Sommer 1935 in Dänemark besucht. In zwei Abschriften wird als Autor-Pseudonym für Brecht »Kinner« angegeben.
Lit.: Hartung 1984; Knopf 1984, S. 272-274.

Der verwundete Sokrates

E: Dezember 1938. Z: BV 3,88: 12267-12271. ED: *Kalendergeschichten*. Berlin: Gebrüder Weiß Verlag 1949. S. 119-145. D: *Prosa 2*,76-95 (SV); *1*,280-296 (AV) / GW V bzw. wa 11,286-303 / GBA 18,410-425 *660-662* / AW 5,190-205 *529f.* / st 1746 u. it 2371.
Weiterer Einzeldruck: Hg. v. Ilse Ploog. Illustrationen v. Frans Haacken. Berlin/Dresden: Der Kinderbuchverlag 1949.
»Drei Novellen geschrieben (*Mantel des Nolaners, Der verwundete Sokrates, Die Trophäe des Lukullus*).« (26,327; 12.2.1939.) Das erste Typoskript datiert Brecht mit »Dezember 1938«.
Lit.: Schwimmer 1975, S. 75-88; Müller 1980, S. 327-330; Knopf 1984, S. 303f.

Der Mantel des Ketzers

E: Ende 1938 / Anfang 1939. Z: BV 3,89f.: 12276-12283. ED (u.d.T. *Der Mantel des Nolaners*): *Internationale Literatur*. Moskau. 9 (1939). Heft 8. S. 76-81. D: *Prosa 2*,41-51 (SV); *1*,270-279 (AV) / GW V bzw. wa 11,276-285 / GBA 18,374-382 *647-649* / AW 5,154-162 *522f.* / st 1746 u. it 2371.
Aufgenommen (u.d.T. *Der Mantel des Ketzers*) in: *Kalendergeschichten*, Berlin 1949, S. 60-74. – Vgl. GBA 26,327; 12.2.1939.
Lit.: Schwimmer 1975, S. 68-75; Müller 1980, S. 324-327.

Das Experiment

E: Ende 1938 / Anfang 1939. Z: BV 3,90: 12284-12289. ED: *Kalendergeschichten*. Berlin: Gebrüder Weiß Verlag 1949. S. 41-58. D: *Prosa 2*,28-40 (SV); *1*,258-269 (AV) / GW V bzw. wa 11,264-275 / GBA 18,362-372 *645f.* 142-152 *521* / st 1746 u. it 2371.
Die im Zusammenhang mit der dänischen Fassung von *Leben des Galilei* entstehende Geschichte trägt zunächst den Titel *Der Stalljunge*. Quelle ist vermutlich Lion Feuchtwangers Aufsatz *Francis Bacon. Versuch einer Kurzbiographie* von 1930.
Lit.: Schwimmer 1975, S. 56-68; Müller 1980, S. 321-324; Knopf 1984, S. 305.

Die Trophäen des Lukullus

E: Anfang 1939. Z: B/V 3,89: 12274f. ED: *Geschichten*. Frankfurt a.M. 1962 (BS 81). S. 128-138. D: *Prosa 1*,298-309 (SV); *1*,297-306 (AV) / GW V bzw. wa 11,304-314 / GBA 19,425-433 *709-713* / AW 5,394-402 563-565. – Vgl. GBA 26,327; 12.2.1939.
Lucullus gehört zum Personal von *Die Geschäfte des Herrn Julius Caesar* (17,205 u.ö.). Brecht hat zu diesem Zeitpunkt die Arbeiten am Romanfragment unterbrochen, nimmt sie im November 1939 wieder auf, nachdem er in den ersten Tagen dieses Monats das Hörspiel *Das Verhör des Lukullus* geschrieben hat (6,87-113).
Lit.: Müller 1980, S. 331-335; Knopf 1984, S. 268f.

Die unwürdige Greisin

E: Ende 1939. Z: BV 3,92: 12305-12307. ED: *Kalendergeschichten*. Berlin: Gebrüder Weiß Verlag 1949. S. 147-155. D: *Prosa 2*,96-102 (SV); *1*,307-312 (AV) / GW V bzw. wa 11,315-320 / GBA 18,427-432 *662f.* / AW 5,207-212 *531* / st 1746 u. it 2371.
Zeitungsdrucke (anläßlich der *Kalendergeschichten*) z.B. in: *Hamburger Abendblatt*. 27.8.1949 (»Bert Brecht«); *Für Dich*. Berlin. 2.10.1949 (»Von Bertolt Brecht«).
Lit.: Müller 1980, S. 335-338; Knopf 1984, S. 309-311.

Der Augsburger Kreidekreis

E: Januar 1940. Z: BV 3,91f.: 12293-12301. ED: *Internationale Literatur*. Moskau. 11 (1941). Heft 6. S. 18-27. D: *Prosa 2*,7-23 (SV); *1*,313-327 (AV) / GW V bzw. wa 11,321-336 / GBA 18,341-354 *639-642* / AW 5,121-134 *517-519* / st 1746.
Weitere Einzeldrucke: *Das Goldene Tor*. Baden-Baden. 1948. Heft 1. S. 80-92; *Versuche*. Sonderheft. Berlin/DDR 1953. S. 37-49. – Aufgenommen in: *Kalendergeschichten*. Berlin 1949. S. 7-30.
»Ich lege den beiden letzten Bänden der Nexöschen *Erinnerungen* auch noch eine Erzählung von mir bei, *Der Augsburger Kreidekreis* [...]. Vielleicht könnte sie auch russisch veröffentlicht werden?« (Brief 950; 20.11.1940.)

Das Motiv der Kreidekreisprobe (nach dem chinesischen Vorbild und der Klabundschen Dramatisierung) setzt Brecht erstmals 1926 im Zwischenspiel *Das Elefantenkalb* (2,158-168) zu *Mann ist Mann* ein; nach Plänen zu einem *Fünischen Kreidekreis* bzw. einem *Odenseer Kreidekreis* im dänischen Exil steht es 1944 in *Der kaukasische Kreidekreis* im Mittelpunkt.
Lit.: Schwimmer 1975, S. 38-56; Müller 1980, S. 338-342; Knopf 1984, S. 306-309.

Eßkultur

E: Januar 1940. Z: BV 3,91: 12292. ED: *Geschichten.* Frankfurt a.M. 1962 (BS 81). S. 85-91. In schwedischer Übersetzung als *Matkultur* in: *Göteborgs-Posten.* 18.12.1943. D: *Prosa 1*,310-316 (SV); *1*,328-333 (AV) / GW V bzw. wa 11,337-343 / GBA 20,7-12 *491f.* / AW 5,403-408 *565f.*
»Schrieb, ohne jeden Gedanken an Plazierung, eine kleine Detektivnovelle, als Milieu ein Abendessen mit Renoir und Koch benutzend. Kann ich sie *Kultur* heißen?« (26,356; 26.1.1940.)
Lit.: Müller 1980, S. 342f.; Knopf 1984, S. 266f.

Cäsar und sein Legionär

E: 1942. Z: BV 3,93: 12308-12311. ED: *Kalendergeschichten.* Berlin: Gebrüder Weiß Verlag 1949, S. 83-109. D: *Prosa 2*,52-72 (SV); *1*,334-351 (AV) / GW V bzw. wa 11,344-362 / GBA 18,389-404 *651-655* / AW 5,169-184 *524-526* / st 1746.
Ende 1937 beginnt Brecht, an einem Stück über *Die Geschäfte des Herrn Julius Caesar* zu arbeiten (10,795-828), in der ersten Jahreshälfte 1938 schreibt er an einem Roman gleichen Titels (17,163-390); beide Projekte bleiben unvollendet. In dieser Zeit entsteht auch das Filmexposé *Der Gallische Krieg oder Die Geschäfte des Herrn J. Caesar* (19,416-418). Im amerikanischen Exil schreibt Brecht das Filmexposé *Caesars letzte Tage* (20,62-79, 79-88) – bestehend u.a. aus den Teilen *Wie Caesar starb* und *Caesars Soldat*; nachdem sich die Filmpläne zerschlagen haben, arbeitet Brecht die beiden genannten Teile des Filmexposés zu zwei Erzählungen um: *Die Iden des März* (im Exposé: *Wie Caesar starb*) und *Caesars Soldat.* Im Erstdruck erhalten diese beiden Teil-Geschichten die Titel *1/Cäsar* und *2/Cäsars Legionär* und werden unter dem Haupttitel *Cäsar und sein Legionär* zusammengefaßt.
Lit.: Gersch 1975, S. 187f., 219-225; Müller 1980, S. 343-346; Knopf 1984, S. 429f.

5. Der Theoretiker

»Ich muß immer dichten«, vertraut der Schüler Brecht im Dezember 1913 seinem Tagebuch an (26,98). Doch er schreibt schon anfänglich nicht nur Gedichte, die er anschließend selbstkritisch mit »nichts wert« kommentiert (26,70), kurze Prosa oder kleine Szenen, er äußert sich genauso zu seiner Umgebung, zur Literatur, bald auch zum Theater. Und – worauf es ihm besonders bei seinen literarischen Versuchen ankommt – zumindest die Augsburger Lokalpresse interessiert sich (ab August 1914) auch für seine Buchbesprechungen oder seine (von der allgemein vorherrschenden nationalen Stimmung getragenen) Kommentare zur Zeitgeschichte – »ich denke also nicht besonders gern daran«, stellt er später fest (21,251).

Theoretische Texte gibt es aus allen Lebensphasen, wenn auch in unterschiedlichem Umfang (vgl. GBA 22).

Die Gesamtedition der *Schriften* innerhalb der GBA in fünf Bänden (21-25; 1991-1994) umfaßt rund 1700 Texte, betrachtet man Kurzantworten auf Zeitschriften-Umfragen – z.B. äußert Brecht, nach dem stärksten Eindruck gefragt: »Sie werden lachen: die Bibel« (21,248) – und die umfangreichen Ausführungen etwa der Modellbücher (25) jeweils als eine Einheit.

Auffällig ist, daß viele der theoretischen Texte zu Literatur, Theater, Philosophie, Geschichte, Zeitgeschehen usw. oft nur in einer Version überliefert (bei dem notorischen Änderer und Überarbeiter Brecht bei anderen Textsorten ganz unüblich) und manche nicht ausgearbeitet sind. Das hat seinen Grund darin, daß viele dieser Texte mehr der Vergegenwärtigung von Tatsachen oder der Selbstverständigung über Zusammenhänge gedient haben und in ihrer Mehrzahl nicht für eine Veröffentlichung gedacht gewesen sind.

Von diesen rund 1700 Texten sind weniger als 300 zu Brechts Lebzeiten in Zeitungen, Zeitschriften oder Anthologien gedruckt worden bzw. als selbständige Publikationen erschienen.

Die meisten Schriften werden erst postum in den sechziger Jahren zugänglich: 1963 die *Schriften zum Theater* (*SzT*), Band 1-5, 1964 die *Schriften zum Theater*, Band 6-7 bei Suhrkamp (die 7 Bände der Parallel-Ausgabe erscheinen alle 1964 beim Aufbau-Verlag). 1967 werden diese Texte für die *Gesammelten Werke* (GW VII bzw. wa 15-17; seitengleich) neu geordnet und ergänzt. Ebenfalls 1967 und für die *Gesammelten Werke* (GW VIII) werden erstmals *Schrif-*

ten zur Literatur und Kunst (wa 18-19; seitengleich mit VIII,1-555) und *Schriften zur Politik und Gesellschaft* (VIII,559-905, wa 20,3-349; seitengleich, aber neu paginiert) zusammengestellt. In diesen Zusammenstellungen erscheinen 1967 die *Schriften zur Literatur und Kunst* (SzLuK) gleichzeitig in der Aufmachung der sieben Bände mit Theaterschriften: bei Suhrkamp in drei, bei Aufbau in zwei Bänden (mit dem irreführenden Hinweis: »Diese Ausgabe ist in Umfang und Text identisch mit der dreibändigen Ausgabe des Suhrkamp Verlags, Frankfurt am Main 1966 [!].«). 1968 folgen in dieser Aufmachung auch die *Schriften zur Politik und Gesellschaft* (SzPuG): bei Suhrkamp in einem Band (seitengleich mit wa 20), bei Aufbau in zwei Bänden.

Zuvor, 1957, hat es einen Sammelband *Schriften zum Theater* (hg. v. Siegfried Unseld; BS 41) gegeben, in dem vor allem weit verstreut publizierte Texte zu eigenen Stücken und ihrer Inszenierung aus den dreißiger und fünfziger Jahren gesammelt worden sind, entnommen den bis dahin erschienenen *Stücke*-Bänden 1-10 (1953-1957), vor allem den *Versuche*-Heften (1930-1933, 1949-1957) und dem Band *Theaterarbeit* (1952).

Die erneute Sichtung des Nachlasses (er ist diesbezüglich erst seit 1969 erschlossen; vgl. BV 3) bei den Vorbereitungen der Schriften-Edition innerhalb der GBA hat dazu geführt, daß in diesen Bänden 21-25 mehr als 400 Texte erstmals veröffentlicht werden (im Vergleich mit den früheren Gesamtausgaben).

In den Editionen der sechziger Jahre sind die Texte nach thematischen Gesichtspunkten gesammelt und dann jeweils chronologisch geordnet worden; in der neuen Ausgabe sind alle Texte ohne Berücksichtigung des Inhalts in eine Gesamtchronologie gebracht (GBA 21-23), wobei als Schriften »alle in nicht künstlerischer Prosa geschriebenen Äußerungen angesehen« werden, »die zur Auseinandersetzung mit Werk, Zeit und Personen sowie über die öffentliche Diskussion von Ereignissen und Kunstwirkungen Auskunft geben, sofern diese Texte nicht als Briefe oder als Notierungen in den *Journalen* überliefert sind. Briefe sind nur dann als Schriften behandelt worden, wenn sie zu Lebzeiten durch Publikation in die Diskussion einbezogen worden oder wenn sie als theoretische Texte zu bestimmen sind, die sich lediglich der Briefform bedienen.« (25,583f.) – Aus dieser Gesamtchronologie herausgenommen sind die Texte, die Brecht als Anmerkungen zu seinen Stücken geschrieben hat (GBA 24) und seine illustrierten Modellbücher (GBA 25), die er nach dem Exil als Dokumentation seiner Theaterarbeit zusammengestellt hat.

5.1 Wider den Kulturbetrieb der Weimarer Republik

Parallel zu den frühen Texten, in denen der 16jährige Gymnasiast im August und September 1914 hauptsächlich unkritische Kommentare zu einzelnen Geschehnissen in den ersten Wochen des ersten Weltkriegs abgibt (u.a. Augsburger Kriegsbriefe; 21,10-12,13-22,28-33), versucht sich Brecht in ersten Buchrezensionen (*Ein Volksbuch*; 21,23. *»Krieg«*; 21,25. *»Der Gärtner« von Rabindranath Tagore*; 21,33) für die *Augsburger Neuesten Nachrichten* bzw. deren Literarische Beilage *Der Erzähler*. Rund viereinhalb Jahre verstummt er dann als Theoretiker; zumindest sind aus dieser Zeit im Nachlaß keine theoretischen Texte überliefert, ein Nachruf auf den geschätzten *Frank Wedekind* vom März 1918 (21,35) bleibt Episode und auch er ist – wie fast alle frühen Schriften – nur erhalten, weil er gedruckt worden ist.

In den Monaten zwischen Oktober 1919 und Januar 1921 entstehen insgesamt 26 Texte für die in Augsburg erscheinende Tageszeitung *Der Volkswille* (Zeitung der USPD, ab 1.12.1920 der KPD): hauptsächlich freche Kritiken zu Inszenierungen des Augsburger Stadttheaters bzw. Kommentare zu internen Schwierigkeiten dieses Hauses (21,37-97), aber auch erste grundsätzlichere Überlegungen zur Konkurrenzfähigkeit des Theaters insgesamt gegenüber dem ›neuen Medium‹ Film bzw. dem Kino (*Aus dem Theaterleben*; 21,40f.). Auch diese Gelegenheitstexte sind alle nur durch die Drukke überliefert. Vergleiche des Theaters mit dem Sport hingegen entwirft Brecht zu diesem Zeitpunkt nur, ohne sie auszuarbeiten und öffentlich zu machen (vgl. *Das Theater als sportliche Anstalt*; 21,55f. *Das Theater als Sport*; 21,56-58).

Nachdem er bereits mehrere Drehbücher geschrieben hat (*Das Mysterium der Jamaika-Bar*, 19,53-84; *Der Brillantenfresser*, 19,84-105; *Drei im Turm*, 19,106-135; vgl. auch die *Journale* der Jahre 1920-1922, GBA 26), äußert sich Brecht auch öffentlich über seine Stellung als Autor zum Film. Im ersten Text, den er im *Berliner Börsen-Courier* am 5.9.1922 publiziert (*Über den Film*; 21,100), zählt er fünf Schwierigkeiten auf, die auf eigenen Erfahrungen mit der ›Industrie‹ basieren.

Nachdem er im September 1924 endgültig nach Berlin übergesiedelt ist, seine Stücke nun auch dort inszeniert werden, bleibt neben der praktischen Arbeit zunächst wenig Zeit, theoretische Überlegungen und Ergebnisse praktischer Erfahrungen auszuformulieren, um sie zu veröffentlichen. Nur die Not, erstmals auf einen Plagiatsvorwurf bezüglich der Verwendung von Rimbaud- und Verlaine-Versen in *Im Dickicht der Städte* reagieren zu müssen, führt am

4.11.1924 im *Berliner Börsen-Courier* zu einer öffentlichen Stellungnahme (*Eine Feststellung*; 21,103).

Eine Ausnahme hinsichtlich der Zurückhaltung bei der Veröffentlichung von theoretischen Texten bilden die folgenden Jahre 1926-1929: neben den Beiträgen für den *Berliner Börsen-Courier* (insgesamt 19) meldet sich Brecht in diesem Zeitraum in zahlreichen Berliner Zeitungen und Zeitschriften zu Wort: in *Die Literarische Welt* (5 Beiträge), *Das Tage-Buch* (4), *Die Scene*, *Uhu*, *Filmkurier* (je 3), aber auch in *Die Weltbühne*, *Vossische Zeitung* (je 1) u.a. In insgesamt 60 Artikeln provoziert Brecht während dieser vier Jahre die Kulturszene mit seinen Vorstellungen von einem neuen und überlebensfähigen, kurzweiligen und realitätsbezogenen Theater (z.B. *Mehr guten Sport*, 6.2.1926; 21,119-122) bzw. mit seinen Kritiken zu aktuellen (Klassiker-)Inszenierungen (21,181f.; *Letzte Etappe: Ödipus*, 1.2.1929; 21,278f.) oder an der Institution Volksbühne (21,138). Er greift etablierte Romanciers an (z.B. *Kehren wir zu den Kriminalromanen zurück!*, 2.4.1926; 21,128-130) und junge Lyriker (z.B. *Kurzer Bericht über 400 (vierhundert) junge Lyriker*, 4.2.1927; 21,191-193), lobt Bernard Shaw (21,148-153), Georg Kaiser (21,252) und Samuel Butler (360-362), outet Stefan George (21,247) und Hermann Sudermann (21,253). Er äußert Gedanken über das Radio (z.B. *Vorschläge für den Intendanten des Rundfunks*, 25.12.1927; 21,215-217) und den Film (*Verstümmelte Filme*, 30.8.1928; 21,248), über Sport (*Die Krise des Sportes*; 21,222-224) und Eifersucht (21,258f.).

Seine Alternativen zeigt er z.B. bei seinen Empfehlungen für Buchgeschenke zu Weihnachten (21,176 und 255f.): Dokumentationen und Biographien stehen im Vordergrund. Auf das Theater bezogen (als herkömmliche Vergnügungsstätte) nennt er im März 1929 wiederum fünf Schwierigkeiten hinsichtlich neuer Stoffe, neuer Formen und des neuen Zwecks: »Pädagogik« (*Über Stoffe und Form*; 21,302-304). Er selbst bedient sich bei der praktischen Bewältigung dieser Schwierigkeiten weiterhin gern bei seinen Vorbildern und muß deshalb immer wieder einmal seine Laxheit in »Fragen des geistigen Eigentums« eingestehen (21,315f.).

Als in den Jahren 1930-1933 insgesamt sieben Hefte der *Versuche* erscheinen, der Beginn einer ersten gattungsübergreifenden Gesamtausgabe, nimmt Brecht an nichtpoetischen Texten (bis auf eine Ausnahme) nur Bemerkungen zu den im jeweiligen Heft enthaltenen Stücken auf: z.B. *Erläuterungen* zu seinem Lehrstück *Der Flug der Lindberghs* (Heft 1; 24,87-89), die *Anmerkungen zur Oper »Aufstieg und Fall der Stadt Mahagonny«* (Heft 2; 24,74-84), die *Anmerkungen zur »Dreigroschenoper«* (Heft 3; 24,57-68) oder die

Anmerkungen zu seiner Gorki-Bearbeitung *Die Mutter* (Heft 7; 24,115-135).

Die Ausnahme ist sein »soziologisches Experiment« *Der Dreigroschenprozeß* (Heft 3; 21,448-514): Brecht beschreibt darin die Schwierigkeiten bei der Realisierung seines (neben Oper und Anmerkungen im gleichen Heft abgedruckten) Konzepts *Die Beule* (19,307-320) für einen »Dreigroschenfilm«, das nicht berücksichtigt wird; die Produzenten setzen ihre Vorstellungen um, die Sache endet vor dem Kadi: ergebnislos (vgl. Gersch 1975, S. 39-97).

5.2 Die ersten Exiljahre

Als Antwort auf die Umfrage des *Berliner Börsen-Couriers* nach Erfahrungen deutscher Dramatiker jenseits der Grenzen hat Brecht sich in einem fingierten Interview u.a. die Frage gestellt: »Welchen Eigenschaften Ihres Dramas schreiben Sie es zu, daß sich keine ausländische Bühne dafür interessierte?« – Seine Antwort: »Den besten.« (19.5.1929; 21,342.) Als sich in den ersten Monaten des Exils das bewährte Gespann von Brecht, Kurt Weill und Caspar Neher in Paris zusammenfindet, das Ballett *Die sieben Todsünden der Kleinbürger* geschrieben und inszeniert wird, muß Brecht feststellen, daß er mit dem (deutschen) Text nur einige andere Emigranten erreicht, das französische Publikum bzw. die Kritik, wenn überhaupt, eher auf die Musik hören und enttäuscht sind.

Durch die neue Situation des Exils bedingt, treten ab 1933 andere Themen in den Vordergrund, für die Publikationsmöglichkeiten erst noch geschaffen werden müssen. Sie sind bald in Form von deutschsprachigen Zeitungen und Zeitschriften gegeben, deren Vielzahl gleichzeitig deutlich macht, in wie viele ›Fraktionen‹ die Exilierten gespalten sind:

In Prag etwa gründet Malik-Verleger Wieland Herzfelde die marxistisch orientierte Zeitschrift *Neue Deutsche Blätter*. Heft 1 erscheint im September 1933, im letzten Heft wird im August 1935 Brechts Rede auf dem Schriftstellerkongreß zur Verteidigung der Kultur in Paris, *Eine notwendige Feststellung zum Kampf gegen die Barbarei* (22,141-146), abgedruckt. – In Amsterdam gibt Klaus Mann die bürgerlich ausgerichtete Zeitschrift *Die Sammlung* heraus: die erste Nummer liegt ebenfalls im September 1933 vor, im vorletzten Heft vom Juli 1934 ist Brechts von der Zeitgeschichte geprägte Glückwunschadresse *Lion Feuchtwanger fünfzig Jahre* (22,36f.) zu lesen. – Am 12.12.1933 erscheint die erste Ausgabe des

Pariser Tageblatts, für die Jubiläumsnummer zum ersten Jahrestag im Dezember 1934 fragt die Redaktion Exilautoren nach der *Mission des Dichters 1934* und veröffentlicht u.a. Brechts Antwort *Dichter sollen die Wahrheit schreiben* (22,71-74). Für die ebenfalls in Paris erscheinende »Revue mensuelle« *Unsere Zeit* arbeitet Brecht diese Antwort aus zu *Fünf Schwierigkeiten beim Schreiben der Wahrheit* (April-Heft 1935; 22,74-89); die Zeitschrift läßt davon zusätzlich Sonderdrucke anfertigen.

Später erst tauchen in der seit April 1933 in Prag erscheinenden Exilzeitschrift *Die neue Weltbühne* Brecht-Texte auf: im Oktober 1937 *Hauptaufgabe der antifaschistischen Schriftsteller* (22,332f.), im September 1938 *Der größte aller Künstler* (22,469f.).

Für die Nutzung einer anderen Möglichkeit, nämlich in vorhandenen deutschsprachigen Organen Texte unterzubringen, gibt es nur einen Beleg: am 14.3.1935 publiziert die *National-Zeitung* in Basel Brechts Buchbesprechung *Eine Befürchtung* (22,103-105). – Daß Texte in Übersetzungen veröffentlicht werden, bleibt auch eher die Ausnahme; auf diese Weise werden aber seine wichtige Bestandsaufnahme *Das deutsche Drama vor Hitler* (22,164-168) unter dem Titel *The German Drama: pre-Hitler* (22,939-944) in *The New York Times* vom 24.11.1935 (Theaterbeilage) bekannt oder die *Verfremdungseffekte in der chinesischen Schauspielkunst* (22,200-210) unter dem Titel *The Fourth Wall of China. An essay on the effect of disillusion in the Chinese Theatre* (22,960-968) 1936 in der 6. Nummer der Londoner Zeitschrift *Life and Letters To-Day*.

Auf der Konferenz proletarischer und revolutionärer Schriftsteller in Charkow ist 1930 die Gründung einer Zeitschrift beschlossen worden, die in mehreren Sprachen erscheinen soll. Im Juni 1931 wird (aus Moskau kommend) die erste deutsche Ausgabe dieses Zentralorgans der Internationalen Vereinigung revolutionärer Schriftsteller mit dem Titel *Literatur der Weltrevolution* in Berlin ausgeliefert. Neben der Dokumentation der Schriftstellerkonferenz von 1930 (Abdruck der Reden und Resolutionen) und Texten sowjetischer Schriftsteller erscheinen in *Literatur der Weltrevolution* z.B. Gedichte von Louis Aragon, Briefe westeuropäischer Autoren wie Romain Rolland und Stefan Zweig über ihre Stellung zur Sowjetunion, Reportagen von Egon Erwin Kisch und auch Alfred Kurellas Kritik *Ein Versuch mit nicht ganz tauglichen Mitteln* zu Brechts Lehrstück *Die Maßnahme* (1931, Nr. 4, S. 100-109).

Ab der Januar-Nummer 1932 heißt die Zeitschrift *Internationale Literatur* (sie besteht bis Dezember 1945); für die Dezember-Nummer des Jahres 1932, die (neben dem 15jährigen Bestehen der Sowjetliteratur und der sowjetdeutschen Literatur) dem 40jährigen

Schriftstellerjubiläum Maxim Gorkis gewidmet ist, würdigt Brecht (während seines Moskau-Aufenthaltes u.a. wegen der Uraufführung des Films *Kuhle Wampe oder Wem gehört die Welt?*) Gorki als den »wahren« Erzähler, dessen Roman im Vorjahr Grundlage für seine Dramatisierung *Die Mutter* gewesen ist (*Ausländische Schriftsteller über Gorki*; 21,551f.). – Im April-Heft 1935 wird der Meister der Reportage gefeiert, Brecht schreibt den offenen Brief *Egon Erwin Kisch zum 50. Geburtstag* (22,119). Sein Lehrstück *Die Horatier und die Kuriatier* wird – wie bei den *Versuche*-Editionen – zusammen mit seiner *Anleitung für die Spieler* (24,221f.) in das Januar-Heft 1936 aufgenommen.

»Bis vor Jahresfrist erschienen die ›Neuen deutschen Blätter‹ in Prag und ›Die Sammlung‹ in Amsterdam. Getrennt marschierend erlagen diese beiden Literatur-Zeitschriften jedoch politischen und ökonomischen Schwierigkeiten«, heißt es im *Vorwort* der neuen Zeitschrift *Das Wort* (Heft 1, Juli 1936, S. 3). Die Idee für ein neues literarisches Forum entsteht während des ersten Pariser Schriftstellerkongresses zur Verteidigung der Kultur im Juni 1935; auf der Suche nach repräsentativen Redakteuren spricht Wieland Herzfelde den in Südfrankreich lebenden Thomas Mann an (er lehnt ab, weil er die Verantwortung für zu groß hält und weist auf die riesigen geographischen Entfernungen hin; vgl. Brief in: Zentrales Staatsarchiv für Kunst und Literatur, ZGALI, Moskau, Bestand: 143/4), Johannes R. Becher fragt Lion Feuchtwanger, dieser Heinrich Mann (sie leben auch in Südfrankreich, haben ähnliche Bedenken technischer Art, sind aber dennoch bereit mitzuwirken; vgl. die Briefe bei Walter, Band 4, S. 461f.). Als »Redaktion« zeichnen schließlich »Bertolt Brecht, Lion Feuchtwanger, Willi Bredel«: der eine aus Dänemark, der andere aus Südfrankreich, der dritte am Erscheinungsort Moskau.

Aus der erhaltenen Korrespondenz der Zeitschrift mit vielen Personen (ZGALI, Moskau) wird deutlich, daß Brecht als Herausgeber im Grunde nur eine schwache Stellung hat; zwar entwirft er z.B. *Richtlinien für die Literaturbriefe der Zeitschrift »Das Wort«* (22,188), um u.a. Walter Benjamin unter dieser Rubrik eine Publikationsmöglichkeit zu eröffnen, doch bleibt Benjamins *Pariser Brief. André Gide und sein neuer Gegner* (*Das Wort*, Moskau, 1936, Heft 5, November) Episode, trotz anderer eingesandter Manuskripte (er bietet *Das Kunstwerk im Zeitalter der technischen Reproduzierbarkeit* an) und trotz der Bittbriefe Benjamins, die Brecht als Mitherausgeber in Nachsätzen unterstützt.

Die eigentliche Redaktionsarbeit macht Willi Bredel in Moskau und beeinflußt dabei auch wesentlich den Inhalt der Zeitschrift, die durchaus als Parallelorgan zur *Internationalen Literatur* (IL) fungiert und den Zweck hat, im Sinne der Volksfrontbewegung bürgerliche Leserschichten anzusprechen. Mit dem Ende dieser Bewegung wird die Zeitschrift im März 1939 eingestellt. Daß die anfänglich befürchteten Schwierigkeiten von Dauer und nicht nur »technischer« Art gewesen sind, zeigt sich in der ›internen‹ Korrespondenz von Willi Bredel: er fragt Franz Carl Weiskopf, ob man so tolerant sein müsse, in der Zeitschrift Bücher von »Sektierern« anzuzeigen, und tauscht mit Fritz Erpenbeck zahlreiche Briefe aus im Zusammenhang mit den Angriffen von Georg Lukács auf Hanns Eisler im *Wort* und Brechts Verärgerung darüber (vgl. *Kleine Berichtigung* und *Hanns Eisler*, 22,402f., 403f.). Sie gehen aber auch aus einem Brief Brechts von 1938 hervor: »Liebe Freunde, ich habe heute, am 13. März, noch nicht das Material zu dem neuen Heft in Händen, und bis zum *10.* soll schon meine Antwort bei Euch sein. Ich verstehe nicht, warum Ihr es nicht einmal für nötig haltet, zu schreiben. Ich bitte um sofortige Nachricht. – Ebenso finde ich es merkwürdig, daß ich trotz eines Begleitbriefs, in dem darum gebeten wurde, nicht den Empfang der 2. Nexö-Sendung von Euch bestätigt bekam. Heute geht eine 3. an Euch ab, ich bitte mir den Empfang zu bestätigen« (Brief 820; ein Abschnitt aus den Erinnerungen von Martin Andersen-Nexö in Margarete Steffins Übersetzung, von Brecht redigiert, erscheint 1939 im letzten Heft 3). Statt der Empfangsbestätigung teilt der Verlag Brecht und den beiden anderen Redakteuren schließlich mit, daß insbesondere verlorengegangene Verbreitungsgebiete – »nach der Okkupation von Österreich und der Tschechoslowakei« – und die daraus resultierende »Rentabilitätsfrage« ihn dazu zwängen, *Das Wort* ab Heft 4 mit der *Internationalen Literatur. Deutsche Blätter* (seit 1937 mit diesem Untertitel) zusammenzulegen: »Selbstverständlich soll die ›IL‹ in entsprechender Weise umgestaltet werden.« (ZGALI.)

An nicht-poetischen Texten des Mitherausgebers Brecht erscheinen in *Das Wort* nur seine *Rede zum II. Internationalen Schriftstellerkongreß zur Verteidigung der Kultur* (1937, Heft 10; 22,323-325), die *Anmerkungen zu den »Chinesischen Gedichten«* (1938, Heft 8; 22,454f.) und im letzten Heft sein Aufsatz *Über reimlose Lyrik mit unregelmäßigen Rhythmen* (1939, Heft 3; 22,357-364).

5.3 Die weiteren Exiljahre

Was die Gemüter in der zweiten Hälfte der dreißiger Jahre besonders bewegt, sind zum einen die Diskussionen über das Thema Realismus (gerade im *Wort* geführt) und zum anderen die Bewertungen der Sowjetunion, d.h. der Stalinschen Politik (einschließlich seines Umgangs mit politischen Gegnern). Von den zahlreichen Texten Brechts zu diesen beiden Komplexen wird keiner öffentlich, was allerdings nicht beabsichtigt ist (vgl. Knopf 1996, S. 141-149). Sein Verleger Wieland Herzfelde muß die Arbeiten an den *Gesammelten Werken* (Malik-Ausgabe) nach dem Erscheinen der beiden Dramenbände im März 1938 abbrechen (sie enthalten neue oder im Vergleich zu den *Versuchen* überarbeiteten Anmerkungen im Anschluß an die aufgenommenen Stücke) und kann auch nach seiner Flucht aus Prag Brechts Vorschlag von Anfang Juni nicht verwirklichen, einen Band mit dem Titel *Neunzehnhundertachtunddreißig* zu edieren; der sollte *Furcht und Elend des III. Reiches*, die *Svendborger Gedichte* und drei (nicht mit Titeln genannte) Essays enthalten. »Auf die ›Gesammelten Werke‹, die einen immensen Geländegewinn bedeuten, muß jetzt etwas absolut Aktuelles, Eingreifendes folgen, sonst sieht es aus, als hätte ich, wie gewisse Generale nach der Niederlage, meine Memoiren veröffentlicht, um gewisse in der Vergangenheit geleistete Dienste den geschätzten Zeitgenossen flehend ins Gedächtnis zu rufen. Wir entscheiden auf diese Weise praktisch zum Beispiel den ganzen Formalismus-Streit, der sonst noch eine zwanzigjährige Tätigkeit lahmlegt und außer Kurs setzt.« (Brief 835.)

An den Mitherausgeber Willi Bredel schreibt er (im Sommer 1938): »Leider gestaltet sich die Mitarbeit am ›Wort‹ immer problematischer. Die Zeitschrift scheint immer mehr in eine eigentümliche Front einzuschwenken, in der eine kleine Clique, anscheinend geführt von Lukács und Hay, ein ganz bestimmtes literarisches Formideal aufstellt, was die Bekämpfung alles dessen bedeutet, was sich diesem, den bürgerlichen Romanciers des vorigen Jahrhunderts abgezogenen Formideal nicht anpaßt. So verwandelt sich der wichtige Kampf gegen den Formalismus selbst in einen Formalismus: d.h., alles wird nach der Form beurteilt (in diesem Fall einer alten). In der ›IL‹, 7. Heft, schlägt Lukács tatsächlich schon gegen mich los und wirft mich in einen Topf mit der bürgerlichen Dekadenz, und das jetzt, wo wir, weiß der Teufel, andere Sorgen als formale haben sollten! Ab und zu bekomme ich von Erpenbeck eine Aufforderung, an der Debatte teilzunehmen, aber dazu habe ich natürlich keine Lust, da ich solche Debatten für höchst schädlich und verwirrend halte, d.h. zu diesem Zeitpunkt und wenn dann jedesmal am

Schluß die Meinung des guten Lukács als *die* marxistische gepriesen wird (zumindestens von Lukács selber). [...] Vom ›Wort‹ bekomme ich immer nur ein schon ausgesuchtes Material, und meine Einwände werden fast nie berücksichtigt. Ich kann Ihnen versichern, das geht nicht mehr lang so.« (Brief 844.)

Formalismus, Realismus und Volkstümlichkeit sind drei der Schlagworte, als – in *Das Wort* besonders zwischen September 1937 und Juli 1938 – die sogenannte Expressionismusdebatte (oder Realismusdebatte) ausgetragen wird; Auslöser sind Klaus Manns Aufsatz *Gottfried Benn – die Geschichte einer Verwirrung* sowie Bernhard Zieglers (d.i. Alfred Kurella) Beitrag *»Nun ist dies Erbe zuende...«* (1937, Heft 9, S. 35-42 bzw. 42-49) und die Frage (am Beispiel Benns), ob der Expressionismus dem kulturellen Erbe zuzurechnen oder als präfaschistische Kunst zu verdammen sei. In den folgenden Monaten äußern sich zahlreiche Künstler dazu; es geht bald nicht mehr um den Expressionismus allein, sondern um die avantgardistische Kunst des 20. Jahrhunderts insgesamt. Georg Lukács beteiligt sich mit seinem Essay *Es geht um den Realismus* (*Das Wort*, 1938, Heft 6, S. 112-138) und beharrt auf seinem Realismuskonzept, das er schon 1934 in *»Größe und Verfall« des Expressionismus* (*Internationale Literatur*, Heft 1: Januar – März, S. 153-173) oder 1936 in *Erzählen oder Beschreiben? (Zur Diskussion über Naturalismus und Formalismus)* (*Internationale Literatur*, Heft 11, S. 100-118, und Heft 12, S. 108-123) vertreten hat: die Nachahmung des bürgerlich-realistischen Romans.

Zu einer öffentlichen Einmischung Brechts in einer der Zeitschriften kommt es im Sommer 1938 auch deshalb nicht, weil der Auslöser Bernhard Ziegler (Alfred Kurella) »der Aufforderung Folge« leistet und ein *»Schlußwort«* schreibt, um »der ungewollt hervorgerufenen Diskussion einen Abschluß zu geben« (*Das Wort*, 1938, Heft 7, S. 103-122; hier: S. 103); er ist sich freilich nicht sicher, ob er dies damit erreicht, was er mit den Anführungszeichen im Titel andeutet. Gleichzeitig bezeichnet Fritz Erpenbeck die »nunmehr ›abgeschlossene‹ Expressionismusdebatte« als die »erste große grundsätzliche Aussprache innerhalb der deutschen antifaschistischen Literaturfront« (*Volkstümlichkeit*, in: *Das Wort*, 1938, Heft 7, S. 122-128; hier: 122). Und Georg Lukács spricht davon, daß »ein schriftstellerisch abstrakt-revolutionärer Utilitarismus« entstehe, u.a. »in gewissen Dramen Brechts« (*Marx und das Problem des ideologischen Verfalls*, in: *Internationale Literatur*, 1938, Heft 7, S. 103-143; hier: 133).

Brecht legt aber seine Position in zahlreichen Aufsätzen nieder (vgl. 22,405-445). – Der einzige Text, der davon zu seinen Lebzeiten veröffentlicht wird, ist *Weite und Vielfalt der realistischen Schreib-*

weise (22,424), dies allerdings erst 1954 in Heft 13 der *Versuche* (S. 99-107), und zwar in West und Ost; in der DDR werden seit 1951 die Formalismus- und Realismus-Diskussionen der dreißiger Jahre fortgeführt. Zu einer öffentlichen Auseinandersetzung mit Lukács kommt es auch dabei nicht: in den fünfziger Jahren heißt der Kontrahent Konstantin Stanislawski, den die Kulturbürokraten hinsichtlich des Theaters gegen Brecht als »Linie« festlegen wollen.

Das andere Thema in der zweiten Hälfte der dreißiger Jahre sind die Verhältnisse in der Sowjetunion. In einer ganzen Reihe von Texten aus dem Jahre 1937 setzt sich Brecht damit auseinander. Konkreter Anlaß ist der Reisebericht André Gides *Retour de l'U.R.S.S.* (Paris 1936, dt.: *Zurück aus Sowjet-Rußland*, Zürich 1936). Auf dem Pariser Schriftstellerkongreß von 1935 ist Gide noch ein glühender Anhänger des Sowjetkommunismus (vgl. Pike 1981, S. 155), nach seiner Reise wendet er sich enttäuscht bis erbittert gegen die krasse Mißachtung der persönlichen Freiheit, die Selbstinszenierung Stalins wie die schlecht funktionierende Ökonomie (vgl. auch seine *Retouches à mon Retour de l'U.R.S.S.* von Juni 1937, dt.: *Retuschen zu meinem Rußlandbuch*, Zürich 1937). Die Wirkung ist enorm; das Buch erreicht eine Auflage von 150 000 Exemplaren innerhalb eines Jahres und wird in mehr als ein Dutzend Sprachen übersetzt und – verständlicherweise – von der Rechtspresse ausgeschlachtet.

Brecht schreibt u.a. Stellungnahmen wie *Kraft und Schwäche der Utopie* (22,286-289), *Sollen die Menschen unter eine neue Diktatur kommen?* (22,298f.) oder *Über den Versuch demokratischer Institutionen in der USSR* (22,305), aber auch – »zur Selbstverständigung« – *Über die Moskauer Prozesse* (22,365-369). Er laviert in diesen Texten, beschwört die Zeit, die nötig sei, eine Gesellschaft neu zu strukturieren, rechtfertigt die Maßnahmen, die während des Übergangs erforderlich seien und schließt sich – unsicher zwar – der Verschwörertheorie Stalins an, um die Moskauer Schauprozesse zu verstehen. – Gegen das »antisowjetische vereinigte trotzkistisch-sinowjewsche Zentrum« wird im August 1936 prozessiert (»Prozeß der 16«), gegen Mitglieder eines »parallelen trotzkistischen Zentrums« im Januar 1937 (»Prozeß der 17«), gegen eine »antisowjetische trotzkistische Militärorganisation in der Roten Armee« im Juni 1937 und gegen einen »antisowjetischen rechtstrotzkistischen Block« im März 1938 (u.a. Bucharin und Jagoda; vgl. *Prozeßbericht über die Strafsache des antisowjetischen »Blocks der Rechten und Trotzkisten«, verhandelt vor dem Militärkollegium des Obersten Gerichtshofes der UdSSR vom 2.-23. März 1938. Vollständiger stenografischer Bericht*, Moskau 1938). Die Angeklagten werden jeweils verurteilt und fast alle sofort hingerichtet.

Zu den Rechtfertigern gehören Ernst Bloch – der 1937 in *Jubiläum der Renegaten* zugesteht, »daß der zwanzigjährige bolschewistische Staat sich so vieler Feinde zu entledigen hat und sich ihrer oft gehetzt und schreckend blutig entledigt« (Bloch 1977, Band 11, S. 225f.) –, auch Heinrich Mann und in erster Linie der prominente Lion Feuchtwanger; sie alle gehen in ihrer Zustimmung und ihren affirmativen »Erklärungen« der Vorgänge in Moskau 1936/37 sehr viel weiter, als es Solidaritätskundgebungen mit der Sowjetunion als größter antifaschistischer Kraft bedurft hätten. – Feuchtwanger, der sich von November 1936 bis Februar 1937 in der Sowjetunion aufgehalten hat, Gides gerade erschienenen und genau studierten Bericht im Gepäck, schreibt anschließend in *Moskau 1937. Ein Reisebericht für meine Freunde* (Amsterdam 1937) auf weite Strecken gegen ihn an – ›Gide erzählt...‹, ›Ich habe gesehen...‹ (vielleicht wäre ›gezeigt bekommen‹ genauer gewesen). Das Heikle sehend, greift der Lektor 1937 beim Klappentext der Erstausgabe zur Klassik: »Er übersieht nicht das Problematische des neuen Rußlands, aber er läßt – dem Worte Goethe's folgend – ›das Bedeutende wahrnehmend, das Problematische auf sich beruhen‹. Die dunkle und verwickelte Persönlichkeit Stalin's, der Konflikt zwischen ihm und Trotzki, die Widersprüche und Hintergründe der Trotzkistenprozesse sind von einem Augenzeugen gestaltet.« Feuchtwanger beschreibt in seinem Reisebericht eingehend den »Prozeß der 17«, den er im Saal miterlebt hat (vgl. auch *Eine neue Barriere gegen den Krieg. Zum Moskauer Prozeß gegen die Trotzkisten*, in: *Das Wort*, Moskau, 1937, Heft 3, S. 100-103: Beiträge von Feuchtwanger, Martin Andersen-Nexö, Willi Bredel).

Brechts pragmatisches Denken läßt eine globale Verurteilung der Sowjetunion, und verhielte sie sich auch nach innen noch so brutal, nicht zu. Im Falle eines Weltkriegs, an dem kaum mehr jemand zweifelt, sei allein die Sowjetunion in der Lage, dem faschistischen Deutschland etwas entgegenzusetzen. Er schreibt: »Was die Prozesse betrifft, so wäre es ganz und gar unrichtig, bei ihrer Besprechung eine Haltung gegen die sie veranstaltende Regierung der Union einzunehmen, schon da diese ganz automatisch in kürzester Zeit sich in eine Haltung gegen das heute vom Weltfaschismus mit Krieg bedrohte russische Proletariat und seinen im Aufbau begriffenen Sozialismus verwandeln müßte.« (22,365.)

Wie zahlreiche andere ist Brecht der Sowjetunion gegenüber grundsätzlich positiv eingestellt, weil er ein überzeugter Antifaschist ist. Faschismus erscheint bei ihm in erster Linie als eine extreme kapitalistische Staatsform, d.h. vorrangig als ein Problem der Ökonomie. Den ideologischen Gegenpol bildet einzig der Sowjetmarxismus. In diesem operativen Muster – Faschismus versus Kommunismus – gehen alle seine Deutungsansprüche vollständig auf: »Der gefährlichste, der einzige wirkliche Feind des Fascismus ist [...] der Kommunismus. Es ist nicht richtig, abzuschätzen, ob der Kommunismus nun wirklich stark genug ist: es gilt ihn zu stärken.« (22,329.)

Die publizistischen Aktivitäten linksbürgerlicher, sozialistischer und kommunistischer Schriftsteller in dieser Zeit haben das Ziel, die deutsche Opposition gegen den Hitler-Faschismus zu polarisieren oder wenigstens vor einem Zerfall zu bewahren, so daß eine Stellungnahme, wie die von Gide, geradezu als Verrat an der Volksfront gerügt wird. Brecht entgegnet (für die Schublade) etwa in *Kraft und Schwäche der Utopie* satirisch: Gide, ein »unermüdlicher Odysseus«, habe »den Bericht über eine neue Irrfahrt« vorgelegt, da er »*sein* neues Land [...], das er selber gebaut hatte, und zwar in seinem Kopf«, in der Sowjetunion nicht vorgefunden habe (22,286).

Heinrich Mann schlägt nochmals im August 1937 in einem Rundschreiben vor, »eine Gruppe oder Vereinigung intellektueller und bürgerlicher Anhänger eines befreiten Deutschlands zu schaffen« (Feuchtwanger 1991, Nr. 295). Doch ist zu diesem Zeitpunkt die Desintegration der antifaschistischen Bewegung, die mit den Schauprozessen und der abrupten Kurskorrektur der sowjetischen Außenpolitik begonnen hat, nicht mehr aufzuhalten. Eine erhebliche Zahl bürgerlicher Exilautoren kehrt der Volksfront als enttäuschte Antikommunisten den Rücken, sieht in Stalin und Hitler nurmehr zwei Seiten derselben Münze. Zwei Jahre später scheinen sie bestätigt zu werden: die Diktatoren paktieren (23.8.1939), die Staaten schließen Freundschaft (28.9.1939).

Neben den Stellungnahmen zum Streit um das richtige Realismus-Konzept und den Beobachtungen zu den politischen Ereignissen (einschließlich der Einschätzungen durch andere) hat Brecht in Dänemark in diesen Jahren 1936 bis 1939 die Zeit für eine Fülle theoretischer Texte zu zahlreichen künstlerischen Fragen. Teilweise geht er sie immer wieder neu an, ohne die Teile dann zu einer abgeschlossenen Einheit zusammenzubringen, etwa 1936/37 bei den vielen Überlegungen zum Bühnenbau (vgl. 22,227-270) oder bei der Auseinandersetzung mit dem 35 Jahre älteren Moskauer Schauspieler, Regisseur und Theaterwissenschaftler Konstantin Stanislawski (vgl. 22,279-286 u.ö.). Dessen Buch *My Life in Art* – seit 1924 auf dem amerikanischen Markt – liest er »mit Neid und Unruhe«, denn: »Der Mann hat sein System in Ordnung gebracht« – und es vor allem geschafft, Nachahmer zu finden (Brief 729), in den USA sogar sowohl beim Theater als auch beim Film. Stanislawskis Tod 1938 hat keinen mindernden Einfluß auf seine Wirksamkeit in einem Land, das für Brecht immer mehr zum angestrebten Ziel wird.

Andererseits entstehen z.B. 1938 so wichtige Texte aus einem Guß wie *Über reimlose Lyrik mit unregelmäßigen Rhythmen* (22,357-364) oder *Die Straßenszene. Grundmodell einer Szene des epischen Theaters* (22,370-381), aber auch *Über die Popularität des Kriminalromans* (22,504-510).

Und als sich im Frühjahr 1939 herausstellt, daß er leichter (bzw. sicherer) an schwedische Papiere kommt, wenn er sich zu einem Vortrag nach Stockholm einladen läßt, formuliert er Grundsätzliches *Über experimentelles Theater* (22,540-557).

Anfang dieses Jahres beginnt er mit seinem umfangreichsten und nie zu Ende gebrachten Theorie-Projekt: »Viel Theorie in Dialogform *Der Messingkauf* (angestiftet zu dieser Form von Galileis *Dialogen*)«, notiert er am 12.2.1939 im *Journal* (26,327). Die erste Arbeitsphase am *Messingkauf* (22,695-869) reicht bis zum Anfang des Jahres 1941, in den USA schließt sich zwischen Sommer 1942 und Sommer 1943 eine zweite an, eine dritte um 1945 (im Zusammenhang mit der amerikanischen Stück-Fassung *Galileo*). Eine vierte Arbeitsphase an diesen poetischen Texten mit theoretischem Gehalt umfaßt die Jahre 1948-1955. Am Beginn dieser letzten Phase steht im Sommer 1948 Brechts *Kleines Organon für das Theater* (23,65-97), das er als »eine kurze Zusammenfassung des *Messingkauf*« (27,272) bezeichnet, ohne dessen Material nochmals studiert zu haben.

So zahlreich die theoretischen Aufzeichnungen während der europäischen Exiljahre (1933-1941) sind, so spärlich sind solche aus der Zeit des amerikanischen Exils (1941-1947). Hier einige Gedanken *Über Filmmusik* (23,10-20), dort Aufklärungsversuche über den Unterschied zwischen Hitler und Deutschland (gegen die Vansittart-These von der Gleichheit) in *The Other Germany: 1943* (23,24-30) oder Glossen über den eigenen Alltag (*Die amerikanische Umgangssprache*, *Brief an einen erwachsenen Amerikaner*, *Wo ich wohne*; 23,44-51).

Die geringe Zahl der Schriften aus diesen Jahren erklärt sich u.a. daraus, daß Brecht vieles als Tagesnotierung für seine amerikanischen Journale schreibt (27,7-251), eine Gewohnheit, mit der er in Dänemark erst gegen Ende der ersten Exilphase begonnen hat (vgl. auch S. 227f. und 234f.).

5.4 Berlin – das »kleinere Übel«

Die theoretischen Überlegungen der fünfziger Jahre in Berlin gelten immer wieder dem sich verhärtenden Ost-West-Verhältnis, der Stellung der beiden deutschen Staaten innerhalb dieser Situation und zueinander; angesichts und trotz der Zementierungen in den Bündnissen, sucht Brecht nach »Einigendem« zwischen BRD und DDR – angefangen bei der Schaffung eines Rundfunks »mit gesamtdeutschem Programm« (23,206) –, fordert, was später ›friedliche Koexistenz‹ genannt wird (*Eine Einigung*; 23,206), verlangt von allen deutschen Künstlern und Schriftstellern Unterstützung für »eine gesamtdeutsche Beratung zur Vorbereitung allgemeiner freier Wahlen« hinsichtlich einer neuen Nationalversammlung (23,155), warnt vor Wiederbewaffnung und erneuter Kriegsgefahr, denn: »Das große Carthago führte drei Kriege: Es war noch mächtig nach dem ersten, noch bewohnbar nach dem zweiten. Es war nicht mehr auffindbar nach dem dritten.« (23,156.)

Daneben glaubt er an die DDR als »Chance«, beteiligt sich z.B. am Aufbau einer neuen Akademie der Künste, spricht auch in diesem Zusammenhang vom »Kampf für die Einigung Deutschlands« und warnt die Bürokraten, nur DDR-Künstler als Mitglieder dieser Akademie zuzulassen (23, 120f.). Er macht sich sogar Gedanken über neue Schullesebücher (23,154f.) und neue Lehrpläne (23,159f.). Auch eine »*gesamtdeutsche Ausstellung* der bildenden Kunst der Gegenwart« hält er für wichtig (23,194), Gedanken über eine neue Architektur beschäftigen ihn (vgl. 23,202-205).

Da Politik und Bürokratie sich vorgenommen haben, den Neubeginn nach sowjetischem Muster zu gestalten, kommt es zum einen zu ähnlichen Diskussionen wie in den dreißiger Jahren, etwa beim Thema Realismus (vgl. S. 200f.), zum anderen sind Zwistigkeiten mit den »Linientreuen« für Brecht vorprogrammiert, von denen die unterschiedlichsten Schriften zeugen: etwa *Zur Unterdrückung der Oper »Lukullus«* (23,138), *Notizen zur Barlach-Ausstellung* (23,198-202), *Thesen zur »Faustus«-Diskussion* (23,246-249) oder *Gegen den Zwang zum sozialistischen Realismus* (23,265).

Als Stalin am 5.3.1953 stirbt, spricht Brecht noch von der Erschütterung bei den »Unterdrückten von fünf Erdteilen«, für die er die »Verkörperung ihrer Hoffnung« gewesen sei, und lobt ihn, »weil unter seiner Führung die Räuber geschlagen wurden. Die Räuber, meine Landsleute.« (23,225f.) Nach dem XX. Parteitag der KPdSU im Februar 1956 mit der Rede Nikita Chruschtschows und ersten »Enthüllungen« weiß Brecht: »Die geschichtliche Würdigung Stalins bedarf der Arbeit der Geschichtsschreiber. Die Liquidierung des Stalinismus kann nur durch eine gigantische Mobilisierung der Weisheit der Massen durch die Partei gelingen.« (23,417f.) Die Kultfigur ist jetzt für ihn »Der verdiente Mörder des Volkes«, ein »Gott«, der sich als »madig« erwiesen habe (15,300f.)

Da das Hauptaugenmerk nach der Rückkehr aus dem Exil ins deutsche Sprachgebiet auf der praktischen Theaterarbeit liegt, sind Brechts Texte zu diesem Bereich entsprechend zahlreich: sei es *Der Bühnenbau* (23,116f.) oder *Die Regie Bertolt Brechts* (23,162-166), sei es die *Schulung des Schauspielernachwuchses* (23,170) oder *Elementarregeln für Schauspieler* (23,185f.), seien es Gedanken über *Gestik* (23,187f.) und *Über den Gestus* (23,188f.), Zusammenfassungen wie *Kleines Organon für das Theater* (23,65-97) zu Anfang bzw. *Die Dialektik auf dem Theater* (23,386-413) im Jahre 1956.

Daß Brecht selbst auf diesem seinem ureigensten Gebiet von den Kulturbürokraten nicht unangefochten geblieben ist, zeigen z.B. Hinweise wie *Einige Irrtümer über die Spielweise des Berliner Ensembles* (23,323-338) und die neuerliche Beschäftigung mit Stanislawski (vgl. 23,224-239 u.ö.), als es darum geht, aus einem Brecht *oder* Stanislawski zumindest ein Brecht *und* Stanislawski zu machen.

Insbesondere dokumentiert werden Brechts Entwürfe für das Theatermachen insgesamt in dem von ihm und seinem Ensemble zusammengestellten Band *Theaterarbeit* (1951) sowie in den Modellbüchern (alle GBA 25): *Antigonemodell 1948* (1949), *Couragemodell 1949* (erschienen 1958), *»Katzgraben«-Notate 1953* (im Elisabeth-Hauptmann-Archiv wiederentdeckt, 1994 erstmals in GBA 25) und *Aufbau einer Rolle. Galilei* (erschienen 1958).

5.5 Wichtige Schriften im Überblick (Auswahl)

Die Definition der Gattung »Schrift« wird hier von GBA übernommen (vgl. 25,583f.); sie weicht von der früheren Definition in GW bzw. wa (1967) ab: dort sind z.B. Auszüge allgemeingültigen Inhalts aus seinerzeit noch unveröffentlichten Tagebüchern und autobiographischen Notizen sowie einzelne Briefe als Schriften behandelt und aufgenommen worden, aber auch Texte – wie *Horst-Wessel-Legende* (19,381-389) oder *Mies und Meck* (18,329-338) –, die mehr Merkmale künstlerischer Prosa aufweisen und deshalb in GBA in der Abteilung *Prosa* berücksichtigt sind.

Es wird jeweils unterschieden zwischen Titelangaben Brechts (T) und von Herausgebern vergebenen Überschriften (H).

Es folgen zu jedem Text Angaben zur Entstehung (E; solche in » « stammen von Brecht), zu den Zeugen (Z; Bestandsverzeichnis – BV des BBA mit Band und Seite: laufende Nummer), zum Erstdruck (ED) und zum Druckort (D) in den Gesamtausgaben SzT, SzLuK, SzPuG (SV) bzw. (AV), GW bzw. wa und GBA (Seitenangaben zum jeweiligen Kommentar in GBA folgen denen zum Druckort; kursiv) sowie in AW. Nachgestellt sind Druckorte in Sammelbänden (Nummer des Taschenbuchs, Seiten).

Die Reihenfolge der Angaben folgt hier der (chronologischen) Anordnung der Texte in den Bänden 21-23; Hinweise zu Texten aus den Bänden 24 (Texte zu Stücken) und 25 (Theatermodelle) sind in diese Chronologie eingefügt.

Notizen über unsere Zeit (T)

E: August 1914. Z: ED. ED: *Augsburger Neueste Nachrichten*, Beilage *Der Erzähler*, 17.8.1914. D: SzPuG, 1*f. (SV); 1,287f. (AV) / GW VIII,28*f. bzw. wa 20,1*f. / GBA 21,12f. *594f.*
Beispiel eines frühen »politischen« Textes, in dem der Sechzehnjährige Schüler unkritisch die Situation zu Beginn des ersten Weltkriegs kommentiert (1.8.: deutsche Kriegserklärung an Rußland, 3.8.: an Frankreich).

»Krieg«. Eine Studie über Carl Hauptmanns Tedeum (T)

E: September 1914. Z: ED. ED: *Augsburger Neueste Nachrichten*, Beilage *Der Erzähler*, 16.9.1914. D: SzLuK 1,240-244 (SV); 1,355-359 (AV) / GW VIII bzw. wa 18,4*-6* / GBA 21,25-28 *598f.*
Bei der Besprechung des gerade erschienenen Stücks von Carl Hauptmann, *Krieg. Ein Tedeum* (Leipzig: Kurt Wolff), setzt Brecht seine Belesenheit ein: er vergleicht den Autor mit dessen jüngerem, aber erfolgreicherem Bruder Gerhart Hauptmann und mit Paul Claudel.

Frank Wedekind (T)

E: März 1918. Z: ED. ED: *Augsburger Neueste Nachrichten*, 12.3.1918. D: SzT 1,7f. (SV); 1,7-9 (AV) / GW VII bzw. wa 15,3f. / GBA 21,35f. *600f.*
Nachruf auf den am 9.3.1918 gestorbenen Wedekind; der zwanzigjährige Student Brecht schätzt neben dem hier geschilderten Schauspieler und Rezitator Wedekind vor allem auch den Autor satirischer Balladen oder anstößiger Außenseiterszenen aus dem »Millieu«.

Aus dem Theaterleben (T)

E: November 1919. Z: ED. ED: *Der Volkswille*, Augsburg, 7.11.1919. D: SzT 1,11f. (SV); 1,11-13 (AV) / GW VII bzw. wa 15,6f. / GBA 21,40f. *603.*

Über den Expressionismus (T)

E: Anfang 1920. Z: BV 3,464: 15902. D: SzT 2,9 (SV); 2,9f. (AV) / GW VII bzw. wa 15,44f. / GBA 21,48f. *605f.*

Über die deutsche Literatur **(T)**
E: Anfang 1920. Z: BV 3,464: 15906. D: SzT 2,12f. (SV); 2,12-14 (AV) / GW VIII bzw. wa 18,3f. / GBA 21,53f. *608.* – es 1826,309f.

Das Theater als sportliche Anstalt **(T)**
E: Anfang 1920. Z: BV 3,239: 13684. D: SzT 2,14-16 (SV); 2,14-17 (AV) / GW VII bzw. wa 15,47-49 / GBA 21,55f. *608.* – st 2395,22f.

Georg Kaisers »Gas« im Stadttheater **(T)**
E: März 1920. Z: ED. ED: *Der Volkswille*, Augsburg, 26.3.1920. D: SzT 1,14f. (SV); 1,15f. (AV) / GW VII bzw. wa 15,8f. / GBA 21,58f. *609.*

»Don Carlos« **(T)**
E: April 1920. Z: ED. ED: *Der Volkswille*, Augsburg, 15.4.1920. D: SzT 1,15-17 (SV); 1,16-18 (AV) / GW VII bzw. wa 15,9-11 / GBA 21,59f. *609f.* – es 1832,101f.

Thomas Mann im Börsensaal **(T)**
E: April 1920. Z: ED. ED: *Der Volkswille*, Augsburg, 26.4.1920. D: SzLuK 1,29f. (SV); 1,29f. (AV) / GW VIII bzw. wa 18,23f. / GBA 21,61f. *610f.*

Schillers »Räuber« im Stadttheater **(T)**
E: 22.10.1920. Z: ED. ED: *Der Volkswille*, Augsburg, 23.10.1920. D: SzT 1,31-33 (SV); 1,33-35 (AV) / GW VII bzw. wa 15,21-23 / GBA 21,78f. *617.*

Dramatisches Papier und anderes **(T)**
E: Dezember 1920. Z: ED. ED: *Der Volkswille*, Augsburg, 14.12.1920. D: SzT 1,48-50 (SV); 1,51f. (AV) / GW VII bzw. wa 15,34f. / GBA 21,88f. *621f.*

Querulanterei oder Ein Lauf gegen die Wand **(T)**
E: Dezember 1920. Z: ED. ED: *Der Volkswille*, Augsburg, 2.12.1920. D: SzT 1,50-52 (SV); 1,53-55 (AV) / GW VII bzw. wa 15,35-37 / GBA 21,89-91 *622.*

Hebbels »Judith« im Stadttheater **(T)**
E: Januar 1921. Z: ED. ED: *Der Volkswille*, Augsburg, 12.1.1921. D: SzT 1,52-54 (SV); 1,55-57 (AV) / GW VII bzw. wa 15,37f. / GBA 21,97f. *624-626.*

Über den Film **(H)**
E: August/September 1922. Z: ED. ED: *Berliner Börsen-Courier*, 5.9.1922. D: SzT 2,217f. (SV); 2,235f. (AV) / GW VIII bzw. wa 18,137 / GBA 21,100 *626f.*

Karl Valentin **(T)**
E: Herbst 1922. Z: ED. ED: *Das Programm. Blätter der Münchener Kammerspiele*, Oktober 1922. D: SzT 1,161 (SV); 1,173f. (AV) / GW VII bzw. wa 15,39 / GBA 21,101f. *627.*

Glossen zu Stevenson **(T)**
E: Frühjahr 1925. Z: ED. ED: *Berliner Börsen-Courier*, 19.5.1925. D: SzLuK 1,31-33 (SV); 1,31-33 (AV) / GW VIII bzw. wa 18,24-26 / GBA 21,107f. *631.*

Aufgaben, Möglichkeiten, Probleme des heutigen Theaters (H)

E: August 1925. Z: BF: 10251. ED: *Zwischenakt. Blatt des Theaters in der Königgrätzer Straße, dem Komödienhaus und der Tribüne*, Berlin, September 1925. D: Nicht in Schriften / GW VII bzw. wa 15,74 / GBA 21,110 *632f.*

An den Herrn im Parkett (T)

E: Sommer 1925. Z: ED. ED: *Berliner Börsen-Courier*, 25.12.1925. D: SzT 1,162f. (SV); 1,174f. (AV) / GW VII bzw. wa 15,74f. / GBA 21,117f. *635*. – st 2395,31

Mehr guten Sport (T)

E: Anfang 1926. Z: BV 3,241: 13699. ED: *Berliner Börsen-Courier*, 6.2.1926. D: SzT 1,60-64 (SV); 1,64-69 (AV) / GW VII bzw. wa 15,81-84 / GBA 21,119-122 *636-638*. – es 1826,310-312.

Kehren wir zu den Kriminalromanen zurück! (T)

E: März 1926. Z: BV 3,470: 15958. ED: *Die Literarische Welt*, Berlin, 2.4.1926. D: SzLuK 1,35-39 (SV); 1,36-40 (AV) / GW VIII bzw. wa 18,28-31 / GBA 21,128-130 *640*.

Glossen über Kriminalromane (T)

E: 1926. Z: BV 3,470: 15959. D: SzLuK 1,40-42 (SV); 1,40-43 (AV) / GW VIII bzw. wa 18,31-33 / GBA 21,130-132 *640f.* – es 1833,89f.

Gibt es noch Charaktere für den modernen Romanschriftsteller? (T)

E: Um 1926. Z: BV 3,468: 15942. D: SzLuK 1,107f. (SV); 1,112f. (AV) / GW VIII bzw. wa 18,84f. / GBA 21,132f. *641*.

Stirbt das Drama? (H)

E: März 1926. Z: ED. ED: *Vossische Zeitung*, Berlin, 4.4.1926. D: SzT 1,79f. (SV); 1,84f. (AV) / GW VII bzw. wa 15,104 / GBA 21,133 *641*.

Weniger Sicherheit!!! (T)

E: 1926. Z: BV 3,519: 16382. D: SzT 2,220-222 (SV); 2,239f. (AV) / GW VIII bzw. wa 18,138f. / GBA 21,135f. *643*.

Verlogenheit unserer Literatur (H)

E: Um 1926. Z: BV 3,470: 15957. D: SzLuK 1,45 (SV); 1,45f. (AV) / GW VIII bzw. wa 18,35 / GBA 21,137 *644*.

Dem siebzigjährigen Bernard Shaw (H)

E: Sommer 1926. Z: BV 3,469: 15951. ED: *Berliner Börsen-Courier*, 23.7.1926. D: SzT 1,173 (SV); 1,186 (AV) / GW VII bzw. wa 15,96 / GBA 21,148 *648f.*

Ovation für Shaw (T)

E: Sommer 1926. Z: BV 3,469: 15952. ED: *Berliner Börsen-Courier* sowie *Neue Freie Presse*, Wien, 25.7.1926. D: SzT 1,173-180 (SV); 1,186-193 (AV) / GW VII bzw. wa 15,96-101 / GBA 21,149-153 *649*.

Geziemendes über Franz Kafka **(T)**
E: Um 1926. Z: BV 3,470: 15954. D: SzLuK 1,77f. (SV); 1,80 (AV) / GW VIII bzw. wa 18,61 / GBA 21,158 *652*.

Wenn der Vater mit dem Sohne mit dem Uhu... **(T)**
E: Juli/August 1926. Z: BV 3,507: 16283. ED: *Das Tage-Buch*, Berlin, 14.8.1926. D: SzLuK 1,52-54 (SV); 1,53-56 (AV) / GW VIII bzw. wa 18,40-42 / GBA 21,158-160 *652-654*.

Kleiner Rat, Dokumente anzufertigen **(T)**
E: 1926. Z: BV 3,468: 15940f. D: SzLuK 1,60-64 (SV); 1,61-65 (AV) / GW VIII bzw. wa 18,48-51 / GBA 21,163-165 *655*. – es 1833,90-93.

Wer meint wen? oder »Valencia« contra »Tod und Verklärung« **(T)**
E: 1926. Z: BV 3,507: 16281. D: SzLuK 1,48-51 (SV); 1,49-52 (AV) / GW VIII bzw. wa 18,38-40 / GBA 21,165-167 *655f.*

Über Plagiate **(T)**
E: 1926. Z: BV 3,465: 15918. D: SzLuK 1,100f. (SV); 1,104f. (AV) / GW VIII bzw. wa 18,78f. / GBA 21,174f. *658f.*

Die besten Bücher des Jahres 1926 **(H)**
E: November 1926. Z: ED. ED: *Das Tage-Buch*, Berlin, 4.12.1926. D: SzLuK 1,64f. (SV); 1,65-67 (AV) / GW VIII bzw. wa 18,51f. / GBA 21,176 *660f.*

Wie soll man heute Klassiker spielen? **(H)**
E: Dezember 1926. Z: BV 3,242: 13713. ED: *Berliner Börsen-Courier*, 25.12.1926. D: SzT 1,89-91 (SV); 1,95-98 (AV) / GW VII bzw. wa 15,111-113 / GBA 21,181f. *662f.* – es 1826,313f.

Weniger Gips !!! **(T)**
E: Um 1926. Z: BV 3,240: 13692. D: SzT 1,84-89 (SV); 1,90-95 (AV) / GW VII bzw. wa 15,108-111 / GBA 21,184-187 *663-665*.

Kurzer Bericht über 400 (vierhundert) junge Lyriker **(T)**
E: Anfang 1927. Z: ED. ED: *Die Literarische Welt*, Berlin, 4.2.1927. D: SzLuK 1,69-71 (SV); 1,71-74 (AV) / GW VIII bzw. wa 18,54-56 / GBA 21,191-193 *666-669*.

Der Piscatorsche Versuch **(T)**
E: 1927. Z: BV 3,241: 13705. D: SzT 1,188-190 (SV); 1,202-204 (AV) / GW VII bzw. wa 15,133-135 / GBA 21,196f. *671f.*
21,199f.

Theatersituation 1917-1927 **(T)**
E: Frühjahr 1927. Z: ED. ED: *Der neue Weg*, Berlin, 16.5.1927. D: SzT 1,93-95 (SV); 1,100-102 (AV) / GW VII bzw. wa 15,125f. / GBA 21,199f. *672f.* – es 1833,93f.

Sollten wir nicht die Ästhetik liquidieren? (T)

E: Mai 1927. Z: BV 3,243: 13718. ED: *Berliner Börsen-Courier*, 2.6.1927. D: SzT 1,95-99 (SV); 1,102-106 (AV) / GW VII bzw. wa 15,126-129 / GBA 21,202-204 *674-676.*

Vorschläge für den Intendanten des Rundfunks (T)

E: Ende 1927. Z: BV 3,576: 16886 und ED. ED: *Berliner Börsen-Courier*, 25.12.1927. D: SzLuK 1,124-127 (SV); 1,130-133 (AV) / GW VIII bzw. wa 18,121-123 / GBA 21,215-217 *684f.*

Radio – eine vorsintflutliche Erfindung? (T)

E: Um 1927. Z: BV 3,576: 16887. D: SzLuK 1,121-123 (SV); 1,127-130 (AV) / GW VIII bzw. wa 18,119-121 / GBA 21,217f. *685.*

Die Krise des Sportes (T)

E: 1928. Z: BV 3,573: 16855. ED: Willy Meisl, *Der Sport am Scheideweg*, Heidelberg 1928, S. 144-146. D: SzPuG, 26-28 (SV); 1,45-48 (AV) / GW VIII,582-584 bzw. wa 20,26-28 / GBA 21,222-224 *686f.* – st 2395,96-98.

Die Todfeinde des Sportes (T)

E: Um 1928. Z: BV 3,572: 16852. D: SzPuG, 28f. (SV); 1,48-50 (AV) / GW VIII,584f. bzw. wa 20,28f. / GBA 21,224f. *687.* – st 2395,98f.

Primat des Apparates (T)

E: Anfang 1928. Z: BV 3,241: 13706. D: SzT 1,190-192 (SV); 1,204-207 (AV) / GW VII bzw. wa 15,135-137 / GBA 21,225-227 *688f.*

Was halten Sie für Kitsch? (H)

E: Februar 1928. Z: ED. ED: *Münchner Neueste Nachrichten*, 26.2.1928. D: SzLuK 1,43f. (SV); 1,44f. (AV) / GW VIII bzw. wa 18,34f. / GBA 21,227f. *689.*

Über eine neue Dramatik (T)

E: 1928. Z: BV 3,245: 13736. D: SzT 1,196-203 (SV); 1,210-218 (AV) / GW VII bzw. wa 15,169-174 / GBA 21,234-239 *694.*

Soziologische Betrachtungsweise (H)

E: Um 1928. Z: BV 3,339: 14649. D: SzT 1,203-205 (SV); 1,218-220 (AV) / GW VII bzw. wa 15,174-176 / GBA 21,233f. *693.*

Über die Operette (T)

E: Um 1928. Z: BV 3,337: 14623. D: SzT 1,74-76 (SV); 1,79-81 (AV) / GW VII bzw. wa 15,92f. / GBA 21,239f. *694.*

Über Stefan George (H)

E: Anfang Juni 1928. Z: BV 3,: 100. ED: *Die Literarische Welt*, Berlin, 13.7.1928. D: SzLuK 1,76f. (SV); 1,79f. (AV) / GW VIII bzw. wa 18,60f. / GBA 21,247 *696f.*

Verstümmelte Filme (T)
E: August 1928. Z: ED. ED: *Berliner Börsen-Courier*, 30.8.1928. D: Nicht in Schriften (AV) / GW VIII bzw. wa 18,15*f. / GBA 21,248 *697*.

»Dreigroschenoper« (1) (T)
E: Anfang 1929. Z: ED. ED: *Die Scene*, Berlin, Februar 1929, S. 60. D: SzT 2,108 (SV); 2,114f. (AV) / GW VII bzw. wa 17,990 / GBA 24,57 *473*.

Einführung. Die Dreigroschenoper (T)
E: August 1928. Z: ED. ED: *Programmblätter der Volksbühne*, Berlin, 8.9.1928. D: SzT 2,106-108 (SV); 2,112-114 (AV) / GW VII bzw. wa 17,989f. / GBA 24,56f. *472*.

»Der Streit um den Sergeanten Grischa« von Arnold Zweig (H)
E: 1928. Z: BV 3,471: 15970. D: SzLuK 1,66f. (SV); 1,67-69 (AV) / GW VIII bzw. wa 18,52f. / GBA 21,248f. *698*.

Nachdruck verboten! (T)
E: Anfang November 1928. Z: ED. ED: *Filmkurier*, Berlin, 9.11.1928. D: SzPuG, 25 (SV); 1,43f. (AV) / GW VIII,581 bzw. wa 20,25 / GBA 21,250f. *698f.*

Soll das Drama eine Tendenz haben? (H)
E: Oktober/November 1928. Z: ED. ED: *Der Scheinwerfer*, Essen, November 1928. D: SzT 1,145 (SV); 1,155f. (AV) / GW VII bzw. wa 15,168 / GBA 21,251 *699*.

Dem fünfzigjährigen Georg Kaiser (H)
E: November 1928. Z: ED. ED: *Berliner Börsen-Courier*, 24.11.1928. D: SzT 1,127f. (SV); 1,136f. (AV) / GW VII bzw. wa 15,154f. / GBA 21,252 *700*.

Die besten Autoren über die besten Bücher des Jahres (H)
E: November/Dezember 1928. Z: BV 3,471: 15963. ED: *Das Tage-Buch*, Berlin, 8.12.1928. D: SzLuK 1,82f. (SV); 1,85f. (AV) / GW VIII bzw. wa 18,65f. / GBA 21,255f. *701f.*

Über Fotografie (H)
E: Um 1928. Z: BV 3,573: 16858. D: SzLuK 2,74f. (SV); 1,333f. (AV) / GW VIII bzw. wa 18,270f. / GBA 21,264f. *705*.

Silvester 1928 (T)
E: Dezember 1928. Z: BV 3,573: 16861. D: SzPuG, 34 (SV); 1,57 (AV) / GW VIII,590 bzw. wa 20,34 / GBA 21,267 *706*.

Letzte Etappe: Ödipus (T)
E: Anfang 1929. Z: BV 3,247: 13747. ED: *Berliner Börsen-Courier*, 1.2.1929. D: SzT 1,205-208 (SV); 1,220-224 (AV) / GW VII bzw. wa 15,184-186 / GBA 21,278f. *710f.*

Dialog über Schauspielkunst (T)
E: Januar/Februar 1929. Z: BV 3,249: 13775. ED: *Berliner Börsen-Courier*,

17.2.1929. D: SzT 1,211-215-217 (SV); 1,226-233 (AV) / GW VII bzw. wa 15,188-191 / GBA 21,279-282 *711f.*

Materialwert (T)
E: Vermutlich 1929. Z: BV 3,243: 13717. D: SzT 1,83f. (SV); 1,88f. (AV) / GW VII bzw. wa 15,107f. / GBA 21,285f. *714f.*

Der Materialwert (T)
E: Vermutlich 1929. Z: BV 3,243: 13717. D: SzT 1,80-82 (SV); 1,86-88 (AV) / GW VII bzw. wa 15,105-107 / GBA 21,288f. *716f.*

Über Stoffe und Form (T)
E: März 1929. Z: BV 3,474: 15990. ED: *Berliner Börsen-Courier*, 31.3.1929. D: SzT 1,224-227 (SV); 1,240-244 (AV) / GW VII bzw. wa 15,196-198 / GBA 21,302-304 *721.*

Anschauungsunterricht für ein neues Sehen der Dinge (H)
E: Um 1929. Z: BV 3,510: 16312. D: SzT 1,238-240 (SV); 1,256-258 (AV) / GW VII bzw. wa 15,208f. / GBA 21,304f. *722.*

Apparaterlebnis des einzelnen im Vordergrund (H)
E: Um 1929. Z: BV 3,476: 16012. D: SzT 1,241-243 (SV); 1,258-261 (AV) / GW VII bzw. wa 15,209-211 / GBA 21,306f. *722f.*

Eindringen des dialektischen Prinzips (H)
E: Um 1929. Z: BV 3,510: 16311. D: SzT 1,238 (SV); 1,256 (AV) / GW VII bzw. wa 15,207 / GBA 21,304 *722.*

Organisation und Kritik (H)
E: Um 1929. Z: BV 3,510: 16313. D: SzT 1,240f. (SV); 1,258 (AV) / GW VII bzw. wa 15,209 / GBA 21,305 *722.*

Eine Erklärung Brechts (H)
E: Anfang Mai 1929. Z: BV 3,: 100. ED: *Berliner Börsen-Courier*, 6.5.1929. D: SzT 2,241 (SV); 2,260 (AV) / GW VIII bzw. wa 18,100 / GBA 21,315f. *726f.*
Zu »Die Dreigroschenoper«.

Das Individuum. Die Kausalität (H)
E: Vermutlich Februar 1941. Z: BV 3,567: 16810. D: SzPuG, 62f. (SV); 1,101f. (AV) / GW VIII,618f. bzw. wa 20,62f. / GBA 22,691f.,*1107f.*

Die kollektive Ehre (T)
E: Herbst bis Ende 1929. Z: BV 3,553: 16673. D: SzPuG, 61 (SV); 1,100f. (AV) / GW VIII,617 bzw. wa 20,61 / GBA 21,358 *739.*

Individuum und Gesellschaft (H)
E: Um 1930. Z: BV 3,552: 16663. D: SzPuG, 61 (SV); 1,100 (AV) / GW VIII,617 bzw. wa 20,61 / GBA 21,401 *755.*

Individuum und Masse (T)
E: Herbst bis Ende 1929. Z: BV 3,553: 16675. D: SzPuG, 60 (SV); 1,98f. (AV) / GW VIII,616 bzw. wa 20,60 / GBA 21,359 *740.*

Kollektiver Apparat (H)
E: Vermutlich um 1931. Z: BV 3,554: 16689. D: SzPuG, 60f. (SV); 1,99 (AV) / GW VIII,616f. bzw. wa 20,60f. / GBA 21,517f. *788.*

Zertrümmerung der Person.
E: 1929. Z: BV 3,687: 17895. D: SzPuG, 61 (SV); 1,100 (AV) / GW VIII,617 bzw. wa 20,61 / GBA 21,320 *728f.*

Zugehörigkeit zu einer Schicht (H)
E: Um 1933. Z: BV 3,: 0. D: SzPuG, 63 (SV); 1,102 (AV) / GW VIII,619 bzw. wa 20,63 / GBA 22,28 *884.*

Musterung der Motive junger Intellektueller (H)
E: Um 1929. Z: BV 3,574: 16862. D: SzPuG, 47-50 (SV); 1,81-85 (AV) / GW VIII,603-606 bzw. wa 20,47-50 / GBA 21,335-337 *733.*

Die Verteidigung des Lyrikers Gottfried Benn (T)
E: Um 1929. Z: BV 3,510: 16306. D: SzPuG, 51-53 (SV); 1,86-90 (AV) / GW VIII,607-609 bzw. wa 20,51-53 / GBA 21,337-340 *733f.*

Welche Möglichkeiten haben wir im Ausland? (H)
E: April/Mai 1929. Z: ED. ED: *Berliner Börsen-Courier*, 19.5.1929. D: Nicht in Schriften / GW VII bzw. wa 15,198f. / GBA 21,342 *734f.*

Neue Sachlichkeit (T)
E: Um 1929. Z: BV 3,244: 13722. D: SzT 1,129-136 (SV); 1,138-145 (AV) / GW VII bzw. wa 15,156-161 / GBA 21,352-356 *738f.* – st 2395,105-109.

»Der Weg allen Fleisches« (T)
E: Herbst 1929. Z: BV 3,: 100. ED: *Das Tage-Buch*, Berlin, 21.12.1929. D: SzLuK 1,93-96 (SV); 1,96-99 (AV) / GW VIII bzw. wa 18,73-75 / GBA 21,360-362 *741.*

Butler (T)
E: 1929. Z: BV 3,472: 15978. D: SzLuK 1,84-92 (SV); 1,86-96 (AV) / GW VIII bzw. wa 18,66-72 / GBA 21,363-368 *741f.*

Über den § 218 (H)
E: März 1930. Z: ED. ED: *Blätter der Piscatorbühne*, Berlin, April 1930. D: SzPuG, 42 (SV); 1,68 (AV) / GW VIII,598 bzw. wa 20,42 / GBA 21,373 *745.*

Anmerkungen zur Oper »Aufstieg und Fall der Stadt Mahagonny« (T)
E: Herbst 1930. Z: BV 3,372-374: 14965-14977 und ED. ED: *Versuche*, Heft 2, Berlin 1930, S. 107-115. D: SzT 2,109-126 (SV); 2,116-134 (AV) / GW VII bzw. wa 17,1004-1016 / GBA 24,74-85 *476-481.* – es 1833,33-43.

Anmerkungen zur »Dreigroschenoper« (T)
E: 1930. Z: BV 3,371: 14955. ED: *Versuche*, Heft 3, Berlin 1931, S. 234-243. D: SzT 2,89-106 (SV); 2,94-112 (AV) / GW VII bzw. wa 17,991-1000 / GBA 24,57-68 *473f.*

Über Dialektik 1 (H)
E: Um 1931. Z: BV 3,559: 16734. D: SzPuG, 154f. (SV); 1,254 (AV) / GW VIII710f. bzw. wa 20,154f. / GBA 21,521 *789.*

Über Dialektik 2 (H)
E: Um 1931. Z: BV 3,560: 16745. D: SzPuG, 155 (SV); 1,255 (AV) / GW VIII,711 bzw. wa 20,155 / GBA 21,521 *789.*

Über Dialektik 3 (H)
E: Um 1931. Z: BV 3,561: 16756. D: SzPuG, 155 (SV); 1,255 (AV) / GW VIII,711 bzw. wa 20,155 / GBA 21,522 *789.*

Über Dialektik 4 (H)
E: Um 1931. Z: BV 3,562: 16758. D: SzPuG, 155 (SV); 1,255 (AV) / GW VIII,711 bzw. wa 20,155 / GBA 21,522 *789.*

Über Dialektik 5 (H)
E: Um 1931. Z: BV 3,559: 16736. D: SzPuG, 155f. (SV); 1,255f. (AV) / GW VIII,711f. bzw. wa 20,155f. / GBA 21,522 *789.*

Über Dialektik 6 (H)
E: Um 1931. Z: BV 3,563: 16767. D: SzPuG, 156f. (SV); 1,256f. (AV) / GW VIII,712f. bzw. wa 20,156f. / GBA 21,523f. *789.*

Zu wenige Motive (H)
E: Um 1930. Z: BV 3,342: 14687. D: SzPuG, 157 (SV); 1,257f. (AV) / GW VIII,713 bzw. wa 20,157 / GBA 21,384f. *749.*

Wer braucht eine Weltanschauung? (T)
E: Um 1930. Z: BV 3,550: 16646. D: SzPuG, 158-162 (SV); 1,259-264 (AV) / GW VIII,714-718 bzw. wa 20,158-162 / GBA 21,414-417 *758-760.*

Weltanschauung (T)
E: Um 1930. Z: BV 3,551: 16654. D: SzPuG, 162 (SV); 1,265 (AV) / GW VIII,718 bzw. wa 20,162 / GBA 21,401 *754.*

Über »das Ding an sich« (T)
E: Um 1930. Z: BV 3,549: 16636. D: SzPuG, 138-140 (SV); 1,232-234 (AV) / GW VIII,694-696 bzw. wa 20,138-140 / GBA 21,412f. *758.*

Kants unerkennbares Ding an sich (T)
E: Um 1930. Z: BV 3,550: 16642. D: SzPuG, 140 (SV); 1,235 (AV) / GW VIII,696 bzw. wa 20,140 / GBA 21,413 *758.*

Richtiges Denken (H)
E: Um 1930. Z: BV 3,552: 16668. D: SzPuG, 165f. (SV); 1,269f. (AV) / GW VIII,721f. bzw. wa 20,165f. / GBA 21,420 *760*. – es 1826,316f.

Das Denken als ein Verhalten (T)
E: Um 1930. Z: BV 3,552: 16662. D: SzPuG, 166-168 (SV); 1,271-273 (AV) / GW VIII,722-724 bzw. wa 20,166-168 / GBA 21,421f. *760*.

Über die Notwendigkeit von Kunst in unserer Zeit (H)
E: 2. Halbjahr 1930. Z: BV 3,530: 16481. ED: *Uhu*, Berlin, Dezember 1930. D: SzLuK 1,97-100 (SV); 1,101-104 (AV) / GW VIII bzw. wa 18,76-78 / GBA 21,429-431 *762f.*

Die dialektische Dramatik (T)
E: Ende 1930 / Anfang 1931. Z: BV 3,250: 13790. D: SzT 1,243-261 (SV); 1,261-280 (AV) / GW VII bzw. wa 15,211-225 / GBA 21,431-443 *763-766*.
Erstmaliger Versuch einer Zusammenfassung von Überlegungen zu Drama und Theater; angekündigt in Heft 1 und 2 der *Versuche*.

Der Dreigroschenprozeß. Ein soziologisches Experiment (T)
E: Frühjahr/Sommer 1931. Z: ED. ED: *Versuche*, Heft 3, Berlin 1931 [=1932], S. 256-306. D: SzLuK 1,141-234 (SV); 1,149-257 (AV) / GW VIII bzw. wa 18,139-209 / GBA 21,448-514 *769-787*.
Lit.: Fischetti 1976, S. 43-60; Wöhrle 1980, S. 40-62.

Die Lehre von den eingreifenden Sätzen (praktikablen Definitionen) (T)
E: Vermutlich um 1931. Z: BV 3,561: 16750. D: SzPuG, 172f. (SV); 1,278f. (AV) / GW VIII,728f. bzw. wa 20,172f. / GBA 21,524 *789*.

Über eingreifende Sätze (H)
E: Vermutlich um 1931. Z: BV 3,561: 16752. D: SzPuG, 173 (SV); 1,279f. (AV) / GW VIII,729 bzw. wa 20,173 / GBA 21,525 *789*.

Betreffend: eine Organisation der Dialektiker (T)
E: Vermutlich um 1931. Z: BV 3,563: 16769. D: SzPuG, 146f. (SV); 1,243f. (AV) / GW VIII,702f. bzw. wa 20,146f. / GBA 21,526 *790*.

Grundlinie für eine Gesellschaft für Dialektiker (T)
E: Vermutlich um 1931. Z: BV 3,563: 16768. D: SzPuG, 149f. (SV); 1,246-248 (AV) / GW VIII,705f. bzw. wa 20,149f. / GBA 21,527 *790*.

Ziele der Gesellschaft der Dialektiker (T)
E: Um 1931. Z: BV 3,556: 16701. D: SzPuG, 147f. (SV); 1,244-246 (AV) / GW VIII,703f. bzw. wa 20,147f. / GBA 21,536f. *792*.

Über den aristotelischen Roman (T)
E: Um 1931. Z: BV 3,512: 16324. D: SzLuK 1,23-25 (SV); 1,24-26 (AV) / GW VIII bzw. wa 18,17f. / GBA 21,538f. *793*.

Anmerkungen zum Lustspiel »Mann ist Mann« (T)

E: 1931 und 1936. Z: BV 3,370: 14939. ED: *Gesammelte Werke*, Band 1, London 1938, S. 220-224. D: SzT 2,71-80 (SV); 2,74-85 (AV) / GW VII bzw. wa 17,980-988 / GBA 24,45-51 *468-470.*

Der Rundfunk als Kommunikationsapparat (T)

E: Sommer 1932. Z: BV 3,577: 16893. ED (Auszüge): *Blätter des Hessischen Landestheaters*, Darmstadt, Juli 1932. D: SzLuK 1,132-140 (SV); 1,138-147 (AV) / GW VIII bzw. wa 18,127-134 / GBA 21,552-557 *800f.*

Brechtisierung (T)

E: 1932. Z: BV 3,563: 16774. D: SzPuG, 68 (SV); 1,109f. (AV) / GW VIII,624 bzw. wa 20,68 / GBA 21,572f. *804f.*

Über das Anfertigen von Bildnissen (T)

E: Juli 1933. Z: BV 3,564: 16780. D: SzPuG, 168-170 (SV); 1,274f. (AV) / GW VIII,724-726 bzw. wa 20,168-170 / GBA 22,10f. *875f.*

Unpolitische Briefe (T)

E: Vermutlich Herbst 1933. Z: BV 3,582: 16939. D: SzPuG, 182-188 (SV); 2,10-18 (AV) / GW VIII,738-744 bzw. wa 20,182-188 / GBA 22,11-17 *876-879.*

Vgl. *Flüchtlingsgespräche*, 18,195-327 und S. 178.

Von der Liebe (T)

E: Um 1933. Z: BV 3,565: 16791. D: SzPuG, 33f. (SV); 1,56 (AV) / GW VIII,589f. bzw. wa 20,33f. / GBA 22,28f. *884.*

Über Karl Kraus (T)

E: Frühjahr 1934. Z: BV 3,477: 16021. D: SzLuK 3,66-69 (SV); 2,206-210 (AV) / GW VIII bzw. wa 19,430-432 / GBA 22,33-36 *889f.*

Lion Feuchtwanger fünfzig Jahre (H)

E: Juni 1934. Z: BV 3,: 100. ED: *Die Sammlung*, Amsterdam, Juli 1934. D: SzLuK 3,65f. (SV); 2,205f. (AV) / GW VIII bzw. wa 19,429f. / GBA 22,36f. *980f.*

Marxbeschreibungen (H)

E: Vermutlich 1934. Z: BV 3,580: 16926. D: SzPuG, 74f. (SV); 1,118 (AV) / GW VIII,630f. bzw. wa 20,74f. / GBA 22,40f. *892f.*

Über meinen Lehrer (T)

E: 1934. Z: BV 3,548: 16627. D: SzPuG, 65f. (SV); 1,106f. (AV) / GW VIII,621f. bzw. wa 20,65f. / GBA 22,45f. *894.*

Briefe um Deutschland (T)

E: 1934. Z: BV 3,582: 16941. D: SzPuG, 234f. (SV); 2,83-85 (AV) / GW VIII,790f. bzw. wa 20,234f. / GBA 22,50f. *896f.*

Meinungsfreiheit (T)
E: Oktober/November 1934. Z: BV 3,480: 16047. D: SzLuK 3,80-82 (SV); 2,221f. (AV) / GW VIII bzw. wa 19,440f. / GBA 22,53f. *897f.*

Über den Satz »Gemeinnutz geht vor Eigennutz« (T)
E: 1934. Z: BV 3,584: 16955. D: SzPuG, 231-233 (SV); 2,79-82 (AV) / GW VIII,787-789 bzw. wa 20,231-233 / GBA 22,58f. *899-901.*

Die Weimarer Republik (H)
E: Um 1934. Z: BV 3,598: 17084. D: SzPuG, 181 (SV); 2,9 (AV) / GW VIII,737 bzw. wa 20,181 / GBA 22,70 *904.*

Fünf Schwierigkeiten beim Schreiben der Wahrheit (T)
E: Dezember 1934. Z: BV 3,478f.: 16026-16035. ED: *Unsere Zeit*, Paris/Prag/Basel, April 1935. D: SzLuK 2,11-34 (SV); 1,265-290 (AV) / GW VIII bzw. wa 18,222-239 / GBA 22,74-89 *905-910.* – es 1834,45-59.
Vorarbeit: *Dichter sollen die Wahrheit schreiben* (T). / GBA 22,71-74 *904f.* – es 1826,319-322.

Über Wahrheit (H)
E: Vermutlich Ende 1934. Z: BV 3,561: 16754. D: SzPuG, 189f. (SV); 2,21f. (AV) / GW VIII,745f. bzw. wa 20,189f. / GBA 22,96f. *911.*

Eine Befürchtung (T)
E: Februar 1935. Z: BV 3,567: 16805. ED: *National-Zeitung*, Basel, 14.3.1935. D: SzPuG,275-278 (SV); 2,142-146 (AV) / GW VIII,831-834 bzw. wa 20,275-278 / GBA 22,103-105 *914.*

Vergnügungstheater oder Lehrtheater? (T)
E: Vermutlich Februar/März 1935. Z: BV 3,265: 13962. ED: *Schriften zum Theater*, Frankfurt a.M. 1957 (BS 41), S. 60-73. D: SzT 3,51-65 (SV); 3,55-70 (AV) / GW VII bzw. wa 15,262-272 / GBA 22,106-116 *915-917.*

Mißverständnisse über das Lehrstück (T)
E: Vermutlich 1935. Z: BV 3,376: 14995. D: SzT 4,80-82 (SV); 4,84-87 (AV) / GW VII bzw. wa 17,1025-1027 / GBA 22,117f. *917f.*

Radiovortrag Bertolt Brecht (T)
E: Frühjahr 1935. Z: BV 3,254: 13824. D: SzT 3,14-16 (SV); 3,14-17 (AV) / GW VII bzw. wa 15,234-236 / GBA 22,119-121 *918-921.*

Die Beibehaltung der Gesten durch verschiedene Generationen (T)
E: April/Mai 1935. Z: BV 3,273: 14031. D: SzT 4,53-55 (SV); 4,55-58 (AV) / GW VII bzw. wa 15,425f. / GBA 22,127-129 *924.*

Stil und Natur (H)
E: Vermutlich um 1935. Z: BV 3,360: 14853. D: SzT 4,53 (SV); 4,55 (AV) / GW VII bzw. wa 15,424f. / GBA 22,176f. *951.*

Über das Theater der Chinesen (T)
E: April/Mai 1935. Z: BV 3,254: 13829. D: SzT 4,57 (SV); 4,59f. (AV) / GW VII bzw. wa 15,427f. / GBA 22,126 *923.*

Über die Zuschaukunst (T)
E: April/Mai 1935. Z: BV 3,255: 13834. D: SzT 4,58 (SV); 4,60f. (AV) / GW VII bzw. wa 15,428 / GBA 22,124f. *922f.*

Über ein Detail des chinesischen Theaters (T)
E: April/Mai 1935. Z: BV 3,254: 13828. D: SzT 4,56 (SV); 4,58f. (AV) / GW VII bzw. wa 15,426f. / GBA 22,126f. *923f.*

Über die Malerei der Chinesen (T)
E: 1935. Z: BV 3,530: 16484. D: SzLuK 2,76-78 (SV); 1,335-337 (AV) / GW VIII bzw. wa 18,278f. / GBA 22,133f. *925.*

Entwurf einer Vorrede für eine Lesung (H)
E: Mai 1935. Z: BV 3,640: 17444. D: SzPuG, 46 (SV); 1,79f. (AV) / GW VIII,602 bzw. wa 20,46 / GBA 22,138f. *926-928.*
Zusätzliche Texte: GBA 22,139f.

Eine notwendige Feststellung zum Kampf gegen die Barbarei (T)
E: Juni 1935. Z: BV 3,479: 16041. ED: *Neue Deutsche Blätter*, Prag, August 1935. D: SzLuK 2,36-43 (SV); 1,292-300 (AV) / GW VIII bzw. wa 18,241-246 / GBA 22,141-146 *930-932.*

Über die Verwendung von Musik für ein episches Theater (T)
E: »1935«. Z: BV 3,524: 16422. ED: *Schriften zum Theater*, Frankfurt a.M. 1957 (BS 41), S. 239-251. D: SzT 3,267-280 (SV); 3,289-303 (AV) / GW VII bzw. wa 15,472-482 / GBA 22,155-164 *935.*

Das deutsche Drama vor Hitler (H)
E: Herbst 1935. Z: BV 3,256: 13842. ED (engl.): *The New York Times*, 24.11.1935. D: SzT 3,16-21 (SV); 3,17-22 (AV) / GW VII bzw. wa 15,236-239 / GBA 22,164-168; engl. Titel: *The German Drama: pre-Hitler.* D: 22,939-944 *938-948.*

Thesen über die Aufgabe der Einfühlung in den theatralischen Künsten (T)
E: Vermutlich um 1935. Z: BV 3,269: 13992. D: SzT 3,27-31 (SV); 3,29-33 (AV) / GW VII bzw. wa 15,244-246 / GBA 22,175f. *951*

Über die Frage, ob es Hitler ehrlich meint (T)
E: Vermutlich Frühjahr 1936. Z: BV 3,592: 17029. D: SzPuG, 199f. (SV); 2,34-36 (AV) / GW VIII,755f. bzw. wa 20,199f. / GBA 22,184f. *953.*

Aus: »Über die Frage, ob Hitler es ehrlich meint« (T)
E: März 1936. Z: BV 3,592: 17031. D: SzPuG, 200-203 (SV); 2,36-40 (AV) / GW VIII,756-759 bzw. wa 20,200-203 / GBA 22,185-188 *953f.*

Aus den englischen Briefen (T)
E: Vermutlich Sommer 1936. Z: BV 3,583: 16944. D: SzPuG, 243f. (SV); 2,95-98 (AV) / GW VIII,799f. bzw. wa 20,243f. / GBA 22,192-194 *956f.*

Resignation eines Dramatikers (T)
E: 1936. Z: BV 3,267: 13972. D: SzT 3,136-142 (SV); 3,147-154 (AV) / GW VII bzw. wa 15,326-331 / GBA 22,194-198 *957f.*

Verfremdungseffekte in der chinesischen Schauspielkunst (T)
E: 2. Halbjahr 1936. Z: BV 3,275: 14047. ED (engl.): *Life and Letters To-Day*, London, 1936, Nr. 6, S. 116-123. D: SzT 5,166-182 (SV); 5,178-195 (AV) / GW VII bzw. wa 16,619-631 / GBA 22,200-210; engl. Titel: *The Fourth Wall of China. An essay on the effect of disillusion in the Chinese Theatre*. D: GBA 22,960-968 *959-969.* In SzT und GW bzw. wa als Teil von *Der Messingkauf.*

Allgemeine Theorie der Verfremdung (T)
E: Vermutlich 1936. Z: BV 3,515: 16356. D: SzT 3,187 (SV); 3,202 (AV) / GW VII bzw. wa 15,365 / GBA 22,219 *971.*

Der chinesische Artist (H)
E: Vermutlich 1936. Z: BV 3,358: 14835. D: SzT 3,191 (SV); 3,206f. (AV) / GW VII bzw. wa 15,368 / GBA 22,214 *970.*

Der V-Effekt bei Mommsen und Feuchtwanger (H)
E: Vermutlich 1936. Z: BV 3,357: 14827. D: SzT 3,186 (SV); 3,201f. (AV) / GW VII bzw. wa 15,364f. / GBA 22,220f. *972.*

Der V-Effekt im älteren Theater (H)
E: Vermutlich 1936. Z: BV 3,277: 14064. D: SzT 3,188f. (SV); 3,203f. (AV) / GW VII bzw. wa 15,366 / GBA 22,215f. *971.*

Der Verfremdungseffekt in anderen Künsten (H)
E: Vermutlich 1936. Z: BV 3,356: 14816. D: SzT 3,186 (SV); 3,200f. (AV) / GW VII bzw. wa 15,364 / GBA 22,223f. *973.*

Der Vorgang des Spielens (H)
E: Vermutlich 1936. Z: BV 3,357: 14825. D: SzT 3,189 (SV); 3,204 (AV) / GW VII bzw. wa 15,366f. / GBA 22,221 *972.*

Gegensatz des Schauspielers zur Figur (H)
E: Vermutlich 1936. Z: BV 3,357: 14826. D: SzT 3,189 (SV); 3,204f. (AV) / GW VII bzw. wa 15,367 / GBA 22,221f. *972.*

Nützlichkeit des V-Effekts (H)
E: Vermutlich 1936. Z: BV 3,356: 14820. D: SzT 3,185f. (SV); 3,200 (AV) / GW VII bzw. wa 15,364 / GBA 22,220 *971.*

Standpunkt des Zuschauers (H)
E: Vermutlich 1936. Z: BV 3,352: 14773. D: SzT 3,190 (SV); 3,205 (AV) / GW VII bzw. wa 15,367 / GBA 22,222 *972f.*

V-Effekt 2 (T)
E: Vermutlich 1936. Z: BV 3,358: 14836. D: SzT 3,192f. (SV); 3,208 (AV) / GW VII bzw. wa 15,369 / GBA 22,214 *970.*

Verfremdung bestimmter Vorgänge durch eine Darstellungsart, die sonst Sitten und Gebräuche erfahren würden (T)
E: Vermutlich 1936. Z: BV 3,276: 14061. D: SzT 3,191f. (SV); 3,207f. (AV) / GW VII bzw. wa 15,368f. / GBA 22,213 *970.*

Politische Theorie der Verfremdung (T)
E: Vermutlich 1936. Z: BV 3,273: 14035. D: SzT 3,177-179 (SV); 3,191-193 (AV) / GW VII bzw. wa 15,358f. / GBA 22,217f. *971.*

Politische Theorie des V-Effekts auf dem Theater (T)
E: Vermutlich 1936. Z: BV 3,274: 14036. D: SzT 3,179f. (SV); 3,193f. (AV) / GW VII bzw. wa 15,359f. / GBA 22,218f. *971.*

Über den Bühnenbau der nichtaristotelischen Dramatik (T)
E: Herbst 1936 / Anfang 1937. Z: BV 3,264: 13946. D: SzT 3,221-232 (SV); 3,239-251 (AV) / GW VII bzw. wa 15,439-447 / GBA 22,227-234 *975f.*

Besonderes Zeigen von Merkmalen (H)
E: Herbst 1936 / Anfang 1937. Z: BV 3,359: 14852. D: SzT 3,249 (SV); 3,270 (AV) / GW VII bzw. wa 15,460f. / GBA 22,256 *982.*

Emanzipation des Produkts von der Produktion (H)
E: Herbst 1936 / Anfang 1937. Z: BV 3,262: 13916. D: SzT 3,248f. (SV); 3,269 (AV) / GW VII bzw. wa 15,460 / GBA 22,257 *982.*

Kommerzielle Artikel und Naturprodukte (H)
E: Herbst 1936 / Anfang 1937. Z: BV 3,261: 13906. D: SzT 3,247f. (SV); 3,268f. (AV) / GW VII bzw. wa 15,459f. / GBA 22,256 *982.*

Merkmale bestimmter Orte (H)
E: Herbst 1936 / Anfang 1937. Z: BV 3,263: 13933. D: SzT 3,249f. (SV); 3,270f. (AV) / GW VII bzw. wa 15,461 / GBA 22,257 *982.*

Proletarierwohnungen (H)
E: Herbst 1936 / Anfang 1937. Z: BV 3,261: 13909. D: SzT 3,247 (SV); 3,268 (AV) / GW VII bzw. wa 15,459 / GBA 22,255 *982.*

Raum und Bewegung (H)
E: Herbst 1936 / Anfang 1937. Z: BV 3,263: 13935. D: SzT 3,250f. (SV); 3,271f. (AV) / GW VII bzw. wa 15,461f. / GBA 22,258 *982.*

Unsere Abbildungen eines Ortes (T)
E: Herbst 1936 / Anfang 1937. Z: BV 3,261: 13911. D: SzT 3,247 (SV); 3,267f. (AV) / GW VII bzw. wa 15,459 / GBA 22,255 *981.*

Unsere mobilen Elemente (H)
E: Herbst 1936 / Anfang 1937. Z: BV 3,261: 13910. D: SzT 3,247 (SV); 3,267 (AV) / GW VII bzw. wa 15,459 / GBA 22,255 *981*.

Wozu brauchen wir eine Straße? (H)
E: Herbst 1936 / Anfang 1937. Z: BV 3,262: 13926. D: SzT 3,250 (SV); 3,271 (AV) / GW VII bzw. wa 15,461 / GBA 22,258 *982*.

Die Übersetzung der Wirklichkeit unter Vermeidung der restlosen Illusion (T)
E: Herbst 1936 / Anfang 1937. Z: BV 3,260: 13894. D: SzT 3,237f. (SV); 3,256-258 (AV) / GW VII bzw. wa 15,451f. / GBA 22,263f. *983*.

Über den V-Effekt beim älteren Breughel (T)
E: Vermutlich Januar/Februar 1937. Z: BV 3,533: 16501. D: SzLuK 2,87 (SV); 1,346f. (AV) / GW VII bzw. wa 15,280 / GBA 22,271 *986*.

V-Effekte in einigen Bildern des älteren Breughel (T)
E: Vermutlich Januar/Februar 1937. Z: BV 3,532: 16495. D: SzLuK 2,87-90 (SV); 1,347-350 (AV) / GW VII bzw. wa 15,280-283 / GBA 22,271-273 und 22,986 *986*.
Vgl. *V-Effekt beim älteren Breughel* in *Der Messingkauf* (B 26), GBA 22,720.

Verfremdungstechnik in den erzählenden Bildern des älteren Breughel (T)
E: Vermutlich Januar/Februar 1937. Z: BV 3,532: 16493. D: SzLuK 2,86f. (SV); 1,345f. (AV) / GW VII bzw. wa 15,279f. / GBA 22,270f. *985f.*

Die Diderot-Gesellschaft (H)
E: März 1937. Z: BV 3,267: 13977. D: SzT 3,106-110 (SV); 3,115-119 (AV) / GW VII bzw. wa 15,305-308 / GBA 22,274-277 *988f.*

Die theaterwissenschaftliche Gesellschaft (T)
E: Februar/März 1937. Z: BV 3,267: 13974. D: SzT 3,110 (SV); 3,119f. (AV) / GW VII bzw. wa 15,308f. / GBA 22,273f. *987f.*

Gesellschaft für induktives Theater (H)
E: März 1937. Z: BV 3,267: 13978. D: SzT 3,111 (SV); 3,120 (AV) / GW VII bzw. wa 15,309 / GBA 22,274 *988*.

Zu Rapoport »The Work of the Actor« (T)
E: März 1937. Z: BV 3,274: 14040. D: SzT 3,212f. (SV); 3,229f. (AV) / GW VII bzw. wa 15,384f. / GBA 22,282 *992*.

Fortschrittlichkeit des Stanislawski-Systems (H)
E: März 1937. Z: BV 3,268: 13984. D: SzT 3,206f. (SV); 3,223f. (AV) / GW VII bzw. wa 15,380f. / GBA 22,284f. *993*.

Stanislawski – Wachtangow – Meyerhold (H)
E: März 1937. Z: BV 3,280: 14097. D: SzT 3,213f. (SV); 3,231f. (AV) / GW VII bzw. wa 15,385f. / GBA 22,285f. *993f.*

Über die Unfreiheit der Schriftsteller in der Sowjetunion (T)

E: Vermutlich 1937. Z: BV 3,593: 17040. D: SzLuK 3,78-80 (SV); 2,218-221 (AV) / GW VIII bzw. wa 19,438-440 / GBA 22,295-297 *996f.*

Über meine Stellung zur Sowjetunion (T)

E: Vermutlich 1937. Z: BV 3,593: 17044. D: SzPuG, 104f. (SV); 1,158-160 (AV) / GW VIII,660f. bzw. wa 20,104f. / GBA 22,297f. *997f.*

Über die Diktaturen einzelner Menschen (T)

E: Vermutlich 1937. Z: BV 3,594: 17050. D: SzPuG, 101-103 (SV); 1,154-157 (AV) / GW VIII,657-659 bzw. wa 20,101-103 / GBA 22,300f. *998.*

Rede zum II. Internationalen Schriftstellerkongreß zur Verteidigung der Kultur (H)

E: Juli 1937. Z: BV 3,484: 16073. ED: *Das Wort*, Moskau, Oktober 1937. D: SzLuK 2,45-48 (SV); 1,302-305 (AV) / GW VIII bzw. wa 18,247-250 / GBA 22,323-325 *1005f.*

Hauptaufgabe der antifaschistischen Schriftsteller (H)

E: Oktober 1937. Z: BV 3,: 100. ED: *Die neue Weltbühne*, Prag/Zürich/Paris, 1937, Nr. 46. D: SzLuK 2,48f. (SV); 1,306 (AV) / GW VIII bzw. wa 18,250f. / GBA 22,332f. *1006f.* – es 1834,59.

Über gestische Musik (T)

E: Juli / August 1937. Z: BV 3,525: 16431. ED: *Schriften zum Theater*, Frankfurt a.M. 1957 (BS 41), S. 252-255. D: SzT 3,281-285 (SV); 3,304-308 (AV) / GW VII bzw. wa 15,482-485 / GBA 22,329-331 *1006.* – es 1826,323-326.

Rede über die Widerstandskraft der Vernunft (T)

E: November 1937. Z: BV 3,596: 17074. D: SzPuG, 252-255 (SV); 2,108-114 (AV) / GW VIII,808-811 bzw. wa 20,252-255 / GBA 22,333-336 *1007.*

Die blauen Pferde (T)

E: 1937. Z: BV 3,530: 16486. D: SzLuK 2,72f. (SV); 1,331 (AV) / GW VIII bzw. wa 18,269 / GBA 22,350 *1011.*

Zur Theorie des Lehrstücks (T)

E: Vermutlich 2. Halbjahr 1937. Z: BV 3,376: 14996. D: SzT 4,78-80 (SV); 4,82-84 (AV) / GW VII bzw. wa 17,1024f. / GBA 22,351f. *1011.*
Vgl. den früheren Text mit gleichem Titel (T)
E: Vermutlich 1930. Z: BV 3,375: 14992. D: GBA 21,397 *752.*

Anmerkungen zur »Mutter« [1938] (T)

E: 1932-1938. Z: BV 3,: 100. ED: *Gesammelte Werke*, Band 2, London 1938, S. 219-250. D: SzT 2,146-206 (SV); 2,156-223 (AV) / GW VII bzw. wa 17,1036-1070 / GBA 24,150-190 *499-511.*
Vgl. die Fassung *Anmerkungen [1933]* (T)
E: Anfang 1932. Z: BV 3,: 100. ED: *Versuche*, Heft 7, 1933, S. 65-77. D: / GBA 24,115-135 *493-495.*

Über reimlose Lyrik mit unregelmäßigen Rhythmen (T)
E: März 1938. Z: BV 3,482: 16064. ED: *Das Wort*, Moskau, März 1939. D: SzLuK 3,20-31 (SV); 2,159-171 (AV) / GW VIII bzw. wa 19,395-403 / GBA 22,357-364 *1013-1017.*

Nachtrag zu: Über reimlose Lyrik mit unregelmäßigen Rhythmen (H)
E: 1938. Z: BV 3,482: 16060. D: SzLuK 3,31f. (SV); 2,171f. (AV) / GW VIII bzw. wa 19,403f. / GBA 22,364f. *1017.*

Über die Moskauer Prozesse (H)
E: Frühjahr 1938. Z: BV 3,593: 17047. D: SzPuG, 111-115 (SV); 1,168-173 (AV) / GW VIII,667-671 bzw. wa 20,111-115 / GBA 22,365-369 *1017-1020.*

Über die Prozesse in der USSR (zur Selbstverständigung) (T)
E: Frühjahr 1938. Z: BV 3,594: 17048. D: SzPuG, 115f. (SV); 1,174f. (AV) / GW VIII,671f. bzw. wa 20,115f. / GBA 22,369 *1020.*

Die Straßenszene (T)
E: Juni 1938. Z: BV 3,278f.: 14076-14082. ED: *Versuche*, Heft 10, 1950, S. 123-135. D: SzT 5,69-86 (SV); 5,74-91 (AV) / GW VII bzw. wa 16,546-558 / GBA 22,370-381 *1021-1023.*

Die Kausalität in nichtaristotelischer Dramatik (T)
E: Vermutlich 1938. Z: BV 3,256: 13846. D: SzT 3,72-74 (SV); 3,78-80 (AV) / GW VII bzw. wa 15,278-280 / GBA 22,395f. *1025.*

Dialektik und Verfremdung (T)
E: Vermutlich 1938. Z: BV 3,357: 14824. D: SzT 3,180-182 (SV); 3,195f. (AV) / GW VII bzw. wa 15,360f. / GBA 22,401f. *1026.*

Volkstümlichkeit und Realismus (1) (T)
E: Juni 1938. Z: BV 3,492: 16153. D: SzLuK 2,139-150 (SV); 2,56-68 (AV) / GW VIII bzw. wa 19,322-331 / GBA 22,405-413 *1029f.*

Volkstümlichkeit und Realismus (2) (T)
E: Juni 1938. Z: BV 3,492: 16149. D: SzLuK 2,151-154 (SV); 2,69-72 (AV) / GW VIII bzw. wa 19,331-333 / GBA 22,413-415 *1030.*

Die Expressionismusdebatte (T)
E: Sommer 1938. Z: BV 3,484: 16076. D: SzLuK 2,97-99 (SV); 2,11-14 (AV) / GW VIII bzw. wa 19,290-292 / GBA 22,417-419 *1031-1033.*

Praktisches zur Expressionismusdebatte (T)
E: 1938. Z: BV 3,484: 16077. D: SzLuK 2,100-105 (SV); 2,14-20 (AV) / GW VIII bzw. wa 19,292-296 / GBA 22,419-423 *1034f.*

Weite und Vielfalt der realistischen Schreibweise (T)
E: Juli 1938. Z: BV 3,493: 16158. ED: *Versuche*, Heft 13, 1954, S. 99-107. D: SzLuK 2,162-173 (SV); 2,81-95 (AV) / GW VIII bzw. wa 19,340-349 / GBA

22,424-433 *1035-1037.*
Vorspann (22,423) = 16154

Über den formalistischen Charakter der Realismustheorie **(T)**
E: 1938. Z: BV 3,484: 16075. D: SzLuK 2,108-120 (SV); 2,23-36 (AV) / GW VIII bzw. wa 19,298-307 / GBA 22,437-445 *1038-1040.*

Über die eigene Arbeit **(H)**
E: Vermutlich 1938. Z: BV 3,485: 16086. D: SzLuK 3,41-49 (SV); 2,181-189 (AV) / GW VIII bzw. wa 19,411-416 / GBA 22,445-449 *1040-1042.*

Anmerkungen zu den »Chinesischen Gedichten« **(H)**
E: Juli 1938. Z: BV 3,496: 16189. ED: *Das Wort*, Moskau, August 1938. D: SzLuK 3,58-60 (SV); 2,199-201 (AV) / GW VIII bzw. wa 19,424f. / GBA 11,387f. [Fassung 1950]; GBA 22,454f. [Fassung 1938] *1045f.*

Der größte aller Künstler **(T)**
E: August/September 1938. Z: BV 3,597: 17077. ED: *Die neue Weltbühne*, Prag/Zürich/Paris, Nr. 38, 22.9.1938. D: SzLuK 2,53-55 (SV); 1,310-313 (AV) / GW VIII bzw. wa 18,254-256 / GBA 22,469f. *1050.*

Der Kampf gegen den Formalismus in der Literatur **(H)**
E: Vermutlich 1938. Z: BV 3,486: 16093. D: SzLuK 2,128-130 (SV); 2,44-47 (AV) / GW VIII bzw. wa 19,313-315 / GBA 22,488-492 *1057f.*

Über die Popularität des Kriminalromans **(T)**
E: Vermutlich 1938. Z: BV 3,495: 16175. ED (schwed.: *Kriminalromanen*): *Socialdemokraten*, Stockholm, 26.5.1940. D: SzLuK 3,93-102 (SV); 2,234-244 (AV) / GW VIII bzw. wa 19,450-457 / GBA 22,504-510 *1061.* – es 1834,60-66.

Über den Kriminalroman **(T)**
E: Vermutlich 1938. Z: BV 3,510: 16309. D: SzLuK 3,103f. (SV); 2,244f. (AV) / GW VIII bzw. wa 19,457f. / GBA 22,510f. *1061f.*

Die Vorgänge hinter den Vorgängen als Vorgänge unter Menschen **(T)**
E: Vermutlich Anfang 1939. Z: BV 3,269: 13996. D: SzT 3,44f. (SV); 3,48f. (AV) / GW VII bzw. wa 15,256f. / GBA 22,519f. *1064.*

Spielen, was hinter den Vorgängen vorgeht **(T)**
E: Vermutlich Anfang 1939. Z: BV 3,269: 13997. D: SzT 3,45-49 (SV); 3,49-53 (AV) / GW VII bzw. wa 15,257-260 / GBA 22,520-523 *1064.*

Notizen zu Heinrich Manns »Mut« **(T)**
E: Frühjahr 1939. Z: BV 3,495: 16174. D: SzLuK 3,113-128 (SV); 2,254-270 (AV) / GW VIII bzw. wa 19,466-477 / GBA 22,528-537 *1065-1067.*

Der »Realismus« der jüngeren amerikanischen Literatur **(T)**
E: Vermutlich Frühjahr 1939. Z: BV 3,485: 16085. D: SzLuK 3,90-93 (SV); 2,231-233 (AV) / GW VIII bzw. wa 19,448f. / GBA 22,538f. *1067f.*

Über experimentelles Theater (T)

E: März/April 1939. Z: BV 3,281: 14103. ED: *Bewußtsein und Sein*, Zürich, 1.7.1948 und 1.11.1948 (in 2 Teilen). D: SzT 3,79-106 (SV); 3,85-114 (AV) / GW VII bzw. wa 15,285-305 / GBA 22,540-557 *1069-1074*. – es 1834,101-117.

Betrachtung der Kunst und Kunst der Betrachtung (T)

E: Sommer 1939. Z: BV 3,531: 16491. D: SzLuK 2,78-86 (SV); 1,337-345 (AV) / GW VIII bzw. wa 18,272-278 / GBA 22,569-574 *1076*.

Haltung des Probenleiters (bei induktivem Vorgehen) (T)

E: Vermutlich 1939. Z: BV 3,273: 14026. D: SzT 4,46-50 (SV); 4,49-52 (AV) / GW VII bzw. wa 15,420-422 / GBA 22,597-599 *1085*.

Rollenstudium (T)

E: Vermutlich 1939. Z: BV 3,279: 14089. D: SzT 4,10-16 (SV); 4,10-16 (AV) / GW VII bzw. wa 15,393-398 / GBA 22,600-604 *1085f.*

Über den Gestus (H)

E: Vermutlich Anfang 1940. Z: BV 3,273: 14029. D: SzT 4,31f. (SV); 4,32f. (AV) / GW VII bzw. wa 15,409 / GBA 22,616f. *1095*.

Notizen über realistische Schreibweise (T)

E: »1940«. Z: BV 3,493: 16161. D: SzLuK 2,173-204 (SV); 2,96-129 (AV) / GW VIII bzw. wa 19,349-373 / GBA 22,620-640 *1095-1098*. – es 1834,127-146.

Kurze Beschreibung einer neuen Technik der Schauspielkunst, die einen Verfremdungseffekt hervorbringt (T)

E: Vermutlich Frühjahr 1940. Z: BV 3,281: 14105. ED: *Versuche*, Heft 11, 1951, S. 89-105. D: SzT 3,155-177 (SV); 3,167-191 (AV) / GW VII bzw. wa 15,341-357 / GBA 22,641-659 *1098-1101*.

Anmerkungen zum Volksstück (T)

E: September 1940. Z: BV 3,419: 15433-15436. ED: *Versuche*, Heft 10, 1950, S. 115-122. D: SzT 4,140-149 (SV); 4,148-158 (AV) / GW VII bzw. wa 17,1162-1169 / GBA 24,293-299 *545f.*

Anweisungen an die Schauspieler (T)

E: Vermutlich 1940. Z: BV 3,279: 14087. D: SzT 4,32-35 (SV); 4,33-36 (AV) / GW VII bzw. wa 15,409-411 / GBA 22,667f. *1103*.

Die Singularität der Figur (T)

E: Vermutlich Anfang 1941. Z: BV 3,277: 14067. D: SzT 4,26-28 (SV); 4,27f. (AV) / GW VII bzw. wa 15,405f. / GBA 22,690f. *1107*.

Die Verschiedenheit um der Verschiedenheit willen dargestellt (T)

E: Vermutlich Anfang 1941. Z: BV 3,260: 13895. D: SzT 4,24f. (SV); 4,24-26 (AV) / GW VII bzw. wa 15,403f. / GBA 22,688f. *1107*.

Kann der Schauspieler, schrittweise vorgehend, mitreißen? (T)
E: Vermutlich Anfang 1941. Z: BV 3,272: 14024. D: SzT 4,30 (SV); 4,20f. (AV) / GW VII bzw. wa 15,400f. / GBA 22,686 *1107.*

Über das Historisieren (T)
E: Vermutlich Anfang 1941. Z: BV 3,273: 14033. D: SzT 4,26 (SV); 4,26f. (AV) / GW VII bzw. wa 15,404f. / GBA 22,689f. *1107.*

Über das schrittweise Vorgehen beim Studium und Aufbau der Figur (T)
E: Vermutlich Anfang 1941. Z: BV 3,272: 14023. D: SzT 4,17-19 (SV); 4,17-20 (AV) / GW VII bzw. wa 15,398-400 / GBA 22,684f. *1106f.*

Über die Auswahl der Züge (T)
E: Vermutlich Anfang 1941. Z: BV 3,272: 14025. D: SzT 4,21-23 (SV); 4,21-24 (AV) / GW VII bzw. wa 15,401-403 / GBA 22,686-688 *1107.*

Der Messingkauf (T)
E: 1939-1955. Z: BV 3,284-300: 14131-14300. ED (Auszüge): *Übungsstücke für Schauspieler*, in: *Versuche*, Heft 11, 1951, S. 107-128; *Rede des Stückeschreibers über das Theater des Bühnenbauers Caspar Neher* und *Rede des Dramaturgen*, in: *Theaterarbeit*, Dresden 1952, S. 163f., 347; *Gedichte aus dem Messingkauf*, in: *Versuche*, Heft 14, 1955, S. 103-117. D: SzT 5,5-298 (SV); 5,5-325 (AV) / GW VII bzw. wa 16,499-657 / GBA 22,695-869 *1109-1143.*
Die Anordnung in wa und GBA ist nicht vergleichbar.

Geburtstagsbrief zum 23. März (T)
E: März 1942. Z: BV 3,: 100. ED: *Aufbau – Reconstruction*, New York, 20.3.1942. D: SzLuK 3,128f. (SV); 2,270f. (AV) / GW VIII bzw. wa 19,477f. / GBA 23,9 *424f.* – es 1835,23.

Briefe an einen erwachsenen Amerikaner (T)
E: Vermutlich Ende 1944. Z: BV 3,601: 17109. D: SzPuG, 300-302 (SV); 2,182-185 (AV) / GW VIII,856-858 bzw. wa 20,300-302 / GBA 23,46f. *449.* – es 1835,71-73.

Wo ich wohne (H)
E: Vermutlich Ende 1944. Z: BV 3,601: 17112. D: SzPuG, 293-298 (SV); 2,173-179 (AV) / GW VIII,849-854 bzw. wa 20,293-298 / GBA 23,48-51 *449.* – es 1835,73-76

Die amerikanische Umgangssprache (H)
E: Vermutlich Ende 1944. Z: BV 3,601: 17110. D: SzPuG, 298-300 (SV); 2,179-182 (AV) / GW VIII,854-856 bzw. wa 20,298-300 / GBA 23,44-46 *448.* – es 1835,70f.

Heinrich Mann (T)
E: 23.3.1946. Z: BV 3,496: 16183. D: SzLuK 3,131f. (SV); 2,273-275 (AV) / GW VIII bzw. wa 19,480f. / GBA 23,56 *452f.*

Anrede an den Kongreßausschuß für unamerikanische Betätigungen in Washington, 1947 (T)

E: Oktober 1947. Z: BV 3,601: 17113. D: SzPuG, 303-306 (SV); 2,186-191 (AV) / GW VIII,859-862 bzw. wa 20,303-306 / GBA 23,59-61 *455f.* – es 1835,99-101.

Aufbau einer Rolle. Laughtons Galilei (T)

E: 1947/48, Herbst 1955. Z: BV 3,396f.: 15202-15207. ED: *Aufbau einer Rolle. Laughtons Galilei*, Berlin/DDR 1956 [Teil der Mappe: *Aufbau einer Rolle. Galilei*, Berlin/DDR 1958]. D: SzT 4,225-276 (SV); 4,239-292 (AV) / GW VII bzw. wa 17,1117-1126 (Auszug; Vorwort) / GBA 25,7-66, Anhang: 67-69; *493-504*.

Salut, Teo Otto! (T)

E: Mai 1948. Z: BV 3,533: 16509. ED: Teo Otto, *Nie wieder. Tagebuch in Bildern*, Berlin 1949. D: SzLuK 3,137-139 (SV); 2,281-283 (AV) / GW VIII bzw. wa 19,486-488 / GBA 23,63f. *458f.*

Kleines Organon für das Theater (T)

E: Sommer 1948. Z: BV 3,302: 14315. ED: *Sinn und Form. Sonderheft Bertolt Brecht*, Potsdam 1949, S. 11-41. D: SzT 7,5-57 (SV) / GW VII bzw. wa 16,661-700 / GBA 23,65-97 *459-465*. – es 1836,25-77.
Auch in: *Versuche*, Heft 12, 1953 (SV u. AV), S. 107-140. Im Vorspruch heißt es: »*Kleines Organon für das Theater*, 1948 abgefaßt, ist der 32. Versuch. Es wird ein Theater des wissenschaftlichen Zeitalters beschrieben.«
Titelanspielungen auf Aristoteles' *Organon* und auf Francis Bacons *Novum Organum* (Empirie vs. Spekulation).

Antigonemodell 1948 (T)

E: 1948/49. Z: BV 3,427: 15519f. ED: Brecht/Neher, *Antigonemodell 1948*, Berlin 1949. D: SzT 6,5-41 (SV); 6,5-44 (AV) / GW VII bzw. wa 17,1211-1220 (Auszug; *Vorwort*) / GBA 25,71-168 *505-515*.

Couragemodell 1949 (T)

E: Frühjahr 1949, Herbst 1950, 1955/56. Z: BV 3,411-413: 15353-15377. ED: *Couragemodell 1949. Mutter Courage und ihre Kinder. Text, Aufführung, Anmerkungen*, Berlin/DDR 1958. D: SzT 6,47-137 (SV); 6,51-147 (AV) / GW VII bzw. wa 17,1134-1138 (Auszug; *Vorwort*) / GBA 25,169-385, Anhang: 386-398; *516-541*.
Auszüge aus dem Abschnitt *Anmerkungen* werden vorabgedruckt in: *Aufbau*, Berlin/DDR, Januar 1950; weitere Texte erscheinen erstmals in *Theaterarbeit* (Dresden 1952).

Gruß an Feuchtwanger (T)

E: Juni 1949. Z: BV 3,496: 16184. ED: *Ost und West*, Berlin, Juni 1949. D: SzLuK 3,140f. (SV); 2,284f. (AV) / GW VIII bzw. wa 19,488f. / GBA 23,113 *473f.* – es 1836,94.

Hemmt die Benutzung des Modells die künstlerische Bewegungsfreiheit? (T)

E: September 1949. Z: BV 3,303: 14326-14329. ED: *Theaterarbeit*, Dresden

1952, S. 309-314. D: SzT 6,158-165 (SV); 6,168-176 (AV) / GW VII bzw. wa 16,712-717 / GBA 25,386-391 *537-539.*

Der Krieg (T)

E: 1951. Z: BV 3,606: 17151. D: SzPuG, 325 (SV); 2,223 (AV) / GW VIII,881 bzw. wa 20,325 / GBA 23,154 *494.*

Offener Brief an die deutschen Künstler und Schriftsteller (T)

E: 26.9.1951. Z: BV 3,605: 17145. ED: *Deutsch für Deutsche,* Berlin/DDR 1952. D: SzLuK 3,149f. (SV); 2,293f. (AV) / GW VIII bzw. wa 19,495f. / GBA 23,155f. *495-497.* – es 1836,95.
Der Text – auf einem Briefbogen Brechts – wird vervielfältigt und u.a. an verschiedene Zeitungen verschickt.

Was unter anderem vom Theater Stanislawskis gelernt werden kann (T)

E: 1951. Z: BV 3,313: 14417. ED: *Theaterarbeit,* Dresden 1952, S. 413. D: SzT 7,210-212 (SV) / GW VII bzw. wa 16,859f. / GBA 23,167f. *502.*

Gestik (T)

E: Um 1951. Z: BV 3,309: 14375. D: SzT 6,212f. (SV); 6,224f. (AV) / GW VII bzw. wa 16,752f. / GBA 23,187f. *507.*

Theaterarbeit

E: 1951/52. ED: *Theaterarbeit. 6 Aufführungen des Berliner Ensembles,* hg. v. Berliner Ensemble, Helene Weigel. Redaktion: Ruth Berlau, Bertolt Brecht, Claus Hubalek, Peter Palitzsch, Käthe Rülicke, Dresden 1952.
Der seit April 1951 vorbereitete und im Sommer 1952 erscheinende Band enthält nur teilweise Texte von Brecht (sie sind in GBA 23 und GBA 24 enthalten), darüber hinaus auch Darstellungen zur Probenarbeit usw. von den genannten Mitarbeitern bzw. Redakteuren. Vorgestellt werden die Inszenierungen des Berliner Ensembles von folgenden Stücken: *Herr Puntila und sein Knecht Matti, Wassa Schelesnowa* von Gorki, *Der Hofmeister, Die Mutter, Biberpelz und roter Hahn* von Hauptmann, *Mutter Courage und ihre Kinder.*

Notizen zur Barlach-Ausstellung (T)

E: 27.-30.1.1952. Z: BV 3,535: 16519. ED: *Sinn und Form,* Berlin/DDR, 1952, Heft 1, S. 182-186. D: SzLuK 3,170-177 (SV); 2,312-319 (AV) / GW VIII bzw. wa 19,511-516 / GBA 23,198-202 *511-514.*

Kulturelle Betreuung (T)

E: Juni/Juli 1952. Z: BV 3,623: 17297. ED: *Neues Deutschland,* Berlin/DDR, 4.7.1952. D: SzPuG, 321f. (SV); 2,218f. (AV) / GW VIII,877f. bzw. wa 20,321f. / GBA 23,208f. *518f.*
Endfassung von: *Vorschlag Eisler / Brecht an den Parteitag der SED* (23,518).

Kurt Palm (T)

E: August 1952. Z: BV 3,311: 14399. ED: *Nationalpreisträger 1952,* Berlin/DDR 1953, S. 220-222. D: SzT 6,227-230 (SV); 6,240-243 (AV) / GW VII bzw. wa 16,768-770 / GBA 23,210-212 *520.*

Arnold Zweig zum 65. Geburtstag (H)
E: September/Oktober 1952. Z: BV 3,501: 16225. ED: *Sinn und Form. Sonderheft Arnold Zweig*, Berlin/DDR 1952, S. 11. D: SzLuK 3,147f. (SV); 2,292 (AV) / GW VIII bzw. wa 19,494 / GBA 23,213 *523*.

Wie man Gedichte lesen muß (H)
E: Sommer/Herbst 1952. Z: BV 3,498: 16204. ED: *Aufbau*, Berlin/DDR, Dezember 1952, S. 1067-1070. D: SzLuK 3,167-169 (SV); 2,309-311 (AV) / GW VIII bzw. wa 19,509f. / GBA 23,213-215 *523f.*

Zum Kongreß der Völker für den Frieden (T)
E: November 1952. Z: BV 3,607: 17162. ED: *Neues Deutschland*, Berlin/DDR, 29.11.1952. D: SzPuG, 322f. (SV); 2,219f. (AV) / GW VIII,878f. bzw. wa 20,322f. / GBA 23,215f. *524f.* – es 1826,336f.

Zum Tod Stalins (H)
E: 6./7.3.1953. Z: ED. ED: *Neues Deutschland*, Berlin/DDR, 8.3.1953. D: SzPuG, 325 (SV); 2,223 (AV) / GW VIII,881 bzw. wa 20,325 / GBA 23,225 *531*.

Vorschläge für die Stanislawski-Konferenz. April 53 (T)
E: April 1953. Z: BV 3,312: 14407. D: SzT 7,204f. (SV) / GW VII bzw. wa 16,854f. / GBA 23,233f. *535*.

Einige Gedanken zur Stanislawski-Konferenz (T)
E: April 1953. Z: BV 3,315: 14441. D: SzT 7,205-209 (SV) / GW VII bzw. wa 16,855-858 / GBA 23,236-239 *538-540*.

Bei Durchsicht meiner ersten Stücke (T)
E: Frühjahr 1953. Z: BV 3,500: 16222. ED: *Aufbau*, Berlin/DDR, November 1954, S. 959-963. D: SzT 6,390-399 (SV); 6,412-422 (AV) / GW VII bzw. wa 17,945-952 / GBA 23,239-245 *540-542*. – es 1836,96-101.

Stanislawski und Brecht (T)
E: 1. Halbjahr 1953. Z: EHA 35/120. D: SzT 7,217-219 (SV) / GW VII bzw. wa 16,864-866 / GBA 25,461f. *573*.

Das »Kleine Organon« und Stanislawskis System (T)
E: Mai 1953. Z: BV 3,315: 14433. D: SzT 7,214-217 (SV) / GW VII bzw. wa 16,862-864 / GBA 25,580f. *582*.

Thesen zur Faustus-Diskussion (T)
E: Mai 1953. Z: BV 3,499: 16212. ED: *Sinn und Form*, Berlin/DDR, 1953, Heft 3/4, S. 194-197. D: SzLuK 3,199-205 (SV); 2,342-348 (AV) / GW VIII bzw. wa 19,533-537 / GBA 23,246-249 *543-545*.

Zum 17. Juni 1953 (H)
E: Juni 1953. Z: BV 3,609: 17180f. D: SzPuG, 326f. (SV); 2,225 (AV) / GW VIII,882f. bzw. wa 20,326f. / GBA 23,249f. *546f.* – es 1836,111.

Dringlichkeit einer großen Aussprache (H)
E: »21.6.1953«. Z: BV 3,609: 17184. ED: *Neues Deutschland*, Berlin/DDR, 23.6.1953. D: SzPuG, 327 (SV); 2,225f. (AV) / GW VIII,883 bzw. wa 20,327 / GBA 23,250 *547f.* – es 1836,111.

Quelle der Unzufriedenheit (H)
E: 1956. Z: BV 3,609: 17188. D: SzPuG, 327f. (SV); 2,226 (AV) / GW VIII,883f. bzw. wa 20,327f. / GBA 23,416f. *611.* – es 1836,112.

Zwei Gesellschaftsordnungen (H)
E: 1953. Z: BV 3,608: 17173. D: SzPuG, 317 (SV); 2,211 (AV) / GW VIII,873 bzw. wa 20,317 / GBA 23,250f. *548.*

»Katzgraben«-Notate 1953 (H)
E: Mitte 1953. Z: EHA 35/1-175. D: SzT 7,69-186 (SV) / GW VII bzw. wa 16,773-840 / GBA 25,399-486, Anhang: 487-490; *542-578.*
Die Anordnung der Texte in wa und GBA ist nicht vergleichbar; während der Vorbereitungen zu GBA 25 ist eine Zusammenstellung Brechts im EHA entdeckt worden.

Kulturpolitik und Akademie der Künste (T)
E: Juli/August 1953. Z: BV 3,611: 17200. ED: *Neues Deutschland*, Berlin/DDR, 13.8.1953. D: SzLuK 3,207-212 (SV); 2,351-356 (AV) / GW VIII bzw. wa 19,540-544 / GBA 23,256-260 *551f.*

reform der rechtschreibung (T)
E: »Juli 1954«. Z: BV 3,501: 16226. D: SzPuG, 333f. (SV); 2,238f. (AV) / GW VIII,889f. bzw. wa 20,333f. / GBA 23,282 *563f.*

Über sozialistischen Realismus (H)
E: September 1954. Z: BV 3,321: 14490. D: SzLuK 3,216-218 (SV); 2,360-363 (AV) / GW VIII bzw. wa 19,547-549 / GBA 23,287f. *567.*
Vgl. den früheren Text mit gleichem Titel (H)
E: Vermutlich 1938. Z: BV 3,490: 16134. D: SzLuK 2,211-214 (SV); 2,136-140 (AV) / GW VIII bzw. wa 19,378-380 / GBA 22,463-465 *1048f.*

Nachträge zum »Kleinen Organon« (H)
E: 1954. Z: BV 3,318: 14462. D: SzT 7,58-66 (SV) / GW VII bzw. wa 16,701-707 / GBA 23,289-295 *567f.*

Verteidigung des »Kleinen Organons« (T)
E: 1954. Z: BV 3,320: 14480. D: SzT 7,66f. (SV) / GW VII bzw. wa 16,708 / GBA 23,295 *569.*

Diskussion meiner Arbeiten am Theater (H)
E: Ende 1954. Z: BV 3,317: 14457. D: SzT 6,182f. (SV); 6,192f. (AV) / GW VII bzw. wa 16,729 / GBA 23,314 *577.*

Einschüchterung durch die Klassizität (T)

E: 1954. Z: BV 3,442: 15677. ED: *Sinn und Form*, 1954, Heft 5/6, S. 778-780 (unter dem Haupttitel *Aufsätze zur Theaterpraxis*, zusammen mit *Bessons Inszenierung des »Don Juan« beim Berliner Ensemble*, S. 780-782 = GBA 24,414-416). D: SzT 6,321-324 (SV); 6,340-343 (AV) / GW VII bzw. wa 17,1275-1277 / GBA 23,316-318 *578*. – es 1826,340-342.

Zum Tode Paul Rillas (H)

E: November 1954. Z: BV 3,501: 16229. ED: *Tägliche Rundschau*, Berlin/DDR, 12.11.1954. D: SzLuK 3,218f. (SV); 2,363 (AV) / GW VIII bzw. wa 19,549 / GBA 23,319 *578*.

Erklärung (T)

E: Dezember 1954. Z: BV 3,613: 17219-17221. ED: Sonderdruck. D: SzPuG, 341f. (SV); 2,244 (AV) / GW VIII,897f. bzw. wa 20,341f. / GBA 23,320 *579f.*
Endgültige Fassung. Die gemeinsam mit dem Präsidenten des Deutschen Friedensrats Walter Friedrich abgefaßte Erklärung wird zunächst von zahlreichen Kulturpolitikern, Wissenschaftlern und Künstlern unterzeichnet: u.a. von Alexander Abusch und Peter Huchel. In einer notariellen Urkunde werden 176203 Unterschriften bestätigt, die bis zum 8.2.1955 geleistet wurden.

Die fünf Hauptlügen (T)

E: Um 1954. Z: BV 3,612: 17215. D: SzPuG, 324f. (SV); 2,222 (AV) / GW VIII,880f. bzw. wa 20,324f. / GBA 23,321 *580*.

Entwurf zur Rede an den Deutschen Friedensrat (H)

E: Februar 1955. Z: BV 3,613: 17225. D: SzPuG, 342 (SV); 2,244f. (AV) / GW VIII,898 bzw. wa 20,342 / GBA 23,339 *584f.*
Vgl. *Erklärung* (23,320).

Antwort auf eine Umfrage nach dem besten Buch 1954 (H)

E: Februar 1955. Z: BV 3,: 100. ED: *Neue Deutsche Literatur*, Berlin/DDR, Februar 1952, S. 110. D: SzPuG, 343 (SV); 2,246 (AV) / GW VIII,899 bzw. wa 20,343 / GBA 23,339 *585*.

Kann die heutige Welt durch Theater wiedergegeben werden? (T)

E: März 1955. Z: BV 3,323: 14509. ED: *Sonntag*, Berlin/DDR, 8.5.1955. D: SzT 7,300-302 (SV) / GW VII bzw. wa 16,929-931 / GBA 23,340f. *585f.* – es 1826,365f.
Weiterer Einzeldruck (gekürzt): *Sinn und Form*, Berlin/DDR 1955, Heft 2, S. 306f.

»Der Friede ist das A und O« (T)

E: Mai 1955. Z: BV 3,615: 17239. ED: *Neues Deutschland*, Berlin/DDR, 27.5.1955. D: SzPuG, 343-346 (SV); 2,246-249 (AV) / GW VIII,899-902 bzw. wa 20,343-346 / GBA 23,345-347 *588f.* – es 1836,153f.
Rede anläßlich der Verleihung des Stalin-Preises »Für Frieden und Verständigung zwischen den Völkern«.

Wenn Wilhelm Pieck... (T)

E: November 1955. Z: BV 3,616: 17246. ED: *Wilhelm Pieck. Schriftsteller und Künstler zu seinem 80. Geburtstag*, Berlin/DDR 1956, S. 22. D: SzPuG, 346 (SV); 2,250 (AV) / GW VIII,902 bzw. wa 20,346 / GBA 23,360 *595*.

Schluß (H)

E: Januar 1956. ED: SzLuK 3,224 (SV). D: SzLuK 2,368f. (AV) / GW VIII bzw. wa 19,553f. / GBA 23,373 *599f.*

Rede auf dem IV. Deutschen Schriftstellerkongreß (H)

E: Januar 1956. Z: BV 3,: . ED: *Beiträge zur Gegenwartsliteratur*, Berlin/DDR 1956, S. 160f. D: SzLuK 3,225f. (SV); 2,369f. (AV) / GW VIII bzw. wa 19,554f. / GBA 23,382f. *601f.*

Die Dialektik auf dem Theater (T)

E: 1951-1956. Z: BV 3,324-330: 14514-14569. ED: *Versuche*, Heft 15, 1957, S. 79-104. D: SzT 7,221-263 (SV) / GW VII bzw. wa 16,869-900 / GBA 23,386-413 *603-608*. – es 1836,122-147.

Kollektiv selbständiger Künste – zu Kulisiewicz (H)

E: »11.2.1956«. Z: BV 3,537: 16536. ED: *Tadeusz Kulisiewicz zeichnet Bertolt Brechts »Kaukasischen Kreidekreis«*, Berlin/DDR 1956 [Ausstellungskatalog]. D: SzT 6,375f. (SV); 6,396f. (AV) / GW VII bzw. wa 17,1210 / GBA 23,413f. *608*.

Bertolt Brecht appelliert an den Bundestag (T)

E: »2.7.1956«. Z: BV 3,616: 17251. ED: *Neues Deutschland*, Berlin/DDR, 4.7.1956. D: SzPuG, 348f. (SV); 2,252f. (AV) / GW VIII,904f. bzw. wa 20,348f. / GBA 23,415f. *610*. – es 1836,155.

Perspektive für Deutschland (H)

E: Vermutlich 1956. Z: BV 3,617: 17259. D: SzPuG, 349 (SV); 2,254 (AV) / GW VIII,905 bzw. wa 20,349 / GBA 23,416 *611*. – es 1836,156.

Vorwort zu Eislers »Lieder und Kantaten« (H)

E: Sommer 1956. Z: BV 3,529: 16473. D: SzT 6,231f. (SV); 6,244f. (AV) / GW VII bzw. wa 16,771 / GBA 23,419 *612*.

An die Sowjetleser (T)

E: August 1956. Z: BV 3,502: 16237. D: SzT 6,400 (SV); 6,422f. (AV) / GW VII bzw. wa 17,952f. / GBA 23,419f. *612*.

5.6 Anhang

5.6.1 Zu den Journalen

Die ersten Editionen:

1. *Arbeitsjournal.* 1. Band: 1938 bis 1942. 2. Band: 1942 bis 1955. Hg. v. Werner Hecht. 3. Band: Anm. v. W. H. Frankfurt a.M. 1973. Der Titel *Arbeitsjournal* geht auf eine mündliche Auskunft Helene Weigels zurück, derzufolge Brecht diese Aufzeichnungen so genannt hat; nur eines der Originale trägt die Aufschrift *Journal*, sonst hat Brecht auf den Titelblättern Land und Zeitraum angegeben.

2. *Tagebücher 1920-1922. Autobiographische Aufzeichnungen 1920-1954.* Hg. v. Herta Ramthun. Frankfurt a.M. 1975.

3. *Tagebuch N° 10. 1913.* Hg. v. Siegfried Unseld. Transkription d. Handschrift u. Anm. v. Günter Berg u. Wolfgang Jeske, Frankfurt a.M. 1989 (Faksimile-Ausgabe u. Transkriptionsband).

Die Neuedition innerhalb der GBA:

Band 26: *Journale 1. 1913-1941.* Bearb. v. Marianne Conrad u. Werner Hecht u. Mitarb. v. Herta Ramthun†. 1994;

Band 27: *Journale 2. 1941-1955*, Bearb. v. Werner Hecht. 1995.

Die frühen Tagebücher sind sämtlich mit der Hand geschrieben (deutsche Schreibschrift, teilweise unter Verwendung stenographischer Kürzel der Gabelsbergerschen »Redezeichenkunst«). Das Tagebuch von 1913 besteht aus einem gebundenen (gekauften) Heft, die Tagebücher der zwanziger Jahre hat Brecht vermutlich selbst hergestellt (mit Papier und Umschlagskarton der Haindlschen Papierfabrik); dies gilt auch für die frühen autobiographischen Notizen (in der Mehrzahl in selbstgefertigten Notizbüchern verstreut). – Die *Journale* aus den Exil-Jahren und der Berliner Zeit sind alle maschinegeschrieben, und zwar durchgehend in Kleinbuchstaben, abgesehen von Namen, Titeln oder Hervorhebungen (komplett in Großbuchstaben). Ähnliches gilt für die autobiographischen Notizen dieser Jahre.

Die frühen Tagebücher stellen fast durchgehend Reinschriften von – nicht überlieferten – Notierungen und poetischen Entwürfen dar, die Brecht zunächst einzeln festgehalten und nach jeweils ein paar Tagen auf diese Weise zusammengefaßt hat. – Die *Journale* haben eine vergleichbare Entstehungsweise: die Notierungen sind zunächst einzeln abgefaßt worden; da die Maschinenschrift keine Reinschrift erforderlich gemacht hat – und außerdem Fotos und Presseausschnitte hinzukommen sollten, hat Brecht die einzelnen Texte und Abbildungen zusammengeklebt, bis die »Montagen« jeweils einheitlich skandinavisches, amerikanisches oder DIN-Format ergeben haben.

Die frühen Tagebücher enthalten viele persönliche Aufzeichnungen (über Freunde und Mitschüler, über Gegenspieler bei Frauen), aber auch zahlreiche poetische Versuche (1913) bzw. Angaben über die eigene Lektüre und über Schwierigkeiten beim Schreiben von dramatischen Texten oder Filmexposés (1920-1922). Die *Journale* enthalten dagegen fast ausschließlich Texte mit allgemeineren Äußerungen zur Exilsituation, Aufzeichnungen zu eigenen Werken, Stellungnahmen zur politischen und kulturellen Situation in den jeweiligen Aufenthaltsländern und in Deutschland, Angaben zum Verlauf des zweiten Weltkriegs, die immer wieder durch Pressefotos oder Artikel illustriert werden (1938-1948); in den letzten Jahren herrschen Angaben vor über die eigene Theaterarbeit, die Nachkriegsgeschichte in der sowjetischen Besatzungszone, die Entwicklung der DDR – und sie werden nicht mehr kontinuierlich aufgezeichnet (1949-1955, ausgenommen 1952).

Zum Charakter dieser Texte äußert sich Brecht selbst zweimal in den *Journalen*: am 21.4.1941 in Finnland und am 21.1.1942 in den USA:

»Daß diese Aufzeichnungen so wenig Privates enthalten, kommt nicht nur davon, daß ich selbst mich für Privates nicht eben sehr interessiere (und kaum eine Darstellungsart, die mich befriedigt, dafür zur Verfügung habe), sondern hauptsächlich davon, daß ich von vornherein damit rechnete, sie über Grenzen von nicht übersehbarer Anzahl und Qualität bringen zu müssen. Der letztere Gedanke hält mich auch davon ab, andere als literarische Themen zu wählen.« (26,475.)

»Dieser Tage habe ich das ganze Journal oberflächlich überflogen. Natürlich ist es recht distortiert, unerwünschter Leser wegen, und ich werde Mühe haben, diese Anhaltspunkte wirklich einmal zu benutzen. Da werden gewisse Grenzen eingehalten, weil eben Grenzen zu überschreiten sind.« (27,51.)

5.6.2 Zu den Briefen

Die ersten Editionen:

1. *Briefe*. Hg. u. komm. v. Günter Glaeser. 2 Bände. Frankfurt a.M. 1981 (887 + 7: 894 Briefe [59a, 87a, 89a, 101a, 101b, 440a, 502a]). – Hinsichtlich Datierung und Kommentierung verbesserte Ausgabe: Berlin u. Weimar 1983).

2. *Briefe an Marianne Zoff und Hanne Hiob*. Hg. v. Hanne Hiob. Red. u. Anm. v. Günter Glaeser. Frankfurt a.M. 1990 (155 Briefe; davon 4: 22 = 59a, 77 = 87a, 110 = 101a, 122 = 101b in 1.).

3. *Liebste Bi. Briefe an Paula Banholzer*. Hg. v. Helmut Gier u. Jürgen Hillesheim. Frankfurt a.M. 1992 (32 Briefe; davon 3: 3 = 31, 31 = 60, 32 = 254 in 1; Brief 37, in 1 Paula Banholzer zugeordnet, wird Ernestine Müller zugewiesen).

Die für 1. getroffene Auswahl umfaßt ca. ein Drittel der Mitte 1979 dem BBA bekannten Briefe Brechts. Die in 2. und 3. versammelten Briefe sind im Nachlaß von Brechts erster Ehefrau Marianne Lingen, geb. Zoff (gest. 1984), bzw. seines Bruders Walter Brecht (gest. 1986) gefunden worden.

Daneben sind Drucke bekannt von Offenen Briefen wie *Über Asphaltliteratur* (22,36f.) oder *Offener Brief an die deutschen Künstler und Schriftsteller* (23,155f.), *Bertolt Brecht appelliert an den Deutschen Bundestag* (23,415f.), die bei den Gesamt-Editionen den *Schriften* zugeordnet werden. – Einzelne Briefe sind in Zeitschriften oder Privatdrucken zugänglich gemacht worden: z.B. Brief an Therese Ostheimer (1916; *Sinn und Form*, 1988, H. 1, S. 5-7), zwei Briefe (von 6) an Oda Weitbrecht (1922; *Oda Weitbrecht – Oda Buchenau. 1900-1988. Zum 90. Geburtstag*. Privatdruck. Frankfurt a.M. 1990).

Die Textsorte Brief ist generell die am schwierigsten zu überschauende, was die Existenz und damit die Gesamtzahl betrifft. Verwandte und Freunde geben aus Gründen des Persönlichkeitsrechts nicht das Vorhandensein jedes (privaten) Schriftstücks bekannt bzw. haben nach Jahrzehnten die Behältnisse und Bündel mit Briefen aus dem Gedächtnis verloren (vgl. die überraschenden Angebote bei Auktionen in den letzten Jahren – und wohl auch in den kommenden).

Nahezu alle Originale der Briefe sind – natürlich und zwangsläufig – den Nachlässen der Adressaten zugeordnet, und diese Nachlässe sind längst nicht alle archivalisch entsprechend aufbereitet und für die Forschung verfügbar. So besteht nach wie vor keine endgültige Gewißheit, in welchen Nachlässen und an welchen Orten sich bislang unbekannte Briefe Brechts befinden, zu denen es im BBA weder Durchschläge noch Abschriften gibt. Das gilt auch, nachdem während der Vorbereitungen für die gesamte GBA (seit 1983) und der Sichtung der Bestände anderer Archive durch die Bandbearbeiter und Herausgeber zahlreiche bislang unbekannte Briefe bzw. Originale (mit handschriftlichen Ergänzungen, die in den Durchschlägen nicht nachgetragen sind) entdeckt worden sind.

Beispiele solcher Fundorte (außerhalb des BBA, das hauptsächlich die Durchschläge hat und einen gewissen Teil von Originalen in Kopie) sind über die ganze Welt verstreut:

Brecht-Sammlung und Teilnachlaß Caspar Neher, Staats- und Stadtbibliothek (Augsburg); Nachlaß Karl Korsch und Archiv des Verlags Allert de Lange, Archiv für Sozialgeschichte (Amsterdam); Anna-Seghers-Archiv, Arnold-Zweig-Archiv, Elisabeth-Hauptmann-Archiv, Hanns-Eisler-Archiv, Nachlaß Ernst Busch, Nachlaß Wieland Herzfelde, Ruth-Berlau-Archiv, Teilnachlaß Walter Benjamin (alle Stiftung Archiv der Akademie der Künste, Berlin); Archiv des Berliner Ensembles (Berlin); Nachlaß Wilhelm Dieterle, Deutsche Kinemathek (Berlin); Archiv des Kulturbundes der DDR, Verwaltungsarchiv der Akademie der Künste, Verwaltungsarchiv des Ministeriums für Kultur, Zentrales Parteiarchiv der SED (jetzt: Stiftung Archiv der Parteien und Massenorganisationen der DDR im Bundesarchiv, Berlin); deutsches Exilarchiv 1933-1945 der Deutschen Bibliothek und Teilnachlaß Walter Benjamin (beide Frankfurt a.M.); Nachlaß Hans Henny Jahnn, Stadt- und Universitätsbibliothek (Hamburg); Archiv des Gustav Kiepenheuer Verlags (Leipzig); Alfred-Döblin-Archiv und Nachlaß Hannes Küpper, Deutsches Literaturarchiv (Marbach); Klaus-Mann-Archiv und Nachlaß Hanns Otto Münsterer, Bayerische Staatsbibliothek (München); Teilnachlaß Margarete Steffin und die Archive der Zeitschriften *Das Wort* und *Internationale Literatur*, Zentrales Staatsarchiv für Literatur und Kunst, ZGALI, (Moskau); Nachlaß Ninnan Santesson, Königliche Bibliothek (Stockholm); Nachlaß Gottfried von Einem, Österreichische Nationalbibliothek, und Archiv der Universal-Edition, Stadt- und Landesbibliothek (beide Wien); Copyright Office der Library of Congress (Washington) u.a. – Über die Bestände in Bibliotheken der USA insgesamt gibt Auskunft: Spalek, 1978. – Die Liste ließe sich endlos fortsetzen.

Die Neuedition innerhalb der GBA (jeweils bearb. v. Günter Glaeser u. Mitarb. v. Wolfgang Jeske u. Paul-Gerhard Wenzlaff. 1998):

Band 28: *Briefe 1. 1913-1936.* Nr. 1 – 742, 431a.

Band 29: *Briefe 2. 1937-1949.* Nr. 743 – 1459.

Band 30: *Briefe 3. 1950-1956.* Nr. 1460 – 2387 (ohne Nr. 1623, 1986, 2172); Nachträge: 316a, 416a, 1376a, 1425a, 1535a, 1545a, 1549a, 1739a, 2010a, 2175a, 2243a, 2352a.

Die Bestände des BBA und alle heute (Anfang 1998) an anderen Orten bekannten Briefe, Postkarten usw. sind in die Abteilung *Briefe* aufgenommen: die knapp 2400 Schreiben Brechts werden in den Kommentaren – soweit vorhanden – durch Stichworte aus den jeweiligen Gegenbriefen ergänzt.

6. Literatur

6.1. Primärliteratur

6.1.1 Die Gesamtausgaben (chronologisch)

Versuche [ab 1930]
Heft 1: Potsdam: Gustav Kiepenheuer Verlag 1930.
Heft 2: Potsdam: Gustav Kiepenheuer Verlag 1930.
Heft 3: Potsdam: Gustav Kiepenheuer Verlag 1931.
Heft 4: Potsdam: Gustav Kiepenheuer Verlag 1931.
Heft 5: Potsdam: Gustav Kiepenheuer Verlag 1932.
Heft 6: Potsdam: Gustav Kiepenheuer Verlag 1932.
Heft 7: Potsdam: Gustav Kiepenheuer Verlag 1933.
Heft 8: Potsdam: Gustav Kiepenheuer Verlag 1933. Nicht erschienen.
Heft 9: Frankfurt a.M.: Suhrkamp 1949 / Berlin u. Weimar: Aufbau 1951.
Heft 10: Frankfurt a.M.: Suhrkamp 1950 / Berlin u. Weimar: Aufbau 1951.
Heft 11: Frankfurt a.M.: Suhrkamp 1951 / Berlin u. Weimar: Aufbau 1952.
Heft 12: Frankfurt a.M.: Suhrkamp 1953 / Berlin u. Weimar: Aufbau 1953.
Sonderheft: Berlin u. Weimar: Aufbau 1953.
Heft 13: Frankfurt a.M.: Suhrkamp 1954 / Berlin u. Weimar: Aufbau 1954.
Heft 14: Frankfurt a.M.: Suhrkamp 1955 / Berlin u. Weimar: Aufbau 1955.
Heft 15: Frankfurt a.M.: Suhrkamp 1957 / Berlin u. Weimar: Aufbau 1957.
Heft 1-4: Frankfurt a.M.: Suhrkamp 1959, 1977 / Berlin u. Weimar: Aufbau 1963.
Heft 5-8: Frankfurt a.M.: Suhrkamp 1959, 1977 / Berlin u. Weimar: Aufbau 1963.
Heft 9-11: Frankfurt a.M.: Suhrkamp 1977.
Heft 12-15: Frankfurt a.M.: Suhrkamp 1977.

Theaterarbeit [1952]
Theaterarbeit. 6 Aufführungen des Berliner Ensembles. Hg. v. Berliner Ensemble, Helene Weigel. Dresden: Dredner Verlag 1952. Neuausgabe (erweitert): Berlin / DDR: Henschelverlag Kunst und Gesellschaft / Berlin u. Frankfurt a.M.: Suhrkamp 1961.

EG (SV) [ab 1953]
Erste Brecht-Gesamtausgabe in 40 Bänden. Frankfurt a.M.: Suhrkamp 1953-1976 (*Stücke*, 14 Bände; *Gedichte*, 10 Bände; *Prosa*, 5 Bände; *Schriften zum Theater* (SzT), 7 Bände, *Schriften zur Literatur und Kunst* (SzLuK), 3 Bände; *Schriften zur Politik und Gesellschaft* (SzPuG), 1 Band) – Zitiert mit Bandtitel, Band- und Seitenzahlen.

EG (AV) [ab 1955]
Erste Brecht-Gesamtausgabe in 40 Bänden. Berlin und Weimar: Aufbau 1955-1978 (*Stücke*, 14 Bände; *Gedichte*, 10 Bände; *Prosa*, 5 Bände; *Schriften zum Theater* (SzT), 7 Bände, *Schriften zur Kunst und Literatur* (SzLuK), 2 Bände; *Schriften zur Politik und Gesellschaft* (SzPuG), 2 Bände) – Zitiert mit Bandtitel, Band- und Seitenzahlen.

GW [1967, 1969, 1982]
Gesammelte Werke in 8 Bänden. Frankfurt a.M.: Suhrkamp 1967; Supplementband 1, 1969; Supplementband 2, 1982 (Dünndruckausgabe)
I = wa 1-2. II = wa 3-5. III = wa 5-7. IV = wa 8-10. V = wa 11-12. VI = wa 13-14. VII = wa 15-17. VIII = wa 18-20. 1 = wa I-II. 2 = wa III-IV.

wa [1967, 1969, 1982]
Gesammelte Werke in 20 Bänden. Frankfurt a.M.: Suhrkamp 1967; Supplementbände I/II, 1969; Supplementbände III/IV, 1982 (werkausgabe edition suhrkamp) – Zitiert mit Band- und Seitenzahlen.

GBA [1988-1998]
Werke. Große kommentierte Berliner und Frankfurter Ausgabe. 30 Bände in 32 Teilen und Registerband. Berlin und Weimar: Aufbau / Frankfurt a.M.: Suhrkamp 1988-1998 (1-10: *Stücke*, 10 Bände in 11 Teilen; 11-15: *Gedichte*, 5 Bände; 16-20: *Prosa*, 5 Bände; 21-25: *Schriften*, 5 Bände in 6 Teilen; 26-27: *Journale*, 2 Bände; 28-30: *Briefe*, 3 Bände; Registerband) – Zitiert mit Band- und Seitenzahlen.

AW [1997]
Ausgewählte Werke in sechs Bänden. Jubiläumsausgabe zum 100. Geburtstag. Frankfurt a.M.: Suhrkamp 1997 – Zitiert mit Band- und Seitenzahlen für Texte und Anmerkungen (kursiv).

6.1.2 Einzelausgaben (Auswahl)

Tagebuch No. 10. 1913. Hg. v. Siegfried Unseld. Transkription der Handschrift u. Anm. v. Günter Berg u. Wolfgang Jeske. Frankfurt a.M. 1989 (auch: GBA 26,7-103).

Tagebücher 1920-1922. Autobiographische Aufzeichnungen 1920-1954. Hg. v. Herta Ramthun. Frankfurt a.M. 1975 (auch: es 979 und GBA 26,121-272).
Arbeitsjournal 1938-1955. 2 Bde. u. Anm. Hg. v. Werner Hecht. Frankfurt a.M. 1973 (auch: st 2215 und GBA 26-27).

Briefe. 2 Bde. Hg. u. komm. v. Günter Glaeser. Frankfurt a.M. 1981.

Briefe an Marianne Zoff und Hanne Hiob. Hg. v. Hanne Hiob. Redaktion u. Anm. v. Günter Glaeser. Frankfurt a.M. 1990.

»Liebste Bi!« – Briefe an Paula Banholzer. Hg. v. Helmut Gier u. Jürgen Hillesheim. Frankfurt a.M. 1992.

Brecht im Gespräch. Diskussionen, Dialoge, Interviews. Hg. v. Werner Hecht. Frankfurt a.M. 1975 (es 771).

6.1.3 Lesebücher

Brecht für Anfänger und Fortgeschrittene. Ausgew. v. Siegfried Unseld. M. e. Vorwort v. Hans Mayer. Frankfurt a.M. 1993 (es 1826).
Ich bin aus den schwarzen Wäldern. Seine Anfänge in Augsburg und München. 1913-1924. Frankfurt a.M. 1994 (es 1832).
Der Schnaps ist in die Toiletten geflossen. Seine Erfolge in Berlin. 1924-1933. Frankfurt a.M. 1994 (es 1833).
Unterm dänischen Strohdach. Sein Exil in Skandinavien. 1933-1941. Frankfurt a.M. 1994 (es 1834).
Broadway – the hard way. Sein Exil in den USA. 1941-1947. Frankfurt a.M. 1994 (es 1835).
Theaterarbeit. Chur – Zürich – Berlin. 1947-1956. Frankfurt a.M. 1994 (es 1836).
Reisen im Exil. Zusammenstellung: Wolfgang Jeske. Frankfurt a.M. 1995 (st 2555).
Der Kinnhaken. Und andere Box- und Sportgeschichten. Hg. v. Günter Berg. Frankfurt a.M. 1995 (st 2395).
Die unwürdige Greisin. Und andere Geschichten. Zugest. u. m. Anm. vers. v. Wolfgang Jeske. Frankfurt a.M. 1990 (st 1746). – Frankfurt a.M. 1998 (it 2371).
Hundert Gedichte. Ausgewählt v. Siegfried Unseld. Frankfurt a.M. 1998. (st 2800.)
Lektüre für Minuten. Hg. v. Günter Berg. Frankfurt a.M. 1998.

6.1.4 Materialien

Bahr, Gisela (Hg.): *Die Rundköpfe und die Spitzköpfe.* Bühnenfassung, Einzelszenen, Varianten. Frankfurt a.M. 1979 (es 605).
Bahr, Gisela E. (Hg.): *Die heilige Johanna der Schlachthöfe.* Bühnenfassung, Fragmente, Varianten. Kritisch ediert v. G. B. Frankfurt a.M. 1971 (es 427).
Bahr, Gisela E. (Hg.): *Im Dickicht der Städte.* Erstfassung und Materialien. Ediert u. komm. v. G. E. B. Frankfurt a.M. 1968 (es 246).
Bohnen, Klaus (Hg.): *Brechts »Gewehre der Frau Carrar«.* Frankfurt a.M. 1982 (stm 2017).
Canaris, Volker (Hg.): *Die Mutter.* Regiebuch der Schaubühnen-Inszenierung. Frankfurt a.M. 1971 (es 517).
Gersch, Wolfgang / Hecht, Werner (Hg.): *Kuhle Wampe. Protokoll des Films und Materialien.* Frankfurt a.M. 1969 (es 362).
Gerz, Raimund (Hg.): *Brechts »Aufhaltsamer Aufstieg des Arturo Ui«.* Frankfurt a.M. 1983 (stm 2029).
Grimm, Reinhold (Hg.): *Leben Eduards des Zweiten von England.* Vorlage, Texte, Materialien. Frankfurt a.M. 1968 (es 245).
Hecht, Werner (Hg.): *Brechts »Antigone des Sophokles«.* Frankfurt a.M. 1988 (stm 2075).
Hecht, Werner (Hg.): *Brechts »Dreigroschenoper«.* Frankfurt a.M. 1985 (stm 2056)
Hecht, Werner (Hg.): *Die Antigone des Sophokles.* Materialien zur *Antigone.* Frankfurt a.M. 1965 (es 134)

Hecht, Werner (Hg.): *Materialien zu Bertolt Brechts »Die Mutter«*. Frankfurt a.M. 1969 (es 305).
Hecht, Werner (Hg.): *Materialien zu Brechts »Der gute Mensch von Sezuan«*. Frankfurt a.M. 1968 (es 247)
Hennenberg, Fritz / Knopf, Jan (Hg.): *Brechts Mahagonny*. Frankfurt a.M. 1998 (stm 2081).
Jeske, Wolfgang (Hg.): *Brechts Romane*. Frankfurt a.M. 1984 (stm 2042).
Knopf, Jan (Hg.): *Brechts »Guter Mensch von Sezuan«*. Frankfurt a.M. 1982 (stm 2021).
Knopf, Jan (Hg.): *Brechts Heilige Johanna*. Frankfurt a.M. 1986. (stm 2049).
Knust, Herbert (Hg.): *Materialien zu Bertolt Brechts »Schweyk im zweiten Weltkrieg«*. Vorlagen (Bearbeitungen), Varianten, Fragmente, Skizzen, Brief- und Tagebuchnotizen. Frankfurt a.M. 1974 (es 604).
Müller, Klaus-Detlef: *Biberpelz und roter Hahn. Bearbeitung zweier Stücke von Gerhard Hauptmann*. Frankfurt a.M. 1993 (es 634).
Neureuter, Hans Peter (Hg.): *Brechts »Herr Puntila und sein Knecht Matti«*. Frankfurt a.M. 1987 (stm 2064).
Schmidt, Dieter (Hg.): *Baal. Der böse Baal der asoziale*. Texte, Varianten, Materialien. Kritisch ediert u. kommentiert v. D. S. Frankfurt a.M. 1968 (es 248).
Schmidt, Dieter (Hg.): *Baal. Drei Fassungen*. Kritisch ediert u. kommentiert v. D. S. Frankfurt a.M. 1966 (es 170).
Schwiedrzik, Wolfgang M. (Hg.): *Brechts »Trommeln in der Nacht«*. Frankfurt a.M. 1990 (stm 2101).
Siegert, Wolf (Hg.): *Brechts »Tage der Commune«*. Frankfurt a.M. 1983 (stm 2031).
Steinweg, Reiner (Hg.): *Die Maßnahme. Kritische Ausgabe* mit einer Spielanleitung. Frankfurt a.M. 1972a (es 415).
Szondi, Peter (Hg.): *Der Jasager und Der Neinsager*. Vorlagen, Fassungen und Materialien. Hg. u. mit einem Nachwort versehen v. P. S.. Frankfurt a.M. 1966 (es 171).
Unseld, Siegfried (Hg.): *Bertolt Brechts Dreigroschenbuch*. Texte. Materialien. Dokumente. 2 Bände. Frankfurt a.M. ^{2}1978.
Wege, Carl (Hg.): *Brechts »Mann ist Mann«*. Frankfurt a.M. 1982 (stm 2023).

6.1.5 Bibliographien des Brecht-Archivs

BV
Bertolt-Brecht-Archiv. Bestandsverzeichnis des literarischen Nachlasses. Bearb. v. Herta Ramthun.
Band 1: *Stücke*. 1969.
Band 2: *Gedichte*. 1970.
Band 3: *Prosa, Filmtexte, Schriften*. 1972.
Band 4: *Gespräche, Notate, Arbeitsmaterialien* [und Register zu Band 1-4]. 1973.
Berlin u. Weimar: Aufbau-Verlag.

BBB
Seidel, Gerhard: *Bibliographie Bertolt Brecht. Titelverzeichnis. Band 1: Deutschsprachige Veröffentlichungen aus den Jahren 1913-1972. Werke von Brecht. Sammlungen,*

Dramatik. Berlin u. Weimar: Aufbau-Verlag 1975.
Mit Beiheft: Interimistische Register.

BBBV
Die Bibliothek Bertolt Brechts. Ein kommentiertes Verzeichnis. Hg. v. Bertolt-Brecht-Archiv. Frankfurt a.M.: Suhrkamp 1998.

6.2 Sekundärliteratur

Adameck, Heinz: *Brechts Vorstellungen von Filmaufzeichnungen seiner Theaterstükke*. In: Hecht, Werner (Hg.): *alles was Brecht ist ... Ein Medienhandbuch*. Frankfurt a.M. 1997, S. 127f.

Adorno, Theodor W.: *Engagement*. In: ders.: *Noten zur Literatur III*. Frankfurt a.M. 1965, S. 109-134, S. 109-134.

Ahrendt, Hanna: *Walter Benjamin – Bertolt Brecht. Zwei Essays*. München 1971.

Albers, Jürgen: *Die Gesichte der Simone Machard. Eine zarte Träumerei nach den Motiven von Marx, Lenin und Schiller*. In: *Brecht-Jahrbuch 1978*. Frankfurt a.M. 1978 , S. 66-86 (es 965).

Albert, Claudia: *Wichtig vor allem zu lernen ist Einverständnis. Brechts Zusammenarbeit mit den Komponisten Weill, Hindemith und Eisler*. In: *Heinrich-Mann-Jahrbuch* 5 (1987), S. 181-203.

Ammondt, Jukka: *Brecht und die Marlebäcker Geschichten. Hella Wuolijokis zentrales Erzählmaterial im Hinblick auf die Zusammenarbeit von Brecht und Wuolijoki am Puntila*. In: *Weimarer Beiträge* 31 (1985). S. 202-221.

Anders, Günther: *Brecht-Porträt. Tagebuch-Aufzeichnungen Santa Monica. 1942/43*. In: *Merkur* 11 (1957), S. 838-847.

Aufricht, Ernst Josef: *Erzähle, damit du dein Recht erweist. Aufzeichnungen eines Berliner Theaterdirektors*. München 1969 (dtv 601).

Bahr, Gisela E.: *»Und niemals wird eine Verständigung sein«: »Im Dickicht der Städte«*. In: W. Hinderer (Hg.): *Brechts Dramen. Neue Interpretationen*. Stuttgart 1984, S. 67-88.

Baldo, Dieter: *Bertolt Brechts »Antigonemodell 1948«. Theaterarbeit nach dem Faschismus*. Köln 1987.

Banholzer, Paula: *So viel wie eine Liebe. Der unbekannte Brecht. Erinnerungen und Gespräche*. Hg. v. Axel Poldner u. Willibald Eser, München 1981 [enthält außerdem u.a.: *Marianne Zoff-Brecht-Lingen erzählt Willibald Eser über ihre Zeit mit Bert Brecht*, S. 153-193] (auch: Goldmann-Tb. 6669 als: *Meine Zeit mit Bert Brecht. Erinnerungen und Gespräche*, 1984).

Barthes, Roland: *Warum Brecht?* Hg. v. Ottmar Ette. Frankfurt a.M. 1998 (es 2055).

Baum, Ute: *Bertolt Brechts Verhältnis zu Shakespeare*. Berlin/DDR 1981, S. 145-183 (Brecht Studien. Band 6).

Baumgart, Reinhard: *Selbstvergessenheit – Drei Wege zum Werk: Thomas Mann. Franz Kafka. Bertolt Brecht*. München 1989.

Bawey, Petermichael von: *Dramatic structure of revolutionary language – tragicomedy in Brecht »The Mother«*. In: *Clio* 10 (1980) H. 1. S. 21-33.

Bawey, Petermichael von: *Rhetorik der Utopie. Eine Untersuchung zum ästhetischen Aufbau und argumentativen Zusammenhang der Lehrstücke Brechts*. München 1981.

Baycroft, Bernard K.: *Brecht in Colombia: The Rise of the New Theatre*. Standford University 1986.

Bayerdörfer, Hans-Peter: *Die Einakter – Gehversuche auf schwankendem Boden*. In: W. Hinderer (Hg.): *Brechts Dramen. Neue Interpretationen*. Stuttgart 1984, S. 245-265.

Benjamin, Walter: *Briefe*. 2 Bände. Hg. u. m. Anm. vers. v. Gershom Scholem u. Theodor W. Adorno. Frankfurt a.M. 1978b (es 930).

Benjamin, Walter: *Gesammelte Schriften*, hg. v. Rolf Tiedemann u. Hermann Schweppenhäuser. 7 Bände. Frankfurt a.M. 1991 (stw 931-937).

Benjamin, Walter: *Versuche über Brecht*. Hg. u. m. e. Nachw. vers. v. Rolf Tiedemann. Frankfurt a.M. 1966 (Neu durchges. u. erw. Ausg. 1978a) (es 172).

Berenberg-Gossler, Heinrich: *Das Lehrstück – Rekonstruktion einer Theorie oder Fortsetzung eines Lehrprozesses? Eine Auseinandersetzung mit R.Steinweg, Das Lehrstück*. In: *Brechtdiskussion*. Hg. v. Joachim Dyck u.a., S. 121-171, Kronberg 1974.

Berger, Willy R.: *Svendborger Notizen. Baudelaire im Urteil Bert Brechts*. In: *Arcadia* 12 (1977). S. 47-64.

Berlau, Ruth: *Brechts Lai-tu. Erinnerungen und Notate*. Hg. u. m. e. Nachwort von Hans Bunge. Darmstadt / Neuwied 1985.

Betz, Albrecht: *Exil und Engagement. Deutsche Schriftsteller im Frankreich der dreißiger Jahre*. München 1986.

Betz, Albrecht: *Politisierung eines Mythos. Jeanne d'Arc als Simone bei Brecht und Feuchtwanger*. In: *Realismuskonzeptionen der Exil-Literatur zwischen 1935 und 1940/41*. Tagung der Hamburger Arbeitsstelle für deutsche Exilliteratur. Sonderband 1. Hamburg 1988, S. 94-104.

Bienert, Michael: *Mit Brecht durch Berlin. Ein literarischer Reiseführer*. Frankfurt a.M. 1998. (it 2169.)

Bjelkendal, Göran: *»Lux in tenebris«: a film scenario*. In: *Communications of the International Brecht society*. 15 (1985/86). H. 1, S. 17-23.

Bloch, Ernst: *Gesamtausgabe in 16 Bänden*. Frankfurt a.M. 1977 (werkausgabe edition suhrkamp)

Bock, D. Stephan: *Coining Poetry. Brechts »Guter Mensch von Sezuan«. Zur dramatischen Dichtung eines neuen Jahrhunderts*. Frankfurt a.M. 1998 (es 2057).

Bock, Stephan: *Brechts Vorschläge zur Überwindung der ›Deutschen Misere‹ (1948-1956)*. In: *Jahrbuch zur Literatur in der DDR*. Band 2. Bonn 1982. S. 49-67.

Boie-Grotz, Kirsten: *Brecht – der unbekannte Erzähler. Die Prosa 1913-1934*. Stuttgart 1978.

Bömelburg, Wolfgang: *Hobellied für Bertolt Brecht. Ein Theatertischler (des Berliner Ensembles) erzählt*. Berlin 1997.

Borchardt, Frank K.: *Marx, Engels und Brecht's Galileo*. In: *Brecht heute. Brecht today. Jahrbuch der internationalen Brecht-Gesellschaft* 2/1972, S. 149-163

Bormann, Alexander von: *Gegen die Beschädigung des menschlichen Denkvermögens: Brechts antifaschistische Dramen*. In: W. Hinderer (Hg.): *Brechts Dramen. Neue Interpretationen*. Stuttgart 1984, S. 321-342.

Bormann, Alexander von: *Nämlich der Mensch ist unbekannt: Ein dramatischer Disput über Humanität und Revolution (»Masse Mensch«, »Die Maßnahme«, »Mauser«)*. In: *Wissen und Erfahrung. Werkbegriff und Interpretation heute*. Festschrift für Hermann Meyer. Hg. v. A.v. Bormann. Tübingen 1976. S. 851-880.

Brandt, Helmut: *Zur Erneuerung des Erzählens in den Geschichten Bertolt Brechts*. In: *Erzählte Welt. Studien zur Epik des 20. Jahrhunderts*. Hg. v. Helmut Brandt und Nodar Kakabadse. Berlin und Weimar 1978. S. 169-209.

Brecht, Walter: *Unser Leben in Augsburg, damals. Erinnerungen.* Frankfurt a.M. 1984 (auch: st 1368).
Brenner, Hildegard (Hg.): Alternative 78/79. *Materialistische Literaturtheorie III. Große und Kleine Pädagogik. Brechts Modell der Lehrstücke.* Jg. 14, 1971.
Brenner, Hildegard (Hg.): Alternative 91. *Brecht-Materialien I. Zur Lehrstückdiskussion.* Jg. 16, 1973.
Brenner, Hildegard (Hg.): Alternative 107. *Erprobung des Brechtschen Lehrstücks. Politisches Seminar im Stahlwerk Terni.* Jg. 19, 1976.
Briner, Andreas (u.a.): *Paul Hindemith. Leben und Werk in Bild und Text.* Zürich und Mainz 1988.
Bronnen, Arnolt: *Tage mit Bertolt Brecht. Geschichte einer unvollendeten Freundschaft.* Berlin/DDR 1973. – M. e. Vorw. v. Klaus Völker: Darmstadt / Neuwied 1976 (Sammlung Luchterhand 172); Frankfurt a.M. 1990 (Sammlung Luchterhand 919) [die Texte sind Bronnens Erinnerungen entnommen: *Arnolt Bronnen gibt zu Protokoll. Beiträge zur Geschichte des modernen Schriftstellers.* Reinbek b. Hamburg 1960].
Brunkhorst, Martin: *Shakespeares »Coriolanus« in deutscher Bearbeitung.* (Komparatistische Studien. Beihefte zu *arcadia* 3). Berlin, New York 1973.
Buck, Theo: *Dialektisches Drama, dialektisches Theater. Anmerkungen zu Brechts »Leben des Galilei«.* In: *Etudes Germaniques* 33/1978, S. 414-427.
Buhl, Barbara: *Bilder der Zukunft: Traum und Plan. Utopie im Werk Bertolt Brechts.* Bielefeld 1988.
Bunge, Hans-Joachim: *Brecht im zweiten Weltkrieg.* In: *Neue Deutsche Literatur* 10 (1962). Heft 3. S. 36-50.
Bunge, Hans-Joachim: *Brecht probiert. Notizen und Gedanken zu Proben an Bertolt Brechts Stück ›Der kaukasische Kreidekreis‹.* In: *Sinn und Form. Zweites Sonderheft Bertolt Brecht.* Berlin/DDR 1957. S. 322-336.
Bunge, Hans: *»Das Manifest« von Bertolt Brecht. Notizen zur Entstehungsgeschichte.* In: *Sinn und Form*, Jg.15, Heft 2/3, 1963, S.184-203.
Bunge, Hans: *Die Debatte um Hanns Eislers »Johann Faustus«. Eine Dokumentation.* Berlin 1991.
Buono, Franco: *Bertolt Brecht. 1917-1922. Jugend, Mythos, Poesie.* Göttingen 1988 (zuerst ital. 1983).
Buono, Franco: *Zur Prosa Brechts.* Frankfurt a.M. 1973 (st 88).
Busch, Walter: *Bertolt Brecht: Furcht und Elend des Dritten Reiches.* Frankfurt a.M. 1982.
Buzady, Zoltan: *»Coriolanus« bei Shakespeare und Brecht.* 1990.

Canetti, Elias: *Brecht.* In: E.C.: *Die Fackel im Ohr. Lebensgeschichte 1921-1931.* Frankfurt a.M. 1982. S. 253-266 (Fischer Tb. 5404).
Claas, Herbert: *Die politische Ästhetik Bertolt Brechts vom Baal zum Caesar.* Frankfurt a.M. 1977 (es 832).
Cook, Bruce: *Brecht in Exile.* New York 1983.

Daphinoff, Dimiter: *Baal, die frühe Lyrik und Hanns Johst. Noch einmal über die literarischen Anfänge Bertolt Brechts.* In: *Jahrbuch der deutschen Schillergesellschaft* 19 (1975), S. 324-343.
Dieckmann, Friedrich: *»Galilei«-Komplikationen.* In: *Weimarer Beiträge.* 34. 1988. S. 213-229.
Dieckmann, Friedrich: *Die Tragödie des Coriolan. Shakespeare im Brecht-Theater.* In: *Sinn und Form* 17 (1965), S. 463-489.

Dokumente der SED, Band 3, Berlin/DDR 1952.

Donnenberg, Josef: *Schiller: Die Jungfrau von Orleans – Brecht: Die heilige Johanna der Schlachthöfe. Zur Interpretation und Rezeption.* In: *Festschrift für Adalbert Schmidt zum 70. Geburtstag.* Stuttgart 1976, S. 257-287.

Dümling, Albrecht: *Laßt euch nicht verführen. Brecht und die Musik.* München 1985.

Dyck, Joachim: *Ideologische Korrektur der Wirklichkeit. Brechts Filmästhetik am Beispiel seiner Erzählung »Die Bestie«.* In: *Brecht-Diskussion.* Kronberg/Ts. 1974. S. 207-260.

Eisler, Hanns: *Johann Faustus. Fassung letzter Hand.* Hg. v. Hans Bunge. M. e. Nachw. v. Werner Mittenzwei. Berlin/DDR 1983.

Emmel, Felix: *Das ekstatische Theater,* Prien/Chiemsee 1924.

Engberg, Harald: *Brecht auf Fünen. Exil in Dänemark 1933-1939.* Wuppertal 1974 (zuerst dän. 1966).

Esslin, Martin: *Das Paradox des politischen Dichters.* Frankfurt a.M./Bonn 1962.

Fassmann, Kurt: *Brecht. Eine Bildbiographie.* München 1958.

Feilchenfeld, Konrad: *Bertolt Brecht. »Trommeln in der Nacht«. Materialien, Abbildungen, Kommentar.* München 1976 (= Reihe Hanser Lit.-Kommentare Band 2).

Feingold, Michael: *The difficulty of »Einverständnis«: A note on Der Jasager ans Brecht's didactic plays.* In: *Yale Theatre* 6 (1975). H. 2. S. 35-43.

Ferran, Peter Wigglesworth: *Brecht and Farquhar. The Critical Art of Dramatic Adaption.* University of Michigan-Press, 1972.

Feuchtwanger, Lion: *Bertolt Brecht. Dargestellt für Engländer.* In: *Die Weltbühne* 24 (1928). Heft 36. 4. September 1928. S. 372-376.

Feuchtwanger, Lion: *Briefwechsel mit Freunden. 1933-1958.* Hg. v. Harold von Hofe u. Sigrid Washborn. 2 Bände. Berlin u. Weimar 1991.

Feuchtwanger, Lion: *Ein Buch nur für meine Freunde.* Frankfurt a.M. 1984 (Fischer-Tb. 5823).

Feuchtwanger, Lion: *Moskau 1937. Ein Reisebericht für meine Freunde.* Amsterdam 1937. – Einziger Nachdruck: M. Nachw. v. Joseph Pischel u. Auszügen *Aus Feuchtwangers KGB-Akte.* Berlin u. Weimar 1993 (Aufbau Tb. 5020).

Feuchtwanger, Lion: *Zur Entstehungsgeschichte des Stückes »Simone«.* In: *Neue Deutsche Literatur,* Berlin/DDR, 1957, S. 56-58.

Feuerlicht, Ignace: *Bertolt Brechts »Das Verhör des Lukullus«.* In: *Monatshefte* 75/1983. H. 4, S. 369-383.

Fischer, Gerhard: *Brechts Dramen 1948-1950.* In: *»Die Mühen der Ebenen«. Kontinuität und Wandel in der deutschen Literatur und Gesellschaft. 1945-1949.* Heidelberg 1981, S. 271-306.

Fischer, Gerhard: *Der Naturalismus auf der Bühne des epischen Theaters: Zu Brechts Bearbeitung von »Der Biberpelz« und »Der Rote Hahn«.* In: *Monatshefte* 67 (1975), S. 224-236.

Fischetti, Renate: *Über die Grenzen der List oder Der gescheiterte Dreigroschenfilm. Anmerkungen zu Brechts gescheitertem Exposé »Die Beule«.* In: *Brecht-Jahrbuch 1976,* S. 43-60.

Fleißer, Marieluise: *Gesammelte Werke.* 4 Bände. Hg. v. Günther Rühle. Frankfurt a.M. 1972, 1989. [*Der Tiefseefisch* (1929/30), Band 1, S. 289-356 (458-460). – *Erinnerungen an Brecht* (1964), Band 2, S. 295-314 (340). – *Avantgarde* (1962), Band 3, S. 117-168 (314f.). – *Brecht und seine Götter* (1966), Band 4,

S. 453-458. – *Der frühe Brecht* (1966), Band 4, S. 478-482. – *Zu Therese Giehse. Zu Brecht* (1973), Band 4, S. 483-486. – *Zu Brecht* (1973), Band 4, S. 487-490.]

Flügge, Manfred: *Wider Willen im Paradies. Deutsche Schriftsteller im Exil in Sanary-sur-Mer.* Berlin 1996.

Fradkin, Ilja: *Bertolt Brecht. Weg und Methode.* Leipzig 1974 (RUB 32. Auch: Röderberg-Tb. 32. 1977) [zuerst russ. 1965].

Freese, Wolfgang: *Benjamin und Brecht. Aspekte ihres Verhältnisses.* In: *Colloquia Germanica* 12 (1979). S. 220-245.

Frisch, Max: *Tagebuch 1946-1949.* In: *Gesammelte Werke in zeitlicher Folge*, Band II. Frankfurt a.M. 1976. Bes. S. 593-603, 637f.

Frisch, Max: *Erinnerungen an Brecht.* In: *Tagebuch 1966-1971.* In: *Gesammelte Werke in zeitlicher Folge*, Band VI. Frankfurt a.M. 1976. S. 20-38.

Frisch, Werner / Obermeier, K.W.: *Brecht in Augsburg. Erinnerungen, Dokumente, Texte, Fotos.* Berlin / Weimar 1975 (auch: st 297, 1976); ^{2}1986. NA 1997: AtV 8027.

Frühwald, Wolfgang: *Eine Moritat vom Ende des Individuums. Das Theaterstück »Baal«.* In: Walter Hinderer (Hg.): *Brechts Dramen. Neue Interpretationen.* Stuttgart 1984, S. 33-47.

Fuegi, John: *The Life and Lies of Bertolt Brecht.* London 1994 (auch als: *Brecht & Company. Sex, Politics, and the Making of the Modern Drama*, New York 1994). Dt.: *Brecht & Co.* Autor., überarb. u. erweit. dt. Fass. v. Sebastian Wohlfeil. Hamburg 1997.

Fuhrmann, Marion: *Bilder von Hollywood und anderswo.* In: Jan Knopf (Hg.): *Brecht-Journal 2.* Frankfurt/M. 1986. S. 15-36 (= edition suhrkamp 1396).

Fuhrmann, Marion: *Hollywood und Buckow. Politisch-ästhetische Strukturen in den Elegien Brechts.* (Diss.). Köln 1985.

Funke, Christoph / Jansen, Wolfgang: *Theater am Schiffbauerdamm. Die Geschichte einer Berliner Bühne.* Berlin 1992.

Gaehme, Tita: *Dem Traum folgen. Das Leben der Schauspielerin Carola Neher und ihre Liebe zu Klabund.* Köln 1996.

Gebhard, Peter: *Brechts »Coriolan«-Bearbeitung.* In: *Jahrbuch der deutschen Shakespeare-Gesellschaft (West).* 1972, S. 113-135.

Gersch, Wolfgang: *Film bei Brecht. Bertolt Brechts praktische und theoretische Auseinandersetzung mit dem Film.* Berlin/DDR 1975. Auch: München 1975.

Gerz, Raimund: *Bertolt Brecht und der Faschismus. In den Parabelstücken »Die Rundköpfe und die Spitzköpfe«, »Der aufhaltsame Aufstieg des Arturo Ui« und »Turandot oder Der Kongreß der Weißwäscher«. Rekonstruktion einer Versuchsreihe.* Bonn 1983.

Gier, Helmut / Hillesheim, Jürgen (Hg.): *Der junge Brecht. Aspekte seines Denkens und Schaffens.* Würzburg 1996.

Gier, Helmut: *Der Gymnasiast Brecht und seine erste Liebe.* In: *Sinn und Form* 40 (1988). Heft 1. S. 8-15.

Gilbert, Michael John T.: *Bertolt Brecht's Striving for Reason, Even in Music. A Critical Assessment.* New York, Frankfurt a.M. 1988.

Grandjonc, Jacques / Grundtner, Theresia (Hg.): *Zone der Ungewißheit. Exil und Internierung in Südfrankreich 1933-1944.* A. d. Franz. v. Theresia Grundtner. Reinbek 1993 (zuerst franz. 1990).

Grass, Günter: *Vor- und Nachgeschichte der Tragödie des Coriolanus von Livius und*

Plutarch über Shakespeare und Brecht zu mir. In: *Club Voltaire* II, München 1965, S. 323-344.

Grathoff, Dirk: *Dichtung versus Politik. Brechts »Coriolan« aus Günter Grassens Sicht.* In: *Brecht heute. Brecht today. Jahrbuch der Internationalen Brecht-Gesellschaft*, 1/1971, S. 98-109.

Grathoff, Dirk: *Literarhistorische Ungleichzeitigkeiten. Der »Hofmeister« von Lenz zu Brecht.* In: ders. (Hg.): *Studien zur Ästhetik der Kunstperiode.* Frankfurt a.M., Bern 1985, S. 163-207.

Grimm, Reinhold: *Ideologische Tragödie und Tragödie der Ideologie. Versuch über ein Lehrstück von Brecht.* In: *Zeitschrift für deutsche Philologie*, 78 (1958), S. 394-424.

Grimm, Reinhold: *Kreuzzug gegen Brecht?* In: *Theatrum Mundi.* München 1980. S. 136-144.

Grimm, Reinhold: *Marxistische Emblematik. Zu Bertolt Brechts »Kriegsfibel«.* In: *Wissenschaft als Dialog. Studien zur Literatur und Kunst seit der Jahrhundertwende.* Hg. v. Renate v. Heydebrandt und K. G. Just (Wolfdietrich Rasch zum 65. Geburtstag), Stuttgart 1969.

Grimm, Roderich: *Verfremdung in Bertolt Brechts »Leben des Galilei«.* Frankfurt a.M., Bern u.a. 1987.

Grosz, George: *Briefe 1913-1959.* Hg. v. Herbert Knust. Reinbek 1979.

Groth, Peter/Voigts, Manfred: *Die Entwicklung der Brechtschen Radiotheorie 1927-1932.* In: *Brecht-Jahrbuch 1976,* S. 9-42.

Guillemin, Bernard: *Was arbeiten Sie? Gespräche mit Bert Brecht.* In: *Die Literarische Welt.* Berlin. 30. Juli 1926. S. 2 (auch in: *Brecht im Gespräch. Diskussionen, Dialoge, Interviews.* Hg. v. Werner Hecht. Frankfurt a.M. 1975. S. 187-190).

Haffner, Herbert: *Lenz »Der Hofmeister«, »Die Soldaten«. Mit Brechts »Hofmeister«-Bearbeitung und Materialien.* München 1979.

Hampel, Johannes: *Die politische Didaktik des Lehrstückeschreibers. (Brecht und der Marxismus).* In: *Bertolt Brecht – Aspekte seines Werkes, Spuren seiner Wirkung.* Hg. v. H. Koopmann und Theo Stammen. München 1983. S. 115-123.

Hartung, Günter: *»Furcht und Elend des Dritten Reiches« als Satire.* In: *Erworbene Tradition.* Berlin 1977, S. 57-118.

Hartung, Günter: *Literatur und Ästhetik des deutschen Faschismus.* Berlin/DDR 1984.

Hauck, Stefan / Hassing, Rudy: *Chronik Margarete Steffins: Vorläufige Forschungsergebnisse.* In: *Das Brecht Jahrbuch 19. Focus: Margarete Steffin.* Madison 1994. S. 45-51.

Hauck, Stefan: *Margarete Steffin. Leben und Werk.* Diss. masch. Frankfurt a.M. 1996. – Frankfurt a.M. 1998 (st 2869).

Hauptmann, Elisabeth: *Julia ohne Romeo. Geschichten, Stücke, Aufsätze, Erinnerungen.* Hg. v. Rosemarie Eggert u. Rosemarie Hill. Berlin / Weimar 1977.

Hauptmann, Elisabeth: *Notizen über Brechts Arbeit 1926.* In: *Sinn und Form. Zweites Sonderheft Bertolt Brecht.* Berlin/DDR 1957. S. 241-243.

Häußler, Inge: *Denken mit Herrn Keuner. Zur deiktischen Prosa in den Keunergeschichten und Flüchtlingsgesprächen,* Berlin/DDR 1981 (Brecht-Studien 2).

Hay, Gerhard: *Bertolt Brechts und Ernst Hardts gemeinsame Rundfunkarbeit.* In: *Jahrbuch der deutschen Schillergesellschaft.* 12 (1968), S. 112-131.

Hecht, Werner (Hg.): *alles was Brecht ist... Ein Medienhandbuch.* Begleitbuch zu den gleichnamigen Sendereihen von 3sat und S2 Kultur. Frankfurt a.M. 1997.

Hecht, Werner: *Brecht Chronik 1898-1956.* Frankfurt a.M. 1997.

Hecht, Werner (Hg.): *Bertolt Brecht. Leben und Werk im Bild.* Frankfurt a.M. 1979 (it 406; 2., verb. Aufl. 1986).

Hecht, Werner (Hg.): *Bertolt Brecht. Sein Leben in Bildern und Texten.* Frankfurt a.M. 1978 (auch: it 1122).

Hecht, Werner / Unseld, Siegfried (Hg.): *Helene Weigel zu Ehren*, Frankfurt a.M. 1970.

Hennenberg, Fritz (Hg.): *Brecht-Liederbuch.* 3 Bände. Frankfurt a.M. 1984 [auch st 1216].

Hennenberg, Fritz: *Dessau – Brecht. Musikalische Arbeiten.* Berlin/DDR 1963.

Herden, Werner: *Vorschläge Brechts für das antifaschistische Bündnis.* In: *Sammlung* 3 (1980). S. 88-97.

Herrmann, Hans Christian von: *Sang der Maschinen. Brechts Medienästhetik.* München 1996.

Herrmann, Hans Peter: *Vom »Baal« zur »Heiligen Johanna der Schlachthöfe«. Die dramatische Produktion des jungen Brecht als Ort gesellschaftlicher Erfahrung.* In: *Poetica* 5/1972, S. 191-211.

Herrmann, Hans Peter: *Wirklichkeit und Ideologie. Brechts »Heilige Johanna der Schlachthöfe« als Lehrstück bürgerlicher Praxis im Klassenkampf.* In: J. Dyck (u.a.). *Brechtdiskussion.* Kronberg/Ts. 1974, S. 52-120.

Hetschel, Ingrid / Hoffmann, Klaus / Vassen, Florian (Hg.): *Brecht & Stanislawski – und die Folgen.* Berlin 1997.

Hiley, Jim: *Theatre at Work. The story of the National Theatre's production of Brecht's Galilei.* London, Boston u.a. 1981.

Hilfrich, Walter: *Bertolt Brecht. »Das Verhör des Lukullus«.* In: *Pädagogische Provinz* 21/1967, S. 273-288.

Hillesheim, Jürgen / Wolf, Uta (Hg.): *Bertolt Brechts »Die Ernte«. Die Augsburger Schülerzeitschrift und ihr wichtigster Autor.* Gesamtausgabe. Mit Faksimile von Heft 4. Augsburg 1997.

Hinck, Walter: *Die Dramaturgie des späten Brecht.* Göttingen 1959.

Hinderer, Walter: *»Das Gehirn der Bevölkerung arbeitet in vollem Licht«: »Die Tage der Commune«.* In: W. Hinderer (Hg.): *Brechts Dramen. Neue Interpretationen.* Stuttgart 1984, S. 217-244.

Hinderer, Walter: *Inferno am Pazifik oder die heilige Flucht in den ästhetischen Mehrwert: Bertolt Brechts kalifornische Alpträume.* In: *Weimar am Pazifik.* Tübingen 1985. S. 137-145.

Hinton, Stephen: *Kurt Weill. The Threepenny Opera.* Cambridge / New York u.a. 1990 (Cambridge Opera Handbooks).

Hinton, Stephen: *The Concept of Epic Opera: Theoretical Anomalies in the Brecht-Weill Partnership.* In: *Das musikalische Kunstwerk. Geschichte – Ästhetik – Theorie.* Festschrift für Carl Dahlhaus. Hg. v. Hermann Danuser u.a. Laaber 1988, S. 285-294.

Hoffmann, Ludwig (u.a.): *Mitarbeiter: M. Steffin.* In: *Exil in der Tschechoslowakei, in Großbritannien, Skandinavien und in Palästina.* Frankfurt a.M. 1981. S. 482-506 (= *Kunst und Literatur im antifaschistischen Exil*, Band 5).

Hofmannsthal, Hugo von: *Das Theater des Neuen.* In: *Gesammelte Werke in zehn Einzelbänden. Dramen III*, 1893-1927, Frankfurt a.M. 1979, S. 503-513.

Hoover, Marjorie Lawson: *»Ihr geht gemeinsam den Weg nach unten«. Aufstieg und*

Fall Amerikas im Werk Brechts. In: *Amerika in der deutschen Literatur*. Düsseldorf 1975. S. 294-314.

Horn, Peter: *Die Wahrheit ist konkret. Bertolt Brechts »Maßnahme« und die Frage der Parteidisziplin*. In: *Brecht-Jahrbuch 1978*. S. 39-65.

Horst, Astrid: *Prima inter pares. Elisabeth Hauptmann. Die Mitarbeiterin Bertolt Brechts*. Würzburg 1992.

Iehl, Dominique: *Grotesque ou réduction. Aspects du théatre allemand au XXe siècle*. In: *Etudes Germaniques*, 43 (1988). H.1, S. 97-108.

Ignasiak, Detlef: *Bertolt Brechts »Kalendergeschichten«. Kurzprosa 1935-1956*. Berlin/DDR 1982 (Brecht-Studien 9).

Jacobs, Jürgen: *»Der Biberpelz« und »Der Rote Hahn«*. In: Walter Hinck (Hg.): *Die deutsche Komödie. Vom Mittelalter bis zur Gegenwart*. Düsseldorf 1977, S. 195-212 und 386-388.

Jacobson, Hans Henrik: *Bert Brecht in Dänemark 1933 bis 1939*. In: *Orbis Litterarum* 15 (1960). S. 247-249.

Jaretzky, Reinhold: *Bertolt Brecht – »Der Jasager« und »Der Neinsager«*. Frankfurt a.M. 1991.

Jaretzky, Reinhold: *Die Diskussion um die Lehrstücktheorie Bertolt Brechts*. In: *Diskussion Deutsch* 12 (1981). S. 75-87.

Jeske, Wolfgang: *Bertolt Brechts Poetik des Romans*. Frankfurt a.M. 1984.

Jeske, Wolfgang / Zahn, Peter: *Lion Feuchtwanger oder Der arge Weg der Erkenntnis. Eine Biographie*. Stuttgart 1984.

Jeske, Wolfgang: *»...jetzt habe ich ihm wieder Flöhe ins Ohr gesetzt«. Anmerkungen zu Margarete Steffin, »Hauslektorin« bei Brecht*. In: *Focus: Margarete Steffin. The Brecht-Yearbook / Das Brecht-Jahrbuch. 19*. 1994a. S. 119-133.

Jeske, Wolfgang: *Von der »Skizze eines Romans« zum »Meisterwerk moderner Prosa«. Anmerkungen zum Erzähler Brecht*. In: *Der Deutschunterricht*. 1994b. Heft 6. S. 44-52.

Kächele, Heinz: *Bertolt Brecht. Bildbiographie*. Leipzig 1984.

Kahnt, Hartmut: *Die Opernversuche Weills und Brechts mit Mahagonny*. In: *Musiktheater heute*. 6 Kongreßbeiträge. Hg. v. H. Kühn. Mainz / London / New York 1982, S. 63-93.

Kaiser, Joachim: *Brechts »Maßnahme« und die linke Angst. Warum so ein ›Lehrstück‹ so viel Verlegenheit und Verlogenheit provozierte*. In: *Die Neue Rundschau* 84 (1973), S. 96-125.

Kamath, Rekha: *Brechts Lehrstück-Modell als Bruch mit der bürgerlichen Theatertradition*. Frankfurt a.M., Bern 1983.

Kaufmann, Hans: *Bertolt Brecht. Geschichtsdrama und Parabelstück*. Berlin 1962.

Kebir, Sabine: *Ich fragte nicht nach meinem Anteil. Elisabeth Hauptmanns Arbeit mit Bertolt Brecht*. Berlin 1997.

Keil, Hartmut (Hg.): *Sind oder waren Sie Mitglied? Verhörprotokolle über unamerikanische Aktivitäten 1947 bis 1956*. Reinbek 1979. S. 76-95.

Kepka, Ania: *The relationship of Brecht's »Die Mutter« to its sources: a reassessment*. In: *German life & letters. A quarterly review*. 38. 1984/85. S. 233-248.

Kessler, Harry Graf: *Tagebücher 1918-1937*. Hg. v. Wolfgang Pfeiffer-Belli. Frankfurt a. M. 1982 (it 659).

Kesting, Marianne: *Bertolt Brecht in Selbstzeugnissen und Bilddokumenten*. Reinbek b. Hamburg 1959 (rm 37) [34. Aufl. mit ergänzter Bibliogr. 1993].

Kesting, Marianne: *Die Groteske vom Verlust der Identität. Bertolt Brechts »Mann ist Mann«*. In: H. Steffen (Hg.): *Das deutsche Lustspiel*. Band 2. Göttingen, 1969, S. 180-212.

Ketelsen, Uwe K.: *Kunst im Klassenkampf. »Die heilige Johanna der Schlachthöfe«*. In: W. Hinderer (Hg.): *Brechts Dramen. Neue Interpretationen*. Stuttgart 1984, S. 106-124.

Kieser, Rolf: *Erzwungene Symbiose. Thomas Mann, Robert Musil, Georg Kaiser und Bertolt Brecht im Schweizer Exil*. Bern / Stuttgart 1984.

Kitching, Laurence P.A.: *»Der Hofmeister«. A Critical Analysis of Bertolt Brecht's Adaption of Lenz's Drama*. München 1976.

Klotz, Volker: *Bertolt Brecht. Versuch über das Werk*. Bad Homburg 1961.

Knopf, Jan: *Geschichten zur Geschichte. Kritische Tradition des ›Volkstümlichen‹ in den Kalendergeschichten Hebels und Brechts*. Stuttgart 1973a.

Knopf, Jan: *Gemeine Geschichte oder der Kammerdiener als Historiograph. Notizen zu Brechts »Kalendergeschichten«*. In: *Bertolt Brecht II. Sonderband aus der Reihe Text + Kritik*. München 1973b. S. 97-108.

Knopf, Jan: *Bertolt Brecht und die Naturwissenschaften*. In: *Brecht-Jahrbuch 1978*, S. 13-38 Frankfurt a.M. 1978.

Knopf, Jan: *Brecht-Handbuch. Theater. Eine Ästhetik der Widersprüche*. Stuttgart 1980.

Knopf, Jan: *Brecht-Handbuch. Lyrik, Prosa, Schriften. Eine Ästhetik der Widersprüche*. Stuttgart 1984.

Knopf, Jan: *Trommeln in der Nacht*. In: W. Hinderer (Hg.): *Brechts Dramen. Neue Interpretationen*. Stuttgart 1984, S. 48-66.

Knopf, Jan: *Bertolt Brecht*. In: *Deutsche Dichter*, Band 7. *Vom Beginn bis zur Mitte des 20. Jahrhunderts*. Stuttgart 1989, S. 483-504.

Knopf, Jan: *Gelegentlich: Poesie. Ein Essay über die Lyrik Bertolt Brechts*. Frankfurt a.M. 1996.

Knopf, Jan (Hg.): *Bertolt Brechts »Terzinen über die Liebe«*. Frankfurt a.M. 1998 (es 2059).

Knopf, Jan (Hg.): *Brecht-Journal [1]*. Frankfurt a.M. 1983 (es 1191).

Knopf, Jan (Hg.): *Brecht-Journal 2*. Frankfurt a.M. 1986 (es 1396).

Knopf, Jan (Hg.): *Die deutsche Kalendergeschichte. Ein Arbeitsbuch*. Frankfurt a.M. 1983 (stm 2030).

Knust, Herbert / Marx, Leonie: *Brechts »Lux in tenebris«*. In: *Monatshefte für deutschen Unterricht* 65 (1973), S. 117-125.

Knust, Herbert: *Brechts »Fischzug«*. In: *Brecht heute. Brecht today. Jahrbuch der Internationalen Brecht-Gesellschaft*. Jg. 1. Frankfurt a.M. 1971, S. 98-109.

Kocks, Klaus: *Brechts literarische Evolution. Untersuchungen zum ästhetisch-ideologischen Bruch in den Dreigroschen-Bearbeitungen*. München 1981.

Krabiel, Klaus-Dieter: *Brecht Lehrstücke. Entstehung und Entwicklung eines Spieltyps*. Stuttgart / Weimar 1993.

Kracauer, Siegfried: *Von Caligari bis Hitler*. Frankfurt a.M. 1979 (zuerst Princeton 1947).

Kramer, Jürgen: *Brechts Lehrstücke. Zur organisierenden Funktion von Theorie-Praxis-Manövern*. In: *Projekt Deutschunterricht 6: Kritischer Literaturunterricht – Dichtung und Politik*. Hg. v. H. Ide und B. Lecke. S. 127-141.

Kroetz, Franz-Xaver: *Über die »Maßnahme« von Bertolt Brecht*. In: *Kürbiskern*. (1975) H. 4. S. 99-110.

Kunst und Literatur im antifaschistischen Exil 1933-1945 in sieben Bänden: Band 1: *Exil in der UdSSR*. Von Klaus Jarmatz, Simone Barck, Peter Diezel u.a.,

Leipzig 1979 (RUB 806); 2., neu bearb. u. erw. Aufl. in zwei Bänden, 1989.
Band 2: *Exil in der Schweiz.* Von Werner Mittenzwei. Leipzig 1978 (RUB 768).
Band 3: *Exil in den USA. Mit einem Bericht »Schanghai – Eine Emigration am Rande«.* Von Eike Middell u.a. Leipzig 1979.
Band 4: *Exil in Lateinamerika.* Von Wolfgang Kießling. Leipzig 1981.
Band 5: *Exil in der Tschehoslowakei, in Großbritanien, Skandinavien und Palästina.* Von Ludwig Hoffmann u.a. Leipzig 1980 (RUB 848); 2., erw. Aufl. 1987.
Band 6: *Exil in den Niederlanden und in Spanien.* Von Klaus Hermsdorf, Hugo Fetting, Silvia Schlenstadt. Leipzig 1981 (RUB 861).
Band 7: *Exil in Frankreich.* Von Dieter Schiller, Karlheinz Pech, Regine Herrmann, Manfred Hahn. Leipzig 1981 (RUB 867).
(Parallel-Ausgabe als Röderberg-Taschenbücher, Frankfurt a.M.: 1. Nr. 88; 2. Nr. 89; 3. Nr. 90; 4. Nr. 91; 5. Nr. 92; 6. Nr. 93; 7. Nr. 94.)

Kurz, Gerhard: *Verwandlung von Wein in Wasser. Brechts Kritik des Christentums in »Die Hochzeit«.* In: *Euphorion* 78 (1984), S. 450-463.

Kussmaul, Paul: *Bertolt Brecht und das englische Drama der Renaissance.* Bern und Frankfurt a.M. 1974.

Kutscher, Artur: *Der Theaterprofessor. Ein Leben für die Wissenschaft vom Theater.* München 1960.

Lacis, Asja: *Revolutionärin im Beruf. Berichte über proletarisches Theater, über Meyerhold, Brecht, Benjamin und Piscator.* Hg. v. Hildegard Brenner. München 1971. [2]1976.

Lang, Joachim: *Brechts Sehschule. Anmerkungen zur »Kriegsfibel«.* In: Jan Knopf (Hg.): *Brecht-Journal 2.* Frankfurt/M. 1986. S. 95-114 (= edition suhrkamp 1396).

Lazarowicz, Klaus: *Die rote Messe. Liturgische Elemente in Brechts »Maßnahme«.* In: *Literaturwissenschaftliches Jahrbuch.* 16/1975 (1977). S. 205-220.

Lee, Young-Su: *Sozialer Verbrecher oder Helden-Charakteristik und Deutung der Figuren in Brechts »Leben des Galilei«.* In: *ZDSL.* Nr.16. 1981. S. 97-107.

Leiser, Erwin: *Gott hat kein Kleingeld. Erinnerungen.* Köln 1993.

Leiser, Erwin: *Nahaufnahmen. Begegnungen mit Künstlern unserer Zeit.* Hamburg 1990.

Lindner, Burkhardt: *Bertolt Brecht. »Der aufhaltsame Aufstieg des Arturo Ui«.* München 1982.

Livingstone, Rodney: *Is Galilei a Tui?* In: *Antipodische Aufklärungen. Antipodean enlightenments.* Festschrift für Leslie Dodi. Hg. v. Walter Veit (u.a.) Frankfurt a.M., Bern u.a. 1987. S. 241-258.

Lucchesi, Joachim / Shull, Ronald K.: *Musik bei Brecht.* Frankfurt a.M. 1988.

Lucchesi, Joachim: *Franz S. Bruinier. Brechts erster Komponist.* In: *Das Magazin,* H. 1, 1985, S. 66-70.

Lucchesi, Joachim (Hg.): *Das Verhör in der Oper. Die Debatte um die Aufführung »Das Verhör des Lukullus« von Bertolt Brecht und Paul Dessau.* Berlin 1993.

Lucchesi, Joachim / Schneider, Ursula (Hg.): *Lehrstück in der Praxis. Zwei Versuche mit Bertolt Brechts »Die Ausnahme und die Regel«, »Die Horatier und die Kuriatier«.* Berlin/DDR 1979.

Ludwig, Karl-Heinz: *Bertolt Brecht: Tätigkeit und Rezeption von der Rückkehr aus dem Exil bis zur Gründung der DDR.* Kronberg/Ts. 1976.

Lukács, Georg / Johannes R. Becher / Friedrich Wolf u.a.: *Die Säuberung. Moskau 1936: Stenogramm einer geschlossenen Parteiversammlung.* Hg. v. Reinhard Müller. Reinbek bei Hamburg 1991.

Lyon, James K. (Hg.): *Brecht in den USA.* Frankfurt a.M. 1994 (stm 2085).

Lyon, James K.: *Bertolt Brecht in Amerika.* Frankfurt a.M. 1984.

Lyon, James K.: *Bertolt Brecht's American Cicerone. With an Appendix Containing the Complete Correspondence Between Bertolt Brecht and Ferdinand Reyher.* Bonn 1978 (Abhandlungen zur Kunst-, Musik- und Literaturwissenschaft. 234).

Lyon, James K.: *Bertolt Brecht's Love Poetry for Margarete Steffin.* In: *Perspectives and Personalities.* Ed. by Ralph Ley u.a. Heidelberg 1978. S. 261-273.

Lyon, James K.: *The FBI as literary historian: the file of Bertolt Brecht.* In: *Brecht Yearbook* 11. (1982). S. 194-209.

Maas, Liselotte: *Handbuch der deutschen Exilpresse 1933-1945.* Hg. v. Eberhard Lämmert. München / Wien.
Band 1: *Bibliographie A-K.* 1976.
Band 2: *Bibliographie L-Z.* 1978.
Band 3: *Nachträge – Register – Anhang.* 1981.
Band 4: *Die Zeitungen des deutschen Exils in Europa von 1933 bis 1939 in Einzeldarstellungen.* 1990.

Mann, Thomas: *Gesammelte Werke in dreizehn Bänden.* Frankfurt a.M. 1975. Band 13.

Mann, Thomas: *Tagebücher 1918-1921.* hg. v. Peter de Mendelssohn. Frankfurt a.M. 1981.

Marsch, Edgar: *Brecht-Kommentar zum lyrischen Werk.* München 1974.

Martini, Fritz: *Bertolt Brecht: »Herr Puntila und sein Knecht Matti«. Das Volksstück als komisches Spiel.* In: ders.: *Lustspiele – und das Lustspiel.* Stuttgart 1974, S. 236-256.

Mauritz, Ima / Weitbrecht, Andreas (Hg.): *Oda Weitbrecht – Oda Buchenau. 1900-1988.* Frankfurt a.M. 1990 (Privatdruck). [Darin zwei Briefe Brechts vom Sommer 1922, S. 35-37.]

Mayer, Hans: *Brecht und Dürrenmatt oder Die Zurücknahme.* In: Hans Mayer, *Anmerkungen zu Brecht,* S. 56-83 Frankfurt a.M. 1965.

Mayer, Hans: *Brechts Hörspiel »Das Verhör des Lukullus«.* In: ders.: *Vereinzelt Niederschläge.* Pfullingen 1973, S. 218-227.

Mayer, Hans: *Christopher Marlowe und König Eduard II. von England.* In: ders., *Außenseiter.* Frankfurt a.M. 1975, S. 184-197.

Mayer, Hans: *Skandal der Jeanne d'Arc.* In: ders.: *Außenseiter.* Frankfurt a.M. 1975, S. 42-67.

Mayer, Hans: *Galilei, Brecht und die Folgen.* In: *Festschrift für E. W. Herd.* Dunedin 1980. S. 167-179.

Mayer, Hans: *Der Turm von Babel. Erinnerungen an eine Deutsche Demokratische Republik.* Frankfurt a.M. 1991.

Mayer, Hans: *Erinnerung an Brecht.* Frankfurt a.M. 1996. (auch 1998: st 2803.)

Mayer, Hans: *Brecht.* Frankfurt a.M. 1996.

Mennemeier, Franz Norbert: *Modernes deutsches Drama. Kritiken und Charakteristiken.* Band 1,2. München 1973.

Mennemeier, Norbert: *Antifaschistische Exildramatik.* In: *Modernes deutsches Drama.* Band 2. München 1975, S. 77-82.

Mews, Siegfried: *An Anti-Imperialist's view of the American Revolution. Brecht's Adaption of Farquhar's »The Recruiting Officer«*. In: *University of Dayton Review*, 14 (1980), S. 29-37.
Michael, Nancy C.: *The affinities of adaption: the artistic relationship between Brecht's »Coriolan« and Shakespeare's »Coriolanus«*. In: *Brecht-Yearbook 13*. 1984 (1987), S. 143-154.
Mittenzwei, Werner: *Bertolt Brecht. Von der »Maßnahme« zu »Leben des Galilei«*. Berlin/DDR 1962.
Mittenzwei, Werner: *Brecht und die Naturwissenschaften*. In: *Brecht 73*. Hg. v. W. Hecht. Berlin/DDR 1973. S. 153-167.
Mittenzwei, Werner: *Die Spur der Brechtschen Radiotheorie*. In: *Brechts Modell der Lehrstücke*. Hg. v. Reiner Steinweg. Frankfurt a.M. 1976. S. 225-252.
Mittenzwei, Werner: *Der Realismus-Streit um Brecht*. Berlin / Weimar 1978.
Mittenzwei, Werner: *Das Leben des Bertolt Brecht oder Der Umgang mit den Welträtseln*. 2 Bde. Berlin/DDR 1986; Frankfurt a.M. 1987. NA 1997: AtV 1340.
Monk, Egon: *Auf dem Platz neben Brecht. Erinnerungen an die ersten Jahre des Berliner Ensembles*. Hannover 1997.
Morley, Michael: *Truth in masquerade: Structure and meaning in Brecht's »Die Bestie«*. In: *Modern Language Notes* 90 (1975). S. 687-695.
Mühlen, Patrik von zur: *Fluchtweg Spanien – Portugal. Die deutsche Emigration und der Exodus aus Europa 1933-1945*. Bonn 1992.
Mühsam, Erich: *Namen und Menschen. Unpolitische Erinnerungen*. Berlin/West 1977 (Nachdruck der Ausgabe: Leipzig 1931; zuvor: *Vossische Zeitung*, 1927-1929).
Müller, André: *Kreuzzug gegen Brecht. Die Kampagne in der Bundesrepublik 1961/62*. Darmstadt o.J. [1962].
Müller, Klaus-Detlef: *Die Funktion der Geschichte im Werk Bertolt Brechts*. Tübingen 1972.
Müller, Klaus-Detlef: *»Das Große bleibt groß nicht...« Die Korrektur der politischen Theorie durch die literarische Tradition in Bertolt Brechts »Schweyk im Zweiten Weltkrieg«*. In: *Wirkendes Wort* 23/1973, S. 26-44.
Müller, Klaus-Detlef: *Brecht-Kommentar zur erzählenden Prosa*. München 1980.
Müller, Klaus-Detlef: *Bertolt Brechts »Leben des Galilei«*. In: Walter Hinck (Hg.), *Geschichte als Schauspiel. Deutsche Geschichtsdramen. Interpretationen*. Frankfurt a.M. 1981. S. 240-253.
Müller, Klaus-Detlef: *Mann ist Mann*. In: W. Hinderer (Hg.): *Brechts Dramen. Neue Interpretationen*. Stuttgart 1984, S. 89-105.
Müller, Klaus-Detlef (Hg.): *Bertolt Brecht. Epoche – Werk – Wirkung*. München 1985.
Müllereisert, Otto: *Augsburger Anekdoten um Bert Brecht*. In: *Schwäbische Landeszeitung*, Augsburg, 26.1.1949. (Nachdruck in: Bertolt Brecht: *Ich bin aus den schwarzen Wäldern. Seine Anfänge in Augsburg und München 1913-1924*. Frankfurt a.M. 1994. S. 127-129.)
Münsterer, Hanns Otto: *Bert Brecht. Erinnerungen aus den Jahren 1917-22*. Mit Photos, Briefen und Faksimiles. Zürich 1963 (auch: Berlin / Weimar 1966).
Münsterer, Hanns Otto: *Mancher Mann. Gedichte*. Ausgew. u. m. e. Nachw. vers. v. Manfred Brauneck. Frankfurt a.M. 1980.
Murphy, G. Ronald: *Brecht and the Bible. A study of religious nihilism and human weakness in Brecht's drama of morality and the city*. Chapel Hill 1980.

Müssener, Helmut: *Exil in Schweden. Politische und kulturelle Emigration nach 1933.* München 1974.
Myers, Gustavus: *Geschichte der großen amerikanischen Vermögen.* 2 Bände. Berlin 1916.

Nägele, Rainer: *Brechts Theater der Grausamkeit. Lehrstücke und Stückwerke.* In: *Brechts Dramen. Neue Interpretationen.* Hg. v. Walter Hinderer. Stuttgart 1984. S. 300-320.
Neureuter, Hans Peter: *Brecht in Finnland. Studien zu Leben und Werk 1940-1941.* 2 Teile. (Habil. masch.) Regensburg 1987. – Frankfurt 1998 (es 2056).
Neureuter, Hans Peter: *Zur Brecht-Chronik April 1940 – Mai 1941.* In: *Mitteilungen aus der Deutschen Bibliothek.* Helsinki. 7 (1973).
Niekisch, Ernst: *Gewagtes Leben. Begegnungen und Begebnisse.* Köln, Berlin 1958.
Nørregaard, Hans Christian: *Udl. Nr. 36316-57120. Bertolt Brecht und die dänischen Behörden 1933-41.* In: *Deutschsprachiges Exil in Dänemark nach 1933.* Kopenhagen / München 1986. S. 95-120. (Text & Kontext. Sonderreihe. Band 21.)

Oba, Masaharu: *Bertolt Brecht und das No-Theater. Das No-Theater im Kontext der Lehrstücke Brechts.* Frankfurt a.M. / Bern 1984.
Oehler, Dolf: *Ein hermetischer Sozialist. Zur Baudelaire-Kontroverse zwischen Walter Benjamin und Bert Brecht.* In: *Diskussion Deutsch* 6 (1975). S. 569-584.
Oehme, Walter: *Brecht in der Emigration.* In: *Neue Deutsche Literatur* 11 (1963). Heft 6. S. 180-185.
Olsson, Jan E.: *Brecht im schwedischen Exil.* In: *Gingkobaum* 8 (1988), S. 22-27.

Palm, Kurt, *Brecht und Österreich. Anmerkungen zu einigen Auseinandersetzungen um Brecht in den fünfziger Jahren.* In: *Literatur der Nachkriegszeit und der fünfziger Jahre in Österreich.* Wien 1984. S. 128-138.
Palm, Kurt: *Vom Boykott zur Anerkennung. Brecht und Österreich.* Wien / München 1983. Auch Berlin/DDR 1984.
Pasche, Wolfgang: *Die Funktion des Rituellen in Brechts Lehrstücken »Der Jasager« und »Der Neinsager«.* In: *Acta Germanica* 13 (1980) S. 137-150.
Petersen, Klaus: *Die »Gruppe 25«. Geschichte und Soziologie einer Schriftstellervereinigung.* Heidelberg 1981.
Petr, Pavel: *Hašeks »Schwejk« in Deutschland.* Berlin 1963.
Pietzcker, Carl: *»Ich kommandiere mein Herz«. Brechts Herzneurose – ein Schlüssel zu seinem Leben und Schreiben,* Würzburg ^{2}1988.
Pike, David: *Brecht and Stalin's Russia: the victim as apologist (1931-1945).* In: *Brecht Yearbook* 11. 1982. S. 143-196.
Pike, David: *Deutsche Schriftsteller im sowjetischen Exil 1933-1945.* Frankfurt a.M. 1981.
Pinkert, Ernst-Ullrich: *Unter Brechts dänischem Strohdach: Walter Benjamin auf Fünen.* In: *Antifaschismus in deutscher und skandinavischer Literatur.* Aarhus 1983. S. 51-64.
Piscator, Erwin: *Das politische Theater.* Neubearb. v. Felix Gasbarra. M. e. Vorw. v. Wolfgang Drews. Reinbek 1979 (rororo 4331). [Zuerst Berlin 1929.]
Politzer, Heinz: *Hofmannsthals Vorspiel zu Brecht.* In: *Das Schweigen der Sirenen. Studien zur deutschen und österreichischen Literatur.* Stuttgart 1968, S. 100-109, *407f.*
Poser, Therese: *Bertolt Brecht. Der kaukasische Kreidekreis.* München 1972.

Puttnies, Hans / Smith, Gary, *Benjaminiana. Eine biographische Recherche*, Gießen 1991.

Raßler, Gerda: *Pariser Tageblatt. Pariser Tageszeitung. 1933-1940. Eine Auswahlbibliographie*. Berlin u. Weimar 1989.

Reich, Bernhard: *Erinnerungen an Brecht*. In: *Studien* 3 (Beilage zu *Theater der Zeit* 14). 1966. S. 1-19.

Reich, Bernhard: *Im Wettlauf mit der Zeit. Erinnerungen aus fünf Jahrzehnten deutscher Theatergeschichte*. Berlin/DDR 1970.

Reich-Ranicki, Marcel: *Ungeheuer oben. Über Bertolt Brecht*. Berlin 1996.

Reinholdt, Winfried: *Der zweite Weltkrieg aus der Sicht von Bertolt Brecht*. In: *Deutsche Studien* 12 (1974). S. 309-320.

Reßler, Konrad: *Bertolt Brecht beim Photographen. Porträtstudien*. Hg. u. m. e. Nachwort vers. v. Michael Koetzle. Vorwort v. Ditmar Albert. Siegen 1987.

Rey, William H.: *»Maßnahme« – ein Stein des Anstoßes*. In: *Sprachkunst* 8/1977. S. 202-222.

Roberts, David: *Brecht and the idea of a scientific theatre*. In: *Brecht Yearbook* 13. 1984 (1987.) S. 38-60 1987.

Rohse, Eberhard: *Der frühe Brecht und die Bibel. Studien zum Augsburger Religionsunterricht und zu den literarischen Versuchen des Gymnasiasten*. Göttingen 1983.

Rohse, Eberhard: *Raabe und der junge Brecht. Zur Rezeption früher historischer Erzählungen Wilhelm Raabes in Bertolt Brechts Gymnasiasten-Drama »Die Bibel«*. In: *Jahrbuch der Raabe-Gesellschaft* 1978, S. 17-62.

Rothstein, Paula: *Brechts »Baal« und die moderne Aggressionsforschung*. New York 1976.

Rülicke, Käthe: *Leben des Galilei. Bemerkungen zur Schlußszene*. In: *Sinn und Form. 2. Sonderheft Bertolt Brecht*, Berlin/DDR 1957, S. 269-321.

Rülicke-Weiler, Käthe: *Die »Lukullus«-Diskussion 1951*. In: *Sinn und Form*, 40, 1988, Heft 1, S. 21-28.

Rumler, Kurt A.: *Filmisches Erzählen in Zusammenarbeit mit Brecht. Feuchtwangers Roman »Simone«*. In: *Text + Kritik*. H. 79/80. (1983.) S. 75-85.

Sahl, Hans: *»Und doch...« Essays und Kritiken aus zwei Kontinenten*. Hg. v. Klaus Blanc. Frankfurt a.M. 1991 (SL 980).

Sauter, Willmar: *Bertolt Brecht und Schweden. Ein Bericht über die wechselseitigen Beziehungen während der Jahre 1929 bis 1950*. Stockholm (Diss. masch.) 1970.

Sautermeister, Gert: *Zweifelskunst, abgebrochene Dialektik, blinde Stellen: »Leben des Galilei« (3. Fassung 1955)*. In: Walter Hinderer (Hg.): *Brechts Dramen. Neue Interpretationen*. Stuttgart 1984. S. 125-161.

Schäfer, Jürgen: *Brecht und Amerika*. In: Koopmann, Helmut / Stammen, Theo (Hg.): *Bertolt Brecht – Aspekte seines Werkes, Spuren seiner Wirkung*. München 1983. S. 201-217.

Schebera, Jürgen: *Damals im Romanischen Café. Künstler und ihre Lokale im Berlin der zwanziger Jahre*. Leipzig 1988.

Schebera, Jürgen: *Kurt Weill 1900-1950. Eine Biographie in Texten, Bildern und Dokumenten*, Leipzig 1990.

Scher, Steven Paul: *»Die sieben Todsünden der Kleinbürger«. Emblematic structure as epic spectacle. In: Studies in the German drama*. A Festschrift in honor of Walter Silz. Ed. by D. H. Crosby and G. C. Schoolfield. Chapel Hill: Univ. of North 1974, S. 235-252.

Schlenstedt, Silvia: *Auf der Suche nach Spuren: Brecht und die MASCH.* In: *Brecht 83 – Brecht und Marxismus. Protokoll der Brecht-Tage 1983.* Berlin 1983. S. 26 u. 366.

Schmidt, Dieter: *Baal und der junge Brecht. Eine textkritische Untersuchung zur Entwicklung des Frühwerks.* Stuttgart 1966.

Schmidt, Günter: *Bertolt Brechts schwedisches Exil.* In: *Wissenschaftliche Zeitschrift der Friedrich-Schiller-Univ.* Jena 30 (1981). S. 55-64.

Schmitt, Hans Jürgen (Hg.): *Die Expressionismusdebatte. Materialien zu einer marxistischen Realismuskonzeption.* Frankfurt a.M. 1973 (es 646).

Schmitt, Hans Jürgen / Schramm, Godehard (Hg.): *Sozialistische Realismuskonzeptionen. Dokumente zum 1. Allunionskongreß der Sowjetschriftsteller [1934].* Frankfurt a.M. 1974 (es 701).

Schoor, Kerstin: *Verlagsarbeit im Exil. Untersuchungen zur Geschichte der deutschen Abteilung des Amsterdamer Allert de Lange Verlages 1933-1940.* Amsterdam 1992.

Schöttker, Detlev: *Bertolt Brechts Ästhetik des Naiven.* Stuttgart 1989.

Schrader, Bärbel: *Brechts »Leben des Galilei« – Entstehung und Wandlung eines Werkes für das Theater der Zeit.* In: *Weimarer Beiträge.* 34. 1988. S. 199-212 1988.

Schuhmann, Klaus: *Der Lyriker Bertolt Brecht 1914-1933.* München 1971.

Schuhmann, Klaus: *Untersuchungen zur Lyrik Brechts. Themen. Formen. Weiterungen.* Berlin/DDR 1973.

Schulz, Gudrun: *Die Schillerbearbeitungen Bertolt Brechts. Eine Untersuchung literarhistorischer Bezüge im Hinblick auf Brechts Traditionsbegriff.* Tübingen 1972, S. 88-153.

Schumacher, Ernst / Schumacher, Renate: *Leben Brechts in Wort und Bild.* Berlin/DDR 1978 (auch: RUB 1070. Leipzig 1984).

Schumacher, Ernst: *Brechts »Galilei«. Form und Einfühlung.* In: *Sinn und Form.* 12/1960, S. 510-530.

Schumacher, Ernst: *Die dramatischen Versuche Bertolt Brechts 1918-1933.* Berlin/DDR ²1977.

Schumacher, Ernst: *Drama und Geschichte. Bertolt Brechts »Leben des Galilei« und andere Stücke.* Berlin 1965.

Schwarberg, Günther: *Sommertage bei Bertolt Brecht. Tagebuchskizzen unter dem dänischen Strohdach.* Hamburg 1997.

Schwimmer, Helmut: *Bertolt Brecht. Kalendergeschichten. Interpretationen.* München 1963. ⁵1975.

Seidel, Gerhard: *Die Augsburger Schülerzeitschrift »Die Ernte«. Zu den ersten Veröffentlichungen Bertolt Brechts. Mit einer Bibliographie.* In: *Zeitschrift für deutsche Philologie.* 107 (1988). S. 233-253.

Seliger, Helfried W.: *Das Amerikabild Bertolt Brechts.* Bonn 1974.

Semrau, Richard: *Brecht und Finnland.* In: *Nordeuropa* 8 (1975). S. 107-124.

Semrau, Richard: *Zur Komik des »Puntila«.* Berlin/DDR 1981 (Brecht-Studien. Band 7).

Singermann, Boris: *Brechts »Dreigroschenoper«. Zur Ästhetik der Montage.* In: *Brecht-Jahrbuch 1976.* Frankfurt a.M. 1976. S. 61-82.

Song, Yung-Yeop: *Bertolt Brecht und die chinesische Philosophie.* Bonn 1978.

Spalek, John M.: *Guide to the Archival Materials of the German-speaking Emigration to the United States after 1933,* University Press of Virginia, 1978.

Stauffacher, Werner: *Alfred Döblin und Bert Brecht. Zwischen »Berlin Alexanderplatz« und dem »Badener Lehrstück vom Einverständnis«.* In: *Germanisch-romanische Monatsschrift.* 57. 1976. S. 466-470.

Steffin, Margarete: *Konfutse versteht nichts von Frauen. Nachgelassene Texte.* Hg. v. Inge Gellert. Berlin 1991.

Steinweg, Reiner: *»Das Badener Lehrstück vom Einverständnis«. Mystik, Religionsersatz oder Parodie?* In: *Text + Kritik. Sonderheft Bertolt Brecht II.* München 1973, S. 109-130.

Steinweg, Reiner: *Brechts »Die Maßnahme« – Übungstext, nicht Tragödie.* In: *alternative* 14. 1971. S. 133-146.

Steinweg, Reiner: *Brechts Lehrstücktheorie.* In: *alternative* 14. 1971. S. 102-116.

Steinweg, Reiner: *Das Lehrstück. Brechts Theorie einer politisch-ästhetischen Erziehung.* Stuttgart 1972.

Steinweg, Reiner: *Die Lehrstücke als Versuchsreihe.* In: *alternative* 14. 1971. S. 121-126.

Steinweg, Reiner: *Die Maßnahme. Kritische Ausgabe mit einer Spielanleitung von Reiner Steinweg.* Frankfurt a.M. 1972.

Steinweg, Reiner (Hg.): *Brechts Modell der Lehrstücke. Zeugnisse, Diskussionen, Erfahrungen.* Frankfurt a.M. 1972b.

Steinweg, Reiner (Hg.): *Auf Anregung Brechts. Lehrstücke mit Schülern, Arbeitern, Theaterleuten.* Frankfurt a.M. 1978.

Stephan, Alexander: *Im Visier des FBI. Deutsche Exil-Schriftsteller in den Archiven des amerikanischen Geheimdienstes.* Stuttgart 1995.

Stern, Guy: *Not und Elend der Exilanten. Ein verborgenes Thema in Brechts »Leben des Galilei«.* In: ders.: *Literatur im Exil. Gesammelte Aufsätze 1959-1989.* Ismaning 1989. S. 311-318.

Stern, Guy: *The Plight of the Exile. A Hidden Theme in Brecht's »Galileo Galilei«.* In: *Brecht heute. Brecht today. Jahrbuch der internationalen Brecht-Gesellschaft,* 1/1971, S. 110-116 Frankfurt a.M. 1971.

Sternberg, Fritz: *Der Dichter und die Ratio. Erinnerungen an Bertolt Brecht.* Göttingen 1963 (Schriften zur Literatur. 2).

Tairow, Alexander: *Das entfesselte Theater. Aufzeichnungen eines Regisseurs.* Potsdam 1923. (Nachdruck: Berlin 1989.)

Tatlow, Antony: *»Viele sind einverstanden mit Falschem« – Brechts Lehrstücke und die Lehrstücktheorie.* In: *Akten des V. Intern. Germanisten-Kongresses Cambridge 1975.* Teil 3. Bern / Frankfurt a.M. / München 1976. S. 376-383.

Theweleit, Klaus: *Orpheus im realen Sozialismus.* In: K.T.: *Buch der Könige.* Band 1: *Orpheus und Eurydike.* Frankfurt a.M. 1988, S. 706-739.

Thiele, Dieter: *Der aufhaltsame Aufstieg des Arturo Ui.* Frankfurt a.M. 1990 (Grundlagen und Gedanken zum Verständnis des Dramas).

Thomas, Emma Lewis: *Bertolt Brecht's Drama »Die Mutter«: A Case of Double Adaption.* Bloomington 1972.

Thomas, Emma Lewis: *The Stark-Weisenborn adaption of Gorky's »Mutter«: its influence of Brecht's version.* In: *Brecht heute* 3 (1973/74) S. 57-105.

Thöming, Jürgen C.: *Kontextfragen und Rezeptionsbedingungen bei Brechts frühen Geschichten und Kalendergeschichten.* In: *Bertolt Brecht II. Sonderband der Reihe Text + Kritik,* München 1973. S. 74-96.

Tschörtner, Heinz-Dieter: *Bertolt Brecht und Hauptmann.* In: *Weimarar Beiträge* 32, 1986, S. 386-403.

Vaßen, Florian: *»Alles Neue ist schmerzhafter als das Alte«. Bertolt Brechts Lehrstück »Die Maßnahme«.* Hannover 1992.
Verweyen, Theodor: *»Die Tragödie des Coriolanus« bei Brecht und Grass oder Über die Verarbeitung literarischer Modelle.* In: *Poetica* 16 (1984), S. 246-275.
Viesel, Hansjörg (Hg.): *Literaten an der Wand. Die Münchner Räterepublik und die Schriftsteller.* Frankfurt a.M. 1980.
Vinçon, Inge: *Die Einakter Bertolt Brechts.* Königstein/Ts. 1980.
Vogt, Jochen / Führer, Ulrike: *Bertolt Brecht.* In: Arnold, Heinz Ludwig (Hg.), *Kritisches Lexikon zur deutschsprachigen Gegenwartsliteratur.* München (1984).
Voigts, Manfred: *Brechts Theaterkonzeptionen. Entstehung und Entfaltung.* München 1971.
Völker, Klaus: *Bertolt Brecht. Eine Biographie.* München/Wien 1976 (auch: dtv 1379. 1978; rororo 12377, 1988).
Völker, Klaus: *Brecht-Chronik. Daten zu Leben und Werk.* München 1971 (Reihe Hanser 74. Auch: dtv 3257). Erw. NA 1997.
Völker, Klaus: *Elisabeth Bergner. Das Leben einer Schauspielerin.* Berlin 1990.

Wagner, Gottfried: *Weill und Brecht. Das musikalische Zeittheater.* Mit einem Vorwort von Lotte Lenya. München 1977.
Walter, Hans Albert: *Deutsche Exilliteratur 1933-1950.* Stuttgart.
Band 2: *Europäisches Appeasement und überseeische Asylpraxis.* 1984.
Band 3: *Internierung, Flucht und Lebensbedingungen im Zweiten Weltkrieg.* 1988.
Band 4: *Exilpresse.* 1978.
Weber, Albrecht, *Brecht – Der Augsburger.* In: Koopmann, Helmut / Stammen, Theo (Hg.): *Bertolt Brecht. Aspekte seines Werkes, Spuren seiner Wirkung.* München 1983. S. 239-275.
Wege, Carl: *Bertolt Brecht. Lion Feuchtwanger. »Kalkutta, 4. Mai«. Ein Stück »Neue Sachlichkeit«.* München 1988.
Wegner, Matthias: *Klabund und Carola Neher. Eine Geschichte von Liebe und Tod.* Reinbek 1996.
Weill, Kurt: *Ausgewählte Schriften.* Hg. m. e. Vorwort v. David Drew. Frankfurt a.M. 1975. (= suhrkamp taschenbuch 285).
Weisenborn, Günther: *Streitgespräch mit Brecht.* In: G.W.: *Der gespaltene Horizont.* München u.a. 1964, S. 108f.
Weisenborn, Günther: *Zürcher Tagebuch. Notiz vom Mai 48.* In: *Sinn und Form. Zweites Sonderheft Bertolt Brecht.* Berlin 1957. S. 430.
Weiss, Peter: *Die Ästhetik des Widerstands.* Band II. Frankfurt a.M. 1978. S. 142-152, 310-326.
Weisstein, Ulrich: *Brecht und das Musiktheater. Die epische Oper als Ausdruck des europäischen Avantgardismus.* In: *Akten des 7. Internationalen Germanisten-Kongresses.* Band 9. Tübingen 1986, S. 72-85.
Weisstein, Ulrich: *Von reitenden Boten und singenden Holzfällern. Bertolt Brecht und die Oper.* In: Walter Hinderer (Hg.): *Brechts Dramen. Neue Interpretationen.* Stuttgart 1984, S. 266-299.
Wertheim, Albert: *Bertolt Brecht und George Farquhar's »The Recruiting Officer«.* In: *Comperative Drama,* 7 (1975), S. 179-190.
Wiedenmann, Ursula: *Frauen im Schatten. Mitarbeiterinnen und Mitautorinnen. Das Beispiel der literarischen Produktion Bertolt Brechts.* In: Brinker-Gabler, Gisela (Hg.): *Deutsche Literatur von Frauen.* 2. Band: 19. und 20. Jahrhundert. München 1988. S. 393-400.

Wilke, Judith: *Brechts Fatzer-Fragment. Lektüre zum Verhältnis von Dokument und Kommentar*. Bielefeld 1998.

Willett, John: *The Case of Auden*. In: ders.: *Brecht in Context*. London, New York 1984, S. 59-72.

Winnacker, Susanne: *Wer immer er ist, den ihr hier sucht, ich bin es nicht. Zur Dramaturgie der Abwesenheit in Bertolt Brechts Lehrstück »Die Maßnahme«*. Frankfurt a.M. 1997.

Witte, Bernd: *Krise und Kritik. Zur Zusammenarbeit Benjamins mit Brecht in den Jahren 1929-1933*. In: *Walter Benjamin. Zeitgenosse der Moderne*. Kronberg/Ts. 1976, S. 9-36.

Wizisla, Erdmut: *Bertolt Brecht – Walter Benjamin*. (Diss. masch.). Berlin 1994.

Wöhrle, Dieter: *Bertolt Brecht: Die Dreigroschenoper*. Frankfurt a.M. 1996

Wöhrle, Dieter: *Bertolt Brecht: Geschichten vom Herrn Keuner*. Frankfurt a.M. 1989.

Wöhrle, Dieter: *Bertolt Brechts »Dreigroschenprozeß«. Selbstverständigung durch Ideologiezertrümmerung*. In: *Sprachkunst*, 11/1980, S. 40-62.

Wöhrle, Dieter: *Von der Notwendigkeit einer »Kunst der Betrachtung«: Bertolt Brechts »Kriegsfibel und die Gestaltung von Text-Bild-Beziehungen*. In: Hecht, Werner (Hg.): *alles was Brecht ist ... Ein Medienhandbuch*. Frankfurt a.M. 1997, S. 232-244.

Wuolijoki, Hella: *Und ich war nicht Gefangene. Memoiren und Skizzen*. Hg. v. Richard Semrau. A. d. Finn. übertr. v. Regine Pirschel. Rostock 1987.

Zielinski, Siegfried (u.a.): *»Der Ozeanflug« von Bertolt Brecht. Mit Vorschlägen zur besseren Verwendung der Apparate*. In: *Kürbiskern*. 3. 1978. S. 148-152.

Zimmermann, Fred: *Bertolt Brecht und das Volkslied. Studien zum Gebrauch volksmäßiger Liedformen*. Berlin/DDR 1985 (= Brecht-Studien, Band 16).

Zimmermann, Fred: *Die Argumentation in Brechts Rede auf dem Ersten Internationalen Schriftstellerkongreß zur Verteidigung der Kultur in Paris 1935*. In: *HSWSL* 11 (1986). S. 38-45.

Zimmermann, Rolf Christian: *Marginalien zur Hofmeister-Thematik und zur »Teutschen Misere« bei Lenz und Brecht*. In: *Drama und Theater im 20. Jahrhundert*. Festschrift für Walter Hinck. Göttingen 1983, S. 213-227

Zuckmayer, Carl: *Als wär's ein Stück von mir. Horen der Freundschaft*. In: C.Z.: *Werkausgabe in zehn Bänden*. Band 1-2. Frankfurt a.M. 1976.

Zuckmayer, Carl: *Drei Jahre*. In: *Theaterstadt Berlin. Ein Almanach*. Hg. v. Herbert Ihering. Berlin 1948. S. 79-102.

Abkürzungen

AV	Aufbau-Verlag
AW	Ausgewählte Werke (Suhrkamp)
BBA	Bertolt-Brecht-Archiv
BBB	Bibliographie Bertolt Brecht
BE	Berliner Ensemble
BV	Bestandsverzeichnis des Bertolt-Brecht-Archivs
D	Druck (weitere)
E	Entstehung
ED	Erstdruck
EG	Erste Gesamtausgabe (Aufbau / Suhrkamp)
EHA	Elisabeth-Hauptmann-Archiv, Berlin
es	edition suhrkamp
GBA	Große kommentierte Berliner und Frankfurter Ausgabe der Werke (Aufbau / Suhrkamp)
Gedichte	Erste Gesamtausgabe (Aufbau / Suhrkamp)
GW	Gesammelte Werke, Bd. I-VIII (Suhrkamp)
Prosa	Erste Gesamtaugabe (Aufbau / Suhrkamp)
st	suhrkamp taschenbuch
Stücke	Erste Gesamtausgabe (Aufbau / Suhrkamp)
SV	Suhrkamp Verlag
SzLuK	Schriften zur Literatur und Kunst
SzPuG	Schriften zur Politik und Gesellschaft
SzT	Schriften zum Theater (AV / SV)
wa	werkausgabe edition suhrkamp, Bd. 1-20
Z	Zeugnisse (für die Texte)
ZGALI	Zentrales Staatsarchiv für Kunst und Literatur, Moskau

Personenregister

Sammlung Metzler

Deutsche Literaturgeschichte

SM 6 Schlawe, *Literarische Zeitschriften 1898-1910*
SM 24 Schlawe, *Literarische Zeitschriften 1910-1933*
SM 25 Anger, *Literarisches Rokoko*
SM 47 Steinmetz, *Die Komödie der Aufklärung*
SM 68 Kimpel, *Der Roman der Aufklärung (1670-1774)*
SM 75 Hoefert, *Das Drama des Naturalismus*
SM 81 Jost, *Literarischer Jugendstil*
SM 128 Meid, *Der deutsche Barockroman*
SM 129 King, *Literarische Zeitschriften 1945-1970*
SM 142 Ketelsen, *Völkisch-nationale und nationalsozialistische Literatur in Deutschland 1890-1945*
SM 144 Schutte, *Lyrik des deutschen Naturalismus (1885-1893)*
SM 157 Aust, *Literatur des Realismus*
SM 170 Hoffmeister, *Deutsche und europäische Romantik*
SM 174 Wilke, *Zeitschriften des 18. Jh. I Grundlegung*
SM 175 Wilke, *Zeitschriften des 18. Jh. II Repertorium*
SM 209 Alexander, *Das deutsche Barockdrama*
SM 210 Krull, *Prosa des Expressionismus*
SM 225 Obenaus, *Lit. und politische Zeitschriften 1830-1848*
SM 227 Meid, *Barocklyrik*
SM 229 Obenaus, *Lit. und politische Zeitschriften 1848-1880*
SM 234 Hoffmeister, *Deutsche und europäische Barockliteratur*
SM 238 Huß-Michel, *Lit. und politische Zeitschriften des Exils 1933-1945*
SM 241 Mahoney, *Der Roman der Goethezeit*
SM 247 Cowen, *Das deutsche Drama im 19. Jh.*
SM 250 Korte, *Geschichte der deutschen Lyrik seit 1945*
SM 290 Lorenz, *Wiener Moderne*
SM 298 Kremer, *Prosa der Romantik*

Autorinnen und Autoren

SM 60 Fehr, *Jeremias Gotthelf*
SM 71 Helmers, *Wilhelm Raabe*
SM 76 Mannack, *Andreas Gryphius*
SM 80 Kully, *Johann Peter Hebel*
SM 92 Hein, *Ferdinand Raimund*
SM 96 van Ingen, *Philipp von Zesen*
SM 97 Asmuth, *Daniel Casper von Lohenstein*
SM 99 Weydt, *H. J. Chr. von Grimmelshausen*
SM 102 Fehr, *Conrad Ferdinand Meyer*
SM 105 Prangel, *Alfred Döblin*
SM 107 Hoefert, *Gerhart Hauptmann*
SM 113 Bender, *J.J. Bodmer und J.J. Breitinger*
SM 114 Jolles, *Theodor Fontane*

SM 124 Saas, *Georg Trakl*
SM 134 Christiansen, *Fritz Reuter*
SM 138 Dietz, *Franz Kafka*
SM 143 Jörgensen, *Johann Georg Hamann*
SM 153 Schneider, *Annette von Droste-Hülshoff*
SM 159 Knapp, *Georg Büchner*
SM 163 Pape, *Wilhelm Busch*
SM 171 Peter, *Friedrich Schlegel*
SM 173 Petersen, *Max Frisch*
SM 179 Neuhaus, *Günter Grass*
SM 185 Paulin, *Ludwig Tieck*
SM 186 Naumann, *Adalbert Stifter*
SM 189 Haupt, *Heinrich Mann*
SM 195 Schrimpf, *Karl Philipp Moritz*
SM 196 Knapp, *Friedrich Dürrenmatt*
SM 197 Schulz, *Heiner Müller*
SM 207 Wehdeking, *Alfred Andersch*
SM 211 Hansen, *Thomas Mann*
SM 213 Riley, *Clemens Brentano*
SM 215 Wackwitz, *Friedrich Hölderlin*
SM 218 Renner, *Peter Handke*
SM 221 Kretschmer, *Christian Morgenstern*
SM 223 Dietschreit/Henze-Dietschreit, *Hans Magnus Enzensberger*
SM 224 Hilzinger, *Christa Wolf*
SM 230 Vincon, *Frank Wedekind*
SM 231 Lowsky, *Karl May*
SM 233 Winter, *Jakob Michael Reinhold Lenz*
SM 237 Mayer, *Eduard Mörike*
SM 239 Perlmann, *Arthur Schnitzler*
SM 240 Wichmann, *Heinrich von Kleist*
SM 242 Bartsch, *Ingeborg Bachmann*
SM 243 Kaiser, *E. T. A. Hoffmann*
SM 245 Dietschreit, *Lion Feuchtwanger*
SM 254 Späth, *Rolf Dieter Brinkmann*
SM 255 Bäumer/Schultz, *Bettina von Arnim*
SM 258 Hein, *Johann Nestroy*
SM 261 Sammons, *Heinrich Heine*
SM 273 Mayer, *Hugo von Hofmannsthal*
SM 275 Schrade, *Anna Seghers*
SM 286 Janz, *Elfriede Jelinek*
SM 288 Jeßing, *Johann Wolfgang Goethe*
SM 289 Luserke, *Robert Musil*
SM 291 Mittermayer, *Thomas Bernhard*
SM 294 Löb, *Christian Dietrich Grabbe*
SM 295 Schaefer, *Christoph Martin Wieland*
SM 297 Albrecht, *Gotthold Ephraim Lessing*
SM 299 Fetz, *Martin Walser*
SM 304 Fasold, *Storm*

GPSR Compliance

The European Union's (EU) General Product Safety Regulation (GPSR) is a set of rules that requires consumer products to be safe and our obligations to ensure this.

If you have any concerns about our products, you can contact us on ProductSafety@springernature.com

In case Publisher is established outside the EU, the EU authorized representative is:

Springer Nature Customer Service Center GmbH
Europaplatz 3
69115 Heidelberg, Germany

Batch number: 10577840

Printed by Printforce, the Netherlands